Ernst Lange · Die ökumenische Utopie

W0390378

August 1971: die Kommission für „Glauben und Kirchenverfassung" tagt in der belgischen Universitätsstadt Löwen. Das Thema: Einheit der Kirche – Einheit der Menschheit. Während einer Abendveranstaltung meditiert die Kommission das nebenstehende Kinderbild „Alle Menschen auf der Welt sind Brüder".Gemalt hat es Lucia Polinari, eine kleine Italienerin, die in Spoleto in die zweite Grundschulklasse geht. In Farbe ist es noch unvergleichlich viel schöner.

Für die Völker und die Kirchen ist die brüderliche Welt ein Problem, an dessen Lösung die Zukunft der Menschheit hängt. Für die Kinder, die dem falschen Bewußtsein der Erwachsenen noch nicht erlegen sind, ist die *eine* Menschheit unmittelbare Anschauung.

Es gibt viele Kinder. Manche sind schwarz, manche sind gelb, manche sind weiß. Aber sie haben zusammen „nur eine Erde". Man muß einen Tanz für alle machen. Dann stimmen die Farben. Das Paradies ist heute. Vielmehr: es könnte sein . . .

Ernst Lange

Die ökumenische Utopie oder Was bewegt die ökumenische Bewegung?

Am Beispiel
Löwen 1971: Menscheneinheit – Kircheneinheit

Kreuz Verlag Stuttgart · Berlin

Michael
und
Andreas,
meinen Söhnen:

1. Petrus 3, 15b

1. Auflage (1.–7. Tausend)
© Kreuz Verlag Stuttgart 1972
Gestaltung: Hans Hug
Gesamtherstellung: Druckerei Röck, Weinsberg
ISBN 3 7831 0380 0

Inhalt

Vorwort von Lukas Vischer 7

Der erste Brief
die Vergänglichkeit ökumenischen Engagements betreffend 9

Einheit, die wir suchen
Erklärung der III. Vollversammlung des ÖRK 17

Eine Meditation zur Aufmunterung
von Sören Kierkegaard 18

Der zweite Brief
eine befremdende Welt betreffend 19

Faith and Order: Mandat . . . 32
. . . und Krise (von John Meyendorff) 33

I. Und sie bewegt sich doch!
oder
Die Anatomie des ökumenischen Konsensus 36

1. Die Strategie 36
2. Der „negative" Konsensus 39
3. Die Quellen 45
4. Die sakramentale Praxis 48
5. Die Strukturen 58
6. Die Selbstverständnisse 66
7. Die Verfahren 71

Proben des Konsensus nach dem Stand von Löwen 80

I. Die Autorität der Schrift 80
II. Taufe, Konfirmation und Eucharistie 81
III. Interkommunion oder Gemeinschaft 82
IV. Das ordinierte Amt 85

Der dritte Brief
das Gewicht des ökumenischen Konsensus betreffend 87

II. Der neue Kontext
oder
Was bedeutet die Ökumene für das Überleben der Menschheit? 106

1. Das Thema 108
2. Der gesamtökumenische Stellenwert des Themas 120
3. Der Verlauf der Diskussion in Löwen 126
4. Die Bedeutung von Löwen 140

Anhaltspunkte für die Diskussion in den Sektionen 148

Sektion I: Die Einheit der Kirche
und der Kampf um Gerechtigkeit in der Gesellschaft 148
Sektion II: Die Einheit der Kirche
und die Begegnung mit den Religionen unserer Zeit 150
Sektion III: Die Einheit der Kirche
und der Kampf gegen den Rassismus 152
Sektion IV: Die Einheit der Kirche
und die Behinderten in der Gesellschaft 155
Sektion V: Die Einheit der Kirche
und kulturelle Unterschiede 158

Der vierte Brief
eine dritte ironische Umkehrung des Themas von Löwen betreffend 161

III. Die Dienstmagd der Kirchen
oder
Die Unschlüssigkeit der ökumenischen Bewegung 171

1. Unschlüssigkeit der Ziele 174
2. Unschlüssigkeit der Methoden 186
3. Welche Basis hat die ökumenische Bewegung? 195
4. Warum die Zeit drängt 200
The Hammer Song von Pete Seeger 203

Die Konziliarität und die Zukunft der ökumenischen Bewegung 204

Der fünfte Brief
ein Bekenntnis zur Ökumene im Konjunktiv betreffend 208

Anmerkungen 225

Zur Dokumentation von Löwen 1971 228

Vorwort

Es ist eine alte Wahrheit, daß die Bedeutung ökumenischer Konferenzen weitgehend von den Interpreten abhängt, die sie findet. Wichtige Begegnungen und Diskussionen sind verhältnismäßig unwirksam geblieben, weil sich niemand die Mühe nahm, eine Darstellung zu liefern. Andere Versammlungen hingegen erhielten unerwartetes Gewicht, weil sich ein „Hermes" einstellte, der es verstand, im Gewirr der einzelnen Worte die wichtigen Linien herauszuarbeiten, im scheinbar Zufälligen, im Unausgesprochenen, selbst im Mißlungenen das Wesentliche zu entdecken und die weiterführenden Fragen zu formulieren, die die Teilnehmer zwar gespürt, aber nicht klar auszusprechen vermocht hatten.

Was für ökumenische Konferenzen im allgemeinen gilt, trifft für Versammlungen der Bewegung für „Glauben und Kirchenverfassung" in besonderer Weise zu. Sie bedienen sich einer Ausdrucksweise, deren Bedeutung nicht sofort einsichtig ist. Da sie sich mit den Unterschieden zwischen den Kirchen beschäftigen, müssen sie immer wieder die Sprache benutzen, die diesen Unterschieden entspricht. Fragen und Formeln vergangener Zeiten scheinen auf den ersten Blick zu dominieren, und die Intentionen, die in die Zukunft weisen, sind darum nicht sofort offenbar. Die Ungeduldigen können darum leicht das Interesse verlieren.

Ernst Lange hat sich der Aufgabe gestellt, die Sitzung der Kommission für „Glauben und Kirchenverfassung" in Löwen zugänglich zu machen. Er hat die Dokumente einer eingehenden Prüfung unterzogen und ist der Diskussion über die Einheit der Kirche und die Einheit der Menschen auf ihren komplizierten geraden und krummen Wegen nachgegangen. Er hat sich zugleich bemüht, die Konferenz im weiteren Horizont der gesamten ökumenischen Bewegung zu sehen. Für jeden, der mit der Arbeit der Kommission vertraut ist, ist dieser Versuch faszinierend. Er fühlt sich immer wieder verstanden, gelegentlich auch ertappt. Manchmal möchte er ein bißchen widersprechen, manchmal ein langes Gespräch anfangen. Er beginnt, die Arbeit, die in den letzten Jahren geleistet wurde, in einem neuen Zusammenhang zu sehen, und es kommt ihm bei der Lektüre gelegentlich vor, als ob ein Wünschelrutengänger über seinen Grund und Boden ginge und an Stellen Wasser fände, an denen er es gar nicht vermutet hatte.

Ernst Lange stellt eine kleine Meditation über die Bedeutung des einzigartigen englischen Wortes „challenge“ an (S. 61 f.). Seine Interpretation von Löwen scheint mir ein Vorbild dafür zu sein, wie ein Einzelner dem „challenge“ einer Konferenz gerecht werden kann.

Genf, Juni 1972

Dr. Lukas Vischer
Direktor der Abteilung für Glauben und Kirchenverfassung

Hinweis zur Zitationsweise:

Die wichtigsten in diesem Buch zitierten Quellen werden mit folgenden Abkürzungen im Text kenntlich gemacht:
Lö und die Seitenzahl für: Löwen 1971, Studienberichte und Dokumente der Kommission für Glauben und Kirchenverfassung, herausgegeben von Konrad Raiser, Beiheft zur Ökumenischen Rundschau 18/19.
Mi mit Seitenzahl für: Minutes of the meeting of the Commission and Working Committee 1971 Louvain, Faith and Order Paper no. 60, Genf 1971.
Scha mit Seitenzahl für: Zum Thema: eine Kirche – eine Menschheit, redigiert von Josef Scharbert, KBW Stuttgart 1971.
Vi mit Seitenzahl für: Die Einheit der Kirche, Material der ökumenischen Bewegung. Theol. Bücherei 30, hrsg. von Lukas Vischer, München 1965.

Alle übrigen Zitate werden in den Anmerkungen auf Seite 225 nachgewiesen.

Der erste Brief die Vergänglichkeit ökumenischen Engagements betreffend

Lieber Freund!

In Ihren Schuhen habe ich eine ökumenische Reise gemacht. Ich habe es jedenfalls versucht. Sie werden das verwunderlich finden. Denn Sie haben ja, als wir uns auf dem Frankfurter Hauptbahnhof zufällig wiedertrafen, ganz unmißverständlich klargestellt, daß Ihnen zum Christentum und zu seiner Zukunft, der ökumenischen Bewegung, nichts mehr einfällt.

Sie spielten auf einen berühmten Satz des frühen Marx an. Sie sagten: „Für mich ist die Kritik der Religion im wesentlichen beendigt." [1] Ihr Christentum sei von jeher eine Gebärde des Protests gewesen. Und eben darum hätten Sie sich eine Zeitlang für die ökumenische Bewegung interessiert als für den massivsten innerchristlichen Protest gegen ein Christentum, das sich im Kartell mit den Herrschenden in sein genaues Gegenteil verkehrt habe. Dann aber sei Ihnen zunehmend klargeworden, daß der ökumenische Protest gegen das Elend des Christentums sowenig ausrichte wie gegen das Elend des Menschen, daß er in der letzten Analyse vielmehr selbst nur ein „Ausdruck", eine universale Darstellung dieses doppelten Elends sei. Im übrigen sei Ihre Wahl gefallen: Das Elend des Menschen sei ihnen wichtiger als das Elend des Christentums. Und wenn Sie denn Ihrem Traum schon einen Namen geben müßten, dann seien Sie jedenfalls eher für die Internationale als für die Ökumene.

Das war klar genug. Mit welchem Recht dürfte man Sie also für eine ökumenische Reise verantwortlich machen? Ich will versuchen, das zu erklären.

I.

Sie erinnern sich: Wir haben uns in Lausanne kennengelernt, bei der Ökumenischen Jugendkonferenz für Europa, 1960 [2]. Sie waren damals ein Theologiestudent im zweiten Semester, und ich war ein noch ziemlich junger Pfarrer.

Einig waren wir uns vor allem in unserer Ungeduld. In Lausanne klangen für uns zum erstenmal die Themen an, die die ökumenische Geschichte der sechziger Jahre beherrschen sollten: das Thema „Weltentwicklung", das Thema „Ökumene vor Ort" und das Thema „Revolution".

Wir sahen, vielleicht zum erstenmal im ökumenischen Zusammenhang, die Welt in einem neuen, ziemlich erschreckenden Licht: als die eine Welt, zerspalten nicht so sehr zwischen Ost und West, wie wir lange geglaubt hatten, sondern vor allem zwischen Nord und Süd, zwischen den Reichen und den Habenichtsen. Es gab eine „dritte" Welt, die Welt der immer noch und jetzt erst recht Ausgebeuteten, und wir hatten uns der Frage zu stellen, was diese Welt im Negativ für die Länder und die Kirchen der Weißen, der Reichen, der Mächtigen bedeute. Genf 1966[3] war noch weit. Uns fehlte die Sprache für das, was wir auf uns zukommen fühlten: die Situation des latenten, hier und da bereits aufflackernden Weltbürgerkrieges, die Welt der zwei, drei, der vielen Vietnam. Und wir fingen an, uns unserer weltvergessen-binnenkirchlichen Selbstbefriedigung zu schämen.

Wir waren gepackt und zugleich beunruhigt durch die Mühelosigkeit der ökumenischen Verständigung, die die Konferenz uns Tag für Tag vorführte. Wir waren uns keineswegs einig, aber es stand außer Frage: Wir gehörten zusammen, über alle nationalen und konfessionellen Grenzen, selbst über den Eisernen Vorhang hinweg. Aber was für eine Relevanz, was für ein Gewicht hatte diese Zusammengehörigkeit? Die mögliche Folgenlosigkeit, die freischwebende Unverwurzeltheit dieser Art von Ökumenizität machte uns ratlos und rastlos. Wir wollten die ökumenische Veränderung der Kirchen von Grund auf, vor allem der Ortsgemeinden, in die wir heimzukehren hatten. Auch hier war die Sprache noch nicht erfunden, in der sich das ausdrücken ließ. Erst Neu-Delhi (1961)[4] gab uns die Formel: „all in each place". Aber das Problemgefühl war da. Und es ging uns nicht nur um einen Ökumenismus des Alltags in der Ortsgemeinde. Es ging uns um die Probe auf die Frage: Was ändert die ökumenische Bewegung, was ändert sie wirklich? Und also fiel in der Spannung zwischen einem neuen, beunruhigenden Weltgefühl und der Ungeduld, eine ökumenische Praxis zu erfinden, zum erstenmal jenes ominöse Wort, das die Christenheit seither nicht los wird, weil die Welt, in der die Christenheit lebt und für die zu leben sie vorgibt, es nicht los wird: Revolution. „Gibt es hier keine Revolutionäre mehr?"[5] fragte uns Hans Hoekendijk. Er meinte das ganz unspezifisch. Er meinte Erneuerung, radikale Reform. Er meinte vor allem den Geist der Rebellion. Er wollte die radikalisierte Jugendbewegung in den Kirchen, den Vaterprotest. Den Vatermord, den die Revolution, die gewaltsame Veränderung der Herrschaftsverhältnisse auf jeden Fall mit sich bringt, wollte er sicherlich nicht. Aber Wörter sind „geladene Pistolen", jedenfalls wenn sie unbestimmte Verpflichtungen, die in der Luft liegen, verbalisieren. In einer vorrevolutionären Weltsituation ist auch das unspezifische Reden von Revolution explosiv. Es macht eine Möglichkeit sichtbar, nennt eine Alternative. Seit Lausanne – und es gab natürlich viele Lausannes zu Anfang der sechziger Jahre – brennt die Lunte, auch für die junge Generation in der Kirche.

An diesem Punkt gab es dann auch den ersten Streit zwischen Ihnen und mir. Sie erinnern sich, es ging um ein Thema, das mit Revolution scheinbar wenig zu tun hatte: um Interkommunion. Sie waren, wie eine große Zahl von Konferenzteilnehmern, in der Stimmung, durch einen kollektiven Akt des

Ungehorsams die offiziellen Kirchen zum ökumenischen Fortschritt zu zwingen. Die Konferenz als solche sollte – gegen allen ökumenischen Comment – eine gemeinsame Eucharistie feiern, und alle sollten eingeladen sein, auch die Orthodoxen, auch die jungen Schweizer Katholiken, die als Beobachter teilnahmen. Wir waren doch eins, wir gehörten doch zusammen, über alle Grenzen hinweg. Woher nahmen die Bischöfe und Kirchenverwaltungen das Recht, uns an der Feier dieser Einheit, an der Besiegelung dieser Einheit zu hindern?

Ich war älter als Sie, und ich hatte eine offizielle Funktion in der Konferenz. Das heißt, irgendwie gehörte ich zu dem „Establishment", das Sie unter Druck setzen und in Bewegung bringen wollten. Und also versuchte ich, Sie zu überzeugen, man dürfe es nicht zum Konflikt kommen lassen, man dürfe den erreichten Konsensus nicht gefährden. Ich weiß noch, ich sagte: Dies ist die bedeutsamste Erneuerungsbewegung dieses Jahrhunderts, nicht nur für die Kirchen, auch für die Welt. Dies ist ein Pfingstvorgang. So etwas setzt man nicht aufs Spiel. Herausforderung ist gut. Gewaltsame Lösungen sind schlecht, denn sie zerstören die Gesprächsbasis.

Ich glaube nicht, daß ich Sie überzeugt habe. Ohnehin waren wir beide eher am Rande des Geschehens. Damals war es jedenfalls für das „Establishment" noch leicht, sich gegen Druck von unten durchzusetzen. Es gab einen Kompromiß. Eine gemeinsame Abendmahlsfeier fand statt, aber außerhalb des offiziellen Konferenzprogramms und nur in der Form einer „offenen Kommunion" auf Einladung von vierzehn Pastoren. Viele kamen, aber das Ganze blieb eine innerprotestantische halbprivate Angelegenheit. Die Revolution fand nicht statt.

II.

Heute weiß ich: von Lausanne aus sind unsere Wege immer weiter auseinandergegangen. Wir haben die Erfahrung ganz verschieden verarbeitet.

Ihre Stichworte waren: Weltentwicklung und Revolution. Von daher hat Ihr Weg Sie immer weiter nach „links" geführt. Bald nach Lausanne brachen Sie Ihr Theologiestudium ab, wurden Politologe, fingen an Marx zu studieren. Der SDS wurde Ihre Heimat, obwohl Sie die Gebärde christlichen Protests zunächst noch beibehielten. Dann kamen die Unruhen an den Universitäten. Damals waren Sie schon Doktorand. Bei der Demonstration gegen den Besuch des Schah bekamen Sie in Berlin Ihre ersten Prügel mit dem Gummiknüppel. Man hörte Ihren Namen in den Diskussionen um die Strategie des Aufstands: Gewalt gegen Sachen, Gewalt gegen Personen, Randgruppenarbeit, der lange Marsch durch die Institutionen. Die anarchistische Versuchung brachten Sie bald hinter sich. Heute sind Sie ein Mann des linken Flügels bei den Jungsozialisten, einer von den Buhmännern unserer Politchristen. Ihre Sprache ist sehr spröde und esoterisch geworden. Ihre Passion verstehe ich besser. Sie wissen, die klassische Revolution ist hierzulande jetzt nicht zu machen, denn die Integrationskraft des Spätkapitalismus ist ebenso offenkundig wie seine Unfähigkeit, die Weltzerstörung aufzuhalten, die er fort und fort produziert und exportiert bis an die Grenzen der Erde. Darum heißt Ihre Strategie: Kampf um die Macht an der politischen Basis, emanzipatorische Pädagogik, systemsprengende Reformen, der Aufstand des langen Atems.

Meine Stichworte waren: Ökumene vor Ort, Kirchenreform. Für mich und meine Freunde begann die Zeit der kirchlichen Experimente, der Erprobung von Alternativen kirchlichen Lebens und Handelns. Auch wir wurden zunehmend radikaler im Denken und in der Aktion, vor allem, als wir bemerkten, wie man unsere angespannte Suche nach der Kirche von morgen als charismatische Spielerei einordnete, unbequem, aber harmlos. Wir lernten, daß Strukturen sich nicht verändern durch Argumente, sondern nur durch den Druck einer veränderten öffentlichen Meinung. Wir lernten, Konflikte auszuhalten, zu riskieren, zu inszenieren, um diese Veränderung zu erzeugen. Wir lernten, die organisierte Religion nüchterner einzuschätzen, als einen Dauerkompromiß zwischen gesellschaftlichen Bedürfnissen, institutionellen Selbsterhaltungsinteressen und den Impulsen der Verheißung. Aber wir blieben ganz bewußt binnenkirchlich, trotz einer immer energischeren Orientierung an den Weltproblemen. Wir hielten fest an der ökumenischen Utopie, der Utopie einer geeinten und erneuerten Christenheit als „Sauerteig", als Modell, als Unruhe der werdenden Weltgesellschaft, als Träger eines Impulses der Humanisierung, der ebenso unerschöpflich wie jeder Gestalt geschichtlich verwirklichter Humanität immer schon voraus ist: der Menschlichkeit Jesu von Nazareth. Wir hielten fest an dieser Utopie, weil sie konkret genug zu sein schien, um Praxis zu stiften, und offen genug, um Hoffnung wachzuhalten und die Praxis vor der Resignation zu bewahren. Wir probierten Theologien, Strategien, Projekte an und legten sie wieder ab, weil sie nicht gut genug paßten für das, was wir sahen und hofften. Aber wir blieben bei der Pfingstverheißung.

Gelegentlich haben wir Briefe gewechselt, Sie und ich, haben Arbeitspapiere ausgetauscht und Grüße bleibender Sympathien, über eine wachsende Distanz hinweg. Ich erinnere mich, daß ich Ihnen einmal ein Gedicht von Rudolf Otto Wiemer abschrieb, weil es meine Hoffnung in einer für mich noch heute unübertroffenen Weise ausdrückte. Sie antworteten mit Brechts „Frühling 1938". Das bedeutete, wie ich wohl begriff: jetzt sei doch wohl nicht Osterzeit, sondern Passionszeit.

In Ihrem Begleitbrief sagten Sie, Sie hätten sich entschlossen, die Christologie bei ihren radikalen Konsequenzen zu nehmen. Gott sei wieder Mensch geworden, unwiderruflich. Hinfort sei des Menschen zu gedenken in Ehrfurcht.

Entwurf
für ein Osterlied

Die Erde ist schön und es lebt sich
leicht im Tal der Hoffnung,
Gebete werden erhört. Gott wohnt
nah hinterm Zaun.

Die Zeitung weiß keine Zeile vom
Turmbau. Das Messer
findet den Mörder nicht. Er
lacht mit Abel.

Das Gras ist unverwelklicher
grün als der Lorbeer. Im
Rohr der Rakete
nisten die Tauben.

Nicht irr surrt die Fliege an
tödlicher Scheibe. Alle
Wege sind offen. Im Atlas
fehlen die Grenzen.

Das Wort ist verstehbar. Wer
ja sagt, meint ja, und
ich liebe dich bedeutet: jetzt und
für ewig.

Der Zorn brennt langsam. Die
Hand des Armen ist nie ohne
Brot. Geschosse werden im Flug
gestoppt.

Der Engel steht abends am Tor. Er
hat gebräuchliche Namen und
sagt, wenn ich sterbe:
Steh auf!

Rudolf Otto Wiemer [6]

Frühling 1938

Heute, Ostersonntag früh
Ging ein plötzlicher Schneesturm über die Insel.
Zwischen den grünenden Hecken lag Schnee. Mein
    junger Sohn
Holte mich zu einem Aprikosenbäumchen an der
    Hausmauer
Von einem Vers weg, in dem ich auf diejenigen
    mit dem Finger deutete
Die einen Krieg vorbereiteten, der
Den Kontinent, diese Insel, mein Volk,
    meine Familie und mich
Vertilgen mag. Schweigend
Legten wir einen Sack
Über den frierenden Baum.

Bertolt Brecht[7]

III.

Ende der sechziger Jahre wuchs meine Unruhe. Ich war nun in Genf beim Ökumenischen Rat der Kirchen. In gewisser Weise war ich zu Hause, denn diese ökumenische Bewegung war meine „Heimat", ihr Ziel mein „gelobtes Land".

Nicht, daß mich die Arbeit in Genf enttäuscht hätte. Der Alltag ökumenischer Administration ist ebenso spannend, ebenso randvoll mit neuen Erfahrungen, Erkenntnis- und Wirkmöglichkeiten, wie es die ökumenischen Feste sind, die großen internationalen Konferenzen.

Aber niemand kann ökumenische Arbeit tun, ohne unter den drei großen Kreuzen der ökumenischen Bewegung zunehmend zu leiden.

Da ist das Kreuz der wachsenden Glaubwürdigkeitslücke. In den sechzig Jahren seit Edinburgh[8] *ist ein außerordentlich eindrucksvoller und weithin auch überzeugender Konsensus errichtet worden, ein Konsensus im Problembewußtsein, in den Überzeugungen und Zielen. Aber es ist ein Konsensus der Worte. Außer in der ökumenischen Diakonie erzeugen diese Worte nahezu keine Praxis. Das ist nicht eine Frage des guten Willens. Der Ökumenische Rat ist von vornherein so entworfen, daß er gar nicht erst aktiv werden kann. Er ist eine Bewegung der Kirchen. Und die Kirchen haben seine Wirksamkeit beschränkt. Sie wollen ein Forum der Beratung, nicht ein Instrument der Entscheidungen und ihrer Verwirklichung. Ein Konsensus folgenloser Worte aber ist gefährlich und wird immer gefährlicher. Kierke-*

gaards Parabel von den Gänsen hat das auf ein unübertreffliches Bild gebracht.

Die Aktion, die dem Konsensus der Worte entspräche, läge bei den Kirchen. Aber da liegt das zweite Kreuz, das Kreuz einer doppelten Machtlosigkeit. Der ökumenische Rat einerseits hat keine Macht, um die Kirchen zur Aktion zu nötigen, keine Macht außer der berühmten, vielzitierten „Weisheit seiner Argumente" (W. Temple). Die reale Macht der Mitgliedskirchen andererseits ist ökumenisch kaum einsetzbar. Denn sie beruht auf der Organisation der Frömmigkeit der Mitgliedschaften, und diese Frömmigkeit ist durch und durch parochial, sie legitimiert und stabilisiert das Partikulare, das Einzelgewissen, die Kleingruppe, das örtliche Gemeinwesen, nicht seinen universalen Zusammenhang.

Und da liegt das dritte Kreuz. Der Konsensus der Worte wäre nur dann durch eine entsprechende Praxis einzulösen, wenn es gelänge, die Gewissen der Mitglieder aus ihrer parochialen Gefangenschaft zu befreien, den universalen Kontext menschlichen Daseins in der Welt von heute wirklich in der alltäglichen praxis pietatis zu befestigen und so die öffentliche Meinung in den Kirchen zu verändern. Das erst würde die Macht der Kirchen ökumenisch einsetzbar und den Ökumenischen Rat der Kirchen handlungsfähig machen. Ein direktes Einwirken der ökumenischen Bewegung auf die kirchlichen Mitgliedschaften ist aber ebenso verboten wie unmöglich. Es ist unendlich weit von der Basis örtlicher Gemeinden bis zu den Entscheidungsgremien auf der transnationalen Ebene als der Ebene ökumenischer Handlungsfähigkeit.

Muß also das ökumenische Spiel ein Spiel mit Worten bleiben?

Die Beunruhigung durch diese Frage wurde größer in dem Maße, in dem Sie mit Ihrer Strategie Veränderungen nicht nur diskutierten, sondern bewirkten, in dem Sie jenen Druck auf die Institutionen, auf die Universitäten, die Schulen, die Parteien, die Gewerkschaften tatsächlich erzeugten, von dem wir nur träumten, in dem Sie jenes Klima schufen, in dem die Veränderbarkeit und Veränderungsbedürftigkeit der gesellschaftlichen Verhältnisse wenigstens ins öffentliche Bewußtsein zu dringen begann. Der Mißerfolg Ihrer Aufstände schien sehr viel erfolgreicher zu sein als der Erfolg der ökumenischen Bewegung, der von Jahr zu Jahr größer und sichtbarer wurde.

Ich bin bald aus Genf weggegangen, nicht dieser Unruhe wegen, sondern aus ganz anderen Gründen. Aber die Unruhe ist seither nur gewachsen. Welche Relevanz, welches Gewicht, welche die Kirche und die Gesellschaft erneuernde Kraft hat die ökumenische Utopie? Was bewegt die ökumenische Bewegung?

Ich wurde eingeladen, an der Sitzung der Kommission für „Glauben und Kirchenverfassung" im August 1971 in der belgischen Universitätsstadt Löwen[9] teilzunehmen und einen kritischen Bericht darüber zu schreiben. Auf dem Weg nach Löwen traf ich Sie, ganz zufällig. Ich erzählte Ihnen, was ich vorhätte. Ich freute mich auf Löwen, und ich zeigte meine Freude. Sie sagten, mit der etwas brutalen Offenheit, die offenbar zum Stil Ihrer Rebellion gehört, Sie hielten ökumenische Reisen für verschwendete Zeit.

Das hat mich getroffen. Und als ich in meinem Zug nach Belgien saß, beschloß ich, genau dies zum Ausgangspunkt meiner Beobachtung in Löwen zu machen. Ist die ökumenische Reise verschwendete Zeit? Ist sie am Ende auch für mich und meine Freunde verschwendete Zeit? Ich wollte die Vorgänge in Löwen so weit wie irgend möglich mit Ihren Augen beobachten, mit den Augen eines Distanzierten. Ich bin zwar ein Ökumeniker, und in gewisser Weise werde ich es auch bleiben. Die ökumenische Bewegung ist meine Heimat. Aber es kann ja geschehen, daß die Heimat, die man liebt, einem fremd wird. Es kann sogar sein, daß man die Heimat verlassen muß, weil sie einen einengt.

Hier sind Notizen, die ich mir gemacht habe, Überlegungen, die ich angestellt habe. Was für Schlüsse ich daraus ziehen soll, weiß ich noch nicht. Aber ich glaube nicht, daß ich meine Zeit verschwendet habe. Ich bin gespannt auf Ihr Urteil.

Mit freundlichen Grüßen, Ihr L.

Einheit, die wir suchen

1.

Die Liebe des Vaters und des Sohnes in der Einheit des Heiligen Geistes ist die Quelle und das Ziel der Einheit, welche der dreieinige Gott für alle Menschen und die ganze Schöpfung will.

Wir glauben, daß wir an dieser Einheit Anteil haben in der Kirche Jesu Christi, der *vor* allem ist und *in* dem alles besteht. In ihm allein, den der Vater zum Haupt des Leibes gesetzt hat, hat die Kirche ihre wahre Einheit. Zu Pfingsten wurde die Wirklichkeit dieser Einheit offenbar in der Gabe des Heiligen Geistes, durch den wir in dieser gegenwärtigen Zeit die Erstlingsgabe jener vollkommenen Einheit des Sohnes mit dem Vater erkennen, die in ihrer Fülle erst erkannt werden wird, wenn alle Dinge von Christus in seiner Herrlichkeit zusammengefaßt werden. Der Herr, der am Ende alle Dinge zur vollen Einheit führt, ist der, der uns nötigt, die Einheit zu suchen, die sein Wille für seine Kirche hier und jetzt auf Erden ist.

2.

Wir glauben, daß die Einheit, die zugleich Gottes Wille und seine Gabe an seine Kirche ist, sichtbar gemacht wird, indem alle an jedem Ort, die in Jesus Christus getauft sind und ihn als Herrn und Heiland bekennen, durch den Heiligen Geist in eine völlig verpflichtete Gemeinschaft geführt werden, die sich zu dem einen apostolischen Glauben bekennt, das eine Evangelium verkündigt, das eine Brot bricht, sich im gemeinsamen Gebet vereint und ein gemeinsames Leben führt, das sich in Zeugnis und Dienst an alle wendet.

Sie sind zugleich vereint mit der gesamten Christenheit an allen Orten und zu allen Zeiten in der Weise, daß Amt und Glieder von allen anerkannt werden und daß alle gemeinsam so handeln und sprechen können, wie es die gegebene Lage im Hinblick auf die Aufgaben erfordert, zu denen Gott sein Volk ruft.

3.

Wir glauben, daß wir für solche Einheit beten und arbeiten müssen.

4.

Diese kurze Beschreibung unseres Zieles läßt viele Fragen unbeantwortet. Wir sind uns noch nicht darüber einig, wie das eben beschriebene Ziel aufzufassen und mit welchen Mitteln es zu erreichen ist. Es ist uns klar, daß Einheit nicht einfach Uniformität der Organisation, des Ritus oder der Lebensform bedeutet.

Wir alle bekennen, daß sündiger Eigenwille am Werk ist und uns getrennt hält und daß wir in unserer menschlichen Unwissenheit die Linien von Gottes Plan für die Zukunft nicht klar erkennen können.

Aber wir sind der festen Hoffnung, daß Gottes Wille, wie er in der Heiligen Schrift bezeugt ist, durch den Heiligen Geist für uns und in uns immer mehr enthüllt wird. Die Einheit zu gewinnen, bedeutet nichts Geringeres, als daß viele Formen des kirchlichen Lebens, wie wir sie kennen, sterben und wiedergeboren werden müssen. Wir glauben, daß letzten Endes kein geringerer Preis gefordert ist.

Erklärung der III. Vollversammlung des Ökumenischen Rates der Kirchen zur Einheit der Kirche, beruhend auf einer von der Kommission für „Glauben und Kirchenverfassung" in St. Andrews, Schottland 1960 erarbeiteten Formulierung. Bis heute ist dies die klarste Zielformulierung der ökumenischen Bewegung [10].

Eine Meditation zur Aufmunterung

Gesetzt den Fall, die Gänse könnten sprechen; dann würden sie sich so eingerichtet haben, daß sie ihre religiöse Andacht, ihren Gottesdienst haben könnten. Jeden Sonntag kämen sie zusammen, und ein Ganter predigte ihnen. Der wesentliche Inhalt seiner Predigt wäre: was für eine erhabene Bestimmung hat doch die Gans, was für ein hohes Ziel hat der Schöpfer (und jedesmal wenn Sein Name erwähnt wird, knicksen die Gänse, und die Ganter neigen ihr Haupt) der Gans gesetzt; mit ihren Schwingen könnte sie in entfernte Gegenden, zu gesegneten Klimaten fliegen, wo sie eigentlich zu Hause ist, denn hier ist sie ja ein Fremdling. So ginge es jeden Sonntag, und wenn die Versammlung aufbräche, watschelte jede heim an ihre eigenen Geschäfte. Und am nächsten Sonntag wieder zum Gottesdienst und wieder heim – und das war das Ende der Geschichte: sie gediehen und sahen gut aus, sie wurden fett und delikat – und wurden am Martinsabend aufgegessen – ja, das war das Ende der Geschichte.

Das war das Ende. Denn obgleich die Ansprache am Sonntag so erhaben geklungen hatte, waren die Gänse am Montag eifrig dabei, untereinander zu erzählen, was einer Gans widerführe, die den Wunsch hätte, ihre Flügel ernstlich zu gebrauchen, die ihr der Schöpfer verliehen hatte – was ihr zustieße, welch ein schrecklicher Tod ihr begegne. Darüber konnten sich die Gänse untereinander absolut verständnisvoll unterhalten. Aber am Sonntag davon zu reden, wäre natürlich unziemlich gewesen, denn, sagten sie, dann würde ja klar werden, daß unser Gottesdienst wirklich nur Gott und uns selbst zum Narren macht.

Nun waren aber unter diesen Gänsen einige Individuen, die so aussahen, als litten sie, und die blieben mager. Über diese wurde unter den Gänsen gewöhnlich so geredet: „Da siehst du, wohin es führt, wenn man das Fliegen ernst nimmt! Denn weil ihre Herzen von dem Wunsch zu fliegen ganz erfüllt sind, eben deswegen bleiben sie dünn, gedeihen nicht, haben die Gnade Gottes nicht, wie wir sie haben, die wir deswegen fett und delikat werden." Und so gingen sie am nächsten Sonntag wieder zum Gottesdienst, und der alte Ganter predigte wieder über das erhabene Ziel, das der Schöpfer (und wieder knicksten bei dieser Stelle die Gänse, und die Ganter neigten ihr Haupt) der Gans gesetzt hat, wofür denn ja die Flügel bestimmt seien [11].

Sören Kierkegaard

Der zweite Brief eine befremdende Welt betreffend

Lieber Freund!

Ökumenische Zusammenkünfte sind wie Hilton-Hotels. Sie sind in der ganzen Welt einander ähnlich wie ein Ei dem anderen. Die besondere Szenerie kommt nur als Hintergrund in Betracht, als Kulisse, als Ausflugsziel für die freien Stunden. Man hat im übrigen nicht viele freie Stunden. Entsprechend ihrer Herkunft im angelsächsischen Kulturbereich ist die ökumenische Bewegung überall auf der Welt gut für puritanischen Fleiß. An den Abenden wird grundsätzlich gearbeitet, an den Sonntagen meist auch. Gelegentlich findet ein Empfang statt, ein Trip in die Umgebung. Dann sieht man ein Stück Lokalkolorit – meist durch die Fenster eines Busses.

Es ist also irreführend, wenn ich sage: Ich fuhr nach Löwen (Louvain/Leuven). Ich war gar nicht in Löwen. Ich war auf einer Konferenz von „Glauben und Kirchenverfassung“ [12]. Diese Konferenz war zufällig in der belgischen Universitätsstadt Löwen, genauer in Heverlee bei Löwen, im Kolleg der flämisch sprechenden Jesuiten.

I.

Löwen, die alte Hauptstadt Brabants, ist ein wunderschöner alter Platz in der zweisprachigen Zone Belgiens. Ein Deutscher kommt nicht recht dazu, sich der Schönheit zu freuen. Denn die Stadt ist im Mai 1940 von den deutschen Armeen teilweise zerbombt und zerschossen worden. Allein die Universitätsbibliothek verlor annähernd eine Million zum Teil unersetzlicher Bücher. Das ist nicht vergessen.

Die ökumenische Bewegung ist übrigens auch sonst noch heute eine fortgesetzte Demutsübung für Deutsche, so wie neuerdings auch für US-Amerikaner. Grade weil es unter Ökumenikern immer so brüderlich und freundschaftlich zugeht, spürt man besonders nachdrücklich den „nichttheologischen Faktor“ einer anhaltenden Reserve gegen die häßlichen Deutschen und die häßlichen Amerikaner. Sie sind auch Brüder, natürlich. Daß diese beiden Sorten Brüder, vielmehr ihre Kirchen, heute den Ökumenischen Rat nahezu allein finanzieren, hilft auch nicht sonderlich. Niemand hat Auschwitz vergessen, niemand vergißt Vietnam – außer den Schuldigen und vielleicht den Jungen. Aber die Jungen haben ja genaugenommen auch nicht vergessen, sondern nur nicht erfahren und nicht begriffen.

Ich war fast erleichtert, daß der Sonntagsausflug, an dem ich teilnahm, nach Waterloo führte. Der gewaltige Löwe auf dem künstlichen Berg, den man der Schlacht zum Gedenken aufgehäuft hat, blickt nicht nach Deutschland, sondern nach Frankreich. Auf dem Rückweg von Waterloo holte uns die deutsche Vergangenheit dann wieder ein. Wir machten Station in Nivelles. Die Kirche dort ist neben vielem anderen auch durch den letzten Krieg zerstört. Ich sprach mit dem Konservator, der zufällig anwesend war. Er ist den Deutschen insgeheim dankbar. Denn durch die Zerstörung wurden im Fundament kostbare Reste eines präromanischen Kloster- und Kirchbaus zugänglich, erbaut über dem Grab der Heiligen Gertrud von Nivelles, siebentes Jahrhundert.

II.

Das Thema der Konferenz „Einheit der Kirche – Einheit der Menschheit" ausgerechnet in Löwen zu verhandeln, entbehrt nicht eines pikanten Reizes. Denn in Belgien führt der Sprachenstreit zur Trennung von lange Zusammengehörigem. Die Katholische Universität, gegründet 1425, ist in der Trennung begriffen, die flämische Zelle bleibt in Löwen, die französische Zelle erhält eine neue moderne Arbeitsstätte. Selbst die flämisch sprechenden und die französisch sprechenden Jesuiten leben in getrennten Häusern. Ich sprach einen der flämischen Patres auf dies Problem an. Er meinte zögernd: vielleicht seien gerade diese Trennungen ein Schritt zur wirksamen Einheit. Erst seit es an der Universität nicht mehr ständig um Positionen und Paritäten gehe, sei das Klima wirklich konstruktiv und kooperativ.

Ein Unterricht zum Thema Einheit. Die Einheit, die verlorenging, war die Einheit der Ungleichen. Flämisch war eine Sprache von Unterprivilegierten, vornehmlich von Bauern und Arbeitern. Die Herren, die Eigentümer und die Gebildeten sprachen mehrheitlich französisch, und wer französisch sprach, hatte die besseren Chancen. Der Sprachenstreit ist zu einem erheblichen Teil ein Klassenkonflikt und die alte Einheit vor allem eine Einheit zugunsten der Oberklassen. Was im Großen gilt, für die weltweite Auseinandersetzung der sogenannten „Weißen" mit den sogenannten „Farbigen", der Entwicklungsländer mit den Industriegesellschaften, das gilt auch für die lokalen Konflikte. Die neue Einheit, die wirkliche Einheit, die Einheit der Gleichen, nein, die Einheit derer, die in ihrer Verschiedenheit gleichen Rechts sind, gibt es nur um den Preis einer Umverteilung der Macht, eines Ausgleichs in den Chancen. Und das heißt: Trennung des schlecht, weil latent gewaltsam Geeinten, Ermöglichung der Konfrontation um einer künftigen besseren Einheit willen. Wieviel an dieser Formel ist wahr auch für die Kirchen?

III.

„Glauben und Kirchenverfassung" war das erstemal mit einer so repräsentativen und gewichtigen Unternehmung bei einer Institution der römischen Kirche zu Gast. Die flämischen Jesuiten waren vorzügliche Gastgeber, gelegentlich verschreckt durch den Lärm, den runde vierhundert Ökumeniker,

Erzbischöfe wie Theologiestudenten, zu produzieren vermögen, amüsiert über einen unerwartet hohen Weinverbrauch, ernsthaft beunruhigt eigentlich nur durch zwei Dinge: durch das hohe Maß an theologischer und anderweitiger Inkompetenz, das auch in einer so illustren Versammlung der Weltchristenheit sichtbar war, und durch den eher konservativen Geist, der die Arbeit beherrschte.

Ich hatte zwei intensive Gespräche mit Patres von Heverlee, die im wesentlichen die undankbare Arbeit ökumenischer Stewards taten. Der eine war ein Luther-Spezialist, der andere ein Kenner der marxistischen Klassiker. Beide lachten gern und schimpften mit Hingabe. Sie schimpften vor allem über die nachkonziliare Ängstlichkeit ihrer eigenen Hierarchie und die Basisferne des Ökumenismus, dem sie in uns begegneten. Sie waren beide Radikale, im guten Sinne des Wortes, Leute, die der Wahrheit und ihrer Beschädigung auf den Grund und an die Wurzel gehen wollten.

Auch das ein Schlaglicht auf das Thema der Konferenz. Die Einheit der Kirche entscheidet sich nicht mehr nur an den traditionellen Bruchlinien konfessioneller, nationaler, positioneller Gegensätze, so wichtig diese auch immer noch sind. Der tiefste Riß trennt die Träumer von den Rechnern, die Bestandswahrer von den Neuerern, die Ordnungsliebenden von den Freiheitsliebenden. Und das ist ein Riß, der durch jede Konfession, jede Kirche, jede Gemeinde, überhaupt jede menschliche Gruppierung verläuft. Auch geht es letztlich nicht nur um grundverschiedene Einstellungen und Meinungen, sondern um eine elementare Unvereinbarkeit der Welterfahrung. Die beiden Gruppen hören und sehen verschieden, dieselbe Wirklichkeit fühlt sich für sie ganz verschieden an. Auch ist es eine vorletzte Wahrheit, dies sei ein Generationsproblem, ein Problem zwischen denen, die schon Verantwortung tragen, und denen, die sich Träume noch leisten können. Die beiden Päpste des II. Vatikanum trugen die gleiche Verantwortung, sie waren beide Greise und beide Konservative in des Wortes doppelter Bedeutung. In ihrem Weltgefühl waren sie unterschieden wie Tag und Nacht. Manchmal fragt man sich, ob es sich bei dieser Trennung nicht um eine Art Mutationsschwelle handelt, um eine Veränderung in der Struktur des Wahrnehmungsapparates. Die Patres von Heverlee lebten deutlich jenseits, ein Großteil ihrer Gäste diesseits dieser Schwelle. Wertungen vergehen einem mehr und mehr. Aber: Welche Einheit gibt es zwischen Ungleichzeitigen?

IV.

Die Kommission war nicht nur bei Katholiken zu Gast, sie arbeitete aufgrund eines Beschlusses von Uppsala zum erstenmal mit einer Gruppe von römisch-katholischen Vollmitgliedern. Zwar scheint die Annäherung zwischen Rom und Genf zu stagnieren, aber das Konzil ist nicht rückgängig gemacht. Es gibt gemeinsame Institutionen. Und es gibt einen auf Dauer gestellten Dialog. Die Vollmitgliedschaft römisch-katholischer Theologen in „Glauben und Kirchenverfassung" bedeutet noch einmal einen qualitativen Schritt über den formellen Dialog hinaus.

Zwar hat die Kommission ein klar umgrenztes Thema: „Fragen der Glaubenslehre, der Verfassung und des Gottesdienstes zu untersuchen wie auch die damit verbundenen sozialen, kulturellen, politischen, rassischen und anderen Faktoren in ihrer Bedeutung für die Einheit der Kirche" (Satzung 3b)[13]. Sie ist ein Forum theologischer Auseinandersetzung und Zusammenarbeit in Sachen Einheit der Kirche. Aber wie manche andere Einrichtung der ökumenischen Bewegung ist sie de facto mehr als de jure. De facto ist sie eine der Hauptwerkstätten der ökumenischen Theologie. Sie macht nicht nur theologische Aufräumungsarbeiten. Sie baut an einem Konsensus. Sie entwirft (zusammen mit anderen Abteilungen des ÖRK, zum Beispiel „Kirche und Gesellschaft") die Theorie einer Weltgemeinschaft von Kirchen, die zwar festhält an ihrer strategischen Formel, sie sei selbst nicht Kirche in irgendeinem präzisen und präzisierbaren Sinn (Toronto 1950), die aber ganz zweifellos ekklesiale Realität hat. Und an der Theologie dieser Gemeinschaft, am Konsensus dieser Gemeinschaft arbeiten offiziell vom Einheitssekretariat in Rom ernannte römisch-katholische Theologen hinfort mit.

Was das bedeutet, kann man verschieden ausdrücken. Als „Glauben und Kirchenverfassung"[14] 1920 in Genf gegründet wurde, sagte der geistige Vater der Bewegung, Charles H. Brent: „Ich glaube nicht, daß es seit der Spaltung der Kirche vor langen Jahrhunderten je eine so repräsentative Versammlung wie diese gegeben hat, mit dem einzigen Ziel, das zu tun, was der sichtbaren Einheit der Kirche dient."[15] Anwesend waren damals Vertreter aus 40 Ländern und 70 Kirchen. Seither gab es ein rasches, ununterbrochenes Wachstum. Und was Brent von Genf 1920 sagte, galt von Löwen 1971 in einem mit der Ursprungslage kaum noch vergleichbaren Sinn. Denn mit den Vertretern der römischen Kirche standen die hier versammelten Theologen sicherlich für mehr als 90 Prozent der Weltchristenheit oder doch ihre religiösen Organisationen und ihr Denken.

Man kann auch sagen: Zum erstenmal in der Geschichte der ökumenischen Bewegung sind bei einer ökumenischen Konferenz die wahren Mehrheitsverhältnisse in der Weltchristenheit einigermaßen sauber dargestellt gewesen: die Kirchen des „katholischen" Typs (Orthodoxie, Rom, die Anglikanische Kommunion) den protestantischen Flügel weit überwiegend. Zahlenmäßig stimmte es zwar auch in Löwen noch nicht, denn sonst hätte die Mehrheit der Teilnehmer aus der römischen Kirche kommen müssen, und das verhindern die ökumenischen Zahlenspiele. Immerhin, ein erstes Mal waren die großen Traditionen des Christentums von der Orthodoxie bis zur Pfingstbewegung in der ganzen Breite gleichberechtigt und gleichverpflichtet vertreten und miteinander im Spiel.

Nur, derlei statistischer Triumphalismus ist in hohem Grade irreführend. Im Plenum zum Beispiel schwiegen die Vertreter Roms. Und es war ein ominöses Schweigen. Nicht das Schweigen der „Neuen", das man ja verstehen könnte. Auch nicht das Schweigen mangelnden Interesses oder mangelnden Beteiligtseins. Ich vermute, der Grund war eine tiefreichende Unsicherheit.

V.

Zum einen weiß niemand genau, wer denn die römische Kirche heute eigentlich sei. Belgien liegt nah bei Holland. Auch dort weht ein verhältnismäßig scharfer, reformerischer, der ökumenischen Bewegung günstiger Wind. Das Einheitssekretariat in Rom, das die Vertreter der römisch-katholischen Delegation ernennt, ist demgegenüber viel zurückhaltender, obwohl es seinerseits im Vergleich zu den traditionellen Kräften des Vatikans geradezu eine ökumenische Avantgarde darstellt. Für wen sprechen die römisch-katholischen Theologen, wenn sie bei „Glauben und Kirchenverfassung" sprechen? Im Grunde weder für diese oder jene Bischofskonferenz noch für das Einheitssekretariat, noch für den Heiligen Stuhl. Sie sind Theologen, und als Theologen sind sie nicht die verantwortlichen Träger des kirchlichen Lehr- und Leitungsamtes. Sie sprechen für sich selbst, im Rahmen einer erheblichen akademischen Freiheit und, auch soweit sie eher konservative Leute sind, aus einem entsprechend fortgeschrittenen Problembewußtsein.

Nun ist das natürlich auch bei den anderen Kommissionsmitgliedern nicht anders. Auch sie sind nur insoweit Vertreter ihrer Kirchen, als diese ihrer Ernennung durch die Vollversammlung des ÖRK zugestimmt haben. In dem, was sie sagen, was sie zur ökumenischen Arbeit beitragen, können auch sie nur sehr begrenzt im Namen ihrer Kirchen sprechen, nämlich nur, soweit sie am Konsensus ihrer Kirchen teilhaben, und in der Hoffnung, daß die Kirchen den Arbeitsergebnissen schließlich zustimmen.

Aber gerade die Vertreter Roms sind nicht gewohnt, in einer transkonfessionellen Öffentlichkeit derart experimentell zu reden und zu arbeiten. Außerdem treten sie zu einer Bewegung hinzu, die seit fünfzig Jahren an der Arbeit ist. Gerade in Löwen zeigte sich stärker als je zuvor, wieweit der ökumenische Konsensus schon fortgeschritten ist, selbst in so zentralen Fragen wie Schrift und Tradition, Amt und Sakramente. Wie verhält sich Rom, wie verhalten sich römisch-katholische Theologen gegenüber diesem Konsensus, wenn sie nun als Vollmitglieder mitzusprechen haben? Übernehmen sie ihn, obwohl er nicht in ihrer Sprache formuliert ist? Oder stellen sie ihn, einfach durch ihr Hinzutreten, wieder von Grund auf in Frage? Lukas Vischer, der Direktor des Genfer Sekretariats für „Glauben und Kirchenverfassung", hat dies zentrale Problem der neuen Repräsentativität der Kommision in der zurückhaltenden Sprache ökumenischer Diplomatie, aber sehr klar angespielt: „Inwiefern sind die Voraussetzungen der Arbeit . . . verändert worden? Welche neuen Möglichkeiten eröffnet die aktive Teilnahme des römisch-katholischen Denkens? Und umgekehrt: inwiefern werden Übereinstimmungen, die früher erzielt worden sind, dadurch in Frage gestellt? Müssen alte Themen und Fragestellungen jetzt in einem neuen Rahmen behandelt werden?" (Lö 204.)

VI.

Das verweist auf die noch tiefer liegende, nie wirklich geklärte Frage, welche Qualität der ökumenische Konsensus überhaupt hat. Da ist einmal der wachsende Pluralismus in den einzelnen Kirchen, auch in der römischen Kirche. Da ist zum anderen die Unklarheit hinsichtlich des Mandats von Kirchenvertretern in ökumenischen Gremien und des Mandats der ökumenischen Bewegung selbst. Die beiden Probleme radikalisieren sich gegenseitig. Und es bleibt schlicht zu fragen: Was tut Faith and Order? Was tut die ökumenische Bewegung? Antwort: Sie ist ein – zugegeben: sehr ernsthaftes – Spiel mit einer Möglichkeit. Sie ist – abgesehen von ihrer Funktion als Instrument internationaler Zusammenarbeit – eine Werkstatt, in der Zukunft entworfen, eine Option für die Kirchen erarbeitet wird. Sie ist eine Antizipation.

Wiederum: Das Spiel mit der Möglichkeit erzeugt, wenn man es nur ernsthaft und lange genug spielt, Wirklichkeit. Der Ökumenismus ist schlechterdings nicht rückgängig zu machen. Eine Kirche kann aus der Bewegung organisatorisch wieder ausscheiden, wie etwa die Burenkirchen Südafrikas. Aus dem ökumenischen Sog kommen sie so aber nicht mehr heraus.

Das ist es, was, wie ich vermute, die römisch-katholischen Theologen schweigen machte. Ihre Kirche nimmt Worte in gewisser Weise viel ernster als die Kirchen des Wortes. Für sie sind Worte Rechtsakte, jedenfalls unter bestimmten Bedingungen. Und auch das Spiel mit der Möglichkeit solcher Worte wirft bereits Rechtsprobleme auf. Die Wahrheit ist: Wenn Rom das ökumenische Spiel ernsthaft mitzuspielen beginnt, hört es endgültig auf, ein Spiel zu sein. Weil die anderen Kirchen die Frage der Autorität sehr viel offener lassen, können sie unbeschwerter spielen und meinen, sie seien noch nicht voll verpflichtet. Roma locuta ludus finitus.

VII.

Ich nahm teil an einem Ausschuß, der mir ein völlig neues „Ökumene-Gefühl" gab. In den Ausschüssen nämlich schwiegen die Vertreter Roms nicht. Und auf einmal – das lag freilich auch an den Verhandlungsgegenständen – waren die Vertreter der protestantischen Theologien in einer deutlichen Minderheit. Die Diskussion spielte auf weite Strecken fast ausschließlich zwischen den Orthodoxen, den Katholiken und den Anglikanern. Plötzlich klangen die Voten der Protestanten wie Randbemerkungen. Ich beobachtete, daß meine Reaktionen merkwürdig ambivalent waren. Einerseits dachte ich: Endlich! Endlich hört die ökumenische Bewegung auf, eine innerevangelische Auseinandersetzung mit orthodoxen Fußnoten zu sein! Endlich bestimmt die bislang schweigende Mehrheit die Diskussion. Andererseits fragte ich mich: Was wird nun werden? Wird die Reformation durch Mehrheitsvotum rückgängig gemacht?

Dann sah ich, daß ich einer akustischen Täuschung aufsaß. Die Mehrheit sprach, aber ihre Verhandlungssprache war Englisch. Sie sprach, aber indem sie sprach, unterwarf sie sich protestantischen Sprach- und Denkstrukturen, protestantischer Welterfahrung, protestantischem Problembewußtsein. Zudem: Die da sprachen, waren alle Grenzgänger. Die konfessionellen Grenzregelungen stimmen ja alle nicht mehr. Das Erbe der Reformation ist zu einem nicht geringen Teil in Rom, Konstantinopel und Moskau aufgehoben, und zwar gut aufgehoben. Und es gibt in den protestantischen Kirchen einen ‚Katholizismus' erster und zweiter Hand, der zunehmend an Boden gewinnt.

VIII.

Als dann der Ausschuß daran ging, den wichtigsten Text auszuarbeiten, den Löwen hervorgebracht hat, den Text über „Konziliarität" (s. S. 204), waren die alten Verhältnisse vollends wiederhergestellt. Nicht, als wäre dieser Text ein spezifisch protestantischer Text im Sinne eines besonderen gemeinprotestantischen Denkstils. Nein, es ist in Wahrheit der Text eines einzelnen, eines ökumenischen Charismatikers, der der ökumenischen Bewegung schon in Neu-Delhi (1961) die wichtigsten Formeln vorgesagt hat. Natürlich, das Thema der Konziliarität war schon seit Jahren angespielt. Und der Ausschuß hat an dieser Vorlage gearbeitet, gefeilt, gestrichen, korrigiert. Es ist zweifellos ein Konsensustext.

Dennoch ist das ein weiteres Problem der ökumenischen Bewegung: sie hat immer von Charismatikern gelebt, und sie tut es noch, in einem viel höheren Maße als die Mitgliedskirchen. In jeder ökumenischen Begegnung gibt es Drahtzieher und Hinterbänkler, dazwischen wenig. Man kann die Geschichte des Ökumenismus in der Form von drei bis vier Dutzend Biographien schreiben und wird sie dadurch nicht allzusehr verzerren. Darin liegt nichts Negatives. Auch die altkirchlichen Konzile werden viel stärker von solchen charismatischen Einzelnen beherrscht gewesen sein, als man heute an den Konsensus-Texten erkennen kann. Irgend jemand muß schließlich auch das Nicänum „gedraftet" haben.

IX.

Trotzdem: Immer rätselhafter wird, was die Grundformel seit Amsterdam, die ökumenische Bewegung sei eine Bewegung der Kirchen, eigentlich bedeutet. Die Kirchen sind Mitglieder des Rates, aber merkwürdig entpflichtete oder doch jedenfalls noch nicht voll verpflichtete Mitglieder. Ihre Vertreter in den ökumenischen Gremien haben ein Mandat der Kirchen, aber ein sehr diffuses: sie können viel sagen, aber es ändert und bewirkt wenig, jedenfalls offiziell. Der ökumenische Konsensus ist beträchtlich, aber er steht in der Sprachform des Eventualis. Die Bewegung vertritt irgendwie eine Milliarde Christen, aber alle ihre Durchbrüche stehen auf dem Engagement und dem Einfallsreichtum von ganz wenigen charismatischen Führern.

Die ökumenische Bewegung ist eine Art Tagtraum weniger für die vielen, und die Frage, ob dieser Tagtraum letztlich ein Wahrtraum oder eine Illusion gewesen sein wird, muß vorerst offenbleiben.

Daß er unabsehbare Wirkungen hat, heute schon und überall auf der Welt, läßt sich keinesfalls bestreiten. Dieser Traum hat wahrscheinlich Tausende von Leben gerettet, Millionen Flüchtlinge beherbergt, Kranke geheilt bis hinein in das Herz des Dschungels, Schulen und Universitäten errichtet, Friedensverhandlungen ermöglicht, auch wo heute niemand mehr davon spricht. Dieser Traum hat Sprache produziert für die ganze Menschheit, ohne ihn gäbe es zum Beispiel den wichtigsten Konsensustext dieses Jahrhunderts nicht: die Allgemeine Erklärung der Menschenrechte[16]. Dieser Traum hat auch viele Christen und ihre Organisationen grundlegend verändert, wenn auch auf eine merkwürdig ungreifbare Weise. Sie denken anders, sie fühlen anders, sie handeln anders, sie streiten sich anders, sie geben ihr Geld anders aus, ihre Wertskalen und Prioritäten haben sich verändert.

Die Veränderung kann man greifen, das Verändernde kaum. Ein paar tausend Menschen haben Reisen gemacht und an internationalen Begegnungen teilgenommen. Riesige Bibliotheken sind von Ökumenikern seit 1910 produziert worden. Sie stauben allmählich ein und werden wenig gebraucht. In den Büchern findet man das Verändernde nicht, jedenfalls nicht auf den ersten Blick, auch nicht in den Büchern von „Glauben und Kirchenverfassung". Was bewegt die ökumenische Bewegung?

X.

Immer aufs neue quälend ist das gottesdienstliche Leben einer ökumenischen Konferenz. Dabei fängt das ökumenische Erleben eines Menschen zweifellos gerade hier an, bei der Erfahrung des gemeinsam gesprochenen Vaterunsers, der unbestreitbaren Heimatlichkeit auch der fremdesten liturgischen Tradition. Ist der erste Schock der Fremdheit überwunden, dann weiß man: Die Grundstruktur der Liturgie ist weltweit dieselbe, immer noch. Die Spiritualität der tausend Christentümer lebt von ein und derselben Verheißung und äußert sich in denselben Symbolen, Gesten, Ritualen, Bedürfnissen, Voreingenommenheiten, Leiden und Ekstasen. Es gibt ein Kontinuum religiöser Erfahrung und symbolischer Interaktion von den Erzvätern über den Jüngerkreis Jesu bis zu den christlichen Gemeinden unserer Zeit, wo sie sich auch versammeln.

Eben darum wird das liturgische Protokoll der ökumenischen Bewegung von Mal zu Mal unerträglicher. Man gibt interkonfessionelle Empfänge und macht interkonfessionelle Visiten, man besucht eine Art liturgiegeschichtlicher Ausstellung: hier ein Saal voll byzantinischer Ikonen, dort ein Saal mit unvollendeten Werken des Reformkatholizismus, zum Schluß die große Vorhalle mit den kaum sinnvoll zu katalogisierenden, immer ein wenig zusammengestoppelt wirkenden Schätzen evangelischer Frömmigkeit. Und überall sind einige ausgeschlossen oder schließen sich selber aus. Man ist eins in einem Kontinuum der Spiritualität, trotz unendlicher, nahezu gegensätzlicher Ausdifferenzierungen, aber die Gemeinschaft, die bei ökumenischen Treffen tatsächlich vollzogen wird, ist die einer ästhetisierenden Scheinpartizipation auf dem Umweg über historisches Einfühlungsvermögen.

XI.

Man geht zu einer orthodoxen Liturgie, barmherzig verkürzt zugunsten protestantischer Konzentrationsschwäche, ärgert sich über die Männerchortradition des 19. Jahrhunderts, die mit der liturgischen Klassik der alten Kirche so schlecht zusammenklingt, sucht sich mühsam seinen Weg durch die auf schlechtem Papier vervielfältigten Texte, um doch wenigstens ein Stückweit dabeizusein, und freut sich darüber, daß nach der Eucharistie wenigstens das Brot der Armen an die Außenstehenden verteilt wird: eine Art Interkommunion durch die Hintertür.

Man ist tagelang unruhig, weil das Gerücht umgeht, der reformgesonnene Kardinal werde einen Weg finden, um die sonntägliche Messe für alle zu öffnen. Man sieht nicht, wie das gelingen soll, und hofft doch, weil man auf den Durchbruch wartet.

Die offene Messe findet dann natürlich doch nicht statt. Die Bischöfe tauschen den Friedenskuß, ohne daß auf Sukzession oder Sukzessionslosigkeit Rücksicht genommen wird – Titel genügt. Dann folgt die Gemeinde. Im übrigen: ein Gottesdienst, so makellos, so strahlend wie die einheitlich weißen, völlig pomplosen Gewänder der Zelebranten. Mit Ausnahme zweier oder dreier Gebetsformulierungen kann man das alles mitvollziehen. Und man möchte es mitvollziehen, nicht aus Sentimentalität, nicht aus Einheitsnostalgie, sondern weil es authentisch ist, würdig, voller wirklicher Spannung, nicht „modern", sondern aktuell, ebenso frei von subjektivistischer Willkür wie von ritualistischer Erstarrung; weil man sich denken kann, da hineinzuwachsen; weil man diesen Kardinal als einen Bischof der einen Kirche wie selbstverständlich anerkennt und in Anspruch und beim Wort nehmen möchte. Aber man wird in die Rolle des Zuschauers bei einer Aufführung abgedrängt, man ist nicht ganz „in" und nicht ganz „out". Man würde sich die Funktion des Katechumenen, der nach dem Wortgottesdienst nach Hause geschickt wird, ja vielleicht sogar gefallen lassen, wenn denn Arkandisziplin herrschen soll. Das wäre doch wenigstens ein ernsthafter Vorgang, zumal Schülersein im Christentum von Jesus an eine gewisse Tradition hat. Aber man wird nicht nach Hause geschickt, man darf gern zusehen, wie die andern ihre Feste feiern, nur leider, ein Platz am Tisch ist da nicht. Und so wird aus dem Ernst ein Spiel, ein Mysterienspiel, von einigen vor anderen inszeniert. Was authentisch war, verliert sekundär seine Authentizität. Und man starrt mit einiger Bitterkeit auf die Entschuldigungsformel, die vorsorglich auf den Gottesdienstzettel gedruckt ist, auf Seite 1, versteht sich, außerhalb des Formulars: „Da der gegenwärtige Stand der ökumenischen Entwicklung es uns noch nicht erlaubt, an dem einen Tisch des Herrn gemeinsam zu kommunizieren, wollen wir unsere Traurigkeit darbringen, damit der Herr den Tag rascher herbeiführe, da alle Christen imstande sein werden, ihre Versöhnung untereinander in Christus zu manifestieren und der Welt ein sichtbares Zeichen ihrer Bruderschaft darzubringen, erfüllt und erfahren in der einen und selben Eucharistie des Glaubens, der Hoffnung und der Liebe." [17]

Die eucharistische Theologie, die in der ökumenischen Bewegung mehr und mehr beschworen wird, schließt alles zusammen, Himmel und Erde, Vergangenheit, Gegenwart, zeitliche und ewige Zukunft, den Geist und das Material, das Herz und den Kosmos. Nur leider, Stiefbrüder sind vorerst nicht zugelassen.

XII.

Man hofft auf die Jungen, denen gelegentlich etwas einfällt. Sie machen einen Morgengottesdienst vor dem Kolleg auf dem Rasen. Aber das ist eher noch schlimmer als alles andere. Man steht im großen Kreis. Man singt ein bißchen religiöse Folklore in Rhythmen, die vor zwanzig Jahren modern waren. Man grüßt sich mit einer ganz alten Formel, die nicht erschlossen wird. Man bekommt dann eine dramatische Darstellung dessen, „was uns trennt", vorgeführt und soll sich mit seinem Nachbarn über die Exkommunikation unterhalten, die wir ständig aneinander üben (ich stand neben einem Bischof der griechischen Kirche; wir waren uns einig: auch unbeholfene Ersatzlösungen wie diese haben exkommunizierende Wirkung!). Dann ein unfehlbar alle rührendes und anrührendes Gebet, eine Art ökumenischer Schlager: das Friedensgebet des Franziskus. Es geht Brot im Kreis herum, einer gibt es dem andern, aber das Frühstück ist schon gewesen, und das Brot ist schwer zu kauen und zu schlucken ohne Getränk. Ein Lied – We are One in the Spirit! – und der Friedenskuß bilden den Abschluß.

Gut gemeint, das alles, aber es fehlte jene strenge Authentizität der Messe ebenso wie die ekstatische Authentizität der eucharistischen Mähler bei den Bürgerrechts- und Ostermärschen, wo man das Brot teilt, weil man bei derselben wichtigen Sache hungrig geworden ist und weil es geteilt besser schmeckt, nicht weil man Ersatzsymbole für Symbole sucht.

Meine einzige eucharistische Erfahrung in Löwen, abgesehen von solchen, die nicht im Programm vorgesehen waren: das Abendessen nach Abschluß der Konferenz. Es war ein Essen mit Schriftlesung, Lied und Gebet. Aber das war es nicht, was diese Mahlzeit für mich zu einem Akt vollzogener Versöhnung, des Zusammengeschlossenwerdens über alle Grenzen hinweg machte. Vielmehr saß ich neben einem katholischen Kleriker aus Indien, einem sehr dunklen und sanften Mann, und er erzählte mir die Geschichte von „Yudhishthiras letzter Erprobung" aus der Mahabharata, von jenem heiligen Mann, der sich weigert, ins Paradies einzutreten, weil er seinen Hund, den er liebt, zurücklassen soll. Keine christliche Geschichte, aber eine erbauliche Geschichte. Mir hat immer scheinen wollen, die religiösen Traditionen Asiens hätten mindestens dies eine den christlichen voraus, daß die Solidarität nicht endet, wo das Menschsein endet: auch Tiere sind brüderliche Geschöpfe.

XIII.

Die gelebte Solidarität hatte im übrigen in Löwen ihre sehr natürlichen Grenzen. Ökumenische Treffen sind oft genug merkwürdig weltlos. Ihr Pro-

gramm nimmt keine Rücksicht auf die Zeiten der Nachrichtensendungen im Fernsehen. Man ist meist zu müde, um ordentlich Zeitung zu lesen. Die Umwelt liegt wie hinter einer Glaswand. Bei anderen Gelegenheiten sorgt wenigstens die Präsenz einer meist ungeduldigen und ärgerlichen Jugenddelegation dafür, daß ein gewisses Maß von Welt über die kirchliche Tagesordnung hinwegschwappt. In Löwen fehlte diese Delegation.

Dabei stand das Weltgeschehen draußen wahrlich nicht still. Eine Rakete war zwischen Mond und Erde unterwegs, was immer die Bedeutung dieser technologischen Hochleistungswettbewerbe sein mag. Auf dem indischen Subkontinent standen die Zeichen auf Krieg, die Flüchtlingszahlen aus Ostbengalen lagen bei acht Millionen. In Irland zelebrierte die Anti-Ökumene ihren blutigen politischen Gottesdienst. Stoff war genug für welthaltigere theologische Diskussionen und politische Nachtgebete.

Es war einfach keine Zeit dazu und keine Aufmerksamkeit vorhanden. Ich stand dabei, als zwei Kirchenführer aus Indien mit einem Bischof aus Pakistan diskutierten, nach Tisch, vor der Siesta. Es war schon ein ehrliches Gespräch, man ersparte sich gegenseitig die scharfe Wahrheit durchaus nicht. Aber es war die Wahrheit der Staaten, die im Streit lagen, nicht der Kirchen, die das Amt der Versöhnung für sich in Anspruch nehmen. Nach dem Ersten Weltkrieg war es diese parteiische Wahrheit der Staaten, an der die junge ökumenische Bewegung fast zerbrach. Nach dem Zweiten Weltkrieg war das schon anders. Heute übersteht ökumenische Gemeinschaft sogar die Revolution und den Bürgerkrieg. Aber sie übersteht ihn eben nur in der Gestalt einer Ökumene der gemeinsamen Schuld, der Ratlosigkeit und des beschämten Eingeständnisses der Ohnmacht. Es ist keine Frage der Zahl; ein Prozent Christen auf dem indischen Subkontinent könnte sehr wohl für einen Frieden in Gerechtigkeit zu Buch schlagen oder doch zumindest für den Nichtkrieg und das Offenhalten politischer Lösungen. Aber das Christentum, das wir gelernt und die Völker der Erde gelehrt haben, ist nicht von der Art, daß es sich in kurzer Zeit für einen bestimmten Frieden, für einen bestimmten Widerstand gegen die militärische Lösung organisieren ließe. Die ökumenische Zeit ist meist erst die Nachkriegszeit, wenn es um Flüchtlingsdienst geht, um Wiederaufbau, um die Heilung der Wunden und das Abtragen der Haß-Schranken. Und das ist ja nicht wenig[18].

XIV.

Eine befremdende Welt – diese ökumenische Welt. Zweifellos hat sie ihr Liebenswertes, ihr Begeisterndes zuweilen. Wer jemals auf Konferenzen der Vereinten Nationen oder ihrer Unterorganisationen war, weiß: Es ist ein Unterschied wie Tag und Nacht. Die wirkliche Welt, das alltägliche Leben ist, seltsam genug, bei den Vereinten Nationen noch viel weiter weg, die Kommunikation unendlich viel schwieriger. Völkerrecht mag nationales Recht brechen, in der Theorie jedenfalls. Tatsächlich aber läßt es der Fetisch nationaler Souveränität zu einer wirksamen, machterfüllten internationalen Solidarität, die dann auch Recht setzen und durchsetzen könnte, meist gar nicht erst kommen. Die Vereinten Nationen sind in Wahrheit noch keine „Völkergemeinschaft", sondern ein multilaterales System kontrollierter Rivalitäten. Dieses System ist immer noch, wie Kohnstamm einst meinte[19], eher ein Dschungel, in dem die Nationen einander umkreisen wie ängstlich-aggressive wilde Tiere, wenn es auch Ansätze einer Verkehrsordnung gibt für sehr schmale Verbindungswege.

Bei den Kirchen ist es völlig anders. Das Problem der ökumenischen Bewegung ist nicht das Problem der Völker, daß bereits formulierte Regeln und errichtete Institutionen nicht mit Leben gefüllt werden können, sondern ganz im Gegenteil, daß eine bereits bestehende und praktizierte transkonfessionelle und transnationale Solidarität vorerst noch nicht den Mut und die Kraft findet, sich ernsthaft und verbindlich zu institutionalisieren. Ökumenische Begegnungen sind internationalen Wissenschaftskongressen ähnlicher als UN-Konferenzen. Aber sie enthalten noch unendlich viel mehr Kontaktchancen als selbst Wissenschaftskongresse. „Bruderschaft" ist mehr als kollegiale Verbundenheit.

Aber es ist gleichsam viel zuweit von Löwen nach Löwen, von Heverlee nach Heverlee, das heißt vom ökumenischen Gespräch der Kirchenmänner zur Auseinandersetzung der Bürger, obwohl doch die Kirchenmänner auch Bürger und die Bürger zum Teil auch Kirchenmänner sind.

Es ist auch viel zuweit vom ÖRK bis zur Basis der Gemeinden, von „Glauben und Kirchenverfassung" bis zu den Orten, wo konkret geglaubt und in verfaßten Kirchen gelebt werden muß.

Es ist viel zuweit von den runden Tischen, an denen über Einheit diskutiert, an denen Einheit wenigstens als Option, als Möglichkeit erwogen und formuliert wird, bis zu den Fronten alltäglichen Lebens, wo Einheit gebraucht, gesucht, ersehnt und erbetet wird, wo wirkliche Menschen in wirklichen Konflikten lern-, liebes- und lebensunfähig werden.

Es ist nach allen Richtungen hin viel zuweit. Und irgendwo auf den weiten Transportwegen verliert sich der konkrete Sinn und die Kommunizierbarkeit der Probleme, der Einsichten und der Botschaften hinüber und herüber.

Ökumeniker haben geteilte Herzen. Soweit sie mit dem Herzen dabei sind im ökumenischen Prozeß, sind sie befremdet und gestört durch die Widerständigkeit der Wirklichkeit gegen ihre ökumenische Bearbeitung. Soweit ihr Herz daheimbleibt, wo man lebt, sind sie befremdet durch die Welt-Ferne des ökumenischen Vorgangs. Dieses doppelte Relevanzproblem wird ökumenisch anders und stärker erlebt als gemeinhin vom Christen im Alltag, der ja auch ständig mit der Frage zu kämpfen hat, wie er auf dem Weg in die Kirche und von der Kirche nach Hause mit sich selbst identisch ist und identisch bleibt. Denn was der Christ alltäglich erfährt, ist teils die entfremdende Macht der Sünde, teils die mangelnde Gleichzeitigkeit innenkirchlichen Lebens, Denkens und Redens mit dem Leben, Denken und Reden in der Säkularität. Beides ist quälend genug, aber es ist die von ihm immer schon akzeptierte Bedingung christlicher Existenz.

Das Befremdliche ökumenischer Erfahrung aber ist ein dritter Aspekt. Die ökumenische Bewegung ist die antizipierte Zukunft der Christenheit. Womit man sich quält, das ist die alte Frage, wie Ende und Anfang sich verknüpfen lassen, wie der ökumenische Anfang mit dem Ende des parochialen Christentums konkret zusammengehört, wie das ineinandergreift, so daß man handeln kann. Denn die ökumenische Zukunft ist ja nicht die eschatologische Zukunft der Christenheit, der gegenüber die Verknüpfung von Ende und Anfang ein unlösbares, ein nur eschatologisch, das heißt von Gott lösbares Problem darstellt. Diese ökumenische Zukunft muß *real verknüpfbar sein, oder sie ist nicht meine Zukunft.*

Als ein vorerst Befremdeter grüßt Sie Ihr L.

Faith and Order: Mandat...

Die Aufgaben der Kommission sind:

a) Die wesenhafte Einheit der Kirche Christi zum Ausdruck zu bringen und dem Ökumenischen Rat und den Kirchen ihre Pflicht vor Augen zu halten, diese Einheit und die Notwendigkeit solcher Einheit für Weltmission und Evangelisation sichtbar werden zu lassen.

b) Fragen der Glaubenslehre, der Verfassung und des Gottesdienstes zu untersuchen wie auch die damit verbundenen sozialen, kulturellen, politischen, rassischen und anderen Faktoren in ihrer Bedeutung für die Einheit der Kirche.

c) Die theologischen Folgerungen aus der Existenz der ökumenischen Bewegung zu studieren.

d) Den Fragen nachzugehen, die in den Beziehungen zwischen den Kirchen heute Schwierigkeiten darstellen und einer theologischen Klärung bedürfen.

e) Informationen zu erteilen über Schritte, die die Kirchen für eine Wiedervereinigung bereits unternommen haben...

Die gesamte Tätigkeit ... geschieht in Übereinstimmung mit den vier Grundsätzen der Bewegung für Glauben und Kirchenverfassung, nämlich:

a) Ihre Hauptaufgabe ist es, die Kirchen aus der Vereinzelung heraus ins Gespräch zu führen, wobei von keiner Kirche verlangt wird, ihren Überzeugungen untreu zu werden oder Kompromisse zu schließen, sondern einzig und allein zu versuchen, ihre Anschauung den anderen darzulegen, und gleichzeitig bemüht zu sein, den anderen besser zu verstehen. Unüberbrückbare Meinungsverschiedenheiten sollen ebenso ehrlich verzeichnet werden wie Übereinstimmungen.

b) Ihre Konferenzen sollen Konferenzen von Abgeordneten der verschiedenen Kirchen sein, die diese offiziell mit ihrer Vertretung beauftragt haben.

c) Einladungen zur Teilnahme an solchen Konferenzen werden an christliche Kirchen in der ganzen Welt gesandt, die unsern Herrn Jesus Christus als Gott und Heiland bekennen.

d) Nur die Kirchen selbst können Schritte zur Wiedervereinigung unternehmen, indem sie Verhandlungen miteinander aufnehmen. Es ist nicht Aufgabe der Bewegung, Pläne zu entwerfen und den Kirchen zu sagen, was sie tun sollen, sondern sie soll den Kirchen bei der Vorarbeit helfen, die darin besteht, Mißverständnisse aus dem Weg zu räumen, Hindernisse für die Wiedervereinigung zu erörtern und Berichte herauszugeben, die den Kirchen zur Erwägung unterbreitet werden (Vi 284).

Angenommen von der dritten Weltkonferenz in Lund 1952, revidiert von der zweiten Vollversammlung des ÖRK in Evanston 1954, vom Zentralausschuß des ÖRK in Davos 1955, in St. Andrews 1960, in Paris 1962 und in Rochester 1963. Eine Revision dieser Satzung erfolgt im Rahmen der allgmeinen Strukturreform des ÖRK, die augenblicklich im Gange ist.

. . . und Krise

„Das ‚Hauptthema', mit dem wir uns in den kommenden Tagen beschäftigen werden, ist aus Entwicklungen herausgewachsen, die sich in der ökumenischen Bewegung im ganzen, innerhalb des Ökumenischen Rates im besonderen, und noch genauer im Rahmen von ‚Glauben und Kirchenverfassung' in den letzten zehn Jahren vollzogen haben.

Die Definition der ‚Einheit, die wir suchen' als ‚kirchlicher' Einheit, die Ekklesiologie der ‚Einheitserklärung' von Neu-Delhi, die trinitarische Basis für die Mitgliedschaft im Ökumenischen Rat, die in Neu-Delhi angenommen wurde – all dies wurde von manchen als großer Sieg der ‚katholischen' Tradition in der ökumenischen Bewegung begrüßt. Diese Elemente trugen ohne Zweifel dazu bei, daß die orthodoxen Kirchen stärker an der Arbeit des Ökumenischen Rates teilnahmen, denn sie erweckten bei ihnen den Eindruck – oder vielleicht die naive Illusion – einer Rückkehr zu den ‚Quellen' biblischen und patristischen Christentums.

Andere dagegen sahen in der Annahme förmlicher theologischer Erklärungen oder in der Beschreibung der Einheit in biblischen und theologischen Begriffen ohne Bezug zum gegenwärtigen geschichtlichen Augenblick nichts als eine nutzlose akademische Übung, welche die ökumenische Bewegung unausweichlich in einen Engpaß führe. Dieser Eindruck verstärkte sich, als es der Vierten Weltkonferenz für ‚Glauben und Kirchenverfassung' in Montreal (1963) nicht gelang, die ekklesiologische Natur des Ökumenischen Rates der Kirchen zu bestimmen; denn damit schien implizit der Beweis erbracht zu sein, daß sich biblische und traditionelle Definitionen der Einheit der Kirche auf die Christen in ihrem gegenwärtigen Zustand der Spaltung noch nicht anwenden ließen und daß der Ökumenische Rat in allen Fällen von präzisen Erklärungen und Definitionen noch immer weitgehend durch die Toronto-Erklärung von 1950 gebunden ist: Es gibt gegenwärtig keine Auffassung von Einheit, die von allen angenommen werden könnte, und wo immer irgendwelche Formeln weite Anerkennung finden, muß man davon ausgehen, daß sie von den Mitgliedern des ÖRK verschieden verstanden werden.

Wegen dieses Engpasses wenden sich viele von ‚Glauben und Kirchenverfassung' ab. Die oben zitierten beschreibenden Formulierungen waren weitgehend aus der Arbeit von ‚Glauben und Kirchenverfassung' hervorgegangen, und die Meinung breitete sich aus, daß man es hier mit einem sehr exklusiven Klub von haarspalterischen Professoren zu tun habe, die jede Verbindung zu den wahren Bedürfnissen der Menschen verloren hätten.

So bahnte sich bereits in Montreal eine Akzentverschiebung an, die man schlagwortartig als die Bewegung ‚von Gott zum Menschen' oder ‚von der Theologie zur Anthropologie' beschrieben hat.

Dahinter stand nicht die Absicht, das allgemeine Ziel des Ökumenismus zu verändern. Es ging vielmehr ausdrücklich darum, die Bedeutung der kirchlichen Einheit im Zusammenhang von Gottes Plan für die ganze Schöpfung, für die ganze Menschheit und für den einzelnen Menschen zu sehen und zu erfassen. Keine christliche Theologie kann die Berechtigung dieses neuen Ansatzes bestreiten, solange sichergestellt ist, daß das Studium des *Humanum* eine klare methodische Grundlage hat. Denn das Christusereignis hatte und hat sein Ziel in der Tat darin, den Menschen zu erlösen – den Menschen in der Fülle seiner schöpferischen und gestalterischen Fähigkeiten –

und nicht einfach in der Schaffung einer Institution mit einer klaren Ausrichtung in ‚Glauben und Kirchenverfassung'. Die Orthodoxen sollten am wenigsten Schwierigkeiten mit diesem Versuch haben, die Probleme der Einheit von der Anthropologie aus anzugehen: denn die griechischen Kirchenväter hinterließen ihnen das Vermächtnis einer Lehre von der Gottebenbildlichkeit des Menschen, die auch durch die tiefste Sünde nicht völlig ausgelöscht werden kann. Sie sollten sich daran erinnern, daß schon Maximus Confessor lehrte, die Schöpfung sei dynamisches ‚energiegeladenes' Sein, welches Christus völlig übernahm, um es wieder zum Einklang mit seiner ursprünglichen Bestimmung zu bringen und so den ganzen Kosmos in seiner umfassenden Harmonie wiederherzustellen. Im christlichen Evangelium geht es um das Schicksal der ganzen Schöpfung und der ganzen Menschheit und nicht bloß um die Christen und ihre Institutionen.

Welcher ‚Mensch', welche Anthropologie diente als Ausgangspunkt für die soeben skizzierte Wandlung? Diese Frage läßt sich wahrscheinlich nicht so schnell beantworten. Man kann jedoch nicht bestreiten, daß das ökumenische Denken in der letzten Zeit entscheidend von den sogenannten ‚säkularen' Kategorien bestimmt worden ist, das heißt von Kategorien, die – wenigstens angeblich – den Christen und dem säkularen Menschen gemeinsam sind. Hier liegt daher auch der Kern des Problems, mit dem wir es zu tun haben: Welche Anthropologie wählen wir als Kriterium für den gewandelten Ansatz in ‚Glauben und Kirchenverfassung'? Ist es die ‚säkulare' Anthropologie, die dem häufig falsch (sc. im falschen Sinne) zitierten Satz von Bonhoeffer zufolge von der ‚Annahme ausgeht, daß es keinen Gott gibt'? Oder ist es die von Karl Rahner als ‚theologisch' qualifizierte Anthropologie, die den Menschen nicht nur unter psychologischen Gesichtspunkten als ein ‚religiöses' Wesen definiert, sondern die in ihm ein Phänomen sieht, das ohne Bezug auf Gott nicht erklärt werden könne?

... Mir scheint zunächst, daß die Ergebnisse der anthropologischen Akzentverschiebung objektiv betrachtet noch nicht viel zur Förderung der ökumenischen Bewegung und zur Sache der christlichen Einheit beigetragen haben. Sie haben in konservativen Kreisen zu einer heftigen Reaktion geführt, ohne jedoch im übrigen viele Menschen außerhalb der Kirche davon zu überzeugen, daß die ökumenische Bewegung zur Lösung der weltlichen Probleme wirklich etwas beizutragen habe. In der orthodoxen Welt haben sie nur die Position derer gestärkt, die ohnedies der Meinung sind, daß die Orthodoxie sich aus der ökumenischen Bewegung gänzlich zurückziehen sollte. In ihren Augen ist Mitgliedschaft im Ökumenischen Rat gleichbedeutend mit Teilnahme an nationalen und internationalen politischen Händeln; damit mag – so sagen sie – zwar einigen orthodoxen kirchlichen Institutionen in ihrem Existenzkampf geholfen sein, indem sie ein internationales Forum erhalten, aber mit der Suche nach *kirchlicher* Einheit, wie die Orthodoxie sie versteht, hat das nichts zu tun. Die sektiererischen Randgruppen auf protestantischer wie auf orthodoxer Seite erhalten durch diese Situation einen erheblichen Aufschwung.

Dieses Urteil bezieht sich freilich mehr auf das öffentliche Image des Ökumenischen Rates als auf ‚Glauben und Kirchenverfassung'. Aber welchen Platz nimmt ‚Glauben und Kirchenverfassung' überhaupt ein im Blick auf das Image des Ökumenischen Rates? Auch wenn man die kürzlich diskutierte und inzwischen glücklicherweise wieder fallengelassene Möglichkeit außer acht läßt, daß ‚Glauben und Kirchenverfassung' aufgehen sollte im weiteren Rahmen einer neuen Abteilungsstruktur, auch wenn man im Gegenteil die konstruktive theologische Arbeit, die im Rahmen von ‚Glauben und Kirchenverfassung' ohne Unterbrechung geleistet worden ist, in Betracht zieht, so bleibt doch als offenkundige Tatsache bestehen, daß die Anliegen von ‚Glauben und Kirchenverfassung' weitgehend von lautem Gerede über soziale Probleme überdeckt waren; natürlich ist das meiste daran wichtig genug und gerechtfertigt, aber es berührt doch nicht die Hauptsache des christlichen Glaubens, die Frage nach der letzten und ewigen Bestimmung des Menschen ...

Die Tatsache, daß wir es hier (sc. in Löwen) mit einem anthropozentrischen Thema zu tun haben, gibt uns, das heißt ‚Glauben und Kirchenverfassung', gerade rechtzeitig von neuem die Gelegenheit, der ökumenischen Bewegung in einer akuten Krisensituation zu Hilfe zu kommen. ‚Glauben und Kirchenverfassung' wird freilich seinen Auftrag noch nicht wirklich erfüllen, würden wir uns einfach zurückziehen auf die Untersuchung von kirchlichen Lehrformeln und Institutionen, ihrer historischen Gültigkeit und der Möglichkeit, sie durch Kompromisse an die gegenwärtige Situation anzupassen. Dieser Auftrag schließt vielmehr ein, daß es um den *Menschen selbst,* um sein Leben und sein Heil geht . . ." [20]

Aus dem Einleitungsreferat von Professor John Meyendorff, New York, Griechisch-Orthodoxe Kirche, zum Tagungsthema „Einheit der Kirche – Einheit der Menschheit". Meyendorff wurde in Löwen zum Vorsitzenden der Kommission gewählt.

I. Und sie bewegt sich doch!
oder:
Die Anatomie des ökumenischen Konsensus

1. Die Strategie

„Lehre trennt, Dienst verbindet“, hieß ein früher ökumenischer Slogan. Hinter der frommen Gefälligkeit dieser Formel steckte ein Gutteil kluger ökumenischer Strategie.

Der moderne Ökumenismus ist ja nicht in der Weise ein Durchbruch des Heiligen Geistes, ein Reinprodukt religiöser Erweckung, daß er unabhängig von gesellschaftlichen Bedingungen entstanden wäre. Die Missionsbewegung des 19. Jahrhunderts, die größte der Christentumsgeschichte, stand in einer lebensgefährlichen Symbiose mit dem Kolonialismus und dem Imperialismus der nordatlantischen Industriestaaten, auch wenn man sie sicher nicht einfach als religiöses Epiphänomen dieser politischen und ökonomischen Welteroberung abqualifizieren darf.

Dieser Zusammenhang geriet zunehmend in Widerspruch zum weitgesteckten Ziel der Mission. Ging es um „Evangelisation der ganzen Welt“ – in *einer* Generation, wie man im Enthusiasmus der Studentenerweckung gegen Ende des 19. Jahrhunderts zu sagen wagte! –, dann mußten die nationalen Christentümer Europas und Nordamerikas[21] wenigstens in der Mission sich selbst transzendieren. Sie mußten heraus aus dem Geruch, nur die religiösen Handlanger weißer Weltunterwerfungsgelüste zu sein. Und das wurde um so dringender, je unruhiger die Unterworfenen zu werden begannen. Die ursprüngliche Universalität des Christentums mußte in den partikularen Christentümern wieder zur Geltung kommen. Denn nur so war wirkliche Indigenisation, volle Einwurzelung des Christentums in allen Weltgegenden, Weltsprachen und Weltkulturen zu erzielen. Nur so wurde Evangelisation von Imperialismus unterscheidbar. Nur so blieb sie glaubwürdig. Nur so konnten die Missionare mit ihrer Diakonie, mit ihrer Bildungsarbeit, mit ihrem Gesundheitsdienst, mit ihren Projekten des Gemeindeaufbaus und der Kirchbildung, der Entwicklungshilfe und der Konszientisierung dauerhaften und gesunden Boden unter die Füße bekommen.

Außerdem war das Ziel selbst für professionelle Agitatoren und Kollektensammler der Mission außerordentlich anspruchsvoll. Besonders in dem Maß, in dem die Missionen sich von ihren kolonialistischen Bundesgenossen freizuhalten versuchten, zeigte es sich, wie gering ihre Kräfte waren, wie allein, wie schwach, wie arm der einzelne Missionar in den Weiten der Welt dastand. Der unbekümmerte Export der konfessionellen Konflikte und Grenzregelungen in den Heimatgebieten, das heillose Nebeneinander- und Gegeneinander-Evangelisieren war – abgesehen von der Glaubwürdigkeit – einfach unrationell und unökonomisch. Wer langfristig und strategisch dachte, für den war Kooperation auf dem Missionsfeld, ein Minimum an Absprachen, Arbeitsteilungen und gegenseitiger Unterstützung, einfach ein Gebot der Stunde.

Hinzu kam, daß das Christentum just in dem weltgeschichtlichen Augenblick, in dem es weltweit durchschlug, seine Heimatbasis mehr und mehr verlor. Der Säkularisationsprozeß schritt fort und nahm an Tempo zu. Die Entkirchlichung und Entchristlichung breiter Bevölkerungskreise in den traditionell christlichen Gesellschaften war, wenn man auch hinsichtlich der Gründe, der Tragweite und der Bedeutung des Vorgangs unterschiedlicher Meinung sein konnte, nicht mehr zu übersehen. Jene Symbiose von Christentum und Gesellschaft, die auf dem Missionsfeld aus sachlichen Gründen immer fragwürdiger erschien, löste sich auch in den Ländern der Mutterkirchen faktisch mehr und mehr auf. Hier wie dort schien es unausweichlich, daß die Kirchen sich mehr auf sich selbst stellten und miteinander kooperierten.

Das wurde vollends klar durch den ungeheuren Schock des Ersten Weltkriegs. Die Kirchen entdeckten, daß sie in ihren traditionellen Allianzen mit nationalen Staaten und Kulturen und mit Gruppen in den jeweiligen Gesellschaften völlig unfähig waren, irgend etwas für den Frieden und gegen die drohende Weltkatastrophe zu tun. Sie waren in einem solchen Maße Gefangene ihrer herkömmlichen Identifizierungen, daß sie sich nicht einmal der jeweiligen Kriegspropaganda entziehen konnten. Aus dem dreieinigen Gott war ein Olymp einander befehdender Stammesgötter geworden[22].

Kooperation lag also in der Luft. Die ökumenische Nötigung, die ja auch während des zurückliegenden Jahrtausends zunehmender Kernspaltung des Christentums nie völlig unwirksam geworden war, weil sie in der Glaubensüberlieferung selbst ihren Grund hatte, wurde unausweichlich.

Wie aber konnten die Kirchen Gemeinschaft miteinander finden? Die Väter der Weltmissionsbewegung und der Bewegung für Praktisches Christentum setzten auf die verbindende Kraft der Praxis der Liebe, auf den diakonischen Impuls im weitesten Sinne des Wortes. Denn sie wußten oder meinten zu wissen: „Lehre trennt". Nicht, weil sie theoriefeindliche Pragmatiker gewesen wären, Vertreter eines eher moralisch orientierten „Christentums der Tat", weniger an den Glaubensüberzeugungen denn an ihren Auswirkungen interessiert. Einem Mann wie Nathan *Söderblom,* einem renommierten Religionsgeschichtler, lag ein solcher bewußtloser Aktionismus bestimmt nicht. Vielmehr kannte er, wie die meisten seiner Streitgenossen, die Gesetze christlicher Lehr- und Verfassungsbildung zu genau. Kirchen definieren ihre Lehre ja von jeher gerade im Streit und zur Abwehr der Häresie. Die Lehrdefinition selbst ist ein Akt des Streites. Und was die kirchlichen Strukturen anlangt, so entstehen sie zwar durchaus funktional im Zusammenhang mit bestimmten soziokulturellen Bedingungen der Mission und der Kirchbildung. Aber vergrundsätzlicht, dogmatisiert werden die Strukturen auch wieder nur im Streit, in der Abwehr schismatischer Tendenzen. Lehr- und Strukturdefinitionen „trennen", weil eben dies ihre Funktion ist. Sie scheiden „drinnen" und „draußen", die Zugehörigen von den Nichtzugehörigen, sie stellen die Identität einer Kirche mit sich selbst fest, indem sie das Nicht-Identische ausschließen. Lehr- und Strukturdefinitionen haben also – zumindest *auch* – exkommunizierende Funktion.

Seit der Spaltungsprozeß läuft, sind die Kirchentümer, seine Resultate, zudem in Konkurrenz zueinander auch da, wo sie keinen aktiven Proselytismus betreiben. Das gilt erst recht, wo Kirchen die Aufgabe übernommen haben, die Einheit eines Staates, einer Gesellschaft, eines Gemeinwesens religiös zu legitimieren und zu stabilisieren. Jede religiöse Alternative ist dann eine Bedrohung ihres Monopols und zugleich des Interesses der Gesellschaft, der es dient. Auch solche Konkurrenz- und Selbsterhaltungsinteressen gehen in Lehr- und Strukturdefinitionen und vor allem in die Geschichte ihrer Entfaltung und Auswirkung ein.

Lehre und Struktur schienen also kein geeignetes Feld zwischenkirchlicher Begegnung, Zusammenarbeit und Gemeinschaftsbildung zu sein, jedenfalls zunächst nicht. Sie *sind* der zwischenkirchliche Konflikt im sprachlich geronnenen Aggregatzustand.

Um so kühner erscheint die Vision von Charles H. *Brent*, Robert *Gardiner* und ihren Gesinnungsfreunden aus der Gründergeneration von „Glauben und Kirchenverfassung" [23]. Sie wollten gerade das zum Thema machen, was trennte, was die Funktion hatte zu trennen. Sie wollten, wie wir heute sagen würden, den in Lehrformeln und Strukturformen latenten Konfliktstoff manifest machen, den zwischenkirchlichen Konflikt inszenieren und zur kontrollierten Austragung bringen. Auch die Väter der Weltmissionsbewegung und der Bewegung für Praktisches Christentum wollten Kooperation *und mehr* als Kooperation, nämlich Wiedervereinigung der Christenheit. Aber sie hatten ein anderes Einigungsmodell, ein bescheideneres, kurzfristig erfolgversprechenderes Modell. Zudem waren ihnen, ihrer Biographie und ihrem Naturell nach, wohl wirklich Mission und Diakonie als Dimensionen des Kircheseins der Kirche wichtiger als ihre strukturelle Einheit.

Entgegen allem Anschein hatte „Glauben und Kirchenverfassung" von allem Anfang an die radikalere Vision und die riskantere Strategie. Um so erstaunlicher ist es, daß Brent seine „Bekehrung" schon 1910 in Edinburgh hatte und wenige Monate später an die Verwirklichung seines Planes ging. Er veranlaßte den Generalkonvent seiner Kirche, der Protestant Episcopal Church, „die Beratung über die Veranstaltung einer Konferenz aufzunehmen, die entsprechend der allgemeinen Methodik der Weltmissionskonferenz (zu organisieren wäre). Teilnehmen sollten Vertreter aller christlichen Körperschaften in der ganzen Welt, die unseren Herrn Jesus Christus als Gott und Heiland annehmen, und die Konferenz sollte Fragen behandeln, die den Glauben und die Ordnung der Kirche Christi betreffen" [24].

Noch bedeutsamer ist die methodische Entscheidung, die der 1910 ernannte Ausschuß im April 1911 traf, als er den Zweck der Konferenz bestimmte: die Konferenz sei vorzubereiten und zusammenzurufen „in der klaren Absicht, solche Fragen zu erwägen, in denen wir uns unterscheiden, in der Hoffnung, ein besseres Verständnis divergierender Ansichten über Glauben und Kirchenverfassung werde zur Vertiefung des Wunsches nach Wiedervereinigung und zu entsprechenden offiziellen Beschlüssen der Konfessionen selbst führen" [25].

Man nennt diese Entscheidung höchst unglücklich die Entscheidung für eine Methode der „vergleichenden Ekklesiologie", als sei es den Vätern von „Glauben und Kirchenverfassung" um ein folgenloses theologisches Glasperlenspiel gegangen. Sie hatten etwas viel Kühneres und Gefährlicheres vor: Konfliktinszenierung, eine veritable Beschwörung der Dämonen der Spaltung. Denn Dämonen müssen beim Namen genannt werden, wenn sie exorzisiert werden sollen.

Nicht eine Theorie-Praxis-Differenz also unterscheidet „Glauben und Kirchenverfassung" von den anderen Strömen der frühen ökumenischen Bewegung des 20. Jahrhunderts. Genau besehen waren die Weltmissionsbewegung und die Bewegung für Praktisches Christentum durchaus nicht „praktischer" als „Faith and Order". Auch sie sind vor allem Studien- und Diskussionsbewegungen, auch sie arbeiten an Theorien für eine gemeinsame Praxis der Kirchen, deren Ausführung sie dann weithin den Kirchen selbst überlassen wollen und müssen. Und „Faith and Order" andererseits ist nicht „theoretischer" als die beiden anderen Unternehmungen. Die Kommission behandelt die Praxis der Kirchen, da wo sie am weitreichendsten und praktischsten ist, nämlich die Praxis ihres Gottesdienstes, ihrer Predigt, ihres Unterrichts, ihres verfaßten Lebens. Der Unterschied liegt vielmehr – in Anbetracht eines allen gemeinsamen letzten Zieles, nämlich der Einung und Erneuerung der Christenheit – in den Prioritäten und in den Strategien.

„Glauben und Kirchenverfassung" geht das Ziel der Kircheneinheit am direktesten an, weil die Vertreter dieser Bewegung einer Praxis der Mission und der Diakonie nicht trauen, die auf die permanente Ausklammerung der bestehenden Differenzen bzw. auf die fortgesetzte Kompromißbildung hinsichtlich der letzten Motivationen und Überzeugungen gegründet ist. Die Strategie der Bewegung ist die Inszenierung des Konflikts just an der Stelle, wo die Kirchen sich im Gegeneinander identifizieren und definieren. An dieser Priorität und an dieser Strategie, an ihrer Wirksamkeit, an der Frage, ob und inwieweit die Bewegung bei dieser ihrer Sache geblieben ist und sie vorwärtsgebracht hat, wird „Faith and Order" zunächst zu messen sein.

2. Der „negative" Konsensus

Was sich bei dieser Strategie in der Arbeit von „Glauben und Kirchenverfassung" ergibt, ist erst einmal etwas der Sprache nach durchaus Unauffälliges, geradezu enttäuschend Glanzloses: ein negativer Konsensus. Zwar gibt es natürlich auch positive Formulierungen, aber auch sie dienen einem scheinbar „negativen" Zweck. Es wird festgestellt, was *nicht* trennt oder *nicht mehr* trennt. Erst auf dem Hintergrund der Geschichte der Entzweiung und ihrer Folgen wird das gelegentlich Atemberaubende dieser Feststellungen bewußt: Ein Konflikt, der oft genug jahrhundertelang Menschen, Gruppen, Institutionen, die eine Christenheit, aber immer auch die Sozietäten, in denen sie lebt, gegeneinander aufgebracht hat, ist geprüft und ausgeräumt oder – und das ist häufig der Fall – es ist erkennbar geworden, daß die Konfliktfront sich verschoben, der traditionelle Konflikt also seine Relevanz, seine Aktualität verloren hat.

Der erste Durchbruch dieser Art, an dem die Leistungsfähigkeit der Strategie von „Glauben und Kirchenverfassung" abgelesen werden kann, erfolgte auf der zweiten Weltkonferenz der Bewegung in Edinburgh, 1937 (vgl. Vi 42 ff.). Er betraf die Lehre von der Gnade, also einen zentralen Punkt der Auseinandersetzung zwischen Kirchen des „katholischen" und des „evangelischen" Typus, aber auch der evangelischen Kirchen untereinander. Die Lehre von der Gnade ist das zentrale Problem der Soteriologie, und in der Soteriologie geht es um die Wahrung der Fülle des Heilsgeschehens in Jesus Christus, um den Kampf gegen jede Reduktion, jede Verschiebung, Verzerrung oder Verfremdung des Evangeliums. Wenn man so will, kann man sagen, daß das soteriologische Motiv von Anfang an das eigentliche und einzige Motiv christlicher Lehrbildung gewesen ist, das eigentliche Motiv schon der Auseinandersetzungen um Christologie und Trinitätslehre in der Alten Kirche.

Freilich darf man sich da nicht in Abstraktionen verlieren. Wo es um die Gnade geht, geht es immer auch um die Vermittlung der Gnade, um die Rolle der Kirche, des Amtes, der Sakramente, das heißt der religiösen Institutionen in diesem Vermittlungsprozeß. Wenn der Kampf um das Verständnis der Gnade entbrennt, geht es einerseits um das Problem, wie man Gottes Souveränität und Alleinwirksamkeit *und* des Menschen Freiheit, den Abgrund der Welt- und Menschenzerstörung durch die Sünde *und* die Übermacht der Rettungsgeschehens, die göttliche Initiative der Rechtfertigung des Sünders *und* den Heiligungsprozeß, den sie auslöst und in dem der Mensch von Anfang an ein aktiver Mitspieler ist, aussagen kann, ohne daß eins das andere um den Ernst und die Bedeutung bringt. Aber es geht *auch* immer darum, wie die Kirche als Vermittlungsinstanz das Geheimnis der Gnade am besten wahrt, ob darin, daß sie sich ganz klein macht (wie die protestantische Ekklesiologie es versucht), oder so (wie die „katholischen" Ekklesiologien), daß sie sich groß macht, weil das, was ihr anvertraut ist, groß ist; ob sie sich mehr auf der Seite des empfangenden Menschen sieht oder mehr auf der Seite des gnädigen Gottes; ob sie mehr als Repräsentation der wartenden Menschheit oder als gewisse Präsenz des zuvorkommenden Gottes auftritt. Gerade das macht den Streit so schwierig und so endlos: Im Kampf um das rechte Verständnis der Gnade kämpft die Kirche – so oder so – immer auch um sich selbst; und wo sie um sich selbst kämpft, kämpft sie letztlich immer auch um die Soteriologie. Die Koinzidenz der Themen, der Interessen und der

Motivationen ist hier so dicht, daß jede Theoriebildung unbefriedigend bleibt und bleiben muß. Es wird immer wieder die Frage gestellt werden müssen, ob die Kirche nicht nur sich selbst meint, wenn sie „Gnade" sagt. Und diese Frage wird immer die Gegenfrage auslösen, ob die, die so fragen und also die Gnade gegen die Kirche ausspielen, denn überhaupt noch von der Wirklichkeit der Gnade, von ihrer Leibhaftigkeit, von ihrer gewissen Gegenwart auszugehen wagen.

Auf diesem Hintergrund einer Streitlage muß man lesen, was Edinburgh über die Gnade zu sagen hat. Sicherlich, Rom, ein Hauptkontrahent in diesem offenen Prozeß um das Heil des Menschen, war in Edinburgh nicht anwesend. Aber die katholische Lehrtradition war durchaus zugegen, einmal in ihrer Ursprungsgestalt, in der Orthodoxie, sodann auch in den Altkatholischen Kirchen und in den hochkirchlichen Traditionen innerhalb des Anglikanismus und des Protestantismus. War der Konsensus von Edinburgh zweifellos nicht breit genug, so war doch seine Verbreiterung als Möglichkeit in ihm angelegt.

Der letzte Paragraph vor allem zeigt die Strategie von „Glauben und Kirchenverfassung" im Vollzug. Das Reizwort alter Konflikte wird ausdrücklich thematisiert: „Sola gratia". „Einige Kirchen", heißt es, „legen auf den Ausdruck ‚sola gratia' großen Wert, während andere ihn vermeiden. Die Formel ist häufig Gegenstand von Auseinandersetzungen gewesen; doch können wir alle der folgenden Erklärung beistimmen: Unser Heil ist die Gabe Gottes und die Frucht seiner Gnade. Es ist nicht auf das Verdienst des Menschen gegründet, sondern hat seine Wurzel und seinen Grund in der Vergebung, die Gott in seiner Gnade dem Sünder gewährt, den er annimmt, um ihn zu heiligen. Wir glauben jedoch nicht, daß das Handeln der göttlichen Gnade die menschliche Freiheit und Verantwortung außer Kraft setzt; echte Freiheit wird vielmehr dann allein erlangt, wenn man der göttlichen Gnade im Glauben antwortet. Widerstand gegenüber Gottes ausströmender Liebe bedeutet nicht Freiheit, sondern Gebundenheit, und vollkommene Freiheit wird nur in der völligen Übereinstimmung mit dem guten, angenehmen und vollkommenen Willen Gottes gefunden" (Vi 46).

Das heißt: Keiner der Debattanten nimmt die Formulierung des Problems, die in seiner Kirche Tradition geworden ist, zurück. Es wird auch nicht gesagt, daß diese Formulierungen als solche nicht immer noch konfliktträchtig sind. Aber man kann versuchen, das Hergebrachte neu auszudrücken, so daß es nicht mehr exklusiv, sondern inklusiv, nicht mehr exkommunizierend, sondern gemeinschaftsstiftend wirkt. Der Streit ist damit nicht einfach abgebrochen. Denn selbst wenn dies mehr wäre als das Votum einiger Theologen, selbst wenn die durch die Theologen vertretenen Kirchen diese neue Formel rechtsgültig annähmen, würden sie sie immer noch aus der Perspektive ihrer besonderen Lehrtradition interpretieren können und wahrscheinlich müssen. Mehr als eine Brückenformel ist der Konsensus also nicht. Aber haben Menschen und Menschengruppen sich je anders als durch Brückenformeln verständigt, das heißt durch Symbole und Formeln, die plastisch genug sind, um unterschiedliche Erfahrungen in sich aufzunehmen, zusammenzuordnen und in ihrer Zusammengehörigkeit auszudrücken? Sind Worte je mehr als Brücken, über die nun erst noch gegangen werden muß?

Aber dieser Schlußparagraph ist nicht der entscheidende Satz von Edinburgh. Entscheidend ist die Einleitung. Da heißt es: „Mit tiefer Dankbarkeit gegenüber Gott für den Geist der Einheit, der alle unsere Verhandlungen über diesen Gegenstand geleitet und beherrscht hat, da sein gnädiger Segen auf uns ruhte, finden wir uns in der folgenden Erklärung zusammen und anerkennen, daß die Fragen dieses Verhandlungsgegenstandes *keinen Grund bieten, die Scheidung zwischen den Kirchen aufrechtzuerhalten*" (Vi 42 f.).

Natürlich schluckt man etwas an der Plerophorie solcher Äußerungen. Aber der nüchterne Sinn ist erregend genug: Was an dieser Stelle getrennt hat, trennt nach unserer gemeinsamen Überzeugung heute nicht mehr. Wegen der Lehre von der Gnade braucht der Skandal der Kirchentrennung nicht weiterzugehen. Das ist es, worauf „Faith and Order" aus ist: die Streitmasse eines Jahrtausends durchzuarbeiten und immer wieder durchzuarbeiten, bis Punkt für Punkt abgehakt werden kann – kein Grund mehr zur Trennung.

Durchbrüche dieser Art hat es seither mehrfach gegeben, sie können und müssen hier nicht alle dargestellt werden. Man weiß ja jetzt, wonach man in Löwen zu fragen hat. Doch muß man wenigstens zwei Punkte noch ausdrücklich erwähnen. Gelegentlich lösen sich traditionelle Konfliktgegenstände bei der Arbeit von „Faith and Order" buchstäblich in nichts auf, und zwar eines veränderten wissenschaftlich-theologischen Problem- und Erkenntnisstandes wegen. So ging es in der Vorbereitung auf die vierte Weltkonferenz in Montreal und bei der Konferenz selbst (vgl. Vi 181 ff.) mit dem jahrhundertelang leidenschaftlich umkämpften Thema „Schrift und Tradition – Schrift oder Tradition". Die Bibelwissenschaft hat herausgearbeitet, daß die Heilige Schrift die Dokumentation eines über ein Jahrtausend reichenden Traditionsprozesses ist, in dem die Glaubensüberlieferung selbst ihre Weitergabe von Generation zu Generation und ihre fortschreitende Neuinterpretation in neuen geschichtlichen Situationen herausfordert. In diesem Prozeß ist auch das Neue Testament nur eine Phase. Und der Überlieferungsprozeß geht in der Kirche dergestalt weiter, daß zwischen kanonischer und nachkanonischer Tradition und Interpretation ein durchaus fließender Übergang besteht. Eine qualitative Grenze kann nicht markiert werden. Die Geschichte der Verheißung und des Glaubens *ist* Traditionsgeschichte, und die Traditionsgeschichte des Glaubens ist die Geschichte immer neuer, auseinander folgender, das Überlieferte auf neue Erfahrungen und Herausforderungen zuspitzender Interpretationen. Damit löst sich aber die Alternative „Schrift oder Tradition" einfach auf, sie hat in dieser Formulierung keinen Sinn mehr, denn Schrift *ist* Tradition, und Tradition *ist* die Weise, wie die Kirche mit der Schrift lebt und umgeht; es gibt keine andere.

Wohlgemerkt, mit der Problemstellung verschwindet keineswegs zugleich auch das Problem selbst, um das es im Streit der Kirchen inhaltlich gegangen ist. Es verschiebt sich nur und kehrt in der Frage nach der Legitimität der hermeneutischen Schlüssel, die die Kirchen im Umgang mit der Schrift gebrauchen, wieder. Nur kann jetzt keine Kirche mehr den anderen mit einem intransigenten „sola scriptura" gegenübertreten, denn diese Devise hat keinen klaren Sinn mehr. Andererseits kann keine Kirche sich mehr mit der Gegenformel „Schrift und Tradition" der Frage nach der Rechtmäßigkeit und Widerspruchslosigkeit der besonderen Überlieferungs- und Deutungsgeschichte, auf die sich beruft, entziehen. Und vor allem: alle Kirchen stehen vor der unausweichlichen Einsicht, daß der Traditions- und Interpretationsprozeß weitergeht. Es ist ebenso unmöglich, sich auf eine abgeschlossene Tradition zu berufen wie auf eine aus ihren historischen Kontexten isolierte „Schrift". So aktualisiert sich das Problem. Alle Parteien im Streit stehen vor der Aufgabe, die Überlieferung des Glaubens *heute* in Kontinuität mit ihrer Herkunft *und* in Relevanz für die gegenwärtige Situation zu tradieren und zu interpretieren. Und sie können es im Grunde nur noch gemeinsam, zumindest im Dialog miteinander tun.

Folgenreicher noch war die seit Edinburgh 1937 (vgl. Vi 42 ff.) sich herausbildende Einsicht, daß im Prozeß der Kirchenspaltung und also auch der Kircheneinung keineswegs nur religiöse, theologisch und nur theologisch faßbare Bedingungen wirksam sind. Für den nüchternen Betrachter der Kirchengeschichte scheint das freilich von Anfang an auf der Hand zu liegen, und auch den Mitarbeitern von „Glauben und Kirchenverfassung" war es prinzipiell durchaus nichts Neues. Man wußte, daß das Problem der Kircheneinheit in der Alten Kirche immer auch ein politisches Problem, ein Problem des Römischen Reiches war. Man wußte, in welchem Maße die Reformationsgeschichte in ihrem Verlauf durch politisch-ökonomische und sozio-kulturelle Faktoren beeinflußt worden war. Was man nicht wußte oder doch nicht ausreichend in Rechnung gestellt hatte, war das Ausmaß, in dem „theologische" und „nicht-theologische" Faktoren[26] in nahezu unentwirrbarer Verfilzung das eigentliche Material von „Glauben und Kirchenverfassung", nämlich das Selbstverständnis, die Doktrin und die Struktur der Kirchen selbst geprägt hatten und weiter prägten. Der politische und kulturelle Bedingungszusammenhang war nicht nur, was man immer schon wußte, mitbestimmend für die Kirchenpolitik im weitesten Sinn, er hatte sich *in* den Texten und *in* den Strukturen, in den Frömmigkeiten, Motivationen und Einstellungen niedergeschlagen, gleichsam inkarniert. Man ließ darum den etwas unglücklichen Ausdruck „nicht-theologische Faktoren" bald wieder fallen. Denn diese allgemein-gesellschaftlichen und kulturellen Faktoren hatten eben in die Lehr- und Strukturbildung selbst hineingewirkt, hatten also theologische Relevanz, und die theologischen Materialien waren immer auch kulturell und sozial mitdeterminiert. Von Edinburgh (1937) über Lund (1953) nach Montreal (1963) bekam das Problem darum immer mehr Gewicht in der Arbeit von „Glauben und Kirchenverfassung", und es wurde immer klarer: An der Einheit der Kirche arbeiten hieß nicht nur, an spezifisch theologischem Material theologisch arbeiten, sondern kritisch-interdisziplinär an einem Sachverhalt arbeiten, in dem „Kirche und Gesellschaft" einen einzigen Wirkungszusammenhang bilden. Von 1955 an (Institutionalismus-Studie) nehmen die interdisziplinären Fragestellungen und Studienvorhaben einen immer breiteren Raum ein, wenngleich zumeist der Erfolg begrenzt ist oder ganz ausbleibt (vgl. zur Studie „Geist, Ordnung und Organisation" S. 65 ff.). In Löwen schließlich – und das ist nicht die geringste Bedeutung dieser Begegnung – wird eine interdisziplinäre Thematik *Hauptthema*, und die dazugehörige methodologische Problematik wird mehr als nur beiläufig verhandelt; man kann durchaus behaupten, sie sei so etwas wie ein latentes Hauptthema gewesen: Wie treibt man Theologie, wenn die ungeheure Komplexität der Fragen der Kirchenspaltung und der Kircheneinung nicht mehr abgeblendet werden kann?

Zum erstenmal werden nun auch die Dinge bei ihren gefährlichsten Namen genannt. Während man sich bis dahin sozusagen mit innertheologischen Behelfsmethoden begnügt hat, wird nun ganz offen gefragt, ob man hinfort ohne die Fragestellungen der Sozialpsychologie, der Wissenssoziologie, ja der materialen Ideologiekritik auskommen könne (Mi 62 f.).

Indessen wird mit dem allen der Abfolge dieser Überlegungen weit vorgegriffen. Hier ging es zunächst darum, die Zielsetzung und die Strategie von „Faith and Order" sichtbar zu machen und wenigstens anzudeuten, daß die Arbeit der Kommission weder nutzlos noch esoterisch gewesen ist. Auf diesem Hintergrund ist nun zu fragen, wie sich der „negative Konsensus", der Konsensus über das, was nicht mehr trennt, in Löwen dargestellt hat.

Und da ist zu vermuten, daß von Löwen 1971 – wenn erst ein gewisser Abstand gewonnen sein wird – gar nicht so sehr oder doch nicht in erster Linie der Diskussion über das Hauptthema „Einheit der Kirche – Einheit der Menschheit" wegen die Rede sein wird (da sind nicht die Ergebnisse interessant, sondern die Gründe für das Ausbleiben von Ergebnissen), sondern darum, weil sich gleichsam beiläufig, vor allem in den Arbeitsausschüssen und in den Studien, die sie besprachen, gezeigt hat, wie breit jener „negative Konsensus" bereits ist und daß er tatsächlich inzwischen nahezu die gesamte traditionelle Thematik von „Glauben und Kirchenverfassung" betrifft: die Frage der Quellen und Normen des Glaubens; die Frage der Heilsmittel, des Wortes und der Sakramente; in gewisser Weise sogar die Frage des Amtes und der kirchlichen Selbstverständnisse; und sicherlich auch die Frage des ökumenischen Zieles und der Wege zu diesem Ziel.

Wohlgemerkt: Keine dieser Fragen ist gelöst. Gelöst wären sie ja erst, wenn die *Kirchen* auf sie eine *gemeinsame und verbindliche* Antwort geben könnten und dabei gewiß wären, daß sie auch wirklich dasselbe oder doch wenigstens Vereinbares *meinen*, wenn sie dasselbe gemeinsam sagen. Wäre das aber möglich und würde das vollzogen, dann wäre das der konziliare Akt der universalen Wiedervereinigung der Christenheit. Dahin ist zweifellos noch ein weiter Weg, und er ist aus den verschiedensten Gründen eher noch weiter geworden, als man jemals meinte.

Der Konsensus von „Faith and Order" ist, wie wir sahen, ein viel bescheidenerer. Theologen, immerhin beauftragte, von ihren Kirchen beauftragte Theologen stellen fest, was nach ihrer gemeinsamen Überzeugung nicht mehr trennt, nicht mehr trennen müßte, was im Rahmen einer mit der Mitgliedschaft und der Mitarbeit in der ökumenischen Bewegung insgeheim immer schon als möglich, ja als legitim akzeptierten Pluralität der Interpretationen und Gestaltungen nunmehr vereinbar erscheint. Und das Ausmaß dieser Vereinbarkeit ist, gemessen am herkömmlichen Katalog kontroverstheologischer Probleme, erheblich. Selbst in den prekärsten Fragen, also hinsichtlich der Ämter und der Selbstverständnisse der Kirchen, kann man heute zumindest sagen, auf welchen Wegen eine solche Vereinbarkeit hergestellt werden könnte.

3. Die Quellen

Aufgrund neuer, gemeinsamer kritisch-theologischer Einsichten hatte sich, wie wir sahen, die alte Kontroverse „Schrift oder Tradition“ gleichsam aufgelöst. Aber das war nur ein Nebenprodukt jener weitreichenden methodischen Entscheidung, die bei der dritten Weltkonferenz in Lund, 1952 (vgl. Vi 93 ff.) gefallen war. Bis dahin hatte man „vergleichende Ekklesiologie“ getrieben. Man hatte sich gegenseitig seine Schätze gezeigt, um herauszufinden, wie sie zusammenpaßten und wo sie einander entwerteten oder umwerteten.

In Lund hieß es dann: „Wir haben . . . erkannt, daß wir keinen wirklichen Fortschritt auf die Einheit hin machen können, wenn wir nur unsere verschiedenen Vorstellungen vom Wesen der Kirche und die Traditionen, denen sie eingefügt sind, miteinander vergleichen. Es hat sich wiederum gezeigt, daß wir einander näherkommen, indem wir Christus näherkommen. Deshalb müssen wir durch unsere Spaltungen hindurch zu einem tieferen und reicheren Verständnis des Geheimnisses der uns von Gott gegebenen Einheit Christi mit seiner Kirche hindurchdringen. Wir müssen mehr und mehr begreifen, daß die getrennten geschichtlichen Wege unserer Kirchen ihren vollen Sinn erst dann finden, wenn wir sie in dem Gesamtzusammenhang des Handelns Gottes mit seinem ganzen Volk sehen“ (Vi 93 f.).

Das ist, in der hermetischen Sprache ökumenischer Konsensustexte, der Entschluß: ad fontes! Es genügte nicht, festzustellen und zu vergleichen, was aus den Kirchen in der Geschichte ihrer Spaltung geworden war. Man mußte – gemeinsam! – zurück an den Ursprung der Kirche, dorthin, wo das Christusgeschehen Kirche hervorruft. Man mußte – gemeinsam! – herausfinden, warum und wie dieses Geschehen Kirche hervorruft. Denn dort und nur dort, an der Quelle der Kirche, war auch die Quelle der Einheit.

Das war ein in jeder Hinsicht folgenschwerer Entschluß. Denn mit den anderen an die Quelle zurückzukehren, das hieß, sich mit den anderen und vor den anderen von der Quelle her kritisierbar zu machen. Das hieß, sich mit den anderen und vor den anderen grundsätzlich zu relativieren, und zwar an der einzigen Stelle, wo eine solche Relativierung unausweichlich war: am Christusgeschehen in den Gestalten seiner ursprünglichen Bezeugung.

Methodisch hieß das: Aus der vergleichenden Ekklesiologie wurde nun kritische Ekklesiologie, Ekklesiologie in der kritischen Perspektive der Christologie.

Das bedeutete: gemeinsames Quellenstudium. Und dabei geschah, jedenfalls im Rahmen von „Glauben und Kirchenverfassung", so etwas wie ein ökumenischer Erdrutsch. Überspitzt ausgedrückt: Die Quellen verloren ihre Normativität. Normativ, so erwies es sich, war immer nur der bestimmte, in der jeweiligen kirchlichen Tradition kanonisierte Quellen*gebrauch für* diese Tradition, nicht die Quelle selbst.

Denn die Bibel ist kein Buch, sondern eine Bibliothek, kein geschlossenes System christlicher Satzwahrheiten, sondern ein vielstimmiger, offener Streit um die Wahrheit. Und die Geschichte der Alten Kirche ist die Weiterführung dieses Streits. Zwar gibt es einen Konsensus unter den Streitpartnern, das Christusgeschehen, das sie alle in Anspruch nimmt, und die Christuserfahrung, die sie alle verbindet, aber dieser Konsensus ist nur greifbar *in* der Kontroverse der biblischen und altkirchlichen Zeugen, einer Kontroverse, die nicht willkürlich vom Zaun gebrochen, sondern unausweichlich ist, weil das Heil nur so proklamiert werden kann, daß es zugleich interpretiert wird und die Fülle der Interpretationen mitdeterminiert ist von der Situation, auf die sie abzielen. Der Konsensus ist also nicht destillierbar. Er ist kein definitiver, sondern ein offener, ein aktueller, in bestimmten Konflikten sich herstellender und auf diese Konflikte hin orientierter Konsensus. Und schon die Weise, wie dieser in actu gefundene Konsensus verarbeitet, wie mit ihm gelebt und gehandelt wird, ist wieder durchaus pluralistisch, positionell, konfliktträchtig.

Ökumenisch gelesen, sind die Quellen unerschöpflich inspirativ, aber nicht in der Weise normativ, daß die Kontroverse der Kirchen in „Glauben und Kirchenverfassung" durch Nachschlagen beendet werden könnte. Alle Traditionen berufen sich auf diese Quellen und alle mit einem „relativen" Recht. Keine von ihnen enthält andererseits die ganze, gleichwertige Fülle der biblischen Zeugnisse in der Vollkommenheit, daß sie der kritischen Frage nach ihrer uneingeschränkten Apostolizität ausweichen könnte. Die Kirchen sind Erben der Kontroverse, die in den Quellen des Glaubens geführt wird. Ihr Konsensus – auch hinsichtlich ihres Quellengebrauchs und ihres Quellenverständnisses! – ist nicht lexikographisch, sondern, wie von Anfang an, nur konziliar und in actu, angesichts der gegenwärtigen Herausforderung und in gegenwärtiger Hingabe an die inspirative Kraft der Quellen zu gewinnen.

Es reicht nicht aus, zu sagen, daß diese veränderte Bedeutung der Quellen des kirchlichen Zeugnisses eine Folge der allseitigen Rezeption der Methoden historisch-kritischer Bibelwissenschaft und kritischer Theologie überhaupt sei. Erst im ökumenischen Kontext bekommt diese kritische Wissenschaft vielmehr ihre ganze Durchschlagskraft. Denn sie kann nun nicht mehr in den Dienst einer durch eine bestimmte kirchliche Tradition geprägten hermeneutischen Vorentscheidung genommen werden kann. Sie erkundet nun, nicht nur in der Theorie, sondern in der ökumenischen Realität, unterschiedliche, weit auseinander liegende hermeneutische Ansätze und Traditionszusammenhänge. Sie klärt sie auf, macht sie verständlich *und* relativiert sie, macht sie gegeneinander relativ.

Die eigentliche Bedeutung der Studie über die „Autorität der Bibel" (Lö 8 ff.), die in Löwen besprochen wurde, liegt vermutlich darin, daß sie, indem sie diese seit langem beobachtete Umwertung der Quellen auf einen noch klareren Ausdruck bringt, die Kirchen auf das Problem der *gegenwärtigen* Interpretation als der eigentlichen Probe auf die Tragfähigkeit ihres gemeinsamen Fundaments in der apostolischen Tradition verweist. „Wird der Vorgang heutiger Interpretation... als Verlängerung des interpretativen Vorgangs verstanden, der in der Bibel erkennbar ist, muß der jeweiligen Situation erhebliches Gewicht für die Auslegung der Schrift beigemessen werden. So wie die biblischen Autoren auf eine bestimmte Situation antworteten, wird auch die heutige Auslegung durch die Situation bestimmt. Die Fragen, die an den Text gerichtet werden, bestimmen die Auslegung in hohem Maß mit. Gewiß, der Text hat sein eigenes Gewicht. Er stellt seine eigenen Fragen, und gewisse Fragen, die sich aus unserer Situation ergeben, werden kein Echo in der Bibel finden. Der Spielraum ist durch die in ihr bezeugte Sache von vornherein begrenzt. Die Situation mit ihren Gegebenheiten und offenen Problemen bestimmt aber die Perspektive, in der das biblische Zeugnis gelesen und ausgelegt werden muß. Die Berichte der Gruppen (die die Vorarbeit für den Bericht geleistet haben, E. L.) lassen deutlich erkennen, daß solche situationsbedingten hermeneutischen Perspektiven unausweichlich sind. Sie sollten nicht als Einseitigkeit verdächtigt, sondern eher als Aktualisierung verstanden werden. Die amerikanische Gruppe zum Beispiel ist aus ihrer Situation zum Ergebnis gekommen, daß Gott als Befreier die hermeneutische Perspektive sei, in der das biblische Zeugnis gelesen und ausgelegt werden müsse. Bereits der Bericht „Die Bedeutung des hermeneutischen Problems für die ökumenische Bewegung" (der in Bristol 1967 vorgelegt und bearbeitet worden war und die unmittelbare Vorgeschichte der Studie über die „Autorität der Bibel" bildete, E. L.) „hat auf dieses Wechselspiel von Fragen aus dem Text und Fragen an den Text hingewiesen. *Die Autorität der Bibel kann sich nur erweisen, wenn dieses Wechselspiel zugelassen wird*" (Lö 16 f.).

Hier wie ganz allgemein richtet sich der Blick von „Glauben und Kirchenverfassung" nach vorn, und zwar in die unmittelbare Zukunft. Das Dokument läuft hinaus auf den Abschnitt „Zum Gebrauch der Bibel" (s. S. 80 f.), der die ökumenische Bewegung als den gewiesenen Kontext heutiger Bibelauslegung bezeichnet. Der Ausschuß der Kommission, der sich mit dem Dokument zu befassen hatte, verschärft diese Tendenz noch einmal, indem er auf das Ziel gemeinsamen ökumenischen Bekennens verweist. Er urteilt: „Der Ausschuß ist überzeugt, daß eine fortgesetzte Bearbeitung der Frage nach der Einheit innerhalb der Vielfalt der Interpretationen im Neuen Testament für die von uns heute geforderte Interpretation sehr hilfreich sein könnte. Auch *für die Abfassung von Sätzen gemeinsamen Glaubens in unserer Zeit* könnte eine derartige Arbeit bessere Voraussetzungen schaffen" (Lö 215).

Ähnliches gilt für das auf den ersten Blick fremdartigste Dokument, das die Kommission in Löwen behandelt hat: die Studie über das Konzil von Chalcedon (Lö 22 ff.). Nur scheinbar geht es hier um ein Problem altkirchlicher Historiographie, das allenfalls Spezialisten interessiert. Zunächst ist Chalcedon natürlich der Punkt, an dem sich die Christenheit im Ostteil des Römischen Reiches gespalten hat. Für die Verhandlungen der chalcedonensischen und der nichtchalcedonensischen orthodoxen Kirchen heißt Konfliktbereinigung durch Konfliktinszenierung also: Chalcedon wieder zum Thema machen. Aber die Tragweite der Studie ist größer. Einmal leistet sie für die Konzile, das heißt für die altkirchliche Tradition, was die biblisch-hermeneutischen Studien für die Heilige Schrift leisten: die Verflüssigung der Gesprächslage für alle Mitgliedskirchen der ökumenischen Bewegung. Ein Konzil ist kein isoliertes Datum, sondern es eröffnet einen Prozeß der Rezeption, der Neu-Rezeption (re-reception) und also der Interpretation in neuen Konflikten. In dieser Perspektive *ist* die ökumenische Bewegung ein Vorgang der erneuten Rezeption des altkirchlichen Konsensus. Vor allem: Die Konzilsstudie testet das Modell der Wiedervereinigung der Christenheit, das seit Uppsala auf der Tagesordnung steht: das Modell der Konziliarität. „Die ökumenische Bewegung trägt dazu bei, (die) Erfahrung der Universalität zu erweitern, und ihre regionalen Räte sowie der Ökumenische Rat der Kirchen können als eine Übergangslösung bis zu einer schließlich zu verwirklichenden wahrhaft universalen, ökumenischen, konziliaren Form des gemeinsamen Lebens und Zeugnisses angesehen werden. Die Mitgliedskirchen des ÖRK, die einander verpflichtet sind, sollten auf die Zeit hinarbeiten, wenn ein wirklich universales Konzil wieder für alle Christen sprechen und den Weg in die Zukunft weisen kann" (Uppsala § 14). Von daher war „Glauben und Kirchenverfassung" seit Bristol, 1967, auf die altkirchlichen Konzile zunehmend aufmerksam geworden. Sie erwiesen sich als Schulbeispiele jenes offenen, jeweils ad hoc zu gewinnenden Konsensus, auf dem die Einheit der Alten Kirche beruhte. Es könnte leicht sein, daß das älteste Modell der Einheit sich als das aktuellste, ja als das einzig realisierbare erweist, weil es das einzige ist, das die Möglichkeit der Einheit in der Pluralität und der Pluralität in der Einheit gewährleistet und damit dem besonderen Charakter der Christusverheißung entspricht.

4. Die sakramentale Praxis

„Im Blick auf die bei früheren ökumenischen Zusammenkünften bereits erzielten Übereinstimmungen fordern wir die Kirchen auf, den Konsensuserklärungen über die Taufe und über die Eucharistie besondere Aufmerksamkeit zu schenken, auf diese Erklärungen zu antworten, falls das noch nicht geschehen ist, sowie deren Gebrauch in der Lehre und ihre Anwendung in der Praxis zu erwägen . . . Wir würden es begrüßen, wenn der Bericht über das ‚ordinierte Amt' zusammen mit den Dokumenten unseres Ausschusses veröffentlicht würde . . ." (Lö 221.)

Man sieht dieser Erklärung des Ausschusses, der in Löwen die Resultate der Studien über Taufe, Eucharistie und Ordination zu verhandeln hatte, ihre Brisanz nicht ohne weiteres an. Und doch handelt es sich – im gepflegten Stil von „Glauben und Kirchenverfassung" – um einen Akt des Protests und um einen deutlichen Versuch, Druck auf die Kirchen auszuüben oder ihnen doch wenigstens den Druck, unter dem sie längst stehen, deutlich zu machen.

Einmal hat „Glauben und Kirchenverfassung" organisatorisch gar keine Möglichkeit, „die Kirchen aufzufordern". Die Kommission hat tatsächlich keinerlei direkten Kommunikationskanal zu den Mitgliedskirchen, geschweige denn einen solchen, der offiziell genug wäre, um die Kirchen zu einer Reaktion zu nötigen. Das Recht der „Aufforderung" hat tatsächlich nur die Vollversammlung des ÖRK und der Zentralausschuß als ihre Exekutive[27]. Und selbst „Aufforderungen" dieser dazu legitimierten Gremien haben keinerlei Verbindlichkeit für die Mitgliedskirchen, es sei denn eine moralische. Der ÖRK ist die organisierte Machtlosigkeit. Was die Arbeit von „Glauben und Kirchenverfassung" anlangt, so liegt ihre Bedeutung allein in ihrem theologischen Gewicht und in dem Engagement der Kommissionsmitglieder, die natürlich, je nach ihrer Position in ihren Herkunftskirchen, diese in Bewegung bringen können und es auch zum Teil in erheblichem Umfang tun. „Glauben und Kirchenverfassung" kann seine Papiere drucken – soweit das Geld reicht, und das reicht nicht weit. Aber schon, daß diese Bücher gelesen werden (sie laden zum Lesen oft nicht besonders ein, weil Konsensustexte nicht besonders spannend sind), hat niemand mehr in der Hand.

Wenn die Kommission trotzdem in so starken Worten „auffordert", dann muß die Sache dringend sein und höchste Aufmerksamkeit verdienen. Und in der Tat, die beiden Dokumente, auf die die Erklärung sich bezieht – „Ökumenische Übereinstimmung in der Taufe" und „Die Eucharistie im ökumenischen Denken" (Lö 48 ff. und 71 ff.) – sind wichtig genug. Sie signalisieren eine Übereinstimmung der Kirchen im Hinblick auf das Verständnis ihrer sakramentalen Praxis, die – gemessen am negativen Kriterium von „Glauben und Kirchenverfassung" – eigentlich eine Aufrechterhaltung der Kirchenspaltung in diesem Feld nicht mehr rechtfertigt. Und das Feld der Sakramente und des Amts ist der Bereich, von dem die erste Vollversammlung des ÖRK in Amsterdam, nicht zuletzt unter dem Einfluß von Karl Barth, festgestellt hatte, hier vor allem äußere sich „unsere tiefste Verschiedenheit" (our deepest difference), eine fundamentale, die ganze Breite von Glauben und Kirchenordnung bestimmende Unvereinbarkeit im Selbstverständnis und in der Selbsterfahrung der „katholischen" und der „protestantischen" Kirchentypen (Vi 85). Die Entscheidung von Lund, an die Stelle der vergleichenden die kritische Methode zu setzen, war die Antwort auf diese düstere Einsicht von Amsterdam gewesen.

Die beiden Dokumente, für die die Kommission in Löwen so nachdrücklich die Aufmerksamkeit der Mitgliedskirchen fordert, sind nun nicht etwa Resultate lediglich der Bearbeitung dieser „tiefsten Unterschiedenheit" durch die Theologen von „Faith and Order". Die Theologen haben nur kompiliert. Der ironische Charakter der Dokumente liegt vielmehr darin, daß sie zum größeren Teil aus Texten bestehen, die entweder auf Vollversammlungen des ÖRK oder auf Weltkonferenzen für „Glauben und Kirchenverfassung", also unter Beteiligung ermächtigter Delegationen der Mitgliedskirchen, erarbeitet und angenommen worden sind.

Die beiden Dokumente sind also Memoranden an die Kirchen, sich selbst ernst zu nehmen. Sie sind gleichzeitig ein heimlicher Hinweis – ob Löwen das nun beabsichtigte oder nicht – auf die bedrängende Tatsache, daß die Differenz zwischen dem verbalen Konsensus und dem faktischen Verhalten der Kirche immer größer wird und daß die Kirchen sich über die Verbindlichkeit ihrer ökumenischen Bewegung endlich klarer werden müssen. Was bewegt die ökumenische Bewegung? Wie bewegt sie die Mitgliedskirchen? Wie bewegen sich die Mitgliedskirchen selbst in ihr? Ist nicht aus dem Spiel mit der Möglichkeit längst Ernst geworden? Oder muß es nicht jetzt bald Ernst werden? Kann man eigentlich hinter das Problem- und Konsensusbewußtsein der Bewegung noch zurück? Und wenn man das – was offenkundig zu sein scheint – *nicht* kann, kann man sich in diesem Schwebezustand lange halten? Wenn denn das „wirklich universale Konzil" noch nicht möglich erscheint, muß man dann nicht verbindliche Zwischenstationen verabreden und wenigstens schrittweise vorrücken? Das sind die heimlichen Fragen, die in Löwen zumindest mitschwangen. Jedenfalls steckt in den Erklärungen und vor allem im Verfahren der Kompilation solcher Konsensusdokumente, das eben einen Schritt über die Strategie des negativen Konsensus hinaus darstellt, ein hohes Maß an Dringlichkeitsbewußtsein.

Das bedeutet freilich nicht, daß die Kommission den Kirchen irgendwelche ungeduldigen Abkürzungen aufnötigte. Die erwähnten Dokumente sind ja nur Anhänge zu Studienberichten, die keinesfalls den Eindruck erwekken, die „Sache mit den Sakramenten" sei erledigt. Was die Taufe anlangt, so wird in Löwen sogar eher das umgekehrte Verfahren gewählt (Lö 34 ff.). Denn die Kirchen neigen dazu, sich etwas ungenau in der Vorstellung zu wiegen, sie hätten bereits die „eine Taufe". Sie haben ein gemeinsames oder doch wenigstens vereinbares *Verständnis* der Taufe, jedoch keineswegs eine gemeinsame Tauf*praxis* oder auch nur eine Praxis selbstverständlicher gegenseitiger Anerkennung des Taufvollzugs. Einmal gibt es nach wie vor Kirchen, die – wie die Baptisten – nur die sogenannte Gläubigentaufe, also die Erwachsenentaufe, anerkennen und Konvertiten aus einer der Kirchen, in denen die Kindertaufe vorwiegt, wiedertaufen. Zum andern gibt es eine schwer greifbare und ausrottbare Praxis der Wiedertaufe von Konvertiten zum Beispiel in die römisch-katholische Kirche, die auf der Annahme beruht, die Zeremonie sei in der Herkunftskirche nicht rite vollzogen worden. Zum dritten gibt es Kirchengemeinschaften – wie zum Beispiel die Kimbanguisten –, die überhaupt keine Taufe üben, obwohl sie das vom sakramentalen Zeichen Bezeichnete durchaus mit den andern Kirchen bejahen. Zum vierten ist da das Problem der alten Staats- und Volkskirchen, die die Kindertaufe unterschiedslos gewähren, obwohl sie von den Bevölkerungen weithin nur als gesellschaftlicher Stadienritus verstanden und begehrt wird: Sind das anerkennbare Taufen im ökumenischen Sinne? Schließlich wächst in vielen Konfessionen die Kritik an den sakramentalen Zeichen überhaupt: Haben sie für den Menschen nach der Aufklärung noch irgendeine Relevanz? Verdunkeln sie nicht eher, was sie anschaulich und greifbar machen sollen und in früheren Zeiten, denen magische Praktik und per se wirksame Symbolik noch vertraut waren, tatsächlich anschaulich und greifbar gemacht haben?

Alles zusammengenommen, ist der Konsensus in der Tauftheologie also eigentlich nur ein Scheinkonsensus. Eben dies arbeitet die Studie über „Taufe, Konfirmation und Eucharistie" heraus, freilich auf eine positive, überdies außerordentlich geschickte Weise. Mit Hilfe der durch die altkirchliche Praxis abgedeckten Theorie von der Einheit der christlichen Initiation zeigt sie, daß man sich in der Tauftheologie nur darum so relativ leicht gegenseitig zustimmen kann, weil man die Taufe aus ihren Zusammenhängen herausisoliert hat. In der Alten Kirche gehören Wassertaufe, Ölung oder Handauflegung als Bezeichnung der Begabung mit dem Heiligen Geist und Erstkommunion in *einem* liturgischen Geschehen zusammen, sie sind – in ihrem Zusammenhang – Heraustrennung aus den bisherigen Lebenszusammenhängen und Einleibung in den „Leib Christi" als den neuen, ebenso umfassenden Lebenszusammenhang. Sie bezeichnen einen ebenso dramatischen wie umfassenden Wechsel des Bezugsfeldes, in dem ein Mensch lebt: ein neues Leben (Taufsymbolik, Teilhabe am Tod und an der Auferstehung Jesu Christi), ein neuer Geist (Konfirmationssymbolik), ein neues Kollektiv, mit dem und in dem und durch das man hinfort lebt (die eucharistische Gemeinschaft), an dessen korporativer Identität, dessen Lebenskraft und dessen Bestimmung man hinfort ebenso umfassend und noch umfassender teilhat als an den Kollektiven, aus denen man herkommt. Zusammen hat das, vor allem als Abschluß einer langen und anstrengenden Vorbereitungszeit (Katechumenat), in der Alten Kirche einen außerordentlich vielsagenden, den totalen Wechsel der Lebensverhältnisse und Lebensbezüge bezeichnenden Sinn. Es hat auch noch einen, wenn auch veränderten, Sinn in dem umfassenden Kartell von Kirche und Gesellschaft, das das Abendland kennzeichnete und trug. Das Kollektiv, das einen so aufnahm, nun freilich in getrennten Akten, war nach wie vor umfassend und total. Erst jenseits der Kartelle werden die Sakramente individualisiert und spiritualisiert, so daß ihre Symbolik mit dem, was sie der religiösen Innerlichkeit an Sinn zuteilen sollen, nicht mehr übereinstimmt.

Das Aufregende ist nun, daß die stumm gewordenen Zeichen im ökumenischen Zusammenhang möglicherweise wieder zu sprechen beginnen (in den Kirchen des „katholischen Typus", die ihr Selbstverständnis als messianisches Kollektiv immer in stärkerem Maße bewahrt hatten, sind sie nie in dem Maße stumm geworden wie im Protestantismus), freilich eine neue Sprache. Denn im Licht der ökumenischen Utopie gibt es wieder eine dramatische und also symbolisch dramatisierbare Differenz zwischen dem „alten" (parochialen) und dem „neuen" (universalen) Lebenszusammenhang.

Entsprechend findet in der ökumenischen Sakramentstheologie eine deutliche „Umfunktionierung" der Sakramente statt. Es ist keine illegitime Umfunktionierung, denn in der biblischen und altkirchlichen Tradition haben diese neuen Verstehensmöglichkeiten alle einen starken Anhalt. Aber innerhalb des Spektrums der überlieferten Bedeutungen findet eine klare Umwertung der Prioritäten statt.

In den Vordergrund tritt einmal die *soziale* Bedeutung der Sakramente. Es geht um das Verstandenwerden und das Sichselbstverstehen eines Menschen in einem neuen umfassenden und kollektiven Lebenszusammenhang. Er ist universal und steht darum im kritischen Gegensatz zu allen Platzgebundenheiten und allen parochialen Zertrennungen, die das Leben des Menschen in seinen „natürlichen" Kollektiven bestimmen. Er ist aber zugleich in einem neuen Sinn äußerst lokal, sofern er eben diese universale Entschränkung in der eucharistischen Gemeinschaft am Ort lokalisiert, lokal erlebbar und lebbar macht: Hier – vor Ort – ist hinfort „nicht mehr Jude noch Grieche, nicht mehr Knecht noch Freier, nicht mehr Mann noch Weib". Hier – vor Ort – ist ein Lager des einen universalen messianischen Volkes auf seiner Wanderschaft durch die Geschichte.

In den Vordergrund tritt zum anderen die *eschatologische* Bedeutung der Sakramente. Die ökumenische Utopie ist zwar eine konkrete Utopie, konkret antizipierbar und mit Hilfe dieser Antizipationen Stück um Stück durchzusetzen. Aber sie ist eine immer schon eschatologisch relativierte konkrete Utopie. Jene Entschränkung der vollen und vollendeten Menschlichkeit des Menschen, die sich in der unzerstörbaren, angstfreien, weil auch vom Tod nicht mehr bedrohten, brüderlichen Kommunion aller mit allen verwirklicht, kann konkret vor Ort vorweggenommen werden, aber jede dieser Vorwegnahmen ist wieder eine Einschränkung; sie richtet ihrerseits wieder Schranken auf; sie schließt nicht nur ein, sondern auch aus; sie stiftet nicht nur Leben, sondern kostet auch Leben; sie schenkt nicht nur Integrität, sondern auch die Gelegenheit zu ihrem Verlust; sie gibt den Teilnehmern zwar eine größere Freiheit füreinander, aber schränkt wie alles konkrete Leben doch auch wieder Freiheit durch Ordnung im Interesse des größeren Ganzen ein. Jede konkrete Antizipation der Fülle des Heils ist immer verbunden mit einem Verlust an Fülle. Darum sind die Sakramente zugleich Träger *und* Wächter des Überschusses der Verheißung. Sie konkretisieren das Heil *und* halten seinen Mehrwert gegenüber allen Konkretisierungen offen.

In den Vordergrund tritt drittens die *ethische* Bedeutung der Sakramente. Sie bezeichnen – und zwar in ihrer Zusammengehörigkeit, in der Einmaligkeit der Taufe, in der periodischen Bundeserneuerung der Eucharistie und in der Permanenz der Geistesgegenwart und des durch sie verbürgten Lernprozesses, den die Konfirmation ausdrückt – die Verpflichtung und die Selbstverpflichtung zu einem neuen Lebensentwurf, zu einer neuen und sich ständig erneuernden Lebenspraxis. „Das durch die Taufe geschaffene Leben kann am besten als Leben in Gemeinschaft mit Christus in Vorwegnahme des Kommens des Reiches Gottes beschrieben werden" (Lö 42). Das aber bedeutet ein Leben in religiöser Mobilität. Vorwegnahme des „Reiches", das ist beständiger Angriff auf alle Bestreitungen des „Reiches", und die erneuern sich ständig, innerhalb und außerhalb des christlichen Lebenszusammenhanges. Die Sakramente bezeichnen die Möglichkeit und den Auftrag der immer neuen Transzendenz dessen, was die Hoffnung trübt, die Liebe lähmt und den Glauben anficht, der immer neuen Emanzipation von den gesellschaftlichen und lebensgeschichtlichen Zwängen, in denen das Leben verfangen ist, ganz schlicht: des Kampfes gegen die Sünde, wobei „Sünde" in diesem Zusammenhang sehr konkret all das markiert, was den Weg und das Wachstum der Menschen zu ihrer eschatologischen Bestimmung verstellt, all das, womit sie sich selbst diesen Weg und dieses Wachstum verstellen.

In den Vordergrund tritt schließlich die *missionarische* Bedeutung der Sakramente. Tendenziell ist das Kollektiv, in das die Sakramente einweisen, nicht nur die eine universale Christenheit, sondern die eine universale Menschheit. Denn das Reich Gottes ist in der Bibel keine Kirchenverheißung, sondern eine Menschheitsverheißung. Alle die genannten ökumenischen Prioritäten im Verständnis der Sakramente verweisen über sich hinaus. Die Solidarität, in die man hineingenommen ist, ist die gesamtmenschliche Solidarität. Das Eschaton, das offengehalten wird, ist das Eschaton des Kosmos. Das neue Leben, auf das verpflichtet wird, ist ein Leben in Proexistenz für alle Menschen. Was die Kirche aus der Gesamtmenschheit heraushebt, ist nach ihrem eigenen Verständnis gerade die Annahme der gesamtmenschlichen Berufung zum eschatologischen Heil. Sie *ist* die Menschheit, die schon auf dem Weg ist zum Ziel der Menschheit und die die gesamte Menschheit in diese ihre Bewegung hineinnehmen soll. Insofern sind die Sakramente Zeichen eines Bezuges, der gerade über die Kirche-Welt-Grenze hinausreicht. „Faith and Order" wagt es, in Frageform und zunächst im Hinblick auf ganz außergewöhnliche Fälle, eine Eucharistie zu denken, die auch die Grenze zwischen Kirche und Nichtkirche übergreift. „Im missionarischen Gehorsam werden Christen häufig mit Menschen aus anderen Traditionen religiösen Glaubens oder mit Menschen ohne Glauben eine gemeinsame Zielsetzung haben. Wie kann ihrer gelegentlichen Bitte um Zulassung zur eucharistischen Gemeinschaft der Glaubenden in einer seelsorgerlichen Weise begegnet werden, so daß sie in die Gemeinschaft mit Christus hineingeführt und nicht von ihr entfremdet werden? Wenngleich die Eucharistie zweifellos die gottesdienstliche Handlung der christlichen Gemeinschaft ist, müssen ihre Fragen, die sie vielleicht im Blick auf ihre Anwesenheit und Beteiligung stellen, ernst genommen werden" (Lö 62).

Die beiden Papiere „Taufe, Konfirmation und Eucharistie" und „Interkommunion oder Gemeinschaft?" gehören eng zusammen. Sie betreffen den gleichen Gegenstand, den Zusammenhang der sakramentalen Praxis der Kirche. Was im Vorhergehenden besonders im Blick auf das Taufpapier gesagt worden ist, gilt darum sachgemäß auch für das Abendmahlspapier. Beide behandeln „umfunktionierte" gottesdienstliche Handlungen, die miteinander im Zusammenhang stehen. Beide haben in ihrem Zentrum Aussagen über ein verändertes Selbstverständnis der Kirche, wie es im Verständnis und im Vollzug der Sakramente praktisch wird. Beide fassen von daher die sakramentale Praxis direkt ins Auge, bis hin zur Frage der Gestaltung der gottesdienstlichen Feiern, um die es geht, sie sind Vorschläge der liturgischen Reform im weitesten Sinn des Wortes. Beide führen in ihren Anhängen Zusammenstellungen eines bereits formulierten, nur noch nicht praktizierten Konsensus der Mitgliedskirchen mit sich.

Das Papier über die Eucharistie hat darüber hinaus noch einen besonderen Akzent. Denn das Abendmahl ist sowohl geschichtlich als auch sachlich der Ritus, in dem Christen und Kirchen ihre Gemeinschaft untereinander, ihre Einheit im Glauben empfangen, erfahren, feiern, darstellen und vollziehen. Am Abendmahlstisch getrennt sein heißt darum, überhaupt getrennt sein, einander im Bann der Trennung halten. Am Abendmahlstisch wieder zusammenkommen heißt, die Einung vollziehen und feiern. Gemeinsam die Eucharistie feiern, das wäre für die Mitgliedskirchen des Ökumenischen Rates der Akt der Wiedervereinigung der Christenheit selbst, welche rechtlichen Schritte auch immer dazu im übrigen noch notwendig wären. Die eucharistische Gemeinschaft *ist* die Einheit der Kirche.

Eben darum ist das Problem der eucharistischen Gemeinschaft das schwierigste Problem, ja es ist *das* Problem der ökumenischen Bewegung. Wenn es gelöst ist, ist die Bewegung am Ziel. Also wachen besonders diejenigen Kirchen, die die Zentralität der eucharistischen Feier am sorgfältigsten bewahrt haben (die Orthodoxie, Rom, die anglikanische Kommunion), mit Nachdruck darüber, daß hier nicht in triumphalistischer Ungeduld verfahren und eine Einung vorgegeben wird, die noch nicht trägt. Erst die vollendete Einheit ist für sie eucharistisch vollziehbar. Die anderen Kirchen dagegen, die nicht durch eine so ausgebaute eucharistische Tradition gebunden sind und darum jene ökumenische „Umfunktionierung" der Sakramente leichter mitmachen können, verweisen darauf, daß das Abendmahl, besonders auch unter seinem eschatologischen Aspekt, selbst ein Weg, ein Instrument, eine wirksame Antizipation der Einheit sein könne. Man könne auch, ja man müsse die Einheit feiern, die man hofft, an der man arbeitet. Man könne, ja man müsse die Gewißheit des Zieles feiern und dem Ziel dadurch näher kommen.

Dieses unterschiedliche Verständnis, das bei ökumenischen Zusammenkünften und Kooperationen auf der Weltebene wie vor Ort in der konkreten Frage nach der Möglichkeit der „Interkommunion" immer besonders aktuell und schmerzlich wird, führt aber nun beide Partner des Konflikts in zunehmende Schwierigkeiten. Die „katholischen" Kirchen können sich der Einsicht nicht verschließen, daß die ökumenische Gemeinschaft unter den Kirchen de facto viel weiter fortgeschritten ist, als sich das in den ökumenischen Definitionen und im Verhalten der einzelnen Kirchen vor Ort ausdrückt. Und sie geraten unter zunehmenden Druck von den Mitgliedschaften, besonders von den ökumenisch aktiven Gruppen der Jungen her, die die eucharistische Zurückhaltung ihrer Kirchenleitungen nicht mehr verstehen.

Die „protestantischen“ Kirchen andererseits, für die die Interkommunion weniger schwierig ist, begreifen erst nach und nach, daß der Weg der „katholischen“ Kirchen in die ökumenische Zukunft komplizierter ist als ihr eigener, und zwar deshalb, weil der Ökumenismus selbst eben eine protestantische Erfindung und nach den Prioritäten des Protestantismus entworfen und entwickelt worden ist. Sie wissen, daß sie mit dem Feuer spielen, wenn sie die „katholischen“ Kirchen zu stark unter Druck setzen, daß das die Bewegung spalten oder, noch schlimmer, in sich selbst unglaubwürdig machen könnte. Niemand kann ein Interesse daran haben, daß die ökumenische Utopie zu protestantischen Bedingungen übereilt realisiert und eben damit als Vortäuschung falscher Ziele entlarvt wird.

Das Papier trägt dieser doppelten Problematik Rechnung. „Oft ist eine Unterscheidung zwischen den Kirchen gemacht worden, die in der Eucharistie das Zeichen der einmal gegebenen Einheit sehen, und denen, die in ihr ein Mittel zur Wiederherstellung jener Einheit sehen. Heute wird sie zunehmend als beides verstanden. Anstatt für ihre besondere und polemische Auffassung einzutreten, sind die gläubigen Christen heute diejenigen, die beides im Gleichgewicht zu halten versuchen, indem sie von jeder Auffassung das übernehmen, was für den einzelnen Augenblick auf dem ökumenischen Weg wahr und angemessen ist“ (Lö 59). Abgesehen von der nahezu revolutionären Formulierung, derzufolge die Wahrheit so konkret ist, daß das, was hier und heute wahr und angemessen ist, dort und morgen schon unwahr und unangemessen sein kann, verbirgt sich hinter diesem Hinweis und der Praxis, die von daher entworfen und vorgeschlagen wird, ein erhebliches Maß taktischen Geschicks. Denn er bedeutet: Ist die eucharistische Gemeinschaft das Maß und der Ausdruck der gegebenen, nicht mehr strittigen Einheit, dann ist es sinnvoll und möglich, der faktisch gelebten, wenn auch nicht definierbaren, Einheit in der ökumenischen Begegnung vorsichtig, aber zunehmend auch eucharistischen Ausdruck zu verleihen. Andererseits sind die Kirchen sich ökumenisch alle selbst voraus. Was in actu ökumenisch möglich ist, ist ganz allgemein und de jure zwischen den Kirchentümern noch nicht möglich. In den Kirchen geht es, je für sich, um die Entwicklung der eucharistischen Theorie und der eucharistischen Praxis im ökumenischen Sinne. Von daher wird auf dem Weg über eine terminologische Klärung der Prozeß wachsender eucharistischer Gemeinsamkeit Schritt um Schritt vorgeführt, von der „Begrenzten Zulassung“ über die „Allgemeine Zulassung“ und die „Gegenseitige Zulassung“ bis zur „Gemeinsamen Zelebration“ und zur „Interzelebration“, die praktisch bereits volle eucharistische Gemeinschaft bedeutet. Indem jedes dieser Stadien auf seine innere Stimmigkeit und Unstimmigkeit befragt wird, wird gezeigt, wie jedes Stadium seiner eigenen Logik entsprechend ins nächste hinüberdrängt. Keine Kirchengemeinschaft ist durch diese Abfolge der Stadien auf dem eucharistischen Wege überfordert. Jede kann auf den nächsten Schritt hinarbeiten. Jede kann sich ökumenisch verhalten, ohne falsche Kompromisse zu schließen. Nach der bescheidenen Meinung des Verfassers handelt es sich in diesem Papier über das Abendmahl um ein Meisterstück ernsthafter und verantwortlicher ökumenischer Diplomatie.

Kann man die Texte zu den Sakramenten, nicht zuletzt in Verbindung mit der Studie über Ordination, die im nächsten Abschnitt zu analysieren sein wird, einen erheblichen Sprung nach vorwärts nennen, so sorgt die Problembreite von „Glauben und Kirchenverfassung“ doch schon in Löwen selbst unfehlbar dafür, daß der ökumenische Baum nicht in den Himmel wächst. Die Studie über „Gottesdienst heute“ (Lö 102 ff.) liest sich streckenweise wie ein Dokument aus der Frühzeit von „Faith and Order“, die ganz anders als heute gekennzeichnet war durch den komparativen Stil: Die einen meinen dies, die anderen jenes, und ein gemeinsamer Nenner ist nicht zu sehen.

Nur, mit dem herkömmlichen konfessionellen „einerseits – andererseits“ hat, was hier zu Protokoll gegeben ist, nichts mehr zu tun. Hier, wie schon in der Sektion V von Uppsala, deren Arbeit die Studie weiterführt, wird die christliche Liturgie von der Welterfahrung des Zeitgenossen her problematisiert. Und da ergeben sich andere Fronten, quer durch die Konfessionen hindurch.

Da geraten die Bewahrer, die Neuerer und die am Übergang und im Übergang Leidenden überkreuz. Da wird das Schweigen der Götter und das Sprachloswerden der christlichen Verkündigung ganz unterschiedlich intensiv erfahren und sehr verschieden bewertet. Da geht es um die Beurteilung der Tiefe des Bruches, der den Zustand sich vollendender Säkularisierung von den Welt- und Geisteszuständen vor der Aufklärung trennt, aber auch um die verschiedenen Weisen der Bewältigung dieses Bruches, um alte und neue Möglichkeiten der Existenz, der Frömmigkeit und der praxis pietatis nach dem sogenannten „Tode Gottes“.

Da scheiden sich nicht sosehr konfessionelle Prädispositionen, sondern unvereinbare Raum- und Zeitgefühle, zum Teil die Generationen, vor allem aber die Zivilisationszustände. Da geschieht es, daß afrikanische und europäische Katholiken, russische und griechische Orthodoxe, Protestanten aus den USA und aus Indonesien, obgleich sie derselben Kirche angehören, so radikal verschieden urteilen, daß ihre konfessionelle Gemeinsamkeit kaum mehr ins Gewicht fällt, während etwa ein orthodoxer Mönch und ein Pfingstler aus Lateinamerika sich fast mühelos verständigen.

Da kann man nicht nur feststellen, daß heute die Menschen und die Zivilisationen von Kontinent zu Kontinent, ja auch innerhalb ein und derselben Gesellschaft von Klasse zu Klasse nicht wirklich gleichzeitig miteinander sind. Da wird man etwa als Angehöriger eines Kirchentums, das sich im Zustand volkskirchlichen Zerfalls befindet, sehr ernsthaft gefragt, ob denn wirklich alle Menschen auf der Welt die europäische Sackgasse aufsuchen und erleiden müßten; ob es nicht gesunde Frömmigkeitstraditionen gebe, die sich der nordatlantischen Selbstzerstörung trotz technologischer Interdependenz durchaus entziehen könnten und im Interesse der gesamten Menschheit vielleicht auch entziehen sollten; ob denn dem politischen Imperialismus und seiner wirtschaftlich-neokolonialistischen Neuauflage nun auch noch ein Imperialismus des Problembewußtseins, wiederum von den verfaulenden industriellen Metropolen her, folgen müsse.

Da melden sich die, die wirklich noch diesseits der Schwelle der Aufklärung zu leben scheinen, ebenso zu Wort wie die anderen, die von der Möglichkeit einer neuen, zweiten, durchaus reflexen religiösen Naivität zu berichten wissen oder gar sie selbst vertreten. Da stehen die einen vor dem Trümmerfeld zerfallender Symbole und sehen nicht, wie symbolische Interaktion in den Ruinen der Dome von gestern überhaupt noch gelingen soll, während andere von der neuen Symbolik etwa der Jugendkultur oder gar von der Erneuerung der Bedeutung der alten Symbole auf dem Wege neuer Erfahrung und psychologischer Einfühlung berichten.

Dabei können sich die Fronten eigentümlich vertauschen. Gelegentlich sind es gerade die scheinbaren Konservativen, die den Bruch der Zeiten am radikalsten erfahren, so radikal, daß sie sich vom optimistischen Herumbasteln am überkommenen liturgischen Material nun aber auch gar nichts mehr versprechen können. Es bleibe beim klassischen Gottesdienst, weil er die Unversöhnlichkeit der Welt des Glaubens mit der Welt des Machens am radikalsten offenhält, ein „Akt gegen alle Hoffnung auf Hoffnung hin"; während die, die wortreich von der Stadt ohne Gott reden und die eigene „intellektuelle Kreuzigung" zelebrieren, sich als die harmlosen Verharmloser offenbaren, die ernstlich glauben, ein bißchen Phantasie, ein bißchen Anleihe bei den Pfingstlern, den Beatles und den Bürgerrechtskämpfern, ein bißchen Spontaneität, ein bißchen Reform am herkömmlichen Material werde dem Gott, von dem es heißt, er sei tot, schon zur gottesdienstlichen Auferstehung verhelfen.

Es gibt eigentlich nur einen einzigen Hauptnenner für alle diese verschiedenen Einstellungen: die Sorge um die Authentizität der christlichen Liturgie, das Leiden daran, daß diese Authentizität offenkundig in Frage steht. Und eben dies muß zusammengesehen werden mit dem sakramentstheologischen Konsensus, den die Studien über Taufe und Abendmahl ankündigen. Eben von diesem Gottesdienst, über den man sich nun einig zu werden beginnt nach einem Jahrtausend der Spaltung, muß gefragt werden, ob er überhaupt noch authentisch ist, das heißt, ob er die „großen Taten Gottes", von denen er handelt, noch mit denen vermittelt, an denen sie und für die sie geschehen sind, ob er seiner Struktur, seiner Sprache und seinem Gestus nach noch geeignet ist, den Gott, der verlorene Menschen sucht, mit den Menschen, die ihren verlorenen Gott suchen, zusammenzubringen, die Kommunion des Unvereinbaren, *der* Unvereinbaren herzustellen nach der Weise Jesu Christi. Die Frage nach der Authentizität ist die Frage nach der Übereinkunft dessen, was liturgisch getan, gesagt, vorgeführt wird, mit dem, was gemeint ist, die Frage nach der Differenz zwischen Anspruch und Wirklichkeit, Versprechen und Einlösung. Und *diese* Frage ist, nach dem einhelligen Urteil aller Teilnehmer an dieser Studie, unausweichlich im Hinblick auf *diesen* Gottesdienst, an dessen ökumenischer Fülle und Identität seit fünfzig Jahren gearbeitet wird, mit wachsendem Erfolg. Wird also von „Glauben und Kirchenverfassung" ein Frieden ausgearbeitet und zur Unterzeichnung reif gemacht, während längst schon ein neuer, viel verheerenderer Streit entbrannt ist, an einer anderen Front? Ist der ökumenische Konsensus immer schon ein Konsensus von vorgestern? Erweist es sich, daß die Arbeit von „Faith and Order" nicht nur, wie allgemein zugestanden, in der Sprachform des Eventualis steht, sondern in der Sprachform des Irrealis: So hätte es gehen können, wenn es überhaupt noch einen Sinn hätte, es zu versuchen?

5. Die Strukturen

„Spaltungen in der Frage des Abendmahls haben oft ihr Zentrum in der Frage des Amtes gehabt. Wenngleich hier bis jetzt noch keine vollständige Übereinstimmung besteht, weisen doch neue und sehr hoffnungsvolle Ansätze in diese Richtung" (Lö 60).

Die Studie über das „ordinierte Amt" (Lö 77 ff.) ist also direkt mit den Studien über die Sakramente verknüpft. Die Trennung der Kirchen ist ihrem Wesen nach eucharistische Trennung. Die Möglichkeit und der universale Vollzug der Abendmahlsgemeinschaft wäre de facto die Wiedervereinigung der Kirche. Diese Möglichkeit entscheidet sich aber nicht nur in der Theologie der Sakramente. Das eigentlich Trennende ist die eucharistische Praxis. Und der Kern dieser Praxis ist in allen Kirchen die Frage: Was macht das sakramentale und proklamatorische Handeln der Kirche gültig? Was gewährleistet das Abendmahl als Präsenz und Mitteilung des Heils, als wirksamen Vollzug und wirksame Erneuerung der Versöhnung? Die Tatsache, daß einige Kirchen auf diese Frage antworten: das eucharistische Amt, und zwar dieses Amt in einer ganz bestimmten hierarchischen Struktur (wobei sie untereinander in der Beschreibung dieser unabdingbaren Struktur wieder differieren), während andere Kirchen die hierarchische Verfaßtheit der eucharistischen Potenz der Kirche ebenso emphatisch bestreiten, ist der harte Kern der Spaltung.

Die Bemerkung, es gebe hier „neue und sehr hoffnungsvolle Ansätze" zu einer Übereinstimmung, ist also durchaus nicht beiläufig. Eine mögliche Einigung an dieser Stelle wäre das vorletzte und entscheidende Stadium auf dem Wege der Wiedervereinigung der Christenheit.

Man kann die Tatsache, daß die Kirchenspaltung ihren Kern in der Frage des Amtes, also in einem Strukturproblem hat, relativ leicht und billig *gegen* die Kirche wenden. Natürlich sind Strukturen Machtfragen. Natürlich geht es im Amt um die Kontrolle der Kirche, um religiöse Herrschaft. Natürlich sind Kirchenspaltungen in der Realität immer das Ergebnis von Machtkonflikten gewesen. Natürlich waren diese Machtkonflikte nie nur religiöser Art, sondern immer auch, entsprechend der Funktion der organisierten Religion in der menschlichen Gesellschaft, Ausdruck sehr handfester gesellschaftlicher und politischer Interessen und Kirchenpolitik infolgedessen die Fortsetzung von Machtpolitik mit anderen Mitteln. Und natürlich liegt es von daher nahe, alles andere, den Streit der Spiritualitäten um das, was fromm ist, der Überzeugungen um das, was wahr ist, der Gewissen um das, was recht ist, die Auseinandersetzung um das Bekenntnis, die Lehre und den Gottesdienst als Phänomene der Rationalisierung abzutun und auf den bloßen Machtkampf, letztlich den Klassenkampf im religiösen Feld zu reduzieren.

All das ist ohne Zweifel ein Aspekt der Wahrheit. Aber ist es die ganze Wahrheit? Die sozialpsychologische, wissenssoziologische, letztlich ideologiekritische Aufarbeitung der Geschichte der Kirchenspaltungen ist überfällig, die Aufklärung der Theologie als Legitimationswissenschaft unausweichlich. Eine solche Reduktion wäre trotzdem eine schreckliche Vereinfachung. Selbst nach Marx – und er hatte nur ein Zerrbild verbürgerlichten Christentums vor Augen – ist die Religion „in einem der Ausdruck des wirklichen Elendes und ... die Protestation gegen das wirkliche Elend“ [28], ein Phänomen der Entfremdung *und* des Aufbegehrens gegen die Entfremdung. Die ideologiekritische Reduktion des Christentums und seiner Geschichte verschleudert den Mehrwert der Verheißung, die Energie des Protests und die Wahrheit, von der er lebt, die in Jesus von Nazareth erschienene Wahrheit. Die Kämpfe der Christenheit sind ohne Zweifel bis in die Tiefe mitbestimmt von den gesellschaftlichen Interessenkonflikten, ihren Gesetzmäßigkeiten, ihren Strategien. Aber im Medium dieser Machtkämpfe vollzieht sich immer auch der Streit um das, was frei macht in den Kämpfen dieser Welt und über sie hinausführt, um das, was die Menschen ihrer Entfremdung letztlich entgegenzusetzen haben, nämlich ihre Hoffnung, und was sie durchhalten läßt in ihrem Widerstand, nämlich ihren Glauben.

Auch der Kampf um das eucharistische Amt enthält diese Ambivalenz. Er ist nicht nur der Kampf religiöser Eliten um ihre Position und ihre Macht. Die Kämpfer sind, oft genug wider Willen, immer auch im Streit um die beste Weise, wie das Potential an Freiheit, das mit Jesus in die Menschheitsgeschichte hereingekommen ist, am besten gewahrt und im Spiel gehalten wird. Selbst einer, der sich wie der Verfasser für einen enragierten Protestanten hält, wird nicht leugnen können, daß die starrköpfige Verteidigung der Eigenständigkeit der hierarchischen Struktur in den katholischen Kirchen, ganz und gar durchtränkt mit Machtinteressen, wie sie von jeher war, sich als Strategie zur Hütung der Freiheit, nein, des Freiheitspotentials langfristig vielleicht besser eignete als die Vergleichgültigung der Strukturen, die Spiritualisierung der Kirche in Teilbereichen des Protestantismus, die kurzfristig half, aber auf die Dauer die Kirche nur um so mehr zum gefügigen Werkzeug im Machtkampf der Gesellschaft werden ließ.

Die ökumenische Klage um „unsere tiefste Unterschiedenheit“, die in Amsterdam angestimmt worden war, betraf just diesen entscheidenden Punkt: die der evangelischen Freiheit angemessene Struktur. „Unsere Lage ist dadurch bestimmt, daß wir von zwei verschiedenen Seiten aus den christlichen Glauben und das christliche Leben als ein in sich geschlossenes Ganzes ansehen und daß diese zwei Auffassungen des Ganzen sich miteinander nicht in Einklang bringen lassen ... Die eine Seite, die man gewöhnlich ‚katholisch‘ nennt, wird gekennzeichnet durch eine starke Betonung der sichtbaren Kontinuität der Kirche in der apostolischen Sukzession des Bischofsamtes. Die andere, die man gewöhnlich ‚protestantisch' nennt, betont in ihrer Lehre der Rechtfertigung sola fide vor allem die Initiative des Wortes Gottes und die Antwort des Glaubens ... auch die erste Gruppe hebt die Bedeutung des Glaubens hervor, und die zweite betont ebenso bewußt eine bestimmte Kontinuität der sichtbaren Kirche ... Aber auch wenn das Gespräch in gegenseitigem Vertrauen und Verständnis geführt wird, bleiben doch bestimmte Kernfragen im Blick auf das Verständnis der Kirche Christi übrig, in denen eine Übereinstimmung vorläufig nicht erzielt werden kann. In jeder dieser Anschauungen steht jeder Teil des Lebens der Kirche im Zusammenhang mit dem Ganzen, so daß die Teile sogar da, wo sie einander ähnlich zu sein scheinen, sich doch in einem Zusammenhang befinden, mit dem der Zusammenhang, in welchem sie anderwärts stehen, nicht vereinbar scheint" (Vi 84 f.).

Geht es um eine Differenz an der Wurzel und in der Totalen, dann müssen „neue und sehr hoffnungsvolle Ansätze" zu einer Übereinstimmung, von denen Löwen spricht, nicht nur diese oder jene Einzelheit betreffen; sondern die Gesamtperspektive, das Grundverhältnis zur Überlieferung des Glaubens muß sich verändert, verflüssigt haben. Jene etwas naive Einigungsvision, die einfach die verschiedenen Amtsbegriffe addiert nach der Formel: „Der hat recht, und der hat auch recht", wäre dann jedenfalls nicht zureichend. Edinburgh hatte im Konjunktiv so etwas ins Auge gefaßt: „Wenn das geistliche Amt der vereinigten Kirche in ausreichendem Maße charakteristische Bestandteile des bischöflichen, presbyteralen und kongregationalen Systems umfaßte, dann hätten die gegenwärtigen Anhänger dieser Systeme ihre Plätze in der Kirche Gottes gegenseitig anerkannt. Alle würden dann eine geistliche Heimat in der geeinten Kirche finden können, und die Lehre von der apostolischen Sukzession würde auf einer gemeinsamen Glaubensgrundlage die Fülle erlangen, die ihr zukommt, dadurch, daß sie sich zugleich auf das Wort, das geistliche Amt und die Sakramente wie das Leben der Christenheit bezieht" (Vi 66).

Inzwischen hat es – etwa in Südindien – Kirchenunionen gegeben, in denen das tatsächlich so funktionierte. Aber die integrative Kraft dieses Modells lag zunächst im protestantischen Mittelfeld, in den Grenzen einer einzigen Tradition. Es wirkte vornehmlich auf dem Missionsfeld, wo die konfessionellen Herkünfte ohnehin aufs äußerste relativiert sind. Und es wirkte – vor allem –, weil eine winzige christliche Minderheit im Klima des Aufbruchs befreiter Nationen und im Gegenüber zu sich erneuernden, voll indigenisierten Hochreligionen gar nicht anders kann, als sich im Interesse ihres Überlebens und ihrer Mission zu einen. Es ist sicher diese Perspektive missionarischer Dringlichkeit, die Christen dazu bringt, daß sie einander ähnlich werden im Denken, im Fühlen, im Handeln, in der Stoßrichtung ihres Glaubens, und dann und in diesem Zusammenhang gelingt auch die Zusammenfügung von Organisationskonzepten.

Und vermutlich ist es denn auch nicht zuletzt die Tatsache, daß alle

Kirchen auf der ganzen Welt dieses Minderheitsgeschick zu schmecken bekommen, ihre Mission wiederentdecken und in einer radikal und rasch sich verändernden Weltsituation einfach genötigt sind, ihre Prioritäten zu verändern, ihre Selbstverständnisse zu überprüfen, ihre Ressourcen zu vereinigen, neue Chancen zu nutzen und unhaltbar gewordene Positionen preiszugeben, – es ist diese neue Lage der Christenheit in der werdenden Weltgesellschaft, die auch den alten Strukturenkonflikt, jene „tiefste Unterschiedenheit", relativ macht, die ein Umdenken und ein Weiterdenken erzwingt und neue Strategien geradezu aufnötigt.

Auf diesem Hintergrund läßt sich dann gerade an dieser prekärsten Stelle, an der die Entwicklung auch noch am weitesten zurück ist, die Anatomie des ökumenischen Konsensus besonders gut analysieren. Sie kommt auch in dem Papier über das „ordinierte Amt" sehr direkt und klar zum Ausdruck.

1. Die neuen *Herausforderungen*: Das Wort „challenge" gehört zu den Zauberworten der ökumenischen Bewegung. Es bezeichnet schlicht den Zusammenbruch der alten Voraussetzungen der Kirchwerdung und eine spezifisch ökumenische Reaktion auf die Erfahrung des Zusammenbruchs: angesichts der Krise nicht zu resignieren und sich nicht in die Defensive drängen zu lassen, sondern die veränderten Verhältnisse genauer ins Auge zu fassen und als Chancen der Erneuerung, des Neuansatzes wahrzunehmen, also nicht zu regredieren, sondern zu progredieren. Nicht, als wäre die ökumenische Bewegung eine Unternehmung unverbesserlicher Optimisten. Der Progreß liegt einfach in der Logik des ökumenischen Ansatzes. Die Ökumene *ist* der Progreß der Christenheit aus einer nicht mehr haltbaren Position, dem Zustand der Parochialisierung, in den Welthorizont, den unausweichlichen neuen Kontext der Menschwerdung des Menschen. Die ökumenische Bewegung zu begründen, in sie einzuscheren, war bereits die Entscheidung für die progressive Strategie. Natürlich gibt es auch ökumenische Varianten defensiver Kirchlichkeit. Aber im transnationalen Niemandsland, im globalen Vorfeld der gesellschaftlichen Entwicklung kann sich Defensivität nicht gut halten. Es gibt da keinerlei Befestigungen, in denen man sich verschanzen könnte. Darum ist kirchliche Regression meist verbunden mit antiökumenischen Einstellungen und Verhaltensweisen. In der Ökumene ist eine Krise per definitionem ein „challenge", und der „challenge" ruft nach einem Vorrücken als Respons.

Hinsichtlich der Strukturen und in ihrem Kern des Amtsbegriffes liegt die Herausforderung konkret in der Erfahrung, daß die Exzentrizität des verfaßten religiösen Lebens zu den zukunftsentscheidenden gesellschaftlichen Prozessen – technologische Entwicklung, Weltinnenpolitik, internationaler Klassenkampf, Veränderung der gesellschaftlichen Strukturen auf allen Ebenen, aber auch zum Beispiel Konsum, Freizeitleben, Bildung – ständig zunimmt. Das kirchliche Leben rückt immer mehr an den Rand, und das herkömmliche Pfarramt verliert ein Gutteil seiner Funktionsfähigkeit. „In vieler Hinsicht scheint das Amt in seiner gegenwärtigen Form nicht mehr in vollem

Maß zweckentsprechend zu sein", heißt in ökumenischem Understatement: „In der traditionsgebundenen und sakral geprägten Gesellschaft des Westens verlieh das religiöse Amt seinem Träger eine zentrale Stellung in der Gemeinschaft, die nach Status, Prestige und Macht fast einzigartig war. Der kirchliche Amtsträger war in allen Lebensbereichen präsent, denn jedermann in der Gemeinschaft erwartete von ihm entweder Segen oder moralische Führung für menschliches Handeln. Die moderne Gesellschaft zeigt jedoch eher die Tendenz, sich in zahllose Gruppierungen und Organisationen aufzusplittern, die nach rationaleren Prinzipien wissenschaftlicher wie auch technischer Art organisiert sind. Im Rahmen dieser Entwicklung ist die Religion in einen ausgegrenzten Sektor menschlicher Aktivität gedrängt worden. Der professionelle kirchliche Amtsträger, dessen Pflichten und Aktivitäten ausschließlich diesem ausgegrenzten religiösen Sektor gelten, findet sich somit vieler Funktionen enthoben, die er in einer ‚sakralen' Gesellschaft ausüben würde ..." (Lö 85 f.). Diese Erfahrung teilen alle Konfessionen nahezu unabhängig von der Verfassung, die sie sanktionieren.

Dieser Präsenzverlust des Pfarramts ist aber nun bei der herkömmlichen Zentralität dieser Funktion ein Präsenzverlust der Kirche überhaupt, es sei denn, diese Präsenz der Kirche in der Welt würde in irgendeinem Sinn über die Kirchenmitglieder, ökumenisch: über das Volk Gottes wiederhergestellt. Ein Amt aber, das in dieser Weise nicht sosehr auf die Versammlung als auf die Diaspora der Glaubenden orientiert wäre, verlangt eine ganz andere Ausgestaltung, andere Techniken, ein anderes Selbstverständnis, schon darum, weil aus schierer Notwendigkeit die religiöse Funktion des Volkes als Repräsentanz der Kirche, als Trägerschaft der Diakonie und der Mission ungeheuer aufgewertet *ist*, lange bevor die Theologie und das Recht der Kirche dem nachgekommen sind.

2. Die neuen theologischen *Einsichten:* In der ökumenischen Selbstverständigung rangiert dieser Punkt meist am Anfang, in gewisser Spannung zur ökumenischen Hermeneutik, die ja durchaus sieht, daß die an die Quellen gerichteten Fragen die Auskunft, die gefunden wird, immer schon mitbestimmen. Aber natürlich handelt es sich um einen Zirkel, und besonders wegen der Arbeitsteilung im ÖRK, die die Analyse der Weltsituation ja eher den Referaten für „Kirche und Gesellschaft" und für „Mission" zuweist, kann es bei „Glauben und Kirchenverfassung" durchaus so erscheinen oder tatsächlich so sein, daß die Umwertung der Quellen das Umdenken auslöst. „Die Ergebnisse der biblischen Wissenschaft zeigen, daß man aus dem Neuen Testament nicht *eine* Auffassung von der Ordnung der Kirche unter Ausschluß anderer begründen kann. Anscheinend hatten in neutestamentlicher Zeit unterschiedliche Formen des Amtes nebeneinander Bestand und sind unterschiedliche Formen in verschiedenen geographischen Gebieten gleichzeitig entwickelt worden. Darüber hinaus erkennt man in zunehmendem Maße, daß die Formen des Amtes in apostolischer Zeit historisch, sozial und kulturell bedingt waren und daß es deshalb heute gerechtfertigt, ja erforderlich ist, die Strukturen des Amtes den Bedürfnissen der gegenwärtigen Si-

tuation anzupassen“ (Lö 84). Auch die Geschichte der Alten Kirche und der Konzile gibt keine andere Auskunft, auch in der Frage der Ämter nicht, obwohl der monarchische Episkopat zweifellos schon bald die Vorherrschaft errang.

Der Blick zurück zu den Quellen ergibt nun aber in den Fragen der Verfassung und des Amtes außer der Ermächtigung zur Pluralität heutiger Lösungen noch einen zusätzlichen, sehr wichtigen Gesichtspunkt: die Bedeutung des „ganzen Volkes Gottes“, des allgemeinen Priestertums der Glaubenden in biblischer Zeit. Historisch und theologisch ist es eben nicht so – und zwar in keiner der biblischen Gemeindeordnungen –, daß Christus mit seinem Volk durch ein ausgesondertes, religiös privilegiertes Amt vermittelt wäre. Vielmehr sind die Ämter „Konkretionen der Gnade“ (Käsemann), Konkretionen des Amtes, der Diakonia, die immer schon dem ganzen Volk verliehen ist. Die Präsenz Christi in seinem Volk geht seiner Präsenz in den Ämtern, die Wirksamkeit des Geistes im Leib Christi als Ganzem geht seiner Wirksamkeit in bestimmten Funktionen dieses Leibes theologisch voraus. Zwar gibt es da in der Weise, wie die verschiedenen christlichen Traditionen ihre Quellen lesen, nach wie vor Akzentunterschiede und Kontroversen, aber nur noch innerhalb einer Übereinstimmung, die sich etwa in einer so wichtigen Frage wie der der Apostolizität so anhört: „Die Kirchen sind sich . . . darin einig, daß die grundlegende Kontinuität mit der apostolischen Gemeinschaft durch das ganze Volk Gottes hergestellt wird . . . Das Amt hat unabhängig vom Volke Gottes keine eigene Kontinuität, sondern nur innerhalb des Volkes Gottes“ (Lö 85). Auch wenn damit die Frage nach der „apostolischen Sukzession“ nicht einfach vom Tisch ist – denn man kann ja durchaus der Meinung sein, daß diese Kontinuität eine Struktur angenommen hat, die als definitiv zu gelten hat, auch wenn sie sich erst in der Erfahrung der Kirche herauskristallisiert hat –, kirchentrennende Kraft kann sie bei solchen Feststellungen nicht mehr haben. Sind sich die Kirchen tatsächlich darin einig, „daß theologisches Denken oft von Christus zum Amt und dann zu den Sakramenten und zur Kirche fortgeschritten ist, während der Gedankenfortschritt von Christus zur christlichen Gemeinschaft und dann zum Amt und zu den Sakramenten vielleicht angemessener ist“ (Lö 90), dann ist, weil dieses Volk kein Abstraktum ist, sondern an konkreten Orten in konkreten Situationen leben und handeln muß, der Pluralität und Elastizität der Ausgestaltung des Amtes und der gegenseitigen Anerkennung der Ämter kein prinzipielles Hindernis mehr entgegengestellt.

3. *Die neue Praxis:* Oft genug sind die Kirchen in ihrem Handeln dem theologischen Denken voraus. Eine Studie der Abteilung für „Weltmission und Evangelisation“ [29] hatte bestätigt, was man eigentlich schon wußte: Trotz ganz unterschiedlicher Verfassungskonzeptionen kommen die Kirchen in konkreten Situationen, angesichts konkreter „Herausforderungen“ zu nahezu identischen Lösungen. Alle haben sie Ämter entwickelt, die nicht mehr lokal, sondern funktional ausgerichtet und dann auch ausgebildet und geordnet sind. Alle kennen sie Gruppenämter, in denen Ordinierte und Nichtordinierte

gemeinsam die Verantwortung tragen. Alle sind sie sich über die Problematik des sogenannten „Professionalismus", das heißt der herkömmlichen Ausgestaltung des Amtes zum theologisch spezialisierten, fest besoldeten, hauptamtlichen kirchlichen Berufsstand auf Lebenszeit einig. Diese Gestalt als normative Gestalt entspricht nicht der ungeheuren Komplexität heutigen gesellschaftlichen Lebens. Sie ist viel zu aufwendig für Kirchen in der Diaspora, vor allem in der Dritten Welt. Sie gerät auch, gerade in dynamischen Gemeinden und Gruppen, leicht überkreuz mit den Demokratiebedürfnissen heutiger Christen, denn autoritäre und elitäre Tendenzen sind dieser Gestalt einfach inhärent. Alle Kirchen schließlich haben immer charismatische Erfahrungen gemacht und machen sie heute mehr denn je: Religiöse Führerschaft ist, gerade in der Vielfalt heutiger Missionssituationen, sehr oft ein freier Aufbruch des Geistes und nicht Ergebnis kirchlicher Planung und Ordnung. Kurz: Alle Kirchen sind in der praktischen Ausgestaltung ihrer Organisation durchaus flexibel, kennen das kirchliche Amt in vielen Ausdrucksformen und arbeiten mit vielen Ausnahmen von ihren Regeln.

4. *Die neue ökumenische Erfahrung:* Erst von daher wird deutlich, was die ökumenische Bewegung meint, wenn sie so oft von dem Gewicht der „existing fellowship" spricht. Sie meint damit nicht allein das Erlebnis ökumenischer Konferenzen und offizieller Kooperationen, das ja nach wie vor nur ganz wenige Menschen haben. Sie meint, daß die Kirchen, indem sie vor Ort versuchen, ihre neue Praxis mit einer tragfähigen Theorie einzuholen, feststellen, daß diese Praxis immer schon ökumenisch ist. Die Ämter, die an den Universitäten, in den Gettos, in den Redaktionsstuben der Massenmedien, in der Bildungsarbeit und im Gesundheitsdienst, in der Jugendkultur und unter den marginalisierten Gruppen, in den berufsspezifischen Arbeitsgruppen und in politischen Bürgerinitiativen arbeiten, *wirken* ökumenisch, ob sie wollen oder nicht. Sie können sich nicht mehr beschränken auf Christen einer bestimmten Couleur. Die Gruppen, die sich um sie sammeln, sind interkonfessionell, verbinden Christen und Nichtchristen zu gemeinsamen Unternehmungen, müssen ständig mit anderen Gruppen christlicher oder säkularer Observanz kooperieren – der christliche Alltag fügt sich einfach nicht mehr der kirchlich erwünschten säuberlichen Scheidung nach Katechismen. Und diese „existing fellowship", um so verbindlicher, je kleiner die Kräfte sind in einer bedrückend widerständigen Umwelt, ist zwar sehr schwer einzuschätzen in ihrer ekklesiologischen Bedeutung, aber viel zu dynamisch und auch viel zu unentbehrlich, als daß die Kirchenleitungen ernstlich versuchen könnten, sie auseinanderzudividieren. Sie wollen das auch gar nicht. Denn auch sie erfahren ja auf ihrer Ebene den Druck der „existing fellowship", die Kraft der Kooperation und den Zwang gemeinsamer Haftbarkeit für das Christentum, seine Glaubwürdigkeit und seine Wirkung in der Welt. Alle Kirchen, wo immer sie leben und wie immer sie strukturiert sind, verlieren an Halt in den gesellschaftlichen Zusammenhängen, Staaten, Kulturen, Gruppen, mit denen sie herkömmlich verbunden sind. Und alle entdecken, daß sie eine neue gemeinsame Basis haben in einer Weltbewegung, die vor unge-

heuren Aufgaben steht und ungeheure Widersprüche aufzuarbeiten hat. Für die alten Grenzbefestigungen haben sie alle keine Zeit und keine Kraft mehr und zunehmend auch nicht mehr das gute Gewissen.

Diese vier Faktoren ökumenischer Entwicklung bilden eine Art Kräfteparallelogramm, das insgesamt die ökumenische Entwicklung verursacht und strukturiert. Die Propheten, Missionare und Diakone kommen von den „Herausforderungen" her in Bewegung, die Theologen von den Quellen her, die Kirchenpolitiker von der neuen Praxis her, zu der sie einfach genötigt sind und die sie theoretisch und ordnungsmäßig irgendwie bewältigen müssen, und die Christen an der Basis von der „existing fellowship". Aber wo man auch eintritt in den ökumenischen Prozeß, man muß sich schließlich mit all diesen Faktoren auseinandersetzen und sie in ihrem Zusammenhang verstehen. Insofern konvergieren in der ökumenischen Bewegung dann zunehmend auch die Themen und die Strategien: „Glauben und Kirchenverfassung" bearbeitet Themen von „Kirche und Gesellschaft", ökumenische Diakonie und ökumenische Mission beziehen ihre Theorien von beiden Studienbewegungen und halten sie mit ihren Forderungen in Gang. Von den Bedingungsfaktoren her ist die ökumenische Bewegung längst nicht mehr ad libitum, sie ist unausweichlich. Selbst die festesten Fronten kommen in Bewegung, selbst die tiefsten Unterschiedenheiten werden zumindest diskutierbar, einfach unter dem Druck der veränderten Realität. So klingt denn auch das Papier über das „ordinierte Amt" nach der provozierenden Frage, ob es nicht Zeit sei zu einer „voraussetzungslosen gegenseitigen Anerkennung aller bestehenden Ämter" (Lö 101) als Ausgangspunkt für einen „Prozeß der Neuordnung", in einem unüberhörbaren Ton der Dringlichkeit aus: „Vielleicht waren die Diskussionen über die Ordination bis heute zu stark vom Rückblick in die Vergangenheit bestimmt, nämlich fixiert auf die Zusammenführung der traditionellen Lehren und Ämter, die in den verschiedenen Kirchen in Geltung stehen, und haben sich der Herausforderung durch die neuen Formen des Amtes und durch die Welt, die in ihnen zum Ausdruck kommt (sic!), nicht ernsthaft genug gestellt. Das Schicksal, das Lots Weib ereilte, sollte ... nicht vergessen werden!" (Lö 101 f.)

Auch im Bereich der Diskussion über die Strukturen fehlt, wie bei den Sakramenten, in Löwen die Antiklimax nicht. *Eine* Studie, die in Aarhus[30], 1964, in Auftrag gegebene interdisziplinäre Untersuchung über „Geist, Ordnung und Organisation", protokolliert einen totalen Mißerfolg (Lö 118). Die Gründe dafür sind bedeutsam.

Zunächst hat es an Geld gefehlt. Einer der ironischen Aspekte der ökumenischen Bewegung der Kirchen liegt darin, daß die Mitgliedskirchen den ÖRK, die institutionelle Antizipation ihrer eigenen Zukunft, finanziell so erbärmlich ausstatten, daß für den kirchlichen Jahresetat einer mittleren deutschen Stadt regelmäßig weit mehr zur Verfügung steht als etwa für den deutschen Jahresbeitrag nach Genf. (Dabei ist von den Mitteln der ökumenischen Diakonie und Mission, für die Genf nur der Verteiler ist, abgesehen.)

Und die Deutschen sind immer noch die besten Zahler! Die Ebene größter kirchlicher Relevanz und Handlungsfähigkeit nach den lokalen Gemeinden, die Weltebene, ist im Augenblick tatsächlich in der Gefahr, von den Mitgliedskirchen finanziell buchstäblich ausgetrocknet zu werden.

Wichtiger für den Fehlschlag war die Schwierigkeit, gesellschaftswissenschaftliche und theologische Fragestellungen und Begriffsbildungen miteinander zu vereinbaren. Trotz intensiver Bemühungen über viele Jahre gelang es nicht wirklich, auch nur das Problem – kirchliche „Ordnung" und kirchlicher „Protest" – so zu formulieren, daß es für beide Wissenschaften einen deutlichen gemeinsamen Sinn ergab. Was als interdisziplinäre Untersuchung in theologischer Absicht begann, endete in einer organisationssoziologischen Sackgasse. Immerhin ist die Erzählung von diesem Fehlschlag so spannend zu lesen und enthält so viele gute Einsichten, daß man schon sagen kann: Wenn's nicht am Geld gefehlt hätte, wäre die ökumenische Theologie vielleicht jetzt schon im Besitz einer neuen Methode, mit der man jene vier Bedingungsfaktoren des ökumenischen Konsensus besser in Rechnung stellen und zusammenschauen könnte.

Im übrigen hat das Scheitern der Organisationsstudie auch noch einen sehr hoffnungsvollen Nebenaspekt. Die Theologen waren ermahnt worden, zunächst einmal zu schweigen – und sie schwiegen. Aber es gelang der Theologie nicht, durch einen solchen Verzicht auf den ohnehin verlorenen Thron im interdisziplinären Wege wieder an die Macht zu kommen. Die Theologie *kann* ihre ureigene Arbeit nicht von anderen Wissenschaften erledigen lassen. Sie muß vielmehr ihre Arbeit unter der Kontrolle der anderen Wissenschaften tun. Die Theologie ist nicht die Wissenschaft, die die abschließenden Fragen stellt, wenn die anderen ihre Arbeit getan haben, womöglich gleich unter Hinzufügung vorgefertigter Antworten. Die Theologie ist vielmehr die von allen einschlägigen Wissenschaften kontrollierte und auf die Probe gestellte Selbstreflexion des Christentums. Ob sie, indem sie ihre theologischen Ergebnisse für die anderen Wissenschaften vorbehaltlos diskutierbar macht, überhaupt noch zu Ergebnissen kommt, ob ihre Sätze noch einen Mehrwert haben, wenn die Naturwissenschaft, die Soziologie, die Psychologie und die Philosophie mit ihnen fertig sind, ist vorerst nicht gewiß. Die Methode ist zweifellos anstrengender, aber – sie ist ehrlicher und theologischer.

6. Die Selbstverständnisse

„Der Ökumenische Rat der Kirchen ist *keine* ‚Überkirche' und darf niemals eine werden ... Der Ökumenische Rat der Kirchen wurde *nicht* geschaffen, um Unionsverhandlungen zwischen den Kirchen in die Wege zu leiten – was eine Sache der Kirchen selbst ist und nur auf ihre eigene Initiative hin geschehen kann –, sondern um die Kirchen miteinander in lebendigen Kontakt zu bringen und um Untersuchungen und Aussprachen über Fragen der kirchlichen Einheit in Gang zu bringen ... Der Ökumenische Rat kann und darf sich *nicht* auf den Boden einer besonderen Auffassung von der

Kirche stellen. Das ekklesiologische Problem wird durch seine Existenz nicht präjudiziert... Wenn eine Kirche Mitglied des Ökumenischen Rates der Kirchen ist, so bedeutet das *nicht*, daß sie ihre eigene Auffassung von der Kirche relativiert... Wenn eine Kirche Mitglied des ÖRK ist, bedeutet das *nicht*, daß sie damit eine bestimmte Lehre über das Wesen der kirchlichen Einheit annimmt... Die Mitgliedskirchen des ÖRK sind der Meinung, daß die Frage nach dem Verhältnis anderer Kirchen zu der heiligen katholischen Kirche, die in den Glaubensbekenntnissen bekannt wird, eine Frage ist, über die ein gemeinsames Gespräch notwendig ist. Trotzdem folgt aus der Mitgliedschaft *nicht*, daß jede Kirche die anderen Mitgliedskirchen als Kirchen im wahren und vollen Sinne des Wortes ansehen muß" (Vi 253 ff.).

Die berühmte Erklärung von Toronto über „Die Kirche, die Kirchen und der Ökumenische Rat der Kirchen", 1950, deren wichtigste Sätze oben zitiert worden sind, war nach der Gründung des ÖRK in Amsterdam notwendig geworden, weil im Interesse der gerade erst institutionalisierten Zusammenarbeit und der erhofften Erweiterung der Mitgliedschaft das Mißverständnis auszuräumen war, der ÖRK sei insgeheim eben doch so etwas wie ein Anti-Vatikan, eine internationale Superkirche, in der die kirchliche Identität der Mitglieder aufgeschluckt werden solle, die Wiedergewinnung der *Una Sancta Catholica Ecclesia* durch organisatorischen Handstreich zu protestantischen Bedingungen. Darum sagt Toronto vor allem massiv aus, was der ÖRK *nicht* ist und was Mitgliedschaft im ÖRK für eine Kirche *nicht* bedeutet.

Was der ÖRK positiv sei, war dann sehr viel schwieriger zu formulieren. Mehr als ein Gesprächsforum und ein Instrument internationaler Kooperation in praktischen Dingen, mehr als ein Ausdruck allgemeiner Selbstkritik der Mitglieder und eine sehr vorsichtige Darstellung ihrer gemeinsamen Hoffnung sollte der Rat offenbar nicht sein dürfen.

Wichtiger noch: Indem der ÖRK sich selbst so in den Hintergrund definierte, sanktionierte er die Unvereinbarkeit und die Nichtdiskutierbarkeit der Selbstverständnisse seiner Mitglieder. Jede Kirche ist der Meinung, sie selbst sei die einzig angemessene oder doch wenigstens die angemessenste sichtbare Darstellung der „Kirche des Glaubens", der einen, heiligen, katholischen, apostolischen Kirche, die alle Kirchen im Credo bekennen. Eben diese Überzeugung und das daraus folgende Urteil, andere Kirchen seien keine angemessene Darstellung der „Kirche des Glaubens", sollte durch den Eintritt einer Kirche in den ÖRK nicht in Frage gestellt und auch in der Beteiligung am ökumenischen Gespräch letztlich nicht kritisch diskutierbar sein. Die Frage, ob eine Mitgliedskirche wirklich Kirche sei, worin sie es sei und worin sie es nicht sei, sollte im Dialog der Kirchen nicht gestellt werden können. Damit war, strenggenommen, das ekklesiologische Thema aus den Verhandlungen einer Organisation ausgeklammert, die im Grunde um der Diskussion dieses Themas willen gegründet war. Das gehört zu den aufregendsten Widersprüchen der ökumenischen Bewegung.

Toronto war ein sehr kluger Schachzug. Man wählte die Strategie des „agreeing to disagree", und man machte so ökumenische Evolution erst möglich. Und wahrscheinlich gab es in Toronto niemanden, der nicht wußte, daß die Nichtdiskutierbarkeit des Selbstverständnisses der Mitgliedskirchen nicht durchzuhalten war.

Für „Glauben und Kirchenverfassung" war das, wie wir sahen, seit Lund, seit der Entscheidung, über die vergleichende Ekklesiologie hinauszugehen zu einer kritischen, an den Quellen orientierten ökumenischen Theologie, klar. Trotzdem ist an Toronto seither nicht gerührt worden. Der letzte der ökumenischen Pioniere, der eigentliche Baumeister des ÖRK, zumindest der verantwortliche Bauleiter, W. *Visser 't Hooft,* wagte es, in Löwen in einer Ausschußdiskussion die Frage zu stellen, ob es nicht an der Zeit wäre, Toronto zu revidieren. Fast wie aus einem Munde lehnten seine Gesprächspartner das ab. Nicht daran rühren! – war die allgemeine Meinung bei den Orthodoxen, bei den römischen Katholiken, im Grunde auch bei den meisten Protestanten. Und es war sehr deutlich, daß es über die Gesprächslage von Toronto hinaus neue Gründe gibt, das Tabu zu wahren. Schließlich arbeitet inzwischen *in* allen Kirchen eine kritische Kirche, die mit der Infragestellung des Selbstverständnisses der eigenen Institution sehr viel weiterzugehen bereit ist, als es die ökumenischen Rivalen je zu tun wagen würden. Man braucht die Abwehrwaffe von Toronto noch und mehr denn je, wenn auch gegen andere Gegner.

Trotzdem gibt es einen wachsenden ökumenischen Konsensus auch bezüglich der Frage, was die Kirche eigentlich sei, was sie von ihrem Ursprung her sei, was ihr Geheimnis ausmache, wozu sie letztlich bestimmt sei. Man kann zwar das Selbstverständnis bestimmter Mitgliedskirchen nicht kritisch diskutieren. Man kann auch nicht offen diskutieren, was die Mitgliedskirchen letztlich voneinander halten. Man kann vor allem nicht sagen, in welchem Sinne die ökumenische Gemeinschaft und ihre Institution, der ÖRK, Kirche sei, inwiefern sie weniger Kirche sei als die Mitgliedskirchen und inwiefern sie womöglich mehr sei, ein angemessenerer Ausdruck der Una Sancta als jede ihrer Mitgliedskirchen.

Aber man kann, im Kräfteparallelogramm jener vier Bedingungsfaktoren ökumenischer Konsensusbildung, scheinbar – nur scheinbar! – abstrakt an einem gemeinsamen Entwurf der Kirche arbeiten und es dabei offenlassen, wie sich dieser Entwurf zunehmend kritisch *gegen* die kanonisierten Selbstverständnisse der Kirchen auswirkt und *für* ihre Verflüssigung, ihre Verwandlung, ihre Erneuerung auf dem gemeinsamen ökumenischen Weg und in der Logik dieses gemeinsamen Weges.

Alle hier vorgestellten Studien, die für Löwen und in Löwen bearbeitet worden sind, haben denn auch entweder ganz explizit einen ekklesiologischen Mittelteil (Taufe, Eucharistie, Amt, Hauptthema), oder sie implizieren jenen gemeinsamen Entwurf, ohnen ihn ausdrücklich zu machen (Bibel, Chalcedon, Gottesdienst). Und es ist wirklich, mutatis mutandis, immer derselbe Entwurf. Man vergleiche den Abschnitt „Ekklesiologie und die Reform der Tauf- und Konfirmationspraxis" im Taufpapier (Lö 39 ff.) mit dem Abschnitt über „Gemeinschaft" im Eucharistiepapier (Lö 57 ff.) und dem Abschnitt

„Ekklesiologische Überlegungen" in der Studie „Einheit der Kirche – Einheit der Menschheit" (Scha 31 ff.). Im Taufpapier etwa liest sich der Entwurf so:

1. Die Kirche ist *eucharistische* Gemeinschaft: „Glaube erfordert gemeinschaftliches Leben. Die Eucharistie ist das sichtbare Zeichen, das dieser Gemeinschaft von Christen *mit Christus und untereinander* Ausdruck verleiht" (Lö 39). Gegenwart, Zukunft und Vergangenheit; Gott, die Menschheit und der Mensch; Himmel und Erde, Geist und Material, das Herz und der Kosmos, das Besondere und das Universale, der Schöpfungsprozeß und seine eschatologische Vollendung kommen in der Eucharistie symbolisch überein. Eben diese Vorwegnahme des endzeitlichen Schalom ist das Geheimnis und der Sinn dieses neuen Kollektivs Kirche, in dem alle Herkunftskollektive und die Schranken und Beschränkungen, die sie verursachen, „aufgehoben" sind.

2. Die Kirche ist *charismatische* Gemeinschaft: Sie „kann nur auf der Grundlage der spontanen Zugehörigkeit ihrer Glieder existieren. Sie kann nicht durch äußere Strukturen und Regeln aufrechterhalten werden (sic!), die als selbstverständlich zu gelten haben und ohne viele Fragen akzeptiert werden müssen ... In der gegenwärtigen ekklesiologischen Diskussion wird zunehmend das Wirken des Heiligen Geistes betont, der jedem Glied Gaben schenkt und gleichzeitig alle miteinander vereint und somit *Freiheit und Gemeinschaft miteinander versöhnt*" (Lö 40). Das Papier über „Einheit der Kirche – Einheit der Menschheit" faßt das in der schönen Formel, die Kirche sei *die Gemeinschaft der Freien* (Scha 31), zusammen.

3. Die Kirche ist *messianische* Gemeinschaft: Sie ist „das Volk, das berufen ist, die wunderbaren Taten dessen zu verkündigen, der dieses Volk aus der Finsternis in sein herrliches Licht berufen hat. Es preist seinen Herrn in Anbetung und Dankbarkeit und steht vor ihm in der Fürbitte für die ganze Welt. Es kann ihn aber nur preisen, wenn es für die Menschen ein wirkliches Zeichen der Gegenwart und Liebe Gottes ist. In jeder Generation muß dieser missionarische Auftrag neu erfaßt werden, und es ist heute ganz deutlich, *daß die Kirchen sich in einer neuen Situation befinden* ... Welches auch immer die Vorteile und Nachteile der ‚christlichen' Gesellschaft früherer Generationen gewesen sein mögen, so müssen die Kirchen doch heute lernen, *als Minderheit eine missionarische Gemeinschaft zu sein*" (Lö 40). Erst in Verbindung mit den nächsten beiden Punkten wird diese missionarische Bestimmung als Wesensbestimmung der Kirche voll durchsichtig.

4. Die Kirche ist eine *universale* Gemeinschaft: „Schon ihrem Wesen nach ist die Kirche eine Gemeinschaft, die alle Menschen einschließen soll. Als solche überschreitet sie alle nationalen, rassischen, klassenmäßigen und anderen Schranken. Nahezu keine Ekklesiologie hat versäumt, diese Wahrheit zum Ausdruck zu bringen. *Doch der Lauf der Geschichte hat eine neue Situation geschaffen.* Die Kirche muß ihre wesentliche Katholizität in einer neuen Weise *demonstrieren.* Sie muß von den Begrenzungen befreit werden, die ihrer Katholizität auferlegt sind. *Das Prinzip der Katholizität muß eine Wirklichkeit werden,* die gelebt und erfahren wird. Die (Tauf-)Praxis muß

deutlich machen, daß Christen, die der örtlichen Gemeinschaft angehören, gleichzeitig Glieder einer Gemeinschaft sind, die universal ist" (Lö 40 f.). In dem Papier über „Einheit der Kirche – Einheit der Menschheit" wird das noch in anderen Richtungen spezifiziert. Einmal wird gesagt, die Kirche sei wesentlich supranational (Scha 35). Zum anderen wird die kirchliche Praxis auf die neuen Konfliktfronten verwiesen: „a) die Beziehung der Rassen; b) die Beziehung zwischen Mann und Frau; c) die Einbeziehung der Alten in die Gemeinschaft ...; d) der Platz der geistig Behinderten und anderer Existenzen, die nicht entwicklungsfähig sind ...; e) die Entstehung neuer Klassen ...; f) diejenigen, die bei der wachsenden Notwendigkeit und Möglichkeit der Erziehung und Ausbildung marginal werden ..." (Scha 33).

5. Die Kirche ist eine *offene* Gemeinschaft: „Aus verschiedenen Gründen befaßt sich die ekklesiologische Diskussion heute mit dem Problem der Grenzen der Kirche. Einmal ergibt sich dieses Problem in Verbindung mit der ökumenischen Bewegung. Mit noch größerer Dringlichkeit stellt es sich in Verbindung mit der Beziehung zwischen Kirche und Welt. Wie kann die Kirche gleichzeitig ihre Identität bewahren und auch den Menschen ein Zeichen der Gegenwart Christi sein? ... Wird ihre Identität ... nicht heute zu häufig bestimmt durch die Identifizierung mit bestimmten soziologischen Größen, einer Nation, einer bestimmten Gruppe in der Gesellschaft etc.? Sind daher die gegenwärtigen Grenzen zwischen Kirche und Welt nicht unwirklich und unangemessen?" (Lö 41.) Auch hier läßt das Papier „Einheit der Kirche – Einheit der Menschheit" die Perspektiven noch deutlicher werden: Es nennt die Kirche eine provisorische Gemeinschaft. „Sie muß darum in der ständigen Bereitschaft leben, ihre Grenzen neu aufzubrechen. Gewiß, sie muß bis an das Ende der Zeit als erkennbare Gemeinschaft existieren ... Sie kann einzig durch das Reich Gottes aufgehoben werden. Sie ist aber gerade darum eine provisorische Gemeinschaft, ständig darauf ausgerichtet, in die weitere, sie umgebende Gemeinschaft einzudringen ... Der provisorische Charakter gehört auch darum zum Zeugnis der Kirche, weil nur so menschliche Gemeinschaften, die die Neigung haben, sich absolut zu setzen, in ihrem vorübergehenden Charakter sichtbar werden" (Scha 32).

Ähnlich kann man es in den vielfältigsten Zusammenhängen lesen. Unschwer läßt sich die Wirkung der genannten Bedingungsfaktoren des ökumenischen Konsensus überall erkennen. Zugleich aber wird hier noch deutlicher als an anderen Stellen eine besondere Technik der ökumenischen Konsensusbildung. Sie arbeitet mit dem Verfahren der Inklusivität, und zwar in jedem nur möglichen Verständnis dieses Begriffes. Auf diese Weise vermeidet sie es, mit dem Toronto-Tabu in Konflikt zu kommen. Sie sagt in gewisser Hinsicht mehr, als jede Ekklesiologie der Mitgliedskirchen für sich sagt, und sagt es umfassender, gleichzeitig offener. Sie überbietet die kanonisierten Selbstverständnisse. Sie arbeitet mit dem unabgedeckten Mehrwert der ausformulierten Ekklesiologien, fügt ihre Überschüsse zusammen und kann so einer, wenn auch oft genug reservierten, Zustimmung der Mitgliedskirchen sicher bleiben.

Das ist ein gefährliches Verfahren. Denn es führt zu einem emphatischen und immer emphatischeren Kirchenbegriff. Wenn der ökumenische Entwurf der Kirche sich derart auflädt, was sind dann die Kirchentümer in der Realität? Und wie steht es mit der Realisierbarkeit des Entwurfes? Wird hier nicht im neuen Zusammenhang wieder mit der alten Technik der Verdoppelung der Wahrheit, der rein spekulativen Rettung der Glaubenstradition vor der Wirklichkeit verfahren, wobei Transzendentalität und Empirie der Kirche nur noch in einer immer länger werdenden Kette von Paradoxen zu vermitteln sind? Ging nicht die Hypertrophierung der theologischen Begriffe von jeher leicht mit einer Vergleichgültigung der kirchlichen Praxis einher, auf die sie doch eigentlich verweisen?

Bei genauerem Hinsehen indessen zeigt sich, daß der ökumenische Entwurf der Kirche nicht sosehr durch begriffliche Verklärung als durch praxisorientierte Radikalisierung gekennzeichnet ist. Der Akzent liegt nicht auf den Wesensaussagen, sondern auf den Mandatsbestimmungen. Auch diese auf Praxis gerichtete Vollmundigkeit ist gefährlich, weil sie die Kirchen wahrscheinlich in hohem Maße überanstrengt und die Gefahr der Enttäuschung vermehrt; aber es geht jedenfalls nicht um die folgenlose Flucht in den Himmel der Ideen, sondern um Anweisungen für das Handeln der Kirchen heute und morgen.

Das Papier „Einheit der Kirche – Einheit der Menschheit" drückt das höchst kühl so aus: „Diese Hinweise sind offenkundig keine Beschreibung der *Kirche, wie sie sich heute findet*" (Scha 36). Es geht in der Tat im ökumenischen Entwurf nicht um die Kirche von heute, aber auch nicht um die Kirche als „Glaubensgeheimnis", oder doch nur soweit, wie Wesensaussagen zur Bestimmung des Mandats selbstverständlich notwendig sind. Es geht um die *Kirche von morgen.* Und die Kirche von morgen ist nur ökumenisch beschreibbar, als *konkrete Utopie:* als Utopie, weil diese Zukunft nur in der Weise radikaler Veränderungen gedacht werden kann; als konkret, weil sie gerichtetes Handeln, Vorwegnahme ermöglichen soll, ja weil diese Vorwegnahme in der ökumenischen Bewegung bereits im Gange und weit fortgeschritten ist.

7. Die Verfahren

„Glauben und Kirchenverfassung" ist ein Instrument der Kirchen für gemeinsame theologische Studien über Fragen der kirchlichen Einheit. Um die ökumenischen Diskussionsmöglichkeiten nicht zu belasten und einzuschränken, ist in der Zielsetzung und in der Organisation dieser Arbeit auf Möglichkeiten direkter Aktion für die Arbeit bewußt verzichtet. Die Souveränität und die Initiative in Sachen Wiedervereinigung liegt allein bei den Mitgliedskirchen. Selbst die ohnehin geringen Handlungsvollmachten, die der ÖRK als Ganzes hat, sind „Glauben und Kirchenverfassung" vorenthalten. Über lange Jahrzehnte hin hat sich dieser Verzicht auf unmittelbare Aktion als sinnvoll und richtig erwiesen. Die Befürchtung der Kirchen, in einen Wiedervereinigungssog hineinzugeraten, der zu vorschnellen Entscheidungen nötigt und langfristig das Ziel eher gefährden als fördern würde, wird so möglichst gering gehalten. Das Spiel mit den Möglichkeiten wird erleichtert, sogar für solche Kirchen, die noch gar nicht Mitglieder im ÖRK sind. Nur wegen des Aktionsverzichts hat „Glauben und Kirchenverfassung“ eine Kontaktstelle für Nichtmitglieder sein und immer mehr werden können.

Das heißt aber nicht, daß die Arbeit folgenlos geblieben wäre. Aktion für die Wiedervereinigung *hat* stattgefunden und findet statt im Umkreis von „Glauben und Kirchenverfassung“, und zwar in beträchtlichem Umfang. Teils wirkt die Bewegung dabei als Impulsgeber, teils als Katalysator, teils als Informations- und Verbindungsstelle, teils als ein Instrument, um Erfahrungen bei der Aktion auszuwerten. Dazu gibt es eine Reihe von direkt in die Basis hineinwirkenden Arbeitsmöglichkeiten, die zwar, vor allem klimatisch, ziemlich durchschlagend sind, von den Mitgliedskirchen aber gleichwohl nicht als Einschränkung ihrer Souveränität empfunden werden. In Löwen sind diese direkten und indirekten Strategien darum besonders klar herausgetreten, weil durch den Hinzutritt der römisch-katholischen Kirche manches thematisiert werden muß, was man sonst eher mit Schweigen zu übergehen geneigt war.

1. Unter den Maßnahmen, die langsam aber stetig das Bewußtsein vor Ort, in den Gemeinden der Mitgliedskirchen, verändern, ist sicher die wichtigste die „Gebetswoche für die christliche Einheit“ (Lö 206). Diese interkonfessionellen Gebetsversammlungen sind wohl ein Erbe der „Allianz“ und des Neupietismus des vorigen Jahrhunderts, auch wenn die Allianzgebetswoche und die von „Glauben und Kirchenverfassung“ auf Anregung anglokatholischer Kreise von „Glauben und Kirchenverfassung“ seit 1920 in Gang gebrachte ökumenische Gebetsoktav noch nicht überall zusammengeflossen sind. An unzähligen Orten in der ganzen Welt wird heute Jahr um Jahr im Januar für die Wiedervereinigung der Kirchen in interkonfessionellen Veranstaltungen gebetet. Dabei fällt nicht nur der Mehrwert des Gebets und des Zusammenkommens über die Kirchengrenzen hinweg ins Gewicht. Information wird geleistet und bearbeitet, ökumenisches Problembewußtsein wird gebildet. Die Veranstaltungen müssen liturgisch geformt werden, Christen der einen Kirche begegnen den Gebetstraditionen, der Spiritualität und nicht zuletzt den Amtsträgern der jeweils anderen Kirche in Aktion. Mehr und mehr drängt es seit einiger Zeit die Teilnehmer aus dem gemeinsamen Gebet ins gemeinsame Handeln, so sehr, daß in Löwen gefragt wurde, ob man nicht um der Wahrung des ursprünglichen Charakters der Gebetswoche willen eine zweite, mehr praxisorientierte jährliche Serie von interkonfessionellen Veranstaltungen einrichten müsse. Die „Vorbereitung (sc. der Gebetswoche zusammen mit dem vatikanischen Einheitssekretariat) ist vielleicht wichtiger als die meisten anderen Tätigkeiten der Kommission“, meinte L. Vischer in seinem Rechenschaftsbericht, „denn sie stellt wie keine andere (die) direkte Verbindung mit den lokalen Gemeinden her. Die Kommission hat hier eine Gelegenheit, etwas zur geistlichen Gestaltung der ökumenischen Bewegung beizutragen. Die Gebetswoche hat uns gerade

darum in den letzten Jahren vor große Fragen gestellt... Können wir weiterhin *um die Einheit beten, als ob sie wie vor Jahrzehnten noch immer in großer Ferne wäre*? Geht es nicht vielmehr darum, die Gemeinschaft, die uns bereits gegeben worden ist, miteinander zu feiern und zu leben? Sie da, wo sie von den Spannungen der Gegenwart gefährdet ist, aufs neue herzustellen? Die Gebetswoche hat ihren Sinn nicht mehr allein in der Bitte, daß Gott jene undurchdringlichen Mauern der Konfessionen transparent werden lasse. Sie muß als Gelegenheit der Selbstprüfung, der gemeinsamen révision de vie der Gemeinden verstanden werden" (Lö 206).

2. Auffälliger sind die Organe, die der ÖRK zusammen mit dem Vatikan gebildet hat, und ihre Arbeit. „Glauben und Kirchenverfassung" hat hier, unter der Hand gleichsam, die Funktion eines „ökumenischen Außenministeriums" übernommen, nicht zuletzt wegen des diplomatischen Geschicks und der emphatischen Kraft des Direktors. Koordiniert wird die Kooperation, die auf vielen Ebenen stattfindet, von der sogenannten „Gemeinsamen Arbeitsgruppe"[31], deren Berichte vom Vatikan und den Entscheidungsgremien des ÖRK offiziell entgegengenommen werden. Die ganze Arbeit ist nach wie vor und mehr denn je ein Ritt über den Bodensee. Die römische Zentrale kann das bisherige Tempo des Zusammenwachsens nicht mehr durchhalten, und auch die Mitgliedskirchen des ÖRK sind aus der ersten Euphorie heraus. Zu kompliziert sind die Fragen einer Vollmitgliedschaft der römischen Kirche im ÖRK. Wie kooperiert eine Weltkirche mit Territorialkirchen? Wie paßt ein religiöser Staat in die Arbeitsgemeinschaft religiöser Organisationen, die sich gerade von ihren politischen Allianzen zu lösen versuchen? Wie verkraften es die bisherigen Mitglieder, wenn sie alle zusammen durch den Beitritt einer einzigen neuen Kirche zur Minderheit gemacht werden? Was wird mit den Kirchen, deren Selbstverständnis die Unterscheidung von Rom gleichsam dogmatisiert hat? Schon rein organisatorisch wäre ein Beitritt der römischen Kirche wegen der notwendigen Kommensurabilität wahrscheinlich nicht über die Zentrale, sondern nur über die Bischofskonferenzen, das heißt in dezentralisierter Weise denkbar. Kann aber Rom eine solche Dezentralisierung in der gegenwärtigen Situation auch nur theoretisch ins Auge fassen, ohne die zentralistische Verfassung und die Aktionseinheit des Weltkatholizismus noch weiter zu gefährden? Man erfährt sehr wenig, im Grunde immer weniger von den internen Beratungen über solche Fragen. Wie hierzulande etwa das gemeinsame Pfingsttreffen in Augsburg 1971 bewies, ist die ökumenische Bewegung, was Rom anlangt, eher rückläufig.

Aber man kann Wachstumsprozesse, die nicht nur in der gemeinsamen Glaubenstradition, sondern auch in der Logik des institutionellen Selbsterhaltungsinteresses liegen, nur schwer abstoppen. In Löwen lagen zwei Papiere aus der gemeinsamen theologischen Arbeit zwischen dem ÖRK und Rom vor, die die Tatsache eines ungeheuren und im Grunde irreversiblen Fortschritts erhärten. Das eine über „Katholizität und Apostolizität" (Lö 136ff.) muß mit einigem Humor und eher unter dem Gesichtspunkt gelesen werden, was es *nicht* sagt. Schließlich geht es um zwei entscheidende Wesensbestimmungen der Kirche im Credo. Da mußte, zumal die ekklesiologische Diskussion innerhalb der römischen Kirche nach dem Zweiten Vatikanum noch in vollem Gange ist, außerordentlich behutsam formuliert werden. Der Text geht auf Bibelzitaten wie auf Stelzen einher und ist voll von lauter mehrdeutigen, nicht spezifizierten Formeln. Er sagt sehr genau, was er *nicht* sein will. Was er will, sagt er nur in so verschlüsselten Formeln wie: „. . . im Blick auf eine erneute Behandlung der Problematik der kirchlichen Einheit scheint es heute notwendig zu sein, über eine *hier* prinzipiell gegebene und *dort* als Forderung empfundene Katholizität und Apostolizität hinaus sich in der Sicht des Neuen Testaments die Frage zu stellen, auf welche Weise Katholizität und Apostolizität die Gegenwart des zukünftigen Gottesreiches und des eschatologischen Heils in Christus sowie das der Kirche *gegebene* Geheimnis der koinonia zum Ausdruck bringen und worin diese durch die Gegenwart des Heiligen Geistes ständig erneuerte Gabe alle Kirchen zur *Erneuerung* und zur *Mission* aufruft" (Lö 138 f.). Im Klartext: Es geht um die Anwendung der neuen konkret-utopischen Perspektive auf die alten Streitgegenstände. Die eigentliche Bedeutung des Textes liegt einmal in der Tatsache, daß er ohne Überstrapazierung der alten Methode vergleichender Kirchenkunde überhaupt formulierbar war (wobei man ja bedenken muß, daß die Konfliktfront keineswegs nur zwischen dem ÖRK und Rom verläuft, sondern daß durch das neue Gespräch die alten Konflikte zwischen Kirchen „katholischen" und „evangelischen" Typs innerhalb des ÖRK sofort aktualisiert werden), zum anderen darin, daß er einen geeigneten Vorspann abgibt für die sieben Anhänge, in denen all die kritischen Fragen und weiterführenden Einsichten, die man im Text selbst verschweigen wollte, nun gehäuft auftreten. Diese Anhänge sind persönliche Äußerungen von Mitarbeitern der Studie. Sie haben also nicht einmal den Status des ohnehin sehr begrenzten Konsensus des ersten Teils. Aber eben darum können sie Kirchenkritik und Kontroverse ganz ausdrücklich machen. Und immerhin: Diese Beiträge tragen nicht den Namen ihrer Verfasser und sind offizielle Anhänge des Dokuments.

Wichtiger bei einer Darstellung der Verfahren in Sachen Wiedervereinigung ist das zweite Papier über „Gemeinsames Zeugnis und Proselytismus" (Lö 162 ff.). Denn sein Thema ist das praktische Verhalten getrennter Kirchen zueinander im Bereich der Mission und überall da, wo sie handelnd aufeinandertreffen und dabei in Rivalität zueinander zu geraten drohen. Proselytismus, das heißt das gegenseitige Abwerben von Mitgliedern und – etwa im Fall der sogenannten (orthodoxen) Uniaten-Kirchen, die sich dem römischen Primat unterstellt haben – von ganzen Gemeinden und Kirchen, womöglich mit Hilfe eines Mehrheitsdrucks oder noch zweifelhafterer Mittel, ist eine ständige Quelle der Bitterkeit und des Ärgers, oft genug auch der Verletzung des interkonfessionellen Respekts, ja der Religionsfreiheit in den zwischenkirchlichen Beziehungen gewesen. Das Papier räumt mit Begründungen und Rationalisierungen proselytistischen Verhaltens radikal auf. Es zeigt zunächst, was an gemeinsamem Handeln in einer pluralistischen Situation möglich, zum Teil auch schon wirklich ist und wo die Schwierigkeiten auftauchen. Es stellt in einigen wenigen Sätzen fest, was die Mission der Kirche Jesu Christi zu Recht motiviert und was sie mit Sicherheit entwertet. Und dann entwirft es ohne diplomatische Umschreibungen und falsche Zurückhaltung eine Art zwischenkirchlicher Straßenverkehrsordnung mit klaren Verboten und deutlichen Hinweisen, wie Kirchen ihrem missionarischen Auftrag *und* ihrer ökumenischen Verpflichtung gleich treu bleiben können. Eine Probe: „Das missionarische Handeln muß sich im ökumenischen Geiste vollziehen, wobei es vor allem darum geht, das Evangelium den Nicht-Christen zu verkündigen. Der missionarische Einsatz einer Kirche dort, wo eine andere bereits am Werk ist, hängt davon ab, wie die betreffende Kirche ihrem Gewissen nach folgende Frage beantwortet: Von welcher Qualität ist ihrer Meinung nach die christliche Verkündigung der bereits anwesenden Kirche und in welchem Geist wird sie gepredigt und gelebt? Ein offenes Gespräch zwischen den Kirchen über diese Frage ist unerläßlich, um die jeweiligen missionarischen und ökumenischen Überzeugungen des anderen besser zu verstehen. Davon hängen die Möglichkeiten der Zusammenarbeit und des gemeinsamen Zeugnisses, der brüderlichen Hilfe oder eines völligen Sich-Zurückziehens (sc. aus dem betreffenden Missionsfeld, weil ja die Kirche, wenn auch in anderer Gestalt, dort schon anwesend ist, E. L.) ab. Unter denselben Gesichtspunkten müßten auch die Beziehungen zwischen Minderheits- und Mehrheitskirchen gesehen werden" (Lö 168 f.). Am Kriterium der Klarheit, der inhaltlichen Verbindlichkeit und einer realistischen Ökumenizität gemessen, ist dieses Papier wahrscheinlich das beste, das in Löwen überhaupt vorgelegt worden ist.

3. Die formalisierten Beziehungen zwischen Rom und dem ÖRK sind nur sozusagen ein Spezialfall eines ökumenischen Verfahrens, dem eine immer größere Bedeutung zukommt: der Strategie der „bilateralen Gespräche" (vgl. Lö 231 ff.). Gemeint sind damit nicht sosehr theologische oder sonstige Verhandlungen zwischen zwei individuellen Kirchen innerhalb eines Landes oder einer Region, obwohl sie sachlich dazugehören, sondern die bilateralen Verhandlungen zwischen den konfessionellen Weltbünden, den „World Confessional Families" auf internationaler, regionaler oder nationaler Ebene oder solche Verhandlungen, bei denen sie offiziell mitwirken. Der Titel „konfessioneller Weltbund" ist in jeder Hinsicht unglücklich, er paßt weder auf die römisch-katholische Kirche noch auf die orthodoxen Kirchen, noch auf die anglikanische Kommunion, aber er ermöglicht eine Einordnung und Zuordnung ganz unterschiedlicher Zusammenschlüsse und Weltorganisationen. Besonders auch Rom bedient sich seit dem Zweiten Vatikanum dieser Technik der bilateralen Gespräche, etwa gegenüber den Lutheranern, den Anglikanern etc., und arbeitet in der jährlich tagenden Konferenz aller Weltbünde mit.

Der Ökumenische Rat hat die Internationalisierung der Konfessionen und ihre bilaterale Zusammenarbeit lange Zeit mit großer Reserve betrachtet und behandelt. Das hatte verschiedene Gründe. Einmal waren einige dieser

Zusammenschlüsse, zum Beispiel der Lutherische Weltbund, erst *im* ökumenischen Prozeß und in einer gewissen Spannung zum ökumenischen Prozeß entstanden. Sie waren eine Stärkung der konfessionellen Selbstunterscheidungstendenzen und machten dem ÖRK sein Privileg auf die internationale Vermittlung der Kirchen streitig. Zum anderen zogen sie Ressourcen – Menschen, die im internationalen Klima arbeiten konnten, Geld, Kontakte – von der Genfer Zentrale ab. Zum dritten wurden die gestärkten Weltbünde nun auch untereinander und am Weltrat vorbei verhandlungs- und handlungsfähig. Das war nicht nur eine Beschneidung der ohnehin schon geringen Macht des ÖRK. Das war auch eine Frage der gesamtökumenischen Strategie: Niemandem war geholfen, wenn bestimmte Gruppen sich gleichsam auf Kosten der anderen, oder ohne die Interessen der anderen in Rechnung zu stellen, miteinander einigten.

Diese Einstellung änderte sich bald. Einmal konnten die Weltbünde Funktionen wahrnehmen, die der ÖRK seiner Verfassung wegen und aus anderen Gründen vernachlässigen mußte. Kleine Minderheitskirchen können im ÖRK nicht Mitglied werden, und selbst wenn sie die Mindestgröße erreichen, bleiben sie immer unterrepräsentiert. Gerade hier konzentrieren die Weltbünde ihre Arbeit. Dann aber entdeckte der ÖRK zunehmend, daß er gar kein Interesse daran haben konnte, die Identität ökumenische Bewegung = ÖRK durchzusetzen. Nur in einer polyzentrischen ökumenischen Bewegung, in der nicht alles über Genf lief, konnten die Nicht-Mitgliedskirchen – von Rom bis zu den sogenannten Konservativ-Evangelikalen – mitarbeiten und sich zugehörig fühlen. Andererseits gab es einen zunehmenden experimentellen Ökumenismus an der Basis, der voller Mißtrauen gegen die ökumenischen Institutionen war und ebenfalls nur vermittels eines breiten und elastischen Ökumene-Begriffes integriert werden konnte. Schließlich entstanden auch innerhalb der Mitgliedschaft des ÖRK zentrifugale Kräfte, denen sorgfältig Rechnung zu tragen war: Der Schrei nach Regionalisierung, das heißt nach einer ökumenischen Organisation, die dem Eigenständigkeits- und Selbstbestimmungsverlangen der Kirchen in Asien, Afrika und Lateinamerika Rechnung trug, wurde immer lauter.

Zudem konnte langfristig eine innerkonfessionelle Stärkung des Universalitätsbewußtseins der ökumenischen Bewegung nur zugute kommen. Auch innerhalb der Weltbünde gab es ja die trennende Kraft der kulturellen und sozialen Faktoren, gab es den wachsenden Gegensatz zwischen reichen und armen, mächtigen und ohnmächtigen, weißen und schwarzen, alten und jungen Kirchen und Christengruppen. Eine innerkonfessionelle Bearbeitung dieses Konfliktstoffes konnte dem Gesamtziel nützlich sein. Auch eine Zusammenarbeit auf Weltbundbasis machte alle beteiligten Kirchen, selbst wenn sie konfessionell zusammengehörten, implizit ökumenischer.

Erst recht hatten bilaterale Beziehungen *zwischen* den Weltbünden und Konfessionsfamilien viele Vorteile. War die Geschichte der Spaltung der Christenheit zu einem nicht unbeträchtlichen Teil eine Geschichte bilateraler Konflikte, so konnte auch die Geschichte der Kircheneinung auf diese Dimension nicht verzichten. Schließlich gab es zwischen bestimmten Familien besondere Anathemata, gegenseitige Verurteilungen, aber auch besondere Verwandtschaften, die die anderen Partner nur indirekt betrafen. Eine Aufarbeitung solcher Probleme konnte bilateral unter Umständen viel rascher und nachhaltiger erfolgen als multilateral.

Daher die neue Strategie einer Bejahung und Förderung der bilateralen Entwicklung durch den ÖRK. Das Sekretariat für „Glauben und Kirchenverfassung" in Genf assistiert der jährlichen Konferenz der Sekretäre der Weltbünde. Es hat die Federführung bei einer Studie, die die Methodik und die Ergebnisse bilateraler Verhandlungen im Hinblick auf eine Fortentwicklung des Verfahrens und auf seine gesamtökumenische Relevanz untersuchen soll. Es dient auch in dieser Hinsicht als Informations- und Kontaktinstanz. Löwen zeigte, daß auch in diesem Feld so etwas wie eine gemeinsam erarbeitete Verkehrsregelung entsteht.

4. *Unionsverhandlungen*: In den Satzungen von „Glauben und Kirchenverfassung" heißt es ausdrücklich, nur die Kirchen selbst könnten Schritte zur Wiedervereinigung unternehmen. Die Kommission und ihre Organe machen keine Unionspläne und sagen den Kirchen nicht, was sie hinsichtlich ihrer Wiedervereinigung tun sollen und wie sie es tun sollen. Dasselbe ist für den ÖRK als Ganzes festgelegt.

Trotzdem ist die Geschichte der ökumenischen Bewegung seit 1910 *auch* eine Geschichte der konkreten Versöhnungen und Vereinigungen. Von 1925 bis 1966 entstanden 42 Vereinigte Kirchen, an denen insgesamt 131 Kirchen beteiligt waren. Dutzende von weiteren Unionen sind in der Vorbereitung.

Marksteine auf diesem Weg der organischen Union waren die Gründungen der Vereinigten Kirchen von Südindien, Nordindien und Pakistan, weil sie über die Schranken zwischen bischöflich und nicht-bischöflich verfaßten Kirchen hinausreichen. Aber es gibt auch Versöhnungen anderer Art, wie etwa den Frieden zwischen Rom und Konstantinopel, die Vereinigung des Internationalen Kongregationalistenrates mit dem Weltbund der Reformierten Kirchen, die Aufnahme der sogenannten Cocu-Verhandlungen in den Vereinigten Staaten, die fast über die ganze Breite der protestantischen Traditionen reichen, und die lutherisch-reformierten Verhandlungen auf europäischer Ebene [32].

Andererseits sind Unionsverhandlungen entsetzlich zäh, und Rückschläge – wie etwa die Ablehnung des Unionsplans zwischen Anglikanern und Methodisten in Großbritannien durch die Mitgliedschaften – schaffen eine Lage, die fast noch schwieriger ist als die einer ökumenischen Koexistenz ohne weitergehende Ambitionen.

Außerdem zeigt sich die Problematik des Unionsmodells zunehmend deutlicher. Vereinigung bedeutet immer betonten Ausschluß derer, die nicht mitspielen können. Sie nötigt die beteiligten Kirchen zu einer gefährlichen Beschäftigung mit sich selbst und ihren zwischenkirchlichen Problemen, und zwar über Jahre, Jahrzehnte hinweg. Für die Mitgliedschaften sind Unionsverhandlungen beim gegenwärtigen Stand artikulierter Glaubenserkenntnis und angesichts der Schwächlichkeit binnenkirchlicher Kommunikation oft völlig unverständlich und uninteressant. Das breitere ökumenische Gespräch wird durch lokale und regionale Unionsvollzüge keineswegs einfacher, im Gegenteil, es wirft zusätzliche Probleme auf, zum Beispiel für die konfessionellen Weltbünde. Es ist darum kein Wunder, daß mit zunehmender Ungeduld gefragt wird, ob die organische Union, die zunächst oft mehr die kirchlichen Bürokratien und Hierarchien zusammenbringt als die Mitgliedschaften, wirklich der ökumenischen Weisheit letzter Schluß sei. Ist nicht womöglich der Einheitsbegriff, der hinter dem Streben nach organischer Union steht, viel zu statisch, zu monolithisch, zu starr: Vereinheitlichung statt voller Gemeinschaft?

Löwen diskutierte den Bericht und das Protokoll der Konferenz von Limuru 1970 (vgl. Lö 231 ff.), die Vertreter einer großen Zahl von Unionsverhandlungen in der ganzen Welt zusammengeführt und Sinn und Methode der organischen Vereinigung von Kirchen untersucht hatte. Dabei schälte sich offenkundig ein neuer Unionsbegriff heraus: *die Union als Prozeß*. Es kommt weniger auf den bürokratischen Akt vollzogener Vereinigung an als auf den Vorgang der Einung, der mit der Aufnahme der Unionsverhandlungen einsetzt, mehr und mehr alle Glieder der beteiligten Kirchen einbezieht und der nach dem Rechtsakt des Vollzugs allererst anhebt, wenn die vereinigte Kirche ihre größere Einsicht, ihre größere Kraft und ihre größere Verantwortung wahrnimmt und erprobt. „Statische organisatorische Union reicht als Ziel nicht aus, unseren Einsatz zu rechtfertigen. Das lebende Abenteuer der Gespräche zieht die Christen in eine neue und wachsende Erfahrung dessen, was Gemeinschaft bedeuten kann, welche Folgen sich aus ihrem eigenen Glauben ergeben und welche Rolle sie bei der Umformung einer Gesellschaft zu spielen haben, die mehr dem Willen Christi entspricht" (Lö 233). Dabei legt die Kommission im Einklang mit Limuru alles Gewicht auf die Notwendigkeit einer Unionsdidaktik, die wirklich die gesamte Mitgliedschaft in den Prozeß der Auseinandersetzung und der Einung hineinreißt. Nur eine solche Einung von der Basis her verdient den Namen einer organischen Union. Denn: „Die Hindernisse, die der Union im Wege stehen, sind nicht nur theologischer oder religiöser Art. Sie liegen tief im Denken und Fühlen von Männern und Frauen, die nicht akzeptieren können, daß Wandel wünschenswert ist, und die sich verzweifelt an die Sicherheit der ihnen vertrauten Institutionen und Ideen klammern. Der Prozeß auf die Union hin sollte ihnen so dargestellt werden, daß er ihre Phantasie anregt und ihre Furcht besänftigt" (Lö 234). Die Kommission „rät den in Verhandlungen stehenden Kirchen dringend, diesem Aspekt mindestens ebensoviel Zeit und Mühe zu widmen wie der Ausarbeitung des eigentlichen Planes der Union" (a.a.O.). Das heißt aber: Organische Union als Rechtsakt ist kein Ziel, sondern Mittel für einen Versöhnungs- und Erneuerungsvorgang, der nicht nur die Strukturen, sondern auch die Einstellungen und Motivationen, nicht nur das religiöse Bewußtsein der Kirchenmitglieder, sondern auch ihre Beziehung zur Umwelt und zur Welt, in der sie leben, zunehmend verwandelt. Indem „Glauben und Kirchenverfassung“ die Union als Prozeß beschreibt, beschreibt sie insgeheim die ökumenische Wiedervereinigung der Christenheit, ihren Sinn und ihre Schwierigkeit mit. Denn auch hier geht es gar nicht in erster Linie um Rechtsakte und um Vorgänge zwischen kirchlichen Bürokratien und Hierarchien, sondern um einen Vorgang, der Strukturen und Einstellungen, das Gottesverhältnis und das Weltverhältnis, die innere Solidarität und die gesellschaftliche Wirkkraft des ganzen „Volkes Gottes“ von Grund auf erfaßt und verwandelt. Und wenn den Kirchen, die Unionen planen, eine Unionsdidaktik fehlt, dann fehlt der ökumenischen Bewegung eine ökumenische Didaktik noch tausendmal mehr, denn die Kommunikationswege sind unendlich viel weiter und komplizierter.

5. Eine vollständige Liste der Verfahren zur Einung kann hier nicht gegeben werden, sie ist auch in Löwen nicht aufgestellt worden. Sie würde sehr viel mehr Strategien enthalten als die vier bisher Genannten. Vor allen Dingen die Ausbildung ökumenischer Räte auf allen Ebenen würde hier in Betracht kommen und natürlich die höchst differenzierte Arbeitsweise des ÖRK selbst, die sich ja durchaus nicht auf die Faith-and-Order-Techniken beschränkt. Schließlich müßte eine solche Liste auch jenes umfassende Einungsmodell enthalten, das von Uppsala her in Löwen die zentrale Rolle gespielt hat: *das Modell der Konziliarität.* Darüber wird in anderem Zusammenhang zu berichten sein.

Proben des Konsensus nach dem Stand von Löwen

I. Die Autorität der Schrift

Wie liest man die Bibel ökumenisch?

... Im Verlauf der Untersuchung ist die *Komplexität* der Frage nach der Autorität der Bibel deutlich geworden. Diese Komplexität hat ihren Ursprung im besonderen Charakter des biblischen Materials ebenso wie in der Vielfalt und Veränderlichkeit der Situationen, denen sich Christen und Kirchen in der modernen Welt gegenübersehen. Dennoch hat sich einerseits der Begriff der Autorität in seiner Anwendung auf die Bibel klären lassen ..., sodann konnten die vielen historischen und aktuellen Dimensionen der Frage aufgewiesen werden ...; schließlich zeichneten sich einige Konsequenzen ab, die vor allem das Verhältnis von Pneumatologie und Ekklesiologie betrafen.

Läßt sich aufgrund der inzwischen erreichten Ergebnisse irgend etwas sagen zu der Frage nach dem rechten Gebrauch der Bibel ...? In den folgenden Punkten wird es sehr unmittelbar um die ökumenischen Konsequenzen der Studie gehen.

Kein Gesetz

1. Die Bibel darf *nicht in erster Linie als Norm* verstanden werden, der wir uns in allen Fragen des Lebens unterzuordnen haben. Sie ist das Zeugnis von dem Gott, der uns in Christus Freiheit schenkt. Die Kirche ist berufen, in der Gemeinschaft mit Christus zu leben. Das schriftliche Zeugnis, das diesen Gott bezeugt, darf darum *nicht zum Gesetz* werden. Der Inhalt der Schrift muß immer neu entfaltet werden. Ihr innerer Zusammenhang muß deutlich werden. Sie darf aber nicht unmittelbar zur Norm für jedes Problem und jede Situation gemacht werden. Sie wäre damit überfordert. Dies gilt nicht nur gegenüber dem Fundamentalismus, sondern auch gegenüber dem Versuch, die biblische Sicht zu jedem Problem zu formulieren, das gerade zur Diskussion steht. Die Schrift ist nicht eine uns von außen aufgelegte Norm. Sie will vielmehr in der Gemeinschaft des Zeugnisses, das heißt in der Kirche gelesen und gehört werden. Die Auslegung wird durch die Gegebenheiten der Situation mitbestimmt. Sie ist mit den verschiedenen und oft weit auseinandergehenden Interpretationen, die sie selbst umfaßt, eine Einladung, die Botschaft, die sie bezeugt, nun in eigenen Worten zu bezeugen.

Gefaßt auf den Geist

2. Das Zeugnis der Bibel muß allerdings zugleich mit der *Erwartung* gelesen werden, daß sie uns die Wahrheit zu erschließen vermag. Die notwendige Auseinandersetzung mit dem Denken und den Gegebenheiten der gegenwärtigen Situation darf *nicht* dazu führen, *daß die Priorität der Schrift für das Denken und Handeln der Kirche aufgegeben wird.* Sie ist weder ein Erbe, aus dem beliebig ausgewählt werden kann, noch eine Quelle der Inspiration unter vielen anderen. Würde sie so verstanden, würde ihr Zeugnis gerade nicht verstanden. Der für alle Zeiten entscheidende Charakter der Botschaft wird nur sachgemäß erkannt, wenn das Zeugnis mit der Erwartung gelesen wird, daß es uns den letzten Sinn unserer Welt und unserer eigenen Existenz erschließt.

Der Streit um die Bibel transkonfessionell

3. Die Bibel ist *ein kritisches Buch.* Sie kann nicht dem allgemein herrschenden Denken eingeordnet werden. *Ebensowenig geht sie auf in der Lehre und im Denken der Kirche.* Sie ist eine kritische

Instanz, der sich die Kirche immer neu unterzuordnen hat und von deren Urteil auch die Entwicklungen in unserer Welt nicht ausgenommen sind. Es erstaunt daher nicht, daß die Frage, wie man angemessen an die Bibel herangehen soll und wieweit ihre Botschaft tatsächlich reicht, zu lebhaften Auseinandersetzungen in der Kirche führt. *Die Fronten in diesen Auseinandersetzungen decken sich bemerkenswerterweise nicht mehr mit den herkömmlichen konfessionellen Gegensätzen.* Wo die Kirche von innen wie von außen gefragt wird, in wessen Namen und mit welcher Vollmacht sie rede und handle, da nimmt auch das Problem der biblischen Autorität konkrete Formen an.

Der Konflikt als Ort des Verstehens

4. Die biblische Botschaft ist in ihren Formulierungen unlösbar verbunden mit der historischen Situation des Volkes Israel wie der Alten Kirche. Sie suchten in Reden und Handeln den Herausforderungen ihrer Zeit zu begegnen. Die überragende Herausforderung lag in der Botschaft selbst; hinzu kam jedoch die Konfrontation mit den Strömungen der Zeit, wie Synkretismus, Kaiserkult, gnostisierende Tendenzen usw. Die Botschaft mußte sich in ständigen Auseinandersetzungen bewähren. *Die Bibel beginnt am stärksten zu sprechen, wenn sie in den entsprechenden Auseinandersetzungen unserer Zeit gelesen wird.* Sie sollte daher der Herausforderung der jeweiligen Situation ausgesetzt werden. Das heißt auch, daß die Bibel *kein religiöses Buch* im üblichen Sinn ist, dessen Bestimmung sich im liturgischen Gebrauch erschöpft. Vielmehr muß sie in ein Wechselspiel mit den Fragen der Zeit gebracht werden.

Die ökumenische Zukunft als hermeneutischer Schlüssel

5. Wird die aktuelle Situation auf diese Weise in den Prozeß der Auslegung der Bibel einbezogen, so ist *deutlich, daß übereinstimmende Regeln der Auslegung keineswegs zu gemeinsamen Ergebnissen führen müssen.* Die von allen anerkannte Autorität der Bibel ist *keine Garantie der Einheit der Kirche.* Aber diese gegenwärtige Interpretation ist ja nur die Verlängerung jenes interpretativen Prozesses, der in der Bibel selbst beginnt. Nur in der ständig neuen Auslegung bleibt die eine Botschaft lebendiger Geist und wird nicht toter Buchstabe. Dies wirft neues Licht auf die Frage nach dem *rechten Verhältnis von Einheit und Vielfalt wie auch von Norm und Veränderung.* Wie kann die Bibel ihre Autorität erweisen angesichts der Veränderungen in unserer Zeit, die zur radikalen Kritik aller überkommenen Autoritätsansprüche führen? Wie kann die Botschaft der Bibel so ausgelegt werden, daß ihre Autorität respektiert wird und sie zugleich dazu befreit, die Forderungen und Chancen der Zeit zu erkennen? Vor allem aber: Wie muß die Bibel ausgelegt werden, daß von echter Einheit in Christus die Rede sein kann? Es mag sein, *daß die gegenwärtige Erfahrung im Umgang mit der Bibel auch zu einem neuen Verständnis der Einheit führen muß.* Jedenfalls bietet *die ökumenische Bewegung,* wo Christen verschiedener Tradition gemeinsam den Herausforderungen der Zeit ausgesetzt sind, *den Kontext,* in dem diese Fragen neu gestellt werden können. Indem die Bibel hier gemeinsam gebraucht wird, wird sie ihre Kraft neu erweisen (Lö 19–21).

II. Taufe, Konfirmation und Eucharistie

Der Prozeß christlicher Initiation – ein Ganzes!

... Die Kirchen stimmen darin überein, *daß die zentrale Bedeutung der Taufe Teilhabe an Christus ist* ... Da über die Bedeutung der Taufe eine weitgehende Übereinstimmung besteht, könnte man erwarten, daß die Kirchen die Taufe gegenwärtig ohne Einschränkungen anerkennen könnten. Das ist jedoch nicht der Fall. Die Taufe ist gewiß als ein einigendes Band verstanden worden. Doch den Kirchen ist es noch nicht gelungen, volle gegenseitige Anerkennung zu erreichen. Eine Reihe von Fragen ist ungelöst geblieben, und *dadurch, daß sich die Kirchen der gegenwärtigen Situation gegenübersehen, sind neue Fragen aufgetaucht,* die beachtet werden müssen. Kann die alte Kontroverse über Erwachsenen- oder Kindertaufe überwunden werden? Welche Beziehung besteht zwischen Taufe und Chrismation oder Konfirmation? Muß man nicht alle Stufen der christlichen Initiation berücksichtigen, wenn die gegenseitige Anerkennung wirklich echt sein soll? Fordert nicht die gegenseitige Anerkennung der Taufe die gegenseitige Anerkennung der Eucharistie? Vor allem aber: Können die Kirchen ihre überkommene Praxis ohne Modifikationen beibehalten? Können sie zum Beispiel in einer säkularisierten Gesellschaft die Praxis einer unterschiedslosen Taufe noch weiter rechtfertigen? Das vorliegende Dokument ... setzt bei der Überzeugung ein, *daß der Prozeß christlicher Initiation als ein Ganzes betrachtet werden muß. Taufe, Konfirmation und Eucharistie sind nicht voneinander zu trennen* (Lö 34 f.).

Strittigkeit des neutestamentlichen Befundes

... *Keine Kirche kann ... ihre Praxis allein auf den neutestamentlichen Befund gründen.* Tradition und Geschichte spielen eine bedeutende Rolle bei der Formung der christlichen Praxis und stellen die Weise dar, in der das Neue Testament interpretiert und verstanden wird. Die Anerkennung dieser Tatsache ist wichtig. Die Kirchen müssen bei der gegenseitigen Beurteilung ihrer Praxis sorgfältig vorgehen und ihre eigene Praxis der kritischen Frage der anderen aussetzen: Inwieweit wird diese Praxis wirklich von der Offenbarung in Christus bestimmt? Die Anerkennung dieser Tatsache ist ebenfalls wichtig, da sie deutlich macht, *daß die Kirche heute, wie die Kirche früherer Zeiten, eine gewisse Freiheit bei der Bestimmung ihrer Praxis ausüben kann* (Lö 38).

Der Taufvollzug

... *Die Erwachsenentaufe muß als die primäre Form der Taufe betrachtet werden.* Die Liturgie für die Kindertaufe ist daher eine Adaption dieser primären Form gewesen. Sie enthält die gleichen Elemente, wenn auch in einer modifizierten Form. Die beiden Liturgien sollten sich nicht grundlegend unterscheiden. Andernfalls würden sie den Eindruck vermitteln, daß Erwachsenen- und Kindertaufe zwei unterschiedliche Taufen sind.

Die Taufliturgie sollte folgende Elemente enthalten, wenngleich ... nicht in der hier benutzten Ordnung ... :

1. die Anerkennung der Initiative Gottes in der Erlösung, seiner bleibenden Treue und unserer totalen Abhängigkeit von seiner Gnade;

2. eine Erläuterung der Bedeutung der Taufe aufgrund der Heiligen Schrift (mit Hinweisen auf die Teilhabe am Sterben und Auferstehen Jesu Christi, auf die neue Geburt aus Wasser und Geist, auf die Einverleibung in seinen Leib, auf die Vergebung der Sünden in und durch Christus ...);

3. eine Anrufung des Heiligen Geistes;

4. eine Absage an das Böse (evtl. mit Exorzismus verbunden);

5. ein Bekenntnis des Glaubens an Jesus Christus und eine Bekräftigung der Zugehörigkeit zu Gott: Vater, Sohn und Heiligem Geist;

6. eine Erklärung, daß der Getaufte ein Kind Gottes und ein Zeuge des Evangeliums geworden ist.

Durch die Taufe wird dem Getauften die Gabe des Geistes verliehen. Es scheint daher angemessen zu sein, daß der Taufe mit Wasser die Handauflegung oder eine Chrismation folgen sollte (Lö 43).

Volle gegenseitige Anerkennung

... Die Bedingungen für die Anerkennung, daß eine von einer anderen Kirche vollzogene Taufe eine wahre Taufe ist, sind nicht in allen Kirchen gleich. Wenn gegenseitige Anerkennung tatsächlich Wirklichkeit werden soll, dann ist es entscheidend, sich auf bestimmte gemeinsame Kriterien zu einigen.

Die folgende Feststellung wird hier zur Erwägung vorgelegt: Die Taufe ist von allen Kirchen anzuerkennen, wenn Jesus Christus vom Täufling, oder bei der Kindertaufe von der Kirche in seinem Namen, als Herr bekannt worden ist und wenn die Taufe mit Wasser im Namen des Vaters und des Sohnes und des Heiligen Geistes vollzogen worden ist (Lö 45).

III. Interkommunion oder Gemeinschaft?

Das ökumenische „Sowohl - Als auch“

... Die Diskussionen über die Frage der Interkommunion stoßen immer auf die *Existenz zweier gegensätzlicher Positionen.* Aufgrund ihres Verständnisses des Wesens der Kirche und der Sakramente und wegen ihrer Sorge um die Aufrechterhaltung der Integrität der Kirche als etwas, was für die

Verkörperung ihrer wahren Einheit wesentlich ist, sind die einen der Auffassung, daß die Eucharistie das Zeichen und die Wirklichkeit der Einheit der Kirche ist. Daher wird die Feier der Eucharistie diejenigen zusammenführen, die ihr gemeinsames Leben in der Una Sancta als der Wirklichkeit ihres Einsseins in Christus und als deren Bezeugung gefunden haben. In der gegenwärtigen Situation gibt es viele, die der Überzeugung sind, daß das treue Festhalten an dieser Position für die Erreichung des wahren ökumenischen Zieles entscheidend ist. Andere glauben, daß die Eucharistie nicht nur ein Zeichen der Einheit, sondern auch ein von Gott gegebenes Mittel ist, durch das die Gnade der Einheit geschenkt wird. Sie sind daher der Auffassung, daß für diejenigen, die sich dem Ringen um die Einheit in dem einen Leibe verpflichtet wissen, die gemeinsame Teilhabe an der einen Eucharistie der angemessene und dankbare Gebrauch der Mittel ist, die Gott dargeboten hat. *Dieses Dokument geht, so paradox das auch klingen mag, von der Anerkenntnis aus, daß beide Positionen weitgehend recht haben,* und es versucht herauszufinden, wie dies verstanden und praktiziert werden kann (Lö 54).

Eucharistie und Menschengemeinschaft

. . . Viele christliche Gruppen, die die offiziellen Schritte der Kirchen auf dem ökumenischen Weg vorwegnehmen, haben daher begonnen, das Sakrament in einer Weise gemeinsam zu feiern, die über die bestehenden Kirchenordnungen hinausgeht. Die verwirrende Vielfalt dieser Wagnisse erlaubt kein allgemeines Urteil. Einige stellen einen impliziten Protest gegen Formen der Autorität und herrschender Gewohnheiten dar, von denen man meint, daß sie zu den tatsächlichen Situationen, in denen Christen heute leben, in keiner Beziehung mehr stehen. Andere sind deutlicher als Neugestaltungen der Tradition zu erkennen. Keines hat jedoch die Absicht, die umfassendere Gemeinschaft der Kirche abzulehnen . . . Gleichzeitig darf die Tatsache nicht übersehen werden, daß eine wachsende Zahl von Christen, die mit den Fragen ihrer gegenwärtigen Welt ringen, nicht mehr mit den gängigen konfessionellen Lehren über die Bedeutung und Eigenart des Gottesdienstes und über die Gemeinschaft, in der Gottesdienst geschieht, zufrieden sind. Christi Versöhnungswerk in der Welt verlangt von seinen Nachfolgern nicht nur versöhnende Gesten, sondern prophetische Worte und Taten. Die in einer bestimmten Situation enthaltene Vielschichtigkeit und Mehrdeutigkeit von Faktoren kann den zentralen, versöhnenden Impetus der Eucharistie verdunkeln und sie offensichtlich genauso zu einem Faktor der Unruhe und Spaltung wie des Friedens und der Einheit machen. Theologen ringen um die Formen, in denen ein neues Verständnis des korporativen und missionarischen Charakters des Sakraments zu den neuen Verpflichtungen des wirksamen Handelns in der Welt gehört, doch ihre Ergebnisse sind noch nicht in Begriffe übertragen worden, die die meisten Christen erfassen und in die Praxis umsetzen können.

Die grundlegende Frage hinsichtlich der Eucharistie wird somit zunehmend in der nach dem wahren Wesen der menschlichen Gemeinschaft gesehen, die sie zum Ausdruck bringt wie auch ermöglicht. Diese „ekklesia" ist zugleich eine historische, soziale Wirklichkeit und eine Teilhabe am Leben Gottes. Wo tritt diese Wirklichkeit wahrhaft in Erscheinung? Welches sind ihre echten Grenzen? Welche Ordnungen sind ihr am angemessensten? (Lö 56.)

Ungeahntes Maß an Übereinstimmung

. . . *Das Dokument „Die Eucharistie im ökumenischen Denken" berichtet von einem Maß an Übereinstimmung unter den Theologen der Kirchen im Blick auf die Lehre und den Glauben der Eucharistie, das für viele den Weg zu einer gemeinsamen Feier des Sakraments zu öffnen scheint.* Zumindest über drei schon lange währende Kontroversen, nämlich über die Epiklese, über die Realpräsenz Christi und über das eucharistische Opfer, zeigen sich verheißungsvolle Zeichen eines Fortschritts. *Zu dieser Konvergenz in der Lehre tritt eine nicht weniger bemerkenswerte Konvergenz in der Praxis* der Kirche, die vor allem in verschiedenen neueren Revisionen der Abendmahlsliturgien zu erkennen ist und die natürlich in einer neuen Würdigung der Bibel verwurzelt ist (Lö 58).

. . . In vielen Traditionen *legt ein neues Bewußtsein des eschatologischen Charak-*

ters der Eucharistie eine neue gegenseitige Offenheit und eine neue Reihenfolge der Prioritäten nahe ... Durch seine Dynamik schöpferischer Vorwegnahme überwindet es (sc. das Sakrament) menschliche Ängste vor der Zukunft und befreit Menschen dazu, inmitten ständiger Veränderungen mutig zu handeln, um eine menschlichere Gemeinschaft aufzubauen ... Gleichzeitig erinnert es daran, daß das letzte Gericht in Gottes Händen liegt und daß jenes Gericht all unsere geringeren Akte des Gerichtes und der Trennung in Frage stellen wird (Lö 59).

Glauben heißt Gleichgewicht halten

... In vielen Traditionen findet sich ein erneuertes Wissen um die innere Dynamik der Eucharistie, des Sakraments als eines Instrumentes zur Schaffung der Gemeinschaft, die die Kirche ist ... Oft ist eine Unterscheidung zwischen den Kirchen gemacht worden, die in der Eucharistie das Zeichen der einmal gegebenen Einheit sehen, und denen, die in ihr ein Mittel zur Wiederherstellung jener Einheit sehen. Heute wird sie zunehmend als beides verstanden. *Anstatt für ihre besondere und polemische Auffassung einzutreten, sind die gläubigen Christen heute diejenigen, die beides im Gleichgewicht zu halten versuchen, indem sie von jeder Auffassung das übernehmen, was für den einzelnen Augenblick auf dem ökumenischen Weg wahr und angemessen ist* (Lö 59).

Untrennbarkeit des Universalen und des Lokalen

... Das Gebet der Eucharistie hat stets universalen wie auch örtlichen Charakter, da wir im Sakrament an den universalen Taten Christi teilhaben, die hier und jetzt vergegenwärtigt werden. Die Beziehung zwischen der Loyalität gegenüber den unmittelbaren Bedürfnissen der um den Tisch des Herrn versammelten örtlichen Gemeinschaft und der Loyalität gegenüber der universalen Kirche mit ihrer umfassenderen Ordnung ist seit langem eine der schwierigsten Fragen christlicher Geschichte ... Doch eine Hoffnung liegt in der neuen Betonung der biblischen Lehre, *daß die eine universale Eucharestie genau diejenige ist, die sich in einer unendlichen Vielfalt örtlicher Feiern verkörpert*, und daß jede örtliche Feier nicht nur eine partielle und vergängliche Wirklichkeit ist, sondern wirklich der eine und ganze Christus, der in seinen Gliedern betet. Dies führt die Kirchen, welche die sichtbare Einheit und Kontinuität in Zeit und Raum am stärksten betont haben, zu einem neuen Wissen um die rechte Stellung örtlicher Vielfalt; es führt in gleicher Weise die Kirchen, welche den inneren Wert der Katholizität, Fülle, Wahrheit und Selbständigkeit jeder örtlichen Gemeinschaft betont haben, zum Bewußtsein der Notwendigkeit von Strukturen, die eine umfassendere Zusammenarbeit und Einheit sicherstellen (Lö 60).

Auf dem Weg zu einem gemeinsamen Amtsbegriff

... Spaltungen in der Frage des Abendmahls haben oft ihr Zentrum in der *Frage des Amtes* gehabt. *Wenngleich hier bis jetzt noch keine vollständige Übereinstimmung besteht, weisen doch neue und sehr hoffnungsvolle Ansätze in diese Richtung.* In allen christlichen Traditionen wird das ordinierte Amt als ein Dienst innerhalb der Gemeinschaft der Gläubigen verstanden. Es ist ein Amt, das von Gott gegeben ist, das aber nicht über den Menschen steht oder von ihnen abgesondert ist. In der Eucharistie ist es das gesamte Volk, das in Gemeinschaft mit dem Amt, das bei dieser Handlung die Leitung hat, zusammen feiert und darbringt (Lö 60).

Die soziale Bedeutung der Eucharistie

... Die Eucharistie ist *eine Feier des Versöhnungswerkes Gottes im Leben der Welt.* Wenngleich sie eine Handlung der Kirche ist, so ist sie doch eine Handlung in der Nachfolge jenes Gottes, der seinen Sohn sandte, weil er die Welt liebte. Darüber hinaus ist die Wiederentdeckung der gemeinschaftsbildenden Kraft der Eucharistie verbunden mit einem Wissen um die Notwendigkeit echter Lebensgemeinschaft innerhalb der örtlichen christlichen Gemeinschaft und eines wirklichen Interesses für das Leben der Welt. *„Das Teilen dieses Brotes ist das Symbol für das Teilen allen Brotes, der bedingungslose Charakter dieser Gemeinschaft ist das Unterpfand dafür daß die ganze Gesellschaft in Christus wiederhergestellt wird“* (Lö 61 f.).

Der eucharistische Vollzug

... Die Eucharistie ist wesentlich ein einheitliches Ganzes, das sich gewöhnlich

aus den folgenden Elementen in unterschiedlicher Reihenfolge zusammensetzt:
Proklamation des Wortes Gottes auf verschiedene Weise;
Fürbitte für die ganze Kirche und die Welt;
Danksage für die Schöpfung und Erlösung;
Christi Einsetzungsworte des Sakraments;
Bitte um die Gabe des Heiligen Geistes;
Bitte um das Kommen des Herrn und die Manifestation seiner Königsherrschaft;
Gebet des Herrn;
Brechen des Brotes;
Essen und Trinken in Gemeinschaft mit Christus und jedem Glied der Kirche . . .

Wir setzen voraus, daß der, der die Feier leitet, jemand ist, der von seiner Kirche als dazu autorisiert anerkannt worden ist (Lö 72).

IV. Das ordinierte Amt

Der Dienst des ganzen Volkes und der eucharistische Dienst

. . . Am verheißungsvollsten ist vielleicht die Tatsache, daß die Diskussion über das Amt in vielen Kirchen sich in einer Weise entwickelt, die eine umfassendere und ausgewogenere Untersuchung ermöglicht. *Alle Kirchen müssen sich heute fragen: „Wie wird das gesamte Amt Christi in unserer Tradition, in unserem Amt an der Welt wahrgenommen?" Alle sehen sich aufgerufen, ihre gesamte Praxis und Lehre vom Amt neu zu bedenken.* Als Ergebnis dieser Überprüfung wurde man sich in den letzten beiden Jahrzehnten in neuer Weise bewußt, *was das Amt des ganzen Volkes Gottes bedeutet und welchen Stellenwert das ordinierte Amt innerhalb dieses Volkes hat. Indem die Kirchen sich den Fragen, die Menschen heute beschäftigen, geöffnet haben, indem sie das Problem ihres Auftrags in der Welt ernster nehmen, fangen sie an, die Stellung und das Amt des Ordinierten ebenfalls in neuem Licht zu sehen.* Diese Fragen zwingen *alle* Kirchen, Relevanz, Angemessenheit und praktischen Nutzen ihres gegenwärtigen Amtsverständnisses und ihrer Amtspraxis zu überprüfen, vor allem angesichts der überraschenden Tatsache, *daß sie bei ihren Überlegungen, welche Formen des Amtes den Bedürfnissen der Gegenwart am besten gerecht werden, trotz ihres unterschiedlichen Verständnisses der Ordination zu ähnlichen Schlußfolgerungen kommen* und ähnliche Strukturen einführen (Lö 78).

. . . Taufe und Konfirmation gliedern den Christen wesentlich in den Leib Christi ein und geben ihm Anteil an seinem Priestertum . . . *Somit ist das königliche Priestertum notwendig dem ganzen Volke Gottes zugeordnet, und alle Formen des Amtes in der Kirche tragen zu diesem gemeinschaftlichen Dienst bei, müssen in gewissem Sinne auf ihn hinweisen* (Lö 81).

Kontinuität

. . . Die Kirchen sind sich . . . darin einig, *daß die grundlegende Kontinuität mit der apostolischen Gemeinschaft durch das ganze Volk Gottes hergestellt wird . . . Das Amt hat unabhängig vom Volke Gottes keine eigene Kontinuität,* sondern nur innerhalb des Volkes Gottes (Lö 85).

Flexibilität

. . . Das Neue Testament verwendet viele Bilder, die Strukturen bezeichnen . . ., aber in fast jedem Fall wird Wachstum und Flexibilität vorausgesetzt; „oikodome" war das Prinzip der Auferbauung des Leibes. Es zeigt sich heute eine wachsende Aufgeschlossenheit für Veränderungen und die Bereitschaft, sich dieser Struktur neutestamentlichen Denkens anzupassen; man kann sagen, *daß die Lebenskraft der Kirche sich darin spiegelt, daß sie sich für Experimente mit neuen Formen öffnet und ihr ordiniertes Amt auf ständig neuen Wegen des Dienstes einsetzt* (Lö 86).

Autorität

. . . *Autorität lebt von dem Vertrauensverhältnis zwischen einer Gruppe und einem Funktionsträger,* sie ergibt sich aus der bewußten Anerkennung, daß ein Mensch *Fähigkeiten* besitzt, die ihm die Ausübung dieser Funktion erlauben, und schließt per definitionem alle Formen von autoritärem Verhalten aus. Vielfältig und veränderlich sind jedoch die Ansichten, welche Fähigkeiten in einer Gruppe für angemessen und relevant gehalten werden, und die Weise, in der die Autorität ausgeübt wird. In vielen Teilen der Welt erlangt eine Führerpersönlichkeit in wachsendem Maße echte Autorität *nur innerhalb der Dynamik einer Gruppe, in der freies Geben und Nehmen herrscht,* in der sich Reflexion oder sogar

Weisungsbefugnis im *gegenseitigen* Austausch vollzieht. Eine solche Form der Führung entwickelt sich ... auch in der Kirche und führt zu neuen Erfahrungen christlicher Einheit (Lö 87).

... theologisches Denken (ist) oft von Christus zum Amt und dann zu den Sakramenten und zur Kirche fortgeschritten ..., während *der Gedankenfortschritt von Christus zur christlichen Gemeinschaft und dann zum Amt und zu den Sakramenten vielleicht angemessener ist* (Lö 90).

Indigenisation

... Die Kirche hört niemals auf, ein Teil der Welt zu sein; stets ist sie in diesen oder jenen soziokulturellen Kontext hineingestellt, in gewissem Sinne *ein Gefangener der Geschichte.* Da die Inkarnation der Kirche die radikale Geschichtlichkeit vorschreibt, muß sie stets versuchen, ihre Aufgabe, und damit auch ihr Amt, *zeitgemäß* zu verstehen. Wenn sich die Umstände, in denen die Kirche lebt, wandeln, bedürfen die überkommenen Strukturen ihres Amtes der Neuformulierung und Umgestaltung; *das Amt muß sich beständig in der Kultur, in der es sich vorfindet, inkarnieren* (Lö 92).

Pluralität der Inkraftsetzung

... Man wird sich also ... zunehmend bewußt, daß es *mehr als eine Form der Validierung oder Legitimierung der Ämter der verschiedenen Kirchen gibt.* Die bischöfliche Ordination, die man auch als „rituelle Validierung" bezeichnet, ist nur eine mögliche Form. *Deshalb kann in dem Gegensatz zwischen der bischöflichen und der presbyterianischen Kirchenverfassung keine hinreichende Rechtfertigung für die Trennung der Kirchen gesehen werden.* Es kann daneben die sogenannte „ekklesiologische Validierung" geben (die das wahre Amt von der wahren Manifestation der Kirche, die Christus gegründet hat, abhängig sieht). Und es gibt eine „charismatische Validierung", bei der aus der charismatischen Verfassung der Kirche in Korinth die Möglichkeit einer solchen nicht-bischöflichen, charismatischen Kirchenverfassung für unsere Zeit abgeleitet wird. Die beiden letzteren Verfassungstypen machen die Handauflegung durch einen Bischof nicht zur Bedingung; beide sind aber in der unverfälschten Tradition der Kirche verwurzelt (Lö 99).

... Die Bedeutung des historischen Bischofsamtes wird durch die oben dargestellten Ergebnisse nicht gemindert. *Unvereinbar mit dem gegenwärtigen historischen und theologischen Forschungsstand ist nur die Vorstellung, daß die bischöfliche Sukzession mit der apostolischen Sukzession der ganzen Kirche identisch ist und in ihr ohne Rest aufgeht.* In der Tat zeigen sich mehr und mehr Kirchen bereit, *im Bischofsamt ein besonderes Zeichen der apostolischen Sukzession* in Glauben, Leben und Lehre der ganzen Kirche zu sehen ... (Lö 99).

Eine neue gemeinsame Konzeption

... Auf diesem Hintergrund zeichnen sich *Grundzüge einer möglichen neu-entstehenden Konzeption des ordinierten Amtes ab.* Ohne rangmäßige oder logische Reihenfolge anzustreben, können folgende Elemente aufgezählt werden: Das Amt ist *ausgerichtet auf den apostolischen Auftrag* der Wortverkündigung, der Sakramentsverwaltung, der Auferbauung und Leitung der Gemeinde, es erfährt Anerkennung, Bestätigung und Fürbitte durch die Kirche; das Amt ist *bezogen auf die Welt,* eingesetzt, um ihr in all ihrer Freude und all ihrer Qual zu dienen: das Amt *kann sich* im Interesse der Versöhnung und Befreiung der Menschen *wandeln;* das Amt ist nicht unbedingt an vollberuflichen Dienst, Besoldung, besondere Ausbildung oder Ernennung auf Lebenszeit gebunden; das Amt ist in Christus begründet und auf ihn bezogen, *jedoch offen für die Zukunft, frei, auf verschiedene Weise Gestalt zu gewinnen,* um in neuen Situationen christliche Gemeinde zu bilden und zu kräftigen, und der Anerkennung und Bestätigung der Kirche in einer je nach Zeit und Ort unterschiedlichen Weise ... bedürftig (Lö 100).

Könnte nicht angesichts der bereits erwähnten Ambivalenz des neutestamentlichen Zeugnisses, der vielen Regelwidrigkeiten im Laufe der Kirchengeschichte, der Absicht der verschiedenen Traditionen, das Amt in Glaubenstreue zu versehen, und der Sehnsucht, in der universalen Kirche eins zu werden, als erster Schritt zur Vereinheitlichung der Ämter eine voraussetzungslose gegenseitige Anerkennung der Ämter ausgesprochen werden, um dann sozusagen nachträglich in den Prozeß der Neuordnung der betroffenen Ämter einzutreten? (Lö 101)

Der dritte Brief das Gewicht des ökumenischen Konsensus betreffend

Lieber Freund!

Ich denke mir, Sie werden, wenn Sie das voraufgehende Kapitel gelesen haben, etwa folgendes sagen:

Weithin klingt die „Faith-and-Order"-Sprache wie ein Reden in Zungen für mich, nicht nur in ihrer Unverständlichkeit, sondern auch in jenem Pathos, das gerade für das Unverständliche eine besondere Bedeutung, einen besonderen Rang, eine besondere Nähe zum Thron der Wahrheit behauptet. Und mir fällt ein, daß ein Kronzeuge der Theologen, Paulus, das Reden in Zungen für die öffentliche Kommunikation nur zulassen wollte, wenn Übersetzer zur Verfügung stünden.

Ich wünschte zum Beispiel, jemand übersetzte mir die Sakramente. Ich verstehe, wie wichtig Symbole für die menschliche Verständigung sind, wenn man sich in der menschlichen Interaktion über den Augenblick hinaus über den Sinn und das Ziel, die Hoffnung und die Bedrohung des gemeinsamen Menschseins verständigen und in dieser Orientierung des Daseins gegenseitig bestätigen will. Aber ich verstehe nicht, worin die christlichen Symbole mehr sein sollen als Symbole, warum die Christen darauf bestehen, den magischen Mehrwert, den ihre Symbolik wie alle Symbolik sicher einmal gehabt hat, immer wieder hochzuspielen und das Festhalten an diesem Mehrwert wider alle Vernunft nach wie vor zum Test für die Zugehörigkeit, für die Überlieferungstreue zu machen.

Ich bin durchaus gutwillig. Ich verstehe zum Beispiel ganz gut, warum die Christen ihre Symbole nicht gegen sogenannte „modernere" austauschen. Auch ich halte diese Symbole für kaum überholbar. Es gibt für die Bundeserneuerung zwischen Menschen tatsächlich kein besseres Zeichen als das gemeinsame Essen und Trinken, und für das Festhalten am Wasserzeichen wüßte ich aus der Evolutionsgeschichte des Lebens und aus der Psychoanalyse Begründungen, die weitaus stringenter sind als das, was die Theologen gemeinhin vorzubringen pflegen. Nur verstehe ich dann wieder nicht, warum die Kirchen die Sprachkraft dieser unüberholbaren Zeichen nicht in der Gestaltung ihrer Feiern wirksamer ausbeuten. Mir will scheinen, es hätte einen Hintergrund, daß die Christen aus dem Wassertod eine Art symbolischer Morgentoilette und aus dem Bundeserneuerungsbankett die

Travestie einer Armenspeisung gemacht haben. Ich komme mir ja etwas seltsam vor, wenn gerade ich das frage, aber: Glauben die Christen eigentlich noch, was ihre Zeichen sagen, wenn sie so mit ihnen umgehen? Nun ja ...

Ich verstehe also manches ganz gut, auf meine Weise, und eben darum verstehe ich anderes wieder ganz und gar nicht. Vor allem verstehe ich zwei Dinge nicht.

Einmal: Wenn die Konsensusbildung tatsächlich so weit vorgetrieben ist, wie das in diesem Bericht sich darstellt, warum kommt es dann nicht endlich über die paar Kirchenunionen hinaus wirklich zu dramatischen und verbindlichen Akten der Wiedervereinigung? Die Christen sind doch sonst nicht faul, wenn es um ihr Interesse geht. Mir scheint, sie hätten einen ungeheuren Vorsprung vor den Staaten, den Kulturen, den Institutionen dieser Welt im Übergang zur Weltgesellschaft, wenn sie ihre Universalität, ihre Einheit und „Katholizität" über alle Eisernen Vorhänge hinweg wirklich sichtbar und wirksam machen könnten. Dabei mache ich mir, glaube ich, gar keine Illusionen. Ich weiß, und man merkt es den vorgeführten Texten an, daß die alten Konflikte keineswegs behoben sind und daß neue Konflikte drohen. Aber wenn irgend etwas interessant ist an diesem Binnenkonsensus der Christen, dann doch dies, daß er so etwas wie eine „Einheit im Konflikt" sichtbar oder doch denkbar zu machen scheint. Warum wird dieser Trumpf nicht ausgespielt, wenn doch die ganze Menschheit offenkundig nach Modellen einer solchen Einheit im Konflikt Ausschau hält, weil sie sonst nicht überleben und zugleich sich radikal verändern, sich verändern und zugleich überleben kann? Sicher, für die Ausbildung einer einheitlichen internationalen Organisation aller Christen, für jene „Überkirche" von Toronto, mag die Zeit noch nicht reif sein, wird vielleicht überhaupt nie Bedarf sein. Aber da muß es doch Zwischenlösungen geben, da muß es doch einen Progreß geben, der auch den christlichen Jedermännern verständlich und verbindlich gemacht werden kann.

Zum andern: Wenn es aber, wie ich vermute, nicht dies ist, was die Kirchen wollen, diese dramatische Darstellung der „family of man" (denn sonst müßte es doch weitergehen, schneller weitergehen mit der Ökumene), was geht dieses ganze Konsensusspiel die Umwelt dann überhaupt an? Wen interessiert das? Wem nützt das? Wen bringt das weiter? Was soll das alles, wenn es das Offenkundige nicht soll? Es gibt so viele ernsthafte Überlebensprobleme für die gegenwärtige Menschheit, vom internationalen Klassenkampf bis zu der Frage, wie man kleine Kinder so erzieht, daß sie nicht immer schon die Kreuzträger einer langen Geschichte der menschlichen Selbstentfremdung sind und als Erwachsene dann wie im Wahn jede Revolution aufhalten und entleeren, die ihnen nützen würde. Ich kenne viele Christen, die sich für diese ernsthaften Menschheitsfragen wirklich interessieren, mit denen man wirklich zusammenarbeiten kann. Wenn aber, wie es scheint, ihre kirchlichen Organisationen anderes für wichtiger halten, obwohl sie in diesen ernsthaften Dingen eine gewisse Potenz haben, warum spielen sie sich dann immer noch als Nabel der Welt auf? Gut, sie haben also ihre organisatorischen Überlebensprobleme, und sie halten sie offenkundig für wichtiger als die Überlebensprobleme der Menschheit. Aber warum machen sie das dann nicht geräuschloser, unpathetischer? Sie können offenbar nicht einmal ihre eigenen Mitglieder hinreichend interessieren für diese ökumenischen Spiele der Kirchen mit sich selbst. Was also geht das mich an und meine Freunde?

I.

Ich bin mir natürlich nicht sicher, ob ich Sie richtig einschätze und richtig interpretiere. Aber für mich bleibt in der Tat bei Durchsicht des ökumenischen Konsensus, wie Löwen ihn dokumentiert, am Ende dieser ambivalente Eindruck, den ich Ihnen in den Mund gelegt habe. Einmal das Erstaunen über das Ausmaß des Erfolgs, den „Glauben und Kirchenverfassung" in den fünfzig Jahren des Bestehens dieser Bewegung mit der Strategie der Konfliktinszenierung erzielt hat. Meiner ökumenischen Biographie nach bin ich eher ein Abkömmling von „Life and Work", von „Kirche und Gesellschaft", wie es heute heißt, bzw. der Laien- und Erneuerungsbewegungen, die im 19. Jahrhundert die ökumenische Bewegung ursprünglich erfunden haben und dann von ihr verschlungen und sich selbst entfremdet wurden, als die kirchlichen Institutionen die Macht übernahmen. Und mit dieser Biographie neigt man dazu, „Glauben und Kirchenverfassung" zu unterschätzen. Man kann sich nicht recht vorstellen, daß gerade die Theologen, die doch eigentlich gelernte Spalter und Begründer von Spaltungen sind, bei der Produktion von Einheit sehr erfolgreich sein können. Man interessiert sich mehr für die dramatischen Ausbrüche und Aufbrüche in die Welt von heute, wie sie sich etwa bei der Konferenz für „Kirche und Gesellschaft" in Genf 1966 zeigten. Man sitzt dabei auch leicht der Täuschung auf, die sich daraus ergibt, daß die ökumenische Mission, die ökumenische Diakonie, die ökumenische Weltanalyse und die ökumenische Politik sich soviel besser verkaufen als die ökumenische Theologie. „Faith and Order" hat immer eher sotto voce gearbeitet und gesprochen, dem theologischen Denkstil entsprechend immer mehr die Schwierigkeiten als die Möglichkeiten betont. In Löwen war ich zum erstenmal wirklich in der Werkstatt von „Glauben und Kirchenverfassung". Und ich fand, daß sich das, was da in den letzten fünfzig Jahren gearbeitet worden ist, in der Tat sehen lassen kann. Hier ist wirklich weit mehr erreicht worden, als zu erwarten war und als andere höher gelobte Arbeitsvorhaben des ÖRK erreichen konnten.

Aber gerade darum fragt man sich dann um so mehr, was für ein Gewicht dieser ökumenische Konsensus in statu nascendi eigentlich hat. Warum bleibt er so unbeachtet, so unwirksam? Warum verkauft er sich so schlecht? Warum bewegt er so wenig? Und diese Frage fängt dann alsbald an sich zu differenzieren.

II.

Man fragt sich zum Beispiel, was für ein Gewicht diese Arbeit für die Mitarbeiter der Kommission selbst hat. Vielleicht übertreibe ich; aber ich fand keinen besonderen Enthusiasmus in Löwen, eher eine Grundstimmung *der Resignation, der Frustration, der Konfusion, der Distanzierungsbereitschaft. Natürlich hängt das auch mit der Tatsache zusammen, daß die Papiere und Diskussionen über die traditionellen „Faith-and-Order"-Probleme, die ich bisher analysiert habe, durchaus nicht die Hauptbeschäftigung in Löwen darstellten. Das Hauptthema war ja eben „Einheit der Kirche – Einheit der Menschheit", wenn man so will also just die von Ihnen gestellte Frage nach dem wirklichen Gewicht der ökumenischen Bewegung für das Überleben der Menschenwelt. Und in dieser zentralen Frage konnte von einem strahlenden Erfolg wahrlich nicht die Rede sein – das folgende Kapitel wird darüber berichten.*

Trotzdem glaube ich nicht, daß die Stimmung in Löwen nur aus aktuellem Anlaß eher gedrückt schien. Wenn der Vorsitzende der Kommission in seiner programmatischen Rede (S. 33) von vornherein einen so düsteren defensiven Ton anstimmt; wenn ein so in der Wolle gefärbter Ökumeniker und „Faith-and-Order"-Mann wie Savas Agourides schlichtweg von den „mageren Ergebnissen von fast fünfzig Jahren ökumenischer Arbeit" (Mi 47) spricht; wenn nahezu alle Äußerungen vom Podium, so verschieden sie nach Thematik und Stil auch waren, im Grundton der Selbstrelativierung und Selbstkritik, der Kritik an der eigenen Sache übereinkommen; wenn man buchstäblich nirgends ein „hochzeitlich Gewand" sieht, einen hochzeitlichen Ton hört, dann berührt diese Abwesenheit von ökumenischer Euphorie, von Selbstbeweihräucherung auch in ihren sublimsten Formen, von institutioneller Militanz zwar angenehm, aber man fragt sich, ob es beim Vorherrschen eines solchen im besten Fall mittleren Engagements vor fünfzig Jahren überhaupt zur Gründung von „Glauben und Kirchenverfassung" gekommen wäre und wer eigentlich aus was für Kräften seither diese beträchtliche Leistung erbracht hat, die in den Dokumenten erscheint. Nicht einmal ein Fußballverein könnte mit einem solchen Mangel an Begeisterung lange überleben, und die Schwierigkeit, Fußspiel zu spielen, ist gering im Vergleich zu der Schwierigkeit, die Spaltung der Kirchen zu überwinden, ganz zu schweigen davon, daß bei „Faith-and-Order"-Arbeit nichts zu verdienen ist.

Geht man der Frage nach, dann stößt man in den Dokumenten zunächst auf einen eigenartigen Sprachstil. Ökumenische Dokumente und Dokumente von „Glauben und Kirchenverfassung" im besonderen bestehen häufig mehr aus Fragen denn aus Antworten, aus assertorischen Sätzen. Der naheliegende Schluß, der ökumenische Konsensus betreffe im Grund nur ein wachsendes gemeinsames Problembewußtsein *und sei durchaus noch kein Konsensus in der* Problemlösung, *ist richtig und falsch zugleich. Es gehört eine Menge Übereinstimmung dazu, gemeinsame Fragen zu formulieren, besonders bei Leuten, die in subtiler philosophischer und theologischer Diskussion nicht ungeübt sind. Einen gemeinsamen status quaestionis formulieren heißt oft genug, mehr als die Hälfte der Arbeit schon hinter sich haben, zumal in der ökumenischen Theologie, deren erste Aufgabe es doch ist, die Kirchen aus der Sackgasse von Antworten zu befreien, die trennen.*

Zudem ist die Fragestruktur der ökumenischen Dokumente auch inso-

fern sachgemäß, als die gemeinsamen Antworten in der Form assertorischer Sätze oder verbindlicher Rechtsakte per definitionem nicht von den ökumenischen Gremien kommen können, sondern von den Mitgliedskirchen kommen müssen. Die ökumenische Bewegung ist die „Dienstmagd" der Kirchen (Lausanne 1927), nicht mehr. Mehr als Halbfertigprodukte kann sie nicht liefern, darf sie nicht liefern, wenn sie ihr Mandat nicht überziehen will.

Gleichwohl wird man das Gefühl nicht los, daß alle diese Richtigkeiten noch nicht die ganze Wahrheit sind.

Man erinnert sich an wichtige Sätze aus Meyendorffs Rede: Er erwähnte den „Fehlschlag" von Montreal, 1963, „als es der vierten Weltkonferenz für Glauben und Kirchenverfassung ... nicht gelang, die ekklesiologische Natur des ÖRK zu bestimmen; denn damit schien implizit der Beweis erbracht zu sein, daß sich biblische und traditionelle Definitionen der Einheit der Kirche auf die Christen in ihrem gegenwärtigen Zustand der Spaltung noch nicht anwenden lassen und daß der ÖRK in allen Fällen von präzisen Erklärungen und Definitionen noch immer weitgehend durch die Torontoerklärung von 1950 gebunden ist: Es gibt gegenwärtig keine Auffassung von Einheit, die von allen angenommen werden könnte, und wo immer irgendwelche Formeln weite Anerkennung finden, muß man davon ausgehen, daß sie von den Mitgliedern der ÖRK verschieden verstanden werden" (s. S. 33). Das führt schon weiter.

Der gesamte Konsensus, der in den Dokumenten von Löwen sichtbar wird, muß also eingeklammert und mit einem seinen Sinn verändernden Fragezeichen versehen werden. Die Frage ist: Meinen wir wirklich dasselbe, wenn wir dasselbe sagen? Das Unglück ist, daß sich diese Frage mit den gegenwärtigen ökumenischen Mitteln nicht beantworten läßt.

Auch wenn man mit der herkömmlichen Fragetechnik bricht und sich an die Formulierung gemeinsamer assertorischer Sätze macht, wie L. Vischer es mit seinem Vorschlag, „Faith and Order" solle nun an die Arbeit einer gemeinsamen „Rechenschaft über die Hoffnung, die in uns ist" (Lö 210 f.) gehen, vielleicht im Sinn hatte, findet man keine Antwort auf diese Frage. Sie ist im Rahmen eines „Spiels mit den Möglichkeiten" ökumenischer Zukunft überhaupt nicht zu finden, sondern nur in der gemeinsamen Aktion, in der definitiven In-Angriff-Nahme solcher Zukunft, letztlich durch jenes in Uppsala beschworene „wahrhaft ökumenische Konzil" und in der Rezeption durch die Christen in aller Welt, die Gemeinden vor Ort, die ein solches Konzil erfährt. Ob man dasselbe meint, wenn man dasselbe sagt, kann man nur so ausprobieren, daß man gemeinsam tut, was man sagt. Und selbst wenn man ins Tun vorgestoßen ist, ist die Frage immer nur ad hoc, von Entscheidung zu Entscheidung beantwortet. Der Konsensus bleibt auch als praktizierter immer offen. Er produziert auf jeden Fall neue Konflikte und muß sich an der Inszenierung dieser Konflikte dann bewähren. Die Sprache stellt eben nie den Grad von Eindeutigkeit her, nach dem Meyendorff fragt. Und der einzige Test, der ausreicht, der Test der Praxis, ist der ökumenischen Bewegung verweigert. Meyendorff ist viel zu klug, um das nicht zu wissen.

Der Verdacht liegt darum nahe, daß er – um das Spiel mit Worten noch ein wenig weiterzutreiben – etwas anderes meinte, als er sagte. Daß er meinte: Sagen wir hier wirklich alles, was wir meinen, wenn wir an unserem Konsensus arbeiten? Oder sagen wir nicht immer nur das, was die „existing fellowship" nicht gefährdet, was die Weiterführung des Gesprächs nicht verstellt? Und heißt das nicht, daß wir uns bei dem, was wir gemeinsam sagen, immer eine ganze Menge denken, was wir um der „existing fellowship" willen nicht aussprechen, und daß die Differenz zwischen dem, was wir sagen, und dem, was wir uns dabei denken, immer größer wird, bis sie eines Tages für die Plastizität eines theologischen Gewissens zu groß werden könnte?

Anders ausgedrückt: Verdankt sich der Konsensus einer besonderen Art von ökumenischem Erfolgszwang, in dem die vollen Übereinstimmungen darum nicht gelingen, weil die Konfrontation bis zum äußersten auch eigentlich nicht gewagt werden kann; weil Diskussionen eigentlich mehr dazu dienen, die Zonen der prinzipiellen Nichtübereinstimmung vorsichtig auszumachen und dann auf mittleren Wegen sorgfältig zu umgehen?

Ich sprach mit einem Freund aus der Dritten Welt über diese Frage, Mitglied einer orientalisch-orthodoxen Kirche, privat, bei einem Abendessen. Ich fragte ihn nach der Grenze zwischen ökumenischer Flexibilität und ökumenischer Unredlichkeit. Er sagte: Gut, laß mich ganz ehrlich sein. We continue to consider you defective churches (wir halten euch immer noch für defekte Kirchen – das Wort „defective" hat im Englischen einen ominösen Unterton von Treubruch und Desertion!). Und das kann man nicht dauernd sagen. –

Ich habe einen Moment geschluckt. Denn an dieser Stelle ist man in der Tat empfindlich, auch wenn man nicht einen Augenblick zögern würde, in einer Situation der Selbstkritik oder der Diskussion innerhalb der eigenen Konfession den Defekt der eigenen Kirche zuzugeben. Es macht einen Unterschied, wenn die eigene Heimat von außen kritisiert wird, wenn man aus einer Position der „beati possidentes" heraus als Habenichts, als armer Verwandter bezeichnet wird. Ich habe dann meinerseits versucht, mein Unbehagen zu formulieren. Ich sagte: Ich beginne, eure eucharistische Spiritualität zu verstehen, in der Theorie – auch euern Begriff vom Bischofsamt, in der Theorie. Aber ich vermisse die Fülle, von der ihr sprecht, in der Wirklichkeit.

Und wußte doch: Das alles trifft es noch nicht. Es tut weh, wenn der Defekt der protestantischen Kirchen offen ausgesprochen wird. Aber man weiß ihn, und man weiß, daß die anderen so denken – Toronto muß ja schließlich einen Sitz im Leben gehabt haben. Selbst diese letzte Reserviertheit angesichts der Frage, ob die andere Kirche wirklich Kirche sei, entwertet den ökumenischen Konsensus nicht. Sie ist ja doch in ihm berücksichtigt, „aufgehoben" im vollen dialektischen Sinne dieses Begriffes. Daß jede der Mitgliedskirchen des Ökumenischen Rates den ökumenischen Entwurf der Kirche nur durch Evolution, durch Wachstum, durch eine Wiedergewinnung ihrer eigenen verschütteten Möglichkeiten, durch womöglich radikale Erneue-

rung realisieren kann, dabei auch den anderen Kirchen ein Wachstum, eine Erneuerung an anderer Stelle zumuten und zutrauen muß, ist nichts wirklich Neues, es wird auch nicht wirklich verschwiegen im ökumenischen Dialog, selbst wenn man in der Weise, wie man es sagt, Zurückhaltung übt. Die Ambivalenz des ökumenischen Konsensus muß noch andere Ursachen haben.

III.

Man fragt also weiter: Hängt das Unbehagen von Löwen angesichts eines beträchtlichen Ergebnisses vielleicht damit zusammen, daß die ökumenischen Theologen nicht wissen, nicht mehr wissen, für wen sie ihre Arbeit eigentlich tun, wer sich eigentlich ernstlich dafür interessiert? Anders gefragt: Welches Gewicht hat der ökumenische Konsensus für die beteiligten Kirchen?

Man muß dazu wiederum an die Zweideutigkeit des Mandats der ökumenischen Bewegung und ihrer Gremien erinnern. Es heißt (seit 1948), die ökumenische Bewegung sei eine Bewegung der Kirchen. Das ist formal richtig und zugleich ganz falsch. Genauer formuliert müßte es wahrscheinlich heißen: Die ökumenische Bewegung ist nach wie vor eine Bewegung von Ökumenikern, freilich seit Amsterdam unter der Kontrolle der Kirchen.

Nichts, was in den ökumenischen Gremien geschieht, bindet die Mitgliedskirchen, selbst wenn ihre offiziellen Delegationen zugestimmt haben. Die Theorie ist, daß das sachliche Gewicht der ökumenischen Arbeit groß genug ist, um die Mitgliedskirchen in einen ökumenischen Sog zu bringen. Und bislang hat sich das auch bestätigt, jedenfalls in mancher Hinsicht. Niemand kann bestreiten, daß die kirchliche Welt anders, daß sie ökumenischer, ihres universalen Horizonts bewußter geworden ist.

Ein anderer Aspekt: Wegen der großen Distanz der Mitgliedskirchen von ihrer ökumenischen Bewegung, wegen ihrer institutionellen Unbetroffenheit durch das, was ökumenisch geschieht, ist das innere Leben des ÖRK auch entsprechend frei von der Intervention der kirchlichen Bürokratien. Der ÖRK hat keine Macht über die Mitgliedskirchen, aber die Mitgliedskirchen haben auch keine große Macht über den ÖRK, selbst wenn die Sprachregelung anders lautet. Natürlich gibt es eine Ausnahme: das Geld. Über das Budget ist eine wirksame Kontrolle auszuüben. Aber das hat nur im Bereich der ökumenischen Diakonie und teilweise der Mission ein wirkliches Gewicht, denn nur da geht es um große Summen und um Aktionen, die für Geber- und Empfängerkirchen und für die Gesellschaften, in denen sie leben, systemstabilisierende oder strukturverändernde Bedeutung haben können. Die andere Möglichkeit der Kirchen, Kontrolle auszuüben, nämlich durch Personalpolitik, ist weitgehend abgeschirmt. Der Generalsekretär hat für seinen Stab kraft einer Präsidialverfassung eine ziemlich uneingeschränkte Handlungsfreiheit, selbstverständlich im Rahmen eines elastischen konfessionellen und geografischen Proporzes. Zudem ist die ökumenische Sache packend genug, um die Genfer Funktionäre rasch und nachhaltig mit dem ÖRK zu identifi-

zieren; sie arbeiten nicht als Interessenvertreter ihrer eigenen Heimatkirchen. Ähnliches gilt sogar, mutatis mutandis, für die Mitglieder der Programmausschüsse, der Fachkommissionen und der Entscheidungsgremien. Natürlich sind sie in höherem Maße als die Stabsmitglieder Mandatare ihrer Kirchen. Aber eine präzise Mandatsbindung besteht nicht, ebensowenig eine formelle Rechenschaftspflicht. So sind auch diese ehrenamtlichen Ökumeniker zum größeren Teil vor allem Ökumeniker, jedenfalls in actu.

Natürlich geht unter der Hand manches an Einflußnahme, an Kontrolle, an verstecktem oder ganz offenem Druck, hinüber und herüber. Aber aufs ganze gesehen gilt: Der ÖRK erkauft seine Handlungsfreiheit durch Ohnmacht gegenüber seinen Mitgliedskirchen. Die Kirchen bezahlen ihre Nichtverpflichtetheit mit einem Verzicht auf nachhaltige Kontrolle der Genfer Zentrale und ihrer Aktionen. Selbst bei den Vollversammlungen liegt die Regie so sehr bei der ökumenischen „in-group", bei den „officers" und beim Stab, daß das Gefühl des Überfahrenwerdens auch bei großen Delegationen, zum Beispiel bei den Deutschen, nie erlischt.

Für die Aufbauzeit war das wahrscheinlich die optimale Lösung, denn es hielt den ökumenischen Prozeß weitgehend frei von Angstreaktionen der Mitgliedskirchen. Inzwischen aber zeigt sich zunehmend, daß man in der Ökumene weithin mit Krediten oder Kreditzusagen arbeitet, deren Einlösbarkeit zweifelhaft ist. Die Kirchenvertreter neigen dazu, sowie sie sich auf dem ökumenischen Parkett bewegen, den Mund sehr voll zu nehmen, sehr viel auszusagen und zuzusagen. Subjektiv sind sie dabei sicher ehrlich, aber im jeweiligen binnenkirchlichen Machtverhältnis können sie ihr ökumenisches Versprechen dann oft nicht einlösen, ja nicht einmal interpretieren und genügend propagieren. Innerhalb derselben Kirchenführerseele bleiben ein ökumenischer Maximalismus und ein binnenkirchlicher Minimalismus ständig unversöhnt. Die ökumenischen Gremien und der ÖRK in Genf wiederum überinterpretieren das Gewicht des Konsensus, den sie zuwege bringen. Sie bauen auf ihren Papieren weiter, als bauten sie auf dem massiven Fundament ökumenischer Willensbildung von vielen Millionen Christen in der ganzen Welt. Aber die Rückkopplung zwischen dem ökumenischen Fortschritt und der mitgliedskirchlichen Basis fehlt fast völlig oder funktioniert nach Diffusionsgesetzen, die sich rationaler Kontrolle entziehen.

In Deutschland hat es für diesen Sachverhalt im Zusammenhang mit dem ökumenischen Programm zur Bekämpfung des Rassismus ja ein dramatisches Beispiel gegeben. Die Einigkeit der Ökumene hinsichtlich des Rassismusproblems und seines Ranges sowohl für den Weltfrieden als auch für die Glaubwürdigkeit des kirchlichen Zeugnisses datiert mindestens aus den dreißiger Jahren und ist seither buchstäblich von Jahr zu Jahr klarer und militanter geworden. Im Zusammenhang mit einer Weltlage, in der der institutionelle Rassismus für die inzwischen organisierten Opfer einfach nicht mehr erträglich ist, in der die Möglichkeiten des verbalen Protests und des symbolischen Widerstands (den man hierzulande „gewaltlos" nennt) restlos erschöpft sind und in der die Kirchen endlich die Macht der Ohnmächtigen zu spüren bekommen, die sie selbst bewußt erzeugt haben, geriet der ÖRK unter Zugzwang. Er mußte etwas tun, nachdem er so lange so massiv geredet hatte. Und es schien auch, als könne er etwas tun, da die Einhelligkeit der Kirchen größer nicht mehr gedacht werden konnte. Und plötzlich, als jenes militante Programm – wenigstens symbolisch – durch den Einsatz wahrlich geringer Geldmittel in die Tat umgesetzt werden sollte, zeigte es sich, daß die Mitgliedschaften, ja sogar ihre Leitungsinstanzen völlig ahnungslos waren, nein, nicht nur ahnungslos, sondern unfähig und unwillens, das Problem geistlich und moralisch einzuordnen. Deutsche Vertreter, verantwortliche Männer und Frauen, hatten an der Auftürmung des Problemsbewußtseins, das hier endlich zur Tat drängte, von Anfang an teilgenommen, hatten auch die Beschlüsse zur Aktion mitverantwortet. Aber eine Rückkopplung hatte es nicht gegeben. Die umfangreiche Dokumentation, die sich angesammelt hatte, lag zwar im Deutschen vor, war aber nur von den „Zuständigen" zur Kenntnis genommen und unter „Ökumene" abgeheftet worden. Vollends, als eine deutsche Landeskirche, eine einzige, die Evangelische Kirche von Hessen und Nassau, über ihre Synode einen offiziellen Rezeptionsakt vornahm (und also das tat, was allein das ökumenische Spiel mit den Möglichkeiten ernst werden läßt), brach der Sturm los. Jener ökumenische Konsensus erwies sich als binnenkirchlich nahezu nicht-existent. Die Mitgliedschaft kannte ihn nicht und teilte ihn nicht. Die Öffentlichkeit revoltierte. Und die kirchlichen Leitungsgremien an der Basis agierten zum Teil, als sei die ökumenische Zumutung ein Subversionsakt der kommunistischen Internationale. Niemand war bösen Willens. Es gab gute, gewichtige Argumente gegen das Antirassismusprogramm und gegen den 100 000-DM-Beschluß in Hessen. Nur, das alles kam völlig post festum! Welches Gewicht hat der ökumenische Konsensus für die Mitgliedskirchen? Es ist schwierig, keine Satire zu schreiben[33].

IV.

„Glauben und Kirchenverfassung" ist durch diesen Sachverhalt, daß der ökumenische Konsensus nur in sich selbst, nicht im öffentlichen Bewußtsein der kirchlichen Mitgliedschaften verankert ist, besonders hart betroffen. Denn es handelt sich um theologische Filigranarbeit. *Sie ist so filigran, daß sie besondere Interpretationsschwierigkeiten macht. Und sie ist theologisch. Und das ist das eigentliche Problem. Denn welches Gewicht hat eigentlich die* Theologie, *zumal die ökumenische Theologie, für die kirchliche Praxis?*

Die Theologen von „Glauben und Kirchenverfassung" teilen die Unsicherheit aller Theologen auf der ganzen Welt hinsichtlich ihrer kirchlichen Funktion. Im Ökumenischen verschärft sich diese Unsicherheit.

Kritische Theologie wird ganz allgemein von den offiziellen Kirchen vornehmlich als Bedrohung registriert. Denn es scheint, als untergrübe sie die Frömmigkeit der Gemeinde. Sie historisiert die Quellen. Sie relativiert die Bekenntnisse. Sie bildet Pfarrer aus, die gegen die traditionelle Rolle des

Pfarrers rebellieren, auf gesellschaftliche und kirchliche Veränderung aus sind und den Daueraufstand gegen das Kirchenregiment schon im Seminar geprobt haben. Sie trägt zunehmend erfahrungswissenschaftliche Fragestellungen in die innerkirchliche Diskussion ein, und da zerplatzt mancher Selbstbetrug. Sie spricht eine hermetische Sprache und kümmert sich (das ist nicht nur ein Vorwurf der Kirchenverwaltungen, das ist die blanke Wahrheit) um die Vermittlung ihrer Einsichten an die Gemeinden fast gar nicht. Die Theologen haben Rollenprobleme. Sie wollen nicht einfach die Ideologen kirchlicher Selbsterhaltungsbedürfnisse sein. Darum profilieren sie sich zum Teil in einer Weise als Kritiker der Kirche, die für Kirchenführer zunehmend unerträglich ist. Das Verhältnis zwischen akademischer Theologie und Kirche ist zumindest gespannt.

Das Verhältnis ökumenischer Theologie zur Kirche ist noch schwieriger; denn sie bringt zu den relativierenden Wirkungen heutiger Exegese und Kirchengeschichte, zur Sprödigkeit des systematischen Fragens nach der Verantwortbarkeit der christlichen Rede von Gott im Wahrheitsbewußtsein der Gegenwart, zur praktisch-theologischen, empirisch sich aufladenden Infragestellung kirchlicher Vollzüge nun auch noch die ökumenische Pluralität gegen die Kirchen vor. Gegen wissenschaftliche Einsprüche kann man sich kirchlich eine ganze Weile zur Wehr setzen, sei es, indem man sie ignoriert oder umfunktioniert, sei es, daß man (oft zu Recht!) darauf verweist, man sei den Mitgliedschaften stärker verpflichtet als den wechselnden Moden theologisch-kritischen Bewußtseins. Aber gegen den Hinweis, andere Kirchen seien anders Kirche, voller, überzeugender, glaubwürdiger, erfolgreicher, der Herkunft treuer, und jedenfalls seien sie wirklich, ist sehr viel schwerer anzukommen. Diese anderen Modelle des Christseins und des Kircheseins sind ja nicht mehr fern, sondern ganz nah und kommen immer näher. Ihre Wirklichkeit wirkt, ob es einer Kirchenleitung paßt oder nicht, und ein Alleinvertretungsanspruch für die christliche Überlieferung ist weder praktisch noch theoretisch – des Einspruchs der ökumenischen Theologie wegen – mehr möglich.

Aber es gibt für die ökumenische Theologie nicht nur ein Beziehungsproblem mit den kirchlichen Institutionen. Schwerwiegender noch ist für sie die Frage, wie ihre Arbeit sich mit der gelebten Frömmigkeit in den Gemeinden verträgt. Das Gewissen der Menschen ist viel provinzieller als ihr Bewußtsein. Es hängt an der Heimat, und es ist verfangen in der Heimat. Und die ökumenische Zumutung, die die Theologen von „Glauben und Kirchenverfassung" vertreten, ist in gewisser Weise viel einschneidender als die Zumutung der Exegese, der Systematik, der Praktischen Theologie. Denn sie versucht nicht nur, das Bewußtsein des Glaubens zeitgenössisch, gegenwärtig zu machen, sondern die Frömmigkeit und das Gewissen auf die Zukunft zu orientieren. Sie greift nicht nur Bewußtseinsinhalte an, sondern Gemütszustände, Vorurteile, Motivationen und Verhaltensweisen, die ganz tief eingefahren sind. Menschen sollen über ihre Grenzen hinaussehen, hinausfühlen, hinausleben lernen. Sie sollen auf ihre Feindbilder verzichten.

Das Fremde soll nicht mehr fremd sein für sie. Veränderung soll gesegnet und nicht mehr gescheut oder gar verflucht werden. Gott soll aus der Vergangenheit auswandern und als der erkannt, nein angenommen werden, der immer schon im Kommenden angesiedelt ist. Kirche soll nicht mehr vertraute Vergangenheit, sondern ersehnte Zukunft sein. Das ist ein tieferes Lernen als das Lernen des Verstandes. Obwohl natürlich auch die Theologie, die nicht expressis verbis ökumenisch ist, letztlich dieses tiefere Lernen meint, muß sie die Phantasie des Glaubens doch nicht so überanstrengen wie das theologische Denken im Welthorizont, den es doch als einen moralisch-religiösen noch gar nicht gibt.

Zugleich aber sind ökumenische Theologen von Amts wegen verliebt ins Besondere, ins Herkömmliche, ins Lokale in all seiner Begrenztheit. Ihr Geschäft ist es ja eben, das Besondere mit dem Universalen, das Traditionelle mit dem konkret Künftigen, die Kontinuität mit der Veränderung zu versöhnen. Ihre konkrete Utopie sieht ein Christentum, das, wie in manchen Teilen Afrikas, noch steinzeitlich-magisch verwurzelt ist, mit der altkirchlich-zeitlosen Spiritualität des Athos, mit der Frömmigkeit nach dem Tode Gottes in Europa, dem Glauben an den Christus der Revolution in Lateinamerika, mit dem pfingstlichen Enthusiasmus der amerikanischen Ghettos und der zweiten Religiösität der Jesus-People in einer weltweiten und zukunftsmächtigen Zeitgenossenschaft des Glaubens vereinigt, nicht eingeebnet in ökumenischer Gleichförmigkeit, sondern wirklich vereinigt. Es gibt keine phantastischere und zugleich notwendigere Vision. Aber läßt sich das denken in der eigenen Ortsgemeinde?

Dann sind da natürlich als eine dritte Bezugsgruppe die ungeduldigen ökumenischen Avantgarden. Für sie ist „Faith-and-Order"-Arbeit auf jeden Fall christliche Archäologie, schlimmer: christliche Gegenaufklärung, ein großangelegter Versuch, die Uhren des Glaubens zurückzudrehen. Halb gehört man zu ihnen, und eben darum weiß man, daß sie, kämen sie an die Macht, das labile Gleichgewicht des heutigen Ökumenismus unweigerlich zerstören müßten.

Für wen also machen ökumenische Theologen ihre Arbeit? Wer will ihre Arbeit, wer will sie wirklich? In wessen Namen gehen sie ökumenisch vor?

V.

Man muß noch weiter differenzieren. Früher als die provinziellen Theologien hat die ökumenische Theologie die Wirkung von Faktoren entdeckt, die Kirchen bilden und Kirchen trennen, die auch die ökumenischen Möglichkeiten bestimmen und gleichwohl theologisch nicht kontrolliert, ja kaum angemessen wahrgenommen und verarbeitet werden können.

Die ökumenischen Theologen kennen zum Beispiel die trennende Funktion der Sprache aus eigener Erfahrung. Religiöse Inhalte und theologische Denkweisen sind besonders schwer transportierbar, wie Poesie und Witz und die Kosenamen der Liebe. Schon beim Weg über die Trennschwellen der drei offiziellen ökumenischen Sprachen bleibt vieles ungesagt und un-

sagbar. Aber es geht ja nicht nur um Französisch, Deutsch, Englisch, es geht um Hindi, Suaheli, Arabisch. Welche Sprache sprach der Pfingstgeist?

Sie kennen die Verletzlichkeit kultureller Identitäten und die Unausweichlichkeit ihrer fortgesetzten Verletzung, selbst im ökumenischen Dialog. Sie verstehen den Versuch der amerikanischen Schwarzen, den weißen Christus aus ihren Herzen zu reißen und einen schwarzen Christus zu erfinden mit Hilfe einer schwarzen Theologie [34], einer schwarzen Frömmigkeit, schwarzer Untergrundkirchen. Sie verstehen das, denn sie kämpfen, soweit sie nicht Europäer oder weiße Nordamerikaner sind, alle mit derselben Versuchung. Sie müssen alle denselben Widerwillen herunterschlucken, wenn sie den blonden Nazarener sehen, diesen sanften Komplizen einer höchst unsanften Weltzerstörung. Aber sie wissen auch: Über diesen Weg gelingt die ökumenische Zukunft vermutlich nicht. Denn der Christus, der gesucht ist, ist nicht weiß und nicht schwarz, sondern erdfarben wie die galiläischen Bauern, und er muß erst wieder allen ein Fremder werden dürfen, um der Nächste aller werden zu können, der menschliche Mensch, der alle verbindet, weil er sich von niemandem zur Waffe gegen seinen Nächsten machen läßt.

Sie kennen die unerträgliche Spannung, die zwischen der Strategie des nation-building, des Aufbaus neuer Nationen auf dem Trümmerfeld des Kolonialismus, und der ökumenischen Vision des „international man", den keine Grenzen mehr definieren, besteht. Sie wissen, nation-building ist unausweichlich. Aber sie kennen auch den Preis, den Überidentifizierung mit partikularen Zielen und Werten die Kirchen und die Christen, die Menschen überhaupt von jeher gekostet hat. Sie wissen aus der Erfahrung der weißen Welt, daß die Auflösung der Kartelle kaum überlebt werden kann, auch wenn die Indigenisierung, die schließlich zur Kartellbildung führen wird, offenbar unvermeidlich ist.

Ökumenische Theologen kennen das alles aus einem jahrzehntelangen Erleiden. Und sie wissen, was immer die Theologie vorbringen kann, reicht nicht aus, um das Trennende dieser Faktoren auch nur in der Theorie überwindbar zu machen. Denn das Trennende ist in der Theologie auch immer schon am Werk.

Wie man dem beikommen könnte, wissen sie auch, jedenfalls zum Teil. Sie wissen, daß dazu eine Arbeitsgemeinschaft vieler Wissenschaften auf Dauer nötig wäre. Sie wissen, daß in „Glauben und Kirchenverfassung" neben den Theologen die Ethnologen, die Kulturanthropologen, die Sprachwissenschaftler, die Psychologen und Sozialpsychologen, vor allem die Soziologen sitzen und zu Wort kommen müßten. Aber sie wissen auch, daß der schwierigste nichttheologische Faktor im ökumenischen Geschäft die Gesprächsunfähigkeit der Theologie ist, die teils mit ihrem Denkstil, teils mit einer déformation professionelle, teils doch aber auch mit dem Gegenstand zusammenhängt, den sie bearbeitet. Die Theologie hat es nun einmal mit drei ganz unterschiedlichen Kategorien von „Daten" zu tun. Sie ist eine hermeneutische Wissenschaft, sie hat Texte, sie hat geschehene Geschichte zu erkunden und zu verstehen und verständlich zu interpretieren. Sie hat es aber auch mit einer religiösen Institution, ihren Strukturen und Funktionen zu tun, mit einem gesellschaftlichen System, das sich nur einer mehrdimensionalen empirischen Ermittlung erschließt. Sie hat es drittens in diesen Texten und in diesem sozialen System mit einer Erfahrung zu tun, die den Anspruch erhebt, die Erfahrung von Offenbarung zu sein. Und die Theologie steht diesem Anspruch nicht wertfrei und distanziert gegenüber, sondern hat die herkömmliche Funktion, diesen Anspruch als Wahrheitsanspruch im Horizont des Wahrheitsbewußtseins ihrer Zeit und gegen dieses Bewußtsein geltend zu machen. Auf keine Weise sind diese drei Kategorien von „Daten" kommensurabel zu machen, und es gibt keine Methode, sie in widerspruchslosen Theorien und Anweisungen für die Praxis zu vereinigen. Ob die Theologie mit dieser „unmöglichen" Aufgabe den Anspruch erheben kann, eine Wissenschaft zu sein, ist nicht das eigentliche Problem. Das ökumenisch relevante Problem ist, daß die Unmöglichkeit ihrer Aufgabenstellung die Theologie zu einem schlechten Gesprächspartner im interdisziplinären Dialog macht. Das Scheitern der Studie „Geist, Ordnung und Organisation" mit ihrer ebenso abgründigen wie waghalsigen Ausgangshypothese, der Heilige Geist, das sei „Gott, wo er sich empirisch am ehesten greifen läßt" (Lö 123), und der unbefriedigende Ausgang der Diskussion über „Einheit der Kirche – Einheit der Menschheit" sind in Löwen selbst erbrachte Beweise für diese Grundproblematik der Theologie.

Die vierte Vollversammlung in Uppsala bemerkte eine Konvergenz aller ökumenischen Studien im Problemfeld der Anthropologie. Sie machte die theologische Frage nach dem Humanum zu einem leitenden Gesichtspunkt und setzte einen Koordinator ein. Dieser Koordinator war in Löwen zugegen. Mit einer außergewöhnlichen Zuständigkeit in vielen wissenschaftlichen Disziplinen und einem theologischen Eros sondergleichen war er an seine Aufgabe gegangen. Seine Zwischenbilanz zur Zeit von Löwen: Die theologische Frage nach dem Humanum, das ist in der letzten Analyse die Frage: how to do theology – wie macht man heute Theologie?

Welche Qualität hat ein ökumenischer Konsensus, der von Theologen erarbeitet worden ist, die über den Sinn und die Möglichkeit ihrer Arbeit selbst im unklaren sind?

VI.

Am Ende geht es nicht nur um das ungeklärte Mandat, nicht nur um die schwierigen Bezugsfelder der ökumenischen Theologie; nicht einmal vor allem um das Problem des Selbstverständnisses und der Methode aller Theologie. Es geht auch darum, daß der erreichte Konsensus inhaltlich doppeldeutig ist. Und man weiß das bei „Faith and Order".

Jene Bedingungsfaktoren der Konsensusbildung, die im vorangehenden Kapitel aufgezählt worden sind, können ja auch ganz anders gelesen werden. Und dann steigern sie sich gegenseitig in der Relativierung aller Ergebnisse, die im Kräfteparallelogramm dieser Faktoren gewonnen werden.

1. Die neuen Herausforderungen in der Weltentwicklung brauchen durch-

aus nicht als Chancen der Kirche, ihrer Mission und ihrer Erneuerung interpretiert zu werden. Näher liegt es, sie als Prozesse zu sehen, die die Kirche immer mehr in die Enge treiben, die Möglichkeit der ökumenischen Erneuerung immer mehr in Frage stellen.

Ein Jahr vor Löwen hatte „Kirche und Gesellschaft“ die erste große Studienkonferenz zum neuen Thema der Technologie und der Futurologie[35] einberufen, mit einem bislang nie erzielten Aufgebot an Fachwissenschaftlern aller für die Zukunft der Menschheit heute besonders relevanten Disziplinen. In der Analyse der Überlebensprobleme des Menschen – Umweltzerstörung; Bevölkerungsexplosion; genetische Katastrophe; Aporie der Prozesse der Industrialisierung und Urbanisierung, überhaupt der Zivilisation des Machens und Vermehrens mit all ihren Voraussetzungen; Perspektiven der Elektronisierung weiter Bereiche des gesellschaftlichen Lebens und damit einer Selbstmanipulation des Menschen von unvorstellbaren Ausmaßen – ergab sich ein alptraumhaftes Bild, zumal wenn man die hartnäckigen Zwischenrufe der Vertreter der Dritten Welt ernst nahm, die immer wieder darauf hinwiesen: Das ist die Binnenkatastrophe eurer wissenschaftlich-technischen Zivilisation. Vergeßt nicht die Bürgerkriegswelt, die sie um sich herum erzeugt, den Welthunger, die Verelendung der Mehrheiten, die wachsenden Disparitäten in der Güterverteilung, in der Bildung, in der politischen Macht, den institutionellen Rassismus eurer Lebenstechnik und eures Weltentwurfs! Ihr seid am Ende und ihr reißt uns in euer Ende hinein!

Natürlich gab es auch andere, positive, optimistische Stimmen. Es kann kein Zweifel sein, daß die meisten Überlebensprobleme lösbar sind. Aber es gibt keine politischen Institutionen, die sie lösen könnten, keine öffentliche Meinung, die ihre Lösung erzwingen könnte, kein revidiertes System von Normen und Werten, keine zeitgenössische Moral, die diese Lösungen orientieren könnten.

Das eigentlich Erschreckende an dieser Konferenz waren nicht die wissenschaftlichen Daten über die unerfreulichen Perspektiven der Menschheitsentwicklung, obwohl sie in ihrer Häufung deprimierend genug waren. Das eigentlich Erschreckende war, daß alle, buchstäblich alle Wissenschaften, die bei dieser Konferenz vertreten waren, nach einer Orientierung fragten, nach einem überzeugenden Entwurf für die Menschwerdung des Menschen, an dem technologische Entwicklung und Zukunftsplanung gemessen und normiert werden können. Aus sich selbst heraus, das war das Neue, vermessen sie sich nicht mehr, diesen Entwurf zu leisten. Sie wissen, was man machen kann und wie man es machen kann; aber wozu man es machen soll, das wissen sie nicht, diese Frage zu beantworten fehlt ihnen methodisch die Möglichkeit und moralisch die Courage. Wer also weiß etwas Orientierendes zu sagen in dieser Welt der perfekten Mittel und der verworrenen Motive?

Die Theologen bei der Konferenz blieben nahezu stumm! Sie waren die große Enttäuschung dieses Wissenschaftskongresses. Sie hatten so gut wie nichts, was freilich zum Teil auch an der Organisation der Beratung lag.

Vielleicht, meinte Harvey Cox in einer Art Totalrevision seines Ansatzes in „Stadt ohne Gott?“, sollten wir uns ganz bewußt auf „Irrelevanz“ einlassen und die Antworten auf die Probleme der Technik verweigern, die die Welt von uns erwartet. „Vielleicht sollten wir in gewissen Phasen der Geschichte die Dimension des Altmodischen, des Fremden, ja des Unberechenbaren pflegen, die gelegentlich im Grotesken und Seltsamen ebenso deutlich zur Sprache kommt wie im Relevanten und Konkreten. Ich beeile mich hinzuzufügen, daß dies sicherlich nicht die ganze Mission der Kirche ist. Aber vielleicht haben viele von uns in diesem Raum, die sich mit Fragen der Theologie und der Sozialethik abgemüht haben, die Tatsache übersehen, daß die Kirche gelegentlich so zeitgenössisch sein kann, daß niemand sie mehr bemerkt. Wer ein bißchen aus dem Tritt mit der Zeit gerät, macht aufmerksam auf die Richtung, in der seine Schritte gehen.“ [36] Mag sein! Nur darf man sich nicht täuschen: Das ist ein Rückzug, eine Re-Signation im eigentlichen Sinne des Wortes. Das ist die Preisgabe des Pathos der ökumenischen Bewegung, in dem die Frage nach der Relevanz des Christuszeugnisses für die Welt von heute nun einmal die zentrale Stellung einnahm.

Diese Genfer Konsultation von „Kirche und Gesellschaft“ war sicherlich gar nicht dazu da, theologische Antworten zu produzieren. Sie hatte ein Problem zu formulieren, nicht seine Lösung abzukanzeln. Trotzdem, derselbe düstere Ton war auch in Löwen zu hören, dieselbe grüblerische Frage, ob nicht die Weltentwicklung der Kirche längst davongelaufen ist, nicht nur in dem Sinne, als wäre die Kirche schuldhaft nicht ganz „mitgekommen“, sondern viel grundsätzlicher: Gibt es noch eine Entsprechung zwischen dem Leiden des Zeitgenossen und der Verheißung des Glaubens? Und wenn es sie gibt, wo ist die Sprache, die diese Entsprechung kommuniziert? Der katholische Theologe Joseph Ratzinger etwa sagte: „Wer die Auswirkungen der technologischen Zivilisation auf die Einheit der Menschheit betrachtet, stößt auf einen merkwürdigen Widerspruch. Technologie ist einerseits zur umfassenden Lebens- und Denkform geworden; in der Sprache der Technik gibt es eine ungebrochene Kommunikationsmöglichkeit über alle Grenzen hinweg. Andererseits ist gleichzeitig mit dem Voranschreiten der von der Technologie erforderten positivistischen Denkform die Sprache der Philosophie immer mehr fragmentiert worden, so daß Philosophie nur noch in Philosophien besteht, die weitgehend kommunikationslos nebeneinander existieren. Hand in Hand mit der völligen Universalisierung der technischen Kommunikation geht ein Kommunikationsabbruch in der Sinnfrage, im Bereich des eigentlich Menschlichen, das nicht mehr kommunizierbar scheint. Die Einheit der Menschheit ist so mitten in ihrem äußerlichen Vereinigungsprozeß schärfer bedroht als je zuvor. – Mit dem geschilderten Vorgang hat zugleich der Glaube seine Sprache verloren, bzw. er spricht nur noch eine Binnensprache, die lediglich innerchristlich verstanden wird, aber nach außen kaum noch übersetzbar ist und auch innerhalb der einzelnen Kirchen zu Sprachschwierigkeiten zwischen den verschiedenen Gruppen geführt hat, die fast unübersteigbar dastehen. Ist nun eigentlich die Kirche in der technologisch gepräg-

ten Welt zur Sprachlosigkeit, zum kommunikationslosen Pluralismus oder zum Getto verurteilt?" (Mi 58)

2. Die neuen theologischen Einsichten über den Pluralismus der Quellen des Glaubens und die historische Bedingtheit dieses Pluralismus, die Einsicht, daß es die Einheit des Glaubens und der Kirche nur im Streit um die Wahrheit und im offenen ad-hoc-Konsensus gibt, der in sich schon wieder konfliktträchtig ist, hat ganz zweifellos den Quellengebrauch und das Selbstverständnis aller Kirchen verflüssigt, den Dialog befruchtet, neue Einigungen ermöglicht und den Kirchen ihre Gestaltungsfreiheit, ihre Chance, aufeinander zuzuwachsen, klargemacht. Aber das ist ja nur eine mögliche Lesart. Die andere ist schlicht die Grunderfahrung Ernst Troeltschs: Es wackelt alles! Es gibt überhaupt kein festes Fundament gemeinsamen Glaubens und religiöser Interaktion mehr, nicht einmal innerhalb ein und derselben Kirche, geschweige denn in der ökumenischen Breite. Es gibt keine Kriterien mehr zur Unterscheidung einer legitimen Pluralität der möglichen Antworten des Glaubens auf die Verheißung und eines uferlosen, alles relativierenden religiösen Pluralismus, in dem alle ein bißchen recht haben und alle ein bißchen unrecht und in dem gewißmachendes Wort nicht mehr gelingt. Das ist das Leiden der alten und der neuen, der naiven und der hochreflektierten Fundamentalisten. Sie sind nicht einfach veränderungsscheu. Sie sind beunruhigt durch die Frage, wie religiöse Autorität sich eigentlich noch begründen kann, wie also Urteil und Freispruch, Warnung und Ermutigung, Weisung und Vergewisserung, Zelebration und Antizipation noch den Grad der Gewißheit haben können, der für das Kirchesein der Kirche unerläßlich ist. Ihre Lösung, der Salto mortale in den Dezisionismus, ist unmöglich. Ihr Problembewußtsein ist für alle Christen unausweichlich. Es gibt einen heimlichen Fundamentalisten in jedem Christen, in jedem Theologen, in jedem Ökumeniker, und dieser fundamentalistische Schatten fällt über jede gemeinsame Formulierung: Wieweit trägt sie und was trägt sie für Menschen aus, die da, wo es um Sinn und Unsinn, Wahrheit und Unwahrheit, Hoffnung und Bedrohung, Mut und Verzweiflung ihres Daseins geht, mit einem „vielleicht", mit einem „ja, aber", mit einem „einerseits, andererseits" einfach nicht abzuspeisen sind?

Die Griechen kamen nach Löwen aus einem Streit in ihrer Kirche, in dem die Gleichung „ökumenisch = diabolisch" aufgestellt worden war. Der Teufel ist der Durcheinanderwerfer, der Verwirrungstifter, der Verunsicherer: „Sollte Gott gesagt haben ..." Die Orthodoxie macht die Abgeschlossenheit, die Unerschütterlichkeit und Unveränderlichkeit ihres Fundaments im Glauben der ökumenischen Konzile der Alten Kirche zum articulus stantis et cadentis ecclesiae. Sie muß unter dem ökumenischen Anspruch, der trotz Toronto dieses ihr Selbstverständnis mehr und mehr relativiert, unendlich leiden. Von daher waren einige orthodoxe Theologen – es gibt militante Fundamentalisten auf der ganzen Welt, innerhalb und außerhalb jeder Kirche – in der Stimmung, aus der ökumenischen Gefangenschaft mit Gewalt auszubrechen. Monoton sagten sie ihre Formeln auf, wie das ganz am Anfang der ökumenischen Bewegung üblich war, wo keine gemeinsame Erklärung ohne orthodoxe Gegenerklärung gelang. Ich gestehe, man ärgert sich. Aber ich gestehe auch, man begreift. Man begreift heute besser als noch vor kurzer Zeit. Protestanten leben leichter mit dem Pluralismus, sie haben eine lange Erfahrung mit ihm. Für Orthodoxe muß der ökumenische Sog manchmal tatsächlich wie etwas Diabolisches wirken: Es wackelt alles!

Es kam zu einer enthüllenden kleinen Szene. Einer von den verärgerten und verängstigten Männern der orthodoxen Rechten stand auf und sagte: „Die Einheit der Kirche ist kein ungeklärtes Problem. Die Konzile haben sie entschieden. Nach orthodoxer Lehre beruht sie auf . . ." Dann zählte er sieben Kriterien auf, wenn ich richtig mitgezählt habe, und jedes einzelne von ihnen, ernstgenommen, bedeutete einen Abbruch des ökumenischen Gesprächs. Als der Mann sich setzte, sagte ein Kirchenführer einer Pfingstkirche aus Lateinamerika zu seinem Nachbarn: „Er hat recht. Aber was er beschrieben hat, ist das Selbstverständnis der Pfingstkirchen!"

Wenn alles wackelt, ist der Fundamentalismus ein einigendes Band zwischen allen, die festen Grund unter den Füßen brauchen, auch zwischen Pfingstlern und Orthodoxen.

3. Die neue Praxis schließlich, das Experimentieren aller Kirchen mit Strukturen, Arbeits- und Lebensformen, die der heutigen Situation der Mission entsprechen und die einander über alle konfessionellen Grenzen sehr ähnlich sind, läßt sich auch so sehen, daß der Geist eines willkürlichen Modernismus, der Geist einer nervösen Defensivität, die alles mögliche probiert, um durch neue Dekorationen zeitgemäß zu bleiben, inzwischen eben alle Kirchen bereits korrumpiert hat. Ihre neue Praxis ist nur darum gleichsam überkonfessionell, weil sie alle die Lebensformen der Coca-Cola-Kultur kopieren und der Mode nachlaufen.

Das Schwierige mit diesem Einwand ist, daß er mehr als ein Körnchen Wahrheit enthält. Niemand kann leugnen, daß der Modernismus in allen Kirchen schlimme Blüten treibt. Niemand kann leugnen, daß er sich auch ganz ohne analytische Anstrengung weithin als schiere Defensivität, als „Wir auch, wir auch"-Strategie enthüllt. Niemand kann leugnen, daß zum Beispiel das Experimentieren mit Gottesdienstformen eine Massenproduktion von Kitsch begünstigt. Niemand kann leugnen, daß die kirchlichen Experimente hier und da einen Pfarrertypus hervorbringen, der einfach die klassischen Sprach- und Verhaltensmuster mit modischen Mustern vertauscht und über nichts so froh ist wie darüber, daß man ihm den Pfarrer nicht ansieht. Niemand kann leugnen, daß die Flut von neuen Bibelübersetzungen vorerst nicht viel mehr zuwege gebracht hat als den totalen Abbruch der Sprachtradition der Frömmigkeit. Es ließe sich endlos so fortfahren. Die neue Praxis erschöpft sich wahrlich nicht im Modernismus, aber sie ist seiner Entwicklung günstig. Und Modernismus ist Ausverkauf.

4. Von daher wird dann auch der vierte Faktor, die „existing fellowship" der ökumenischen Bewegung, zwielichtig. Zwischen einem ökumenischen „Seid nett zueinander" und jener Gemeinschaft der Freien, die die Studie

„Einheit der Kirche – Einheit der Menschheit" beschwört, ist theoretisch ein Abgrund. Praktisch ist die Grenze gar nicht leicht zu ziehen. Es gibt auch eine Gemeinschaft, die nicht aus der Kraft der Liebe, sondern aus der Ermattung der Identitäten lebt, eine Koexistenz in der Kraftlosigkeit. Kein Zweifel, sie ist besser als der verbissene Streit, aber sie hält nicht vor, wenn die Aggressionen sich wieder zu stauen beginnen.

Wohlgemerkt, ich bin nicht der Meinung, daß diese Auslegung der Bedingungsfaktoren des ökumenischen Konsensus insgesamt wahrscheinlicher wäre als die andere, die konstruktive Interpretation. Aber sie hat auch Anhalt an den ökumenischen Realitäten. Und wenn die Frage ist, welche Qualität und welches Gewicht der Konsensus von „Faith and Order" hat, dann schlägt eben auch die Ambivalenz seiner Bedingungen zu Buche. Aus welchen Energien lebt die Einigkeit?

VII.

Das Entscheidende ist mit alledem noch nicht genannt. Es ist Gegenstand des nächsten Kapitels. Im Licht der Diskussion über „Einheit der Kirche – Einheit der Menschheit" muß nämlich vor allem gefragt werden, ob sich die Konfliktfront im Streit um die Wahrheit, in dem die Kirche zerfiel, nicht inzwischen radikal verschoben hat.

Die Strategie von „Glauben und Kirchenverfassung" war eine Strategie der Konfliktinszenierung. Die Formel von „Life and Work" – „Lehre trennt, Dienst verbindet" – schien unbefriedigend, wenn man wirklich die Wiedervereinigung der Christenheit im Auge hatte. Gerade das Trennende sollte in „Glauben und Kirchenverfassung" zum Thema gemacht und ausdiskutiert werden.

Wie aber, wenn es sich erwiese, daß Lehre und Kirchenordnung gar nicht mehr das wirklich Trennende zwischen den Kirchen sind? Wie, wenn der Frieden von „Faith and Order", so hart er erstritten wurde, vor allem darum möglich wurde, weil an den Fronten, die hier ins Auge gefaßt waren, gar nicht mehr wirklich gekämpft wird? Wie, wenn das Konfliktpotential sich inzwischen an ganz andere Stellen verschoben hätte? Dann wäre der Frieden von „Faith and Order" nichts als ein Waffenstillstand auf einem Nebenkriegsschauplatz, von dem inzwischen feststeht, daß hier die Entscheidung nicht fallen wird.

Die Soziologie kennt den Begriff des „emeritierten Konflikts" (Schelsky). Es gibt gesellschaftliche Konflikte, die nicht einfach verschwinden, sondern weiterschwelen, das gesellschaftliche Leben weiter strukturieren und in Spannung halten, aber nur noch an der Oberfläche. Sie drücken jetzt in den traditionellen Ritualen des Streites ein ganz anderes Konfliktpotential aus. Oder sie werden weiter gespielt, aber eben nur gespielt, nicht mehr auf Tod und Leben ausgefochten. Sie geben noch eine gewisse Orientierungshilfe, helfen, die eigene Gruppe von anderen Gruppen zu unterscheiden, aber andere Trennungen bzw. andere Gründe für die Trennung sind jetzt wichtiger, lebensentscheidender.

Es gibt Beispiele genug. Nur an der Oberfläche ist der Konflikt in Nordirland noch ein konfessioneller Konflikt. In der Tiefe geht es um einen ganz anderen Streit. Oder: Es gibt in Deutschland noch die traditionelle Feindschaft zwischen Bayern und „Preußen". Aber sie ist Folklore geworden, und die Wasser des bayrischen Separatismus werden heute auf andere Mühlen gelenkt.

Könnte es sein, daß die Konflikte, die „Glauben und Kirchenverfassung" bearbeitet und an die Schwelle einer Lösung gebracht hat, solche „emeritierten Konflikte" sind? Dann wäre der erzielte Konsensus in sich schlüssig, aber im letzten wäre er gleichgültig. Es wäre nützlich, ihn gefunden zu haben, schon um der Klarheit willen. Aber es wäre vor allem eine negative Nützlichkeit. Man könnte sich, nachdem dieser traditionelle Grenzstreit bereinigt oder als der Bereinigung fähig erwiesen ist, mit größerer Energie und größerer Entschiedenheit dem Streit um die Wahrheit dort zuwenden, wo er wirklich zählt, wo es wirklich ums Überleben geht. Wenn das so wäre, dann könnte man die Stimmung der Melancholie, die in Löwen zu beobachten war, ganz gut verstehen.

Ich erinnere mich an ein rätselhaftes Pausengespräch, das ich mit einem der Protagonisten von „Glauben und Kirchenverfassung" hatte. Es ging, lange vor Löwen, um eine Vorform des Abendmahlspapiers, das in Löwen zur Debatte stand. In der Kaffeepause sagte ich zu meinem Freund: „Erstaunlich, wie weit ihr gekommen seid! Trotzdem: Arbeitet ihr nicht am Konsensus von vorgestern?" Er sah mich etwas belustigt an und antwortete: „Ja, aber selbstverständlich! Was dachtest du denn?"

Vorerst weiß ich nicht, was ich denken soll.

Es grüßt Sie Ihr L.

II. Der neue Kontext
oder:
Was bedeutet die Ökumene für das Überleben der Menschheit?

„In welchem Sinne kann von einer ‚Einheit der Menschheit' die Rede sein? Was hat die Kirche über die Zusammengehörigkeit des menschlichen Geschlechts zu sagen? In welchem Verhältnis stehen Einheit der Kirche und Einheit der Menschheit?" (Scha 9)

Die Einleitungsfragen des Studiendokuments „Einheit der Kirche – Einheit der Menschheit", das der Diskussion über das gleichlautende Hauptthema der Kommissionssitzung in Löwen die ersten Impulse gab, klingen sehr gezügelt und zurückhaltend, fast harmlos, als sei „Glauben und Kirchenverfassung" im Kontinuum seiner ekklesiologischen Arbeit einfach auf ein neues Thema gestoßen, *ein* Thema unter vielen anderen, die von jeher eine Stelle in der Überlieferung des Glaubens und in der theologischen Reflexion dieser Überlieferung hatten und jetzt also im Rahmen einer ökumenischen Theologie zur gemeinsamen kritischen Bearbeitung anstehen.

Der Eindruck täuscht. Schon die Angestrengtheit, mit der seit der Formulierung der Aufgabenstellung 1968 immer wieder versichert wird, es handle sich um ein Problem, dessen Bearbeitung zu den *verfassungsmäßigen* Aufgaben der Kommission gehöre, läßt aufhorchen. So heißt es in einem Leitfaden für die Löwener Diskussion, in dem sich die breite Vorarbeit in den Mitgliedskirchen spiegelt: „Das Thema gehört zu den Fragen, die in der Bewegung für ‚Glauben und Kirchenverfassung' *aufgeworfen werden müssen.* Gemäß der Verfassung des ÖRK soll die Kommission (u. a.) folgende Aufgabe wahrnehmen: ‚Der wesenhaften Einheit der Kirche Christi Ausdruck zu geben und dem ÖRK und den Kirchen besonders vor Augen zu halten, daß sie verpflichtet sind, diese Einheit um der Glaubwürdigkeit von Weltmission und Evangelisation willen sichtbar zu machen' ... Es handelt sich im Grunde nicht um eine neue, sondern um eine andere Seite derselben Aufgabe. Die Frage nach der Einheit der Kirche soll im Horizont der heutigen Situation der Welt aufgeworfen werden: Eine Reihe von ausgewählten Problemen unseres heutigen Lebens wird untersucht werden im Licht der *verfassungsmäßigen Aufgabe* der Kommission für ‚Glauben und Kirchenverfassung'. Dann soll umgekehrt die Frage gestellt werden, welche neuen Einsichten hinsichtlich der Aufgabe ‚der wesenhaften Einheit der Kirche Christi Ausdruck zu geben' zutage treten, wenn man sie in diesen neuen Zusammenhang hineinstellt" (nur als Manuskript vervielfältigt).

Vollends die Dynamik des Gesprächs in Löwen selbst zeigt schon beim ersten Hinschauen, daß es um mehr ging als um ein unproblematisches Addendum auf der herkömmlichen Tagesordnung. Denn John Meyendorffs Einleitungsreferat ist ein grimmiger Versuch, das neue Thema gleichsam im letzten Augenblick noch in den alten Problemhorizont zurückzuzwingen [37]. Aber sofort entgegnet der Lateinamerikaner Miguez-Bonino, höchst nobel in der Form, daß sich nach seiner Meinung das Problembewußtsein der ökumenischen Bewegung und der Kommission nicht zurückdrehen lasse [38]. Die Arbeit der Sektionen zeigt dann, daß eine leichte Synchronisation der alten Aufgabe und der neuen Situation jedenfalls nicht gelingt. Keine Sektion kann sich dem Eigengewicht ihres Themas entziehen. Werden die Themen aber ernst genommen, dann stellt sich das Problem der Kircheneinheit in neuer und den meisten Teilnehmern unvertrauter Weise: Einheit meint nun etwas material anderes als zuvor. Darum erscheint in der Plenardiskussion gegen Ende der Konferenz ganz unvermeidlich, wie in allen kirchlichen Diskussionen heutzutage, die Propriumsproblematik: Was ist die eigentliche Aufgabe von „Faith and Order"? Ist dies neue Thema als Hauptthema nicht schon der Bruch mit dem herkömmlichen Selbstverständnis, dem herkömmlichen Mandat?

Es gibt also genügend Anzeichen dafür, daß mit der Themenwahl von Löwen etwas viel Grundsätzlicheres geschehen ist, als man auf den ersten Blick erkennt, vielleicht sogar, als die Verantwortlichen beabsichtigten.

Tatsächlich wird man das Gefühl nicht los, als werde in den Texten so etwas wie eine Verschiebung auf drei Ebenen, eine dreifache „Umfunktionierung" sichtbar.

„Einheit der Kirche" ist nicht *ein* Thema, sondern *das* Thema von „Faith and Order". Und dieses Thema wird in einen Kontext gebracht, der es qualitativ verändert – das ist die erste Ebene.

Dahinter erscheint eine noch weiter reichende Verschiebung. Daß man das alte Thema in einen neuen Kontext rückt, geschieht unter der Nötigung eines veränderten Kirchenbegriffes, für den die Frage nach dem „*Wesen*" der Kirche in den Hintergrund tritt und die Frage nach der *Funktion* der Kirche vorrückt. Diese Funktionalisierung des Kirchenbegriffes ist aber in sich eine „Umfunktionierung" der Kirche, die zwar nicht im Widerspruch zur Tradition steht, die aber innerhalb des traditionellen Spektrums der Vorstellungen von der Kirche, etwa im Neuen Testament, den Akzent deutlich verlagert und dadurch jedenfalls in merkbare Spannung gerät mit historischen Traditionen, mit den ausformulierten Ekklesiologien des katholischen Flügels und nicht viel weniger auch mit den Modellen, die die kirchliche Praxis des protestantischen Flügels der ökumenischen Bewegung seit langem bestimmt haben. Von welcher Art dieser verschobene oder sich verschiebende Kirchenbegriff ist und welche Aufgabe er innerhalb des ökumenischen Prozesses hat, ist im Teil I bereits teilweise sichtbar geworden (s. S. 68 f.).

Es gibt aber noch eine dritte Ebene, auf der die Verschiebung beobachtet werden kann. Das ist die Frage der Aufgabe von „Faith and Order" selbst. Auch da ist eine „Umfunktionierung" im Gange, wie es scheint. Der „negative Konsensus", der erzielt oder als erzielbar erwiesen ist, reicht nicht nur nicht aus, es ist auch fraglich, was er für ein Gewicht hat. Also muß „Faith and Order" seine Aufgabe neu formulieren und seine Strategie ändern.

Dazu gibt es auch gleichsam „ökumene-politische" Gründe. Der besonders durch Genf 1966 bezeichnete „Ruck" des ökumenischen Problembewußtseins ins Feld einer auf radikale Weltveränderung zielenden Sozialethik beunruhigt große Minderheiten, ja Mehrheiten in den Mitgliedschaften der ÖRK-Kirchen. Ist man dabei, über der „Horizontalen" der kirchlichen Weltverantwortung den eigentlichen Lebensgrund der Kirche, das Gottesverhältnis, also die „Vertikale", zu vernachlässigen? Steckt hinter der Hypertrophierung des Ethischen nicht die Resignation der Theologie auf ihre eigentliche, freilich schwierig gewordene Aufgabe: die Verantwortung der christlichen Rede von Gott? Wird in der ökumenischen Bewegung nicht mehr und mehr Evangelium in Gesetz, Theologie in Anthropologie aufgelöst? Hier liegt die Gefahr schismatischer Entwicklungen. Die ökumenische Theologie im engeren Sinne muß also ganz stark ins Zentrum der Arbeit des ÖRK gerückt werden, auch institutionell und optisch. Das aber gelingt nur, wenn „Glauben und Kirchenverfassung" die entscheidenden Themen der ökumenischen Bewegung, die ja nicht beliebig, sondern von der Weltentwicklung und der Lage der Kirchen in der Welt zwingend gestellt sind, in seine traditionelle Aufgabenstellung einbezieht, also stärker als bisher „theologische Abteilung" des ÖRK wird, ohne freilich das Theologische zu monopolisieren. Auch der Generalsekretär, Dr. Blake, deutete in seiner Begrüßungsansprache klar in diese Richtung.

Die Vermutung liegt nahe, daß die neue Thematik, obzwar sachlich vielfach begründet, eben *auch* als Hebel für diese „Umfunktionierung" von „Glauben und Kirchenverfassung" gebraucht wird, sicherlich nicht taktisch, vielleicht nicht einmal bewußt, aber der Logik des ökumenischen Prozesses folgend. Und auf dieser Ebene ist Löwen, was das Hauptthema anlangt, am ehesten erfolgreich gewesen.

1. Das Thema

Vier Begründungen werden im ursprünglichen Studiendokument für die Themenstellung und für ihre Einordnung als Hauptthematik gegeben[39].

a) Das Thema ist aktuell. Die gegenwärtige Welt ist gekennzeichnet durch wachsende globale Interdependenz aller Menschen, Gruppen und gesellschaftlichen Prozesse, zugleich durch die Tatsache, daß diese Interdependenz den Konfliktstoff und die Möglichkeit katastrophaler Entwicklungen vervielfältigt.

b) Der Tatbestand konfliktgeladener Interdependenz ist – gut ökumenisch – von den Kirchen als „challenge" aufgenommen worden. Ihre Antwort war, vor allem in Uppsala, die Aktualisierung der ursprünglichen christlichen Überzeugung von der „Einheit der Menschheit" vor Gott. Das höchst problematische Verhältnis von gesellschaftlicher Interdependenz und Menscheneinheit im Sinne der christlichen Überlieferung fordert aber theologische Reflexion heraus, nicht zuletzt im Hinblick auf ein verantwortliches Handeln der Kirchen in den Weltkonflikten, also in sozialethischer Perspektive. „Wie hat sich die Kirche in der veränderten Situation zu verhalten? ... Wie kann sie zu einem Faktor echter Gemeinschaft werden?"

Damit fällt, gleich zu Anfang, ein für die Studie und die Diskussionen in Löwen entscheidendes Stichwort: „echte Gemeinschaft" (true community). Es bezeichnet die theologisch-ethische Differenz zwischen dem Sachverhalt der Interdependenz und dem Gedanken der Einheit der Menschheit im christlichen Sinn, also den Spielraum der Verkündigung und der Aktion für die Kirchen, ihre Handlungsanweisung. Das Kriterium der „echten Gemeinschaft", als Urteil und als Verheißung auf den Interdependenzprozeß angewendet, schlägt aber alsbald auf die Kirchen zurück. Wie steht es mit der „echten Gemeinschaft" bei ihnen selbst? Und diese Frage ist nicht nur im Sinne einfacher Selbstkritik zu stellen, sondern als Provokation eines Wandels im Selbstverständnis. „Wie muß (die Kirche) sich selbst *verstehen* und *welche Gestalt* muß sie haben, damit sie ihre Sendung wirklich erfüllen kann?"

c) Der Interdependenzprozeß stellt nämlich die Kirche sehr grundsätzlich auf die Probe. Von der „Einheit der Menschheit" hat sie ja bislang vor allem in einem doppelten Sinn gesprochen: in eschatologischer und in ekklesiologischer Perspektive. Das Einswerden der Menschheit, nicht begrifflich, sondern in der Realität des vollendeten Friedens, ist einer der Aspekte des Reiches Gottes, das in Christus „nahe herbeigekommen" ist. Und eben dies ist, wie das Heil überhaupt, in der Kirche antizipiert. Die Kirche *ist* – in der eschatologischen Dialektik des „noch nicht-doch schon" – die „Einheit der Menschheit", so wie sie jetzt, im Vorletzten, realisierbar ist. „Die Kirche wagt es, von sich selbst als dem Zeichen der zukünftigen Einheit der Menschheit zu sprechen" (Uppsala, § 20).

Dieser traditionelle Satz wird im Prozeß der wachsenden und zunehmend konfliktträchtigen Interdependenz der gegenwärtigen Weltgesellschaft doppeldeutig. Er bekommt einen programmatischen Unterton, den er in der Tradition nicht hat. Hat die Kirche ein Programm für die Lösung des Überlebensproblems der Menschheit im Prozeß wachsender Interdependenz? Ist sie ein Modell, ein Instrument, ein aktiver Faktor in diesem Vorgang? Dann gerät sie unausweichlich in die Auseinandersetzung mit anderen Programmen, anderen Modellen, anderen Faktoren, die denselben Anspruch erheben.

d) Weil die Kirche nach ihrer Sache, nach ihrem Wesen, nach ihrem Selbstverständnis gefragt ist, kann sich auch „Glauben und Kirchenverfassung" der neuen Problemkonstellation nicht entziehen. Es wird nicht geleugnet, daß damit eine Akzentverschiebung eingetreten ist. Aber: „Die Kommission für ‚Glauben und Kirchenverfassung' ist im Laufe der letzten Jahre mehr und mehr dazu geführt worden, die *Berufung und Sendung der Kirche in der heutigen Welt* zu untersuchen."

Das Dokument beschreibt den Prozeß der Problemverschiebung von Montreal (1963) bis nach Bristol (1967). Dabei unterlaufen Formulierungen, die allein schon ausreichen, um die Vermutung eines „Sprungs" im ökumenischen Prozeß und in der Arbeit von „Faith and Order" zu beweisen. „Wenn die Kommission für ‚Glauben und Kirchenverfassung' der Kirche wirklich dienen will, muß sie bereit sein, ihr an den Stellen zu dienen, an denen sie heute in Frage gestellt ist; wenn sie dies versucht, wird sie auch die Einheit fördern." Dieses Zitat aus dem Protokoll von Aarhus ist im Grunde seinem Charakter nach ein „Life-and-Work"-Argument. Das wird noch deutlicher, wenn das Studiendokument fortfährt: „... die gemeinsame Klärung entscheidender Fragen der Gegenwart wird dazu beitragen, die Kirchen zusammenzuführen, ohne daß sie ausdrücklich danach suchen." Aber so spricht nun eben „Glauben und Kirchenverfassung". Das heißt, die Kommission faßt zumindest die Möglichkeit ins Auge, daß sie ihre herkömmliche Strategie, die Strategie der Inszenierung der interkonfessionellen Konflikte ändern, vielmehr erweitern muß. In diesem Sinne präzisiert das Studiendokument seine Fragestellung: „Indem (die hier vorgeschlagene Studie) die *Rolle* der Kirche im Verhältnis zur Einheit der Menschheit untersucht, will sie indirekt dazu beitragen, *den Weg zur Einheit der Kirche zu öffnen.*" Hier ist die Funktionalisierung des Kirchenbegriffs mit Händen zu greifen. Das alte Ziel, „den Weg zur Einheit der Kirche zu öffnen"; aber eine neue Methode: die Untersuchung der Funktion der Kirche für das Überleben der Menschheit.

Biblische Verknüpfung

Es folgt im Dokument ein erster Teil über „biblische und geschichtliche Überlegungen". Das entspricht dem traditionellen Aufbau eines ökumenischen Studienpapiers. Aber was unter diesem Titel vorgetragen wird, ist merkwürdig aphoristisch und beiläufig. Besonders auch in der innerdeutschen Vorbereitung auf Löwen wurde darum an diesen Ausführungen ziemlich harte Kritik geübt (Scha 83–131, Aufsätze von Scharbert, Brandenburger und Staudinger). Das Sekretariat hat sich an dieser Stelle offenbar „ertappt" gefühlt und in Löwen selbst noch ein sehr viel umfassenderes und ausgewogeneres Dokument „Biblische Perspektiven" nachgeschoben. Trotzdem haben in Löwen biblische Gesichtspunkte so gut wie gar keine Rolle gespielt. Das ist aufschlußreich.

Die neue Thematik ist eben *nicht* aus dem traditionellen Stoff von „Glauben und Kirchenverfassung" gewonnen. Für die Frage nach der Funktion der Kirche für das Überleben der Menschheit im Prozeß wachsender und zunehmend konfliktträchtiger Interdependenz ist biblisch „nichts zu holen", das liegt auf der Hand.

Das Interesse des Abschnitts ist denn auch ziemlich unverhüllt ein doppeltes: einmal der Nachweis, daß es eine „Stelle" in der Tradition des Glaubens gibt, an der über viele Vermittlungen und Veränderungen die gegenwärtige Problemstellung entspringt oder doch mindestens rückschauend festgemacht werden kann. Die *Fragestellung* von Löwen ist biblisch nicht illegitim. Sie ist im Spektrum biblischer Themen irgendwie enthalten, wenn auch – das ist die Theorie des ganzen Abschnitts – zunächst ganz indirekt und unentfaltet. Erst mit wachsender Erfahrung der Kirche auf ihrem Weg durch die

Geschichte tritt das Problem in seiner Zentralität und in seiner Breite allmählich hervor. „Die Aussagen der Schrift sind ... Zeugnis von einer tatsächlichen Dynamik, die sich in der folgenden Geschichte ausgewirkt hat. Die Erweiterung des Horizonts, die sich in der Apostelgeschichte findet, setzt sich in der Geschichte fort. Die Kirche wird immer wieder zu der Einsicht gedrängt, daß sie sich die Menschheit zu klein gedacht hat ... Die Geschichte ist für dieses Thema nicht nur als Anhängsel zu betrachten. Die biblische Botschaft entfaltet sich in der Geschichte weiter (sic!) ..."

Zum anderen enthält das Thema von Löwen eine bestimmte, für die Kirche schwierige Dialektik: die Dialektik von „Partikularität" und „Universalität", wie das Papier sie nennt. Das heißt: Fragt die Kirche ernstlich nach ihrer Funktion für das Überleben der Menschheit, dann scheint sie mit sich selbst in Widerspruch zu geraten. Denn einerseits will sie der Einung der Menschheit dienen, weil das Überleben der Menschheit an dieser Einung hängt. Andererseits muß sie darauf beharren, daß sie ihre Identität als Kirche *in* der Welt und *gegenüber* der Welt zu wahren hat. Und die ökumenische Bewegung hat ja das ausdrückliche Ziel, diese Identität nicht nur zu wahren, sondern in ihrer Fülle allererst wiederherzustellen. Richtet sie aber nicht so im universalen Horizont das Partikulare wieder auf, und zwar nicht als „Besonderes", sondern als „Trennendes", sofern die *eine* universale Kirche ja die Grenze zwischen Glauben und Unglauben, zwischen der Teilhabe an der Christusgemeinschaft und denen, die sich davon ausschließen, erst recht prononciert? Der Universalismus des Reiches Gottes, dessen Antizipation die Kirche ist, und der Universalismus der *einen* Menschheit als konkretes Ziel der Menschheitsentwicklung, für den die Kirche ein Modell, ein Instrument, ein wirksamer Faktor sein will, bleiben in einer letzten, nicht auflösbaren und auch nicht hinweginterpretierbaren Konkurrenz zueinander.

Auch geht es nicht nur um einen theoretischen Widerspruch. Vielmehr begründen die konkurrierenden Ziele auch konkurrierende Selbstverständnisse und konkurrierende Strategien.

Diese Dialektik von Universalität und Partikularität ist bereits biblisch, argumentiert das Studiendokument. Gottes universales Heilshandeln bedient sich von Anfang an des Partikularen, des *einen* Volkes Israel, des *einen* Menschen Jesus Christus, des *einen* Volkes der Kirche, das aus allen Völkern ausgesondert wird. Umgekehrt ist dieser Partikularismus Gottes immer orientiert am Universalen und dient dem Universalen: der ganzen Völkerwelt, der ganzen Menschheit, dem ganzen Kosmos. Anders ausgedrückt: Gottes Universalismus ist konkreter Universalismus und also ein Universalismus am Konkreten und mittels des Konkreten. Und Gottes Partikularismus ist ein missionarischer Partikularismus, er weist das Partikulare, indem er es aussondert, gerade in seine universale Bestimmung ein. Die Kirche, die nach ihrer Funktion für die Einung der Menschheit fragt, die sich also mit ihrer Partikularität in den Dienst des universalen Zieles der Menschheitsentwicklung stellt, bleibt innerhalb dieser Dialektik der Verheißungsgeschichte, innerhalb ihres Mandats.

Man muß füglich bezweifeln, ob die Argumentation des Dokuments hier sehr weit trägt. Denn das Problem von Löwen ist ja eben gar nicht die Spannung von „Universalität" und „Partikularität", sondern die Konkurrenz zweier Universalitäten und die Tatsache, daß das Partikulare je nachdem, zu welcher Universalität es in Bezug gesetzt wird, einen anderen Stellenwert bekommt.

Geht es um den Bezug zur Einheit der Menschheit als einem konkreten geschichtlichen Ziel, dann ist die Partikularität der Kirche, auch und gerade die universale Darstellung dieser Partikularität in der Wiedervereinigung der Christenheit ein Mittel, vielleicht ein Mittel Gottes, aber eben nur ein Mittel, zudem ein höchst problematisches.

Geht es aber um die Universalität des Reiches Gottes, dann ist die Wiedervereinigung der Christenheit zwar auch ein Vorletztes, ein immer noch Partikulares, aber nicht im Verhältnis zu den innergeschichtlichen Menschheitszielen, die vielmehr ihrerseits dann den Stellenwert des Partikularen und Vorletzten erhalten.

Sicherlich gibt es Analogien, ja Vorformen dieses Problems in der Bibel und in der Kirchengeschichte. Selbstzweck und Instrumentalität der Kirche haben immer in Spannung zueinander gestanden. Dennoch bedeutet die Thematik von Löwen etwas Neues. Denn sie thematisiert im Grunde die Einheit der Menschheit nicht als ein Problem theologischer Theorie, sondern als Programm geschichtlichen Handelns. Und andererseits fragt sie auch nach der Einheit der Kirche nicht im Stil traditioneller Ekklesiologie als einem Aspekt des „Wesens" der Kirche, sondern sie fragt nach der Funktion der Wiedervereinigung der Christenheit im Verhältnis zu diesem Menschheitsziel der globalen Einung. Auch wenn sie diese Blickrichtung in jeder Weise problematisiert: daß Ziele ökumenischen Handelns gemeint sind, ist immer schon vorausgesetzt.

Unter dem Titel alter Probleme theologischer Theorie behandelt Löwen also im Grunde die Beziehung und den Konflikt verschiedener Verständnisse, verschiedener Konzepte und verschiedener Programme der ökumenischen Bewegung. Und dafür gibt es in der Bibel und in der kirchlichen Tradition sicher keinen Vorgang.

Aber auch hier gilt: Die ersten Teile des Studiendokuments haben gar nicht die Aufgabe, inhaltlich zur Lösung des gestellten Problems beizutragen. Ihr Sinn ist, eine neue Thematik zu legitimieren, sie mit alten Problemstellungen zu verknüpfen. Besonders geglückt kann dieser Versuch nicht genannt werden. Denn der Gedankengang findet aus der Dialektik von Partikularität und Universalität nur mit Mühe wieder heraus. Die Eintragung eines heutigen Denkmusters in die Bibel rächt sich nach beiden Seiten. Die Bibel kennt das Problem nicht. Sie kennt nur den konkreten Universalismus Gottes und den schlechten Partikularismus menschlichen Ungehorsams. Eben dies darf sie nicht recht sagen. Hätte sie es in Löwen sagen dürfen, die Korrektur dieses Denkmusters für die heutige Diskussion wäre leichter gefallen. Es wäre nämlich auch für die heutige Problematik viel besser, den Universalismus des Konkreten und die Konkretheit des Universalen zu betonen, als dem

Partikularen auch nur die Möglichkeit einer religiösen Weihe zuzubilligen und das Universale in den Verdacht der Abstraktion geraten zu lassen.

Der Kontext der Lehrtradition

„Die Zusammengehörigkeit des menschlichen Geschlechts als Tatsache und als Ziel kann nur auf Grund einer Reihe von systematischen Überlegungen richtig verstanden werden." Mit diesem Satz kommt das Dokument schließlich zum Thema.

Fünf Fragen werden gestellt. Die Denkanstöße, die sich auf diese Weise ergeben, haben ihren gemeinsamen Nenner in dem Versuch, das Menschheitsziel der Einung als „Intention Gottes", als missio Dei und also als Mandat der Kirche denkbar zu machen.

a) Was macht den Menschen zum Menschen? Ziel der Überlegung ist nicht nur die Auflösung der Statik traditioneller christlicher Menschenbilder. Diese Schlacht ist theologisch im Grunde schon geschlagen: Das Menschsein des Menschen ist kein Datum, sondern ein Vorgang, ein offener geschichtlicher Prozeß. An der Offenheit dieses Prozesses – die ein Ergebnis geschichtlicher Erfahrung und eine gemeinsame Überzeugung aller Wissenschaften vom Menschen ist – liegt so viel, daß die Theologie ein Bilderverbot ausspricht. Sowenig sich der Mensch ein Bild von Gott machen darf, sowenig darf er sich auch ein abschließendes Bild von sich selber machen. Die Zukunft muß offenbleiben.

Aber das eigentliche Problem theologischer Anthropologie liegt nicht in der Vergeschichtlichung. Daß der Mensch kein Datum ist, sondern ein Projekt, weiß am Ende schon die Bibel, weiß auch die Theologie der Alten Kirche. Neu ist, daß der Mensch *theologisch* begriffen werden muß als *Projekt seiner selbst.* Hier hat die wissenschaftlich-technische Welterfahrung zu einer qualitativen Veränderung des menschlichen Selbstverständnisses geführt. Der Mensch begreift sich als den, der seine eigene Zukunft verantworten muß – und kann sich eben so abschließend überhaupt nicht mehr begreifen. Das Dokument findet einen schönen Namen für diesen Sachverhalt. „Menschheit ist vornehmlich *Gemeinschaft gemeinsamen Werdens.*" Damit sind aber Einung der Menschheit und Menschwerdung des Menschen zusammengeschlossen. Einung ist der Weg, wie die Menschheit in der Menschwerdung fortschreitet. Einung und Humanisierung sind letztlich identisch.

b) Die *Tatsache* der Menschlichkeit des Menschen und der Zusammengehörigkeit des Menschengeschlechts wird traditionell von der Theologie mit dem Schöpfungsglauben begründet. Das aber reicht nicht zu, wenn die Menschwerdung und die Einung der Menschen in der Geschichte auf dem Spiel stehen, und zwar so, daß die Menschwerdung an der Einung hängt und der Sinn und der Inhalt der Einung das gemeinsame Werden ist. Theologisch kann Menschwerdung durch Einung nur als geschichtliche Berufung verstanden werden. Der Schöpfungsglauben muß also gleichsam vergeschichtlicht werden. Die zweite Frage des Dokuments lautet: „In welchem Verhältnis stehen Schöpfung und Berufung zueinander?"

Die geschichtliche Relativierung des Schöpfungsgedankens, zumindest hinsichtlich der Statik des durch ihn implizierten Menschen- und Menschheitsbegriffes, gelingt relativ mühelos. Denn der biblische Schöpfungsglaube ist seiner Entstehung nach das Ergebnis einer Reflexion geschichtlicher Erfahrungen. Das Bekenntnis zu Gott als dem Schöpfer Himmels und der Erde ist traditionsgeschichtlich „nicht primär", sondern „das Ergebnis der Anfechtung (Israels) durch die Völker", wobei das Besondere ist, daß Israel den Schöpfungsgedanken nicht in den Dienst seiner Sonderstellung nimmt, sondern seine Sonderstellung über den Schöpfungsglauben als Dienst am Ganzen der Völkerwelt zu verstehen sucht.

„Je mehr . . . die Dimension der Geschichte betont wird, desto größere Bedeutung erhält die Berufung des Volkes Gottes unter den Völkern und für die Völker. So kann die Frage gestellt werden, welche Rolle dieses besondere Volk mit seiner besonderen Geschichte für die Entfaltung der Einheit der Menschheit spielt. Die Aufgabe der Kirche besteht dann nicht allein darin, die in der Schöpfung gegebene Zusammengehörigkeit zur Geltung zu bringen, sondern die ihr zufallende Rolle in der gegenwärtigen geschichtlichen Interaktion wahrzunehmen."

Abgesehen von der verblüffenden Mühelosigkeit, mit der hier der Sprung von Israel zur Kirche gelingt, bleibt natürlich die Frage, welche selbständige Bedeutung das Schöpfungsbekenntnis noch behält, wenn es in dieser Weise gleichsam auf seine Ursprungsfunktion reduziert wird. Der naheliegende Gedanke, die Geschichte selbst *sei* der Schöpfungsvorgang, also creatio continua, wird nicht vollzogen. Er ist theologiegeschichtlich verdächtig. Er hat schwierige Konsequenzen für die Gotteslehre, den Sündenbegriff, die Christologie und die Soteriologie. Vor allem liegt der Studie eben gerade nicht an der vollen Identifizierung von Schöpfung und Geschichte. Sie will Raum schaffen für den Gedanken einer besonderen Funktion der Kirche im Blick auf ein konkretes geschichtliches Menschheitsziel, ohne die Lehrtradition geschichtstheologisch zu verschmieren, und vor allem, ohne den eschatologischen Mehrwert des Reiches Gottes und also der Kirche in bezug auf das Reich Gottes preiszugeben.

„Die zentrale theologische Frage", heißt es unvermittelt, „die durch diese Überlegung aufgeworfen wird, ist die nach der *Rolle* Christi" (sic! – die Tendenz zur Funktionalisierung ist übermächtig und verschafft sich auch sprachlich überall Ausdruck!). „Welche Bedeutung haben sein Kommen und seine Gegenwart für die Einheit der Menschheit? Wie ist die Christologie im Blick auf dieses Thema zu interpretieren?" Tatsächlich aber bleiben Christus und die Christologie im ganzen Studiendokument ausgesprochen peripher. Die Frage nach der „Rolle der Kirche" beherrscht das Feld. Wie so oft in der ökumenischen Theologie mit ihrer Konzentration auf ekklesiologische Fragen kommt die Christologie vor allem als Ätiologie für die Lehre von der Kirche in Betracht.

c) Die Zusammengehörigkeit des Menschengeschlechts als *Ziel* wird theologisch vor allem in der Eschatologie ausgesagt und begründet. Auch gegenüber diesem Lehrzusammenhang muß für die Frage, an der das Studiendokument interessiert ist, Raum geschaffen werden. „Ist die universale Gemeinschaft der Menschen das Ziel der Geschichte?" lautet die dritte Frage. Die Geschichte muß ein, wenn auch relatives, Eigengewicht, eine eigene Sinnhaftigkeit gewinnen, und zwar eine solche, die theologisch faßbar ist und in der sich das Reich Gottes doch nicht einfach in geschichtliche Finalität auflöst. Auch hier begnügt der Text sich mit der Formulierung des Problems in der Form, daß erkennbar wird: Es geht nicht um eine Sprengung, sondern um eine Erweiterung der christlichen Lehrtradition. „Es macht für das Verständnis und das Handeln der Kirche einen entscheidenden Unterschied aus, ob anerkannt werden kann, daß der Geschichte eine Zielhaftigkeit innewohnt und daß dieses Ziel die ‚allgemeine Gemeinschaft' (der Text arbeitet mit Kants ‚Idee zu einer allgemeinen Geschichte in weltbürgerlicher Absicht', E. L.) ist. Wenn die Kirche dies bejahen kann, wird sie zwar nach wie vor in erster Linie die über alles hinausreichende Hoffnung des Reiches Gottes verkündigen; sie ist aber *zugleich* in der Lage, sich in den Dienst dieses Ziels zu stellen. Sie wird gewisse Vorgänge fördern und die Kräfte, die die Gemeinschaft zerstören, bekämpfen ... Ist das Reich Gottes eine so radikale Begrenzung der Geschichte, daß kein Raum für eine eigenständige Sinnhaftigkeit der Geschichte bleibt? Ist das Beste, was in dieser Welt geschehen kann, ein Hinweis auf Gottes endgültige Herrschaft, der gegenüber diese Geschichte nur ein vorübergehendes Schauspiel ist? Oder besteht zwischen dieser Geschichte und dem Reiche Gottes ein derartiger Zusammenhang, daß von *vorläufigen Zielen* die Rede sein kann? Ermöglicht die Hoffnung auf das Reich Gottes die volle Hingabe an bestimmte beschränkte Ziele, so daß die Hoffnung auf das Reich Gottes ‚globale Utopien' unmöglich macht, zugleich aber zu ‚realen Utopien' ermutigt?"

d) Was ist das für ein Ziel, für dessen Bejahung und Verfolgung die Kirche im Rahmen ihrer Lehrtradition frei gemacht werden soll? „Einheit" ist ein Schlüsselwort im christlichen Denken und zugleich ein sehr belastetes Wort.

Denn spätestens mit dem Jahr 313 kommt es zu einer gefährlichen Korrelation zwischen dem Begriff der Kircheneinheit als des offenen Konsensus im Streit um die Wahrheit und der politischen Einheit des bedrohten Reiches und in der Konsequenz zu einer Umformung des kirchlichen Einheitsbegriffes im Sinne institutioneller Uniformität und hierarchischer Geschlossenheit. Die vierte Frage zielt darum auf das Problem „Einheit und Vielfalt der Menschheit".

Der Text läßt erkennen, daß hier ein wesentliches Interesse liegt. Denn die Methode einer behutsamen Relativierung der Lehrtradition zugunsten neuer Fragestellungen weicht der Forderung nach Kritik und Selbstkritik, nach Revision des herkömmlichen Einheitsdenkens. Es geht jetzt auch nur mehr beiläufig um das Problem der Einheit der Menschheit. Es geht ganz offen um die Kirche. „Die Kirche hat heute nach wie vor die Neigung – wenn nicht durch ihre Theologie, so doch durch ihre Mentalität und ihre Strukturen –, gegenüber der Zusammengehörigkeit der Menschen als einer Gemeinschaft die Notwendigkeit des Besonderen zu betonen. Sie wird faktisch oft mit Nationen oder auch Klassen identifiziert. Sie tritt oft als Hüterin des geschichtlich Gewordenen auf. Nun ist die Menschheit gewiß nicht ungeschichtlich als Summe von Individuen zu verstehen ... Die heutige Interdependenz nötigt aber zu einer kritischen Überprüfung bisheriger Tendenzen. Ist die Kirche mit diesen Tendenzen nicht ein Hindernis für die Entfaltung weiterer Gemeinschaft und größerer Freiheit? ..."

e) Die Einung der Menschheit soll theologisch als ein Ziel begriffen werden, für das sich die Kirche im Einklang mit ihrem Mandat aktiv einzusetzen hat. Von welcher Art ist der Weg zum Ziel? Darin steckt nicht nur eine Fülle von interpretatorischen Problemen und Fragen ekklesiologischer Neuorientierung. Da geht es auch und nicht zuletzt um ein neues Zeit- und Lebensgefühl, um die Wahrnehmung eines neuen Weltverhältnisses des Menschen in allen seinen Gruppierungen. Der Mensch als faber sui, das ist nicht nur theologisch schwierig, das ist eine andere spirituelle Grundsituation. Der Mensch erlebt sich nicht mehr abhängig von einer übermächtigen Natur, der er in Widerstand und Ergebung den Garten seines Lebensraumes abzugewinnen hat, sondern als Macher seiner Welt und seiner selbst. Aus der divinisierten Welt, in der der Mensch überall die Spuren der Götter und die Zeichen seiner Angewiesenheit auf die Götter entdeckte, ist die hominisierte Welt geworden, in der er immer nur mit seinen eigenen Spuren und seiner Angewiesenheit auf sich selbst konfrontiert wird[40]. Da verschlägt es der Kirche die Sprache der herkömmlichen Frömmigkeit, die den Menschen in seiner kreatürlichen Bedrohtheit ansprach, aufrichtete und in das „Dennoch" seines Herrschaftsauftrages einwies. Mit dem Menschen, der nicht an seiner Ohnmacht, sondern an seiner Macht krank ist, muß sie erst noch sprechen lernen. Vor allem muß sie sich selbst in einer „Rolle" sehen und annehmen lernen, die ihr spirituell gänzlich fremd ist: als planende, als Zukunft schaffende, nicht nur als zur Ergebung in das dem Menschen Zukommende aufrufende Gemeinschaft, weniger als Refugium denn als Projektgruppe.

Die letzte Frage des Papiers geht darum auf die „Beherrschbarkeit der Geschichte". „Ist es nicht die Aufgabe der Kirche, auf die Zukunft hinzuweisen, die auf uns zukommt? Kann es darum je zur Aufgabe der Kirche werden, die Gesellschaft der Zukunft zu konstruieren? Die Berufung auf die Geschichte vom Turmbau zu Babel liegt nahe." Kann sich die Kirche aber dieser neuen spirituellen Lage des Menschen und der Menschheit nicht entziehen, dann muß sie ihren Glauben mühsam neu buchstabieren lernen. Was heißt dann „Vorsehung Gottes", was heißt „christliche Geduld", was heißt Frömmigkeit im breitesten Sinne des Wortes? Fremde Gedanken müssen gedacht werden: „Wie kann die Kirche zum Faktor oder gar zum Faber im geschichtlichen Vorgang werden? ... Das prophetische Wächteramt der Kirche wurde durch Worte zu bestimmten Vorgängen ausgeübt. Die ‚Beherrschbarkeit' der Geschichte macht diesen Weg nicht überflüssig, macht es aber zugleich notwendig, über die punktuelle Stellungnahme und Kritik hinaus zu einem *pro-*

phetischen Planen zu gelangen. Worin besteht der *besondere* Beitrag der Kirche im Blick auf die Einheit der Menschheit? ... Ist die Kirche aufgerufen, eigene *Modelle des Zusammenlebens* zu liefern?"

Die Vorstellung von der *ecclesia fabra* ist in der Tat fremdartig genug. Sie wird um so befremdender, wenn sie im Rahmen eines doch relativ konservativen theologischen Denkzusammenhangs und Denkstils auftaucht, wie er das Studiendokument kennzeichnet. Die Tendenz dieses systematischen Teiles ist offenkundig die behutsame Erweiterung der Lehrtradition, die vorsichtige Relativierung und Um-Interpretation von Elementen dieser Lehrtradition, die sich gegen die Erweiterung sperren, die Umpolung des Gewohnten auf eine neue Herausforderung, aber nicht ein radikaler theologischer Neuansatz.

Man muß sich dabei immer klarmachen, daß hier *ökumenische* Theologie, Theologie in ökumenischer Bindung getrieben wird. Eine solche Bemühung muß inklusiv sein. Sie muß möglichst alle Kirchen und ihre Theologien dort abholen, wo sie jetzt stehen, und sie stehen nach wie vor in ganz verschiedenen Zeiten und Begrifflichkeiten. Sie muß verknüpfen, vermitteln, Übergänge schaffen, selbst wo es mühsam ist und originelle Neuentwürfe viel befriedigender und erfolgversprechender wären.

Zudem muß man bedenken, daß es sich um ein Impuls-Papier handelt. An Antworten ist nicht gelegen. Sie würden die ökumenische Debatte nur erschweren. Gelegen ist an Fragen, die das ökumenische Denken in Bewegung bringen, und zwar in einer Richtung, die der Logik des ökumenischen Prozesses entspricht. Gelegen ist an Signalen für ein neues Denken, die die theologische Phantasie anregen, ohne Furcht zu erregen. An solchen Signalen ist das Papier überreich.

Dünn und fragwürdig ist es wahrscheinlich nur an einer einzigen Stelle: Es ist christologisch völlig unterbelichtet. Das hat einen Grund, der hier nur pauschal angegeben werden kann. Die Christologie als Verarbeitung der Jesustradition und der Christuserfahrung der frühen Gemeinden ist der Hebel, mit dem herkömmliche Ekklesiologien aus den Angeln gehoben werden können, ja der sie, wenn er radikal genug ansetzt, unweigerlich aus den Angeln heben muß. Die Ekklesiologien als solche stehen aber ökumenisch nicht zur Debatte. Sie erlauben einen „Wandel durch Annäherung", aber keinen Umsturz. Darum geht die ökumenische Bewegung mit dem christologischen Sprengstoff von jeher sehr vorsichtig um.

Der ökumenische Entwurf von der Kirche

Die Strategie des „Wandels durch Annäherung" wird nun aber im ekklesiologischen Abschnitt des Papiers voll eingesetzt. Was hier skizziert wird, ist in anderem Zusammenhang (s. o. „Konsensus der Selbstverständnisse") bereits teilweise berichtet. Es ist keine Wesensbeschreibung der Kirche, sondern ein ökumenischer Entwurf der Kirche im Licht ihrer Funktion in der werdenden Weltgesellschaft. Das Interesse dieses Entwurfes ist eine Theorie kirchlichen Handelns, nicht eine Theologie der Kirche in abstracto. Er beschreibt die ökumenische Zukunft der Kirche, die konkrete Utopie der ökumenischen Bewegung.

a) Diese Kirche der Zukunft ist die *„Gemeinschaft der Freien"*. Das ist die Grundaussage, und sie gehört sicher auch zu jenen geglückten Signalen, die theologisches Denken in eine phantasievolle Bewegung zu bringen vermögen. Sie gibt dem belasteten Einheitsbegriff eine konkrete Füllung.

Gemeinschaft ist nur in Freiheit Gemeinschaft. Das ist die Abwehr aller Uniformität, die die Identität des Besonderen vernichtet. Das ist in einem die Abwehr der monolithischen Superkirche und des Weltstaates, der seine Konfliktlosigkeit dadurch herstellt, daß er alle kulturellen und ethnischen Identitäten und alle Individualitäten einebnet. Die Gemeinschaft der Freien lebt nicht durch Reduktion, sondern durch Optimierung der Verschiedenartigkeit im fruchtbaren Wechselspiel, sie ist nicht konfliktlos, sondern im Konflikt konsensusfähig.

Wiederum: Freiheit ist nur in Gemeinschaft Freiheit. Das ist die Abwehr aller sakrosankten Partikularismen, wiederum für die Kirche wie für die Menschheit. Nur wenn meine Freiheit freisetzt, wird sie nicht zur Zwangsvorstellung. Nur wenn sie andere reicher macht an Möglichkeiten, macht sie auch mich selbst nicht arm. Die Kirche ist potentiell die Gemeinschaft der Freien, weil sie aus dem Vorgang Jesu lebt, des befreienden Menschen.

b) Als potentielle Gemeinschaft der Freien ist die Kirche *„Zeugnis für die Gemeinschaft unter den Menschen"*. Sie bürgt mit ihrer Christuserfahrung für die Möglichkeit der Menschwerdung durch Einung. „Der privilegierte Ort dieser Erfahrung ist ... die Eucharistie. Diese ist aber gerade um dieser Erfahrung willen ein Zeugnis für die Gemeinschaft unter den Menschen überhaupt." Weil es um eine Theorie kirchlichen Handelns geht, muß sofort hinzugefügt werden: Darstellung und Verkündigung genügen nicht. Die Kirche „würde das Wesen dessen, was sie verkündigt, verleugnen, wenn sie es nur verkündigte. Freiheit und Gemeinschaft entstehen, indem sie sich in die Bewegung hineinziehen läßt, die ihr in Christus vor Augen steht: aus Freiheit für die Gemeinschaft freisetzen ..."

c) Die Kirche in ihrer ökumenischen Möglichkeit ist, was sie in der Realität gerade nicht ist: eine *provisorische* Gemeinschaft, eine Gemeinschaft, die ihre Identität nicht durch De-Finition, durch Abgrenzung herstellt, sondern durch Aufbruch über die Grenzen, durch Proexistenz, als Kirche für die anderen. Eben darin steht auch ihre *Zeichenhaftigkeit*. Sie drückt ihre Grenzorientierung auch in ihrem inneren Leben aus als „ein Zeichen dafür, daß die Menschen in ihrer Vielfalt zusammengehören. Sie muß sich also darin bewähren, daß sie die verschiedenen menschlichen Existenzen wirklich zu umfassen und aufeinander zu beziehen vermag ... daß sie neue, durch Emanzipation entstehende Möglichkeiten der Gemeinschaft entdeckt und gleichzeitig alte und neue marginale Existenzen in die Gemeinschaft mit einbezogen hält." Das ist heute, so das Dokument, besonders herausgefordert an der Rassenschranke, in der Beziehung der Geschlechter, am Schicksal der Alten, am Platz der Idioten und anderer, die in ihrer Entwicklungsfähigkeit beschränkt sind, und an den neu entstehenden Bildungs- und Klassenschranken.

d) *Kommemoration des Vergangenen und Antizipation des Kommenden* sind in ihrem vollen Gleichgewicht Kennzeichen dieser „Kirche ihrer Möglichkeit nach". Die Gegenwart der Gemeinschaft der Freien in der Welt macht die Fülle der vergangenen Erfahrung flüssig für die Zukunft als die Fülle unerprobter Möglichkeiten und ausstehender Verheißung. Wiederum zwingt die Logik einer Theorie kirchlichen Handelns zu Konkretisierungen, die an Überanstrengung grenzen: „Die bewußte und systematische Bewältigung neuer Möglichkeiten für die Gemeinschaft gehört zu den eigentlichen Aufgaben der Kirche; ihre wissenschaftliche Arbeit darf darum nicht wie bisher auf die Historie beschränkt bleiben, sondern muß sich auf die Erforschung der Zukunft ausdehnen." Die Kirche als futurologische Avantgarde!

e) Mit der Betonung des *„übernationalen Charakters"* der Kirche gewinnt der ökumenische Entwurf der Kirche aber wieder sicheren Boden. Das *hat* Wirklichkeit, innerhalb der Konfessionen und zwischen den Konfessionen, das ist schon „in Antizipation begriffen", auch institutionell. Dabei entdeckt die Kirche sich fast beiläufig in einem Vorgang, der das Zielbild der „Gemeinschaft der Freien" konkreter macht. „Die gegenwärtige Situation ist durch einander entgegenlaufende Bewegungen gekennzeichnet. Während auf der Seite der nichtrömischen Kirchen die Mauern partikularer Kirchentümer langsam und mit Mühe durchbrochen werden, um der universalen Gemeinschaft etwas größeren Raum zu geben, ist die römisch-katholische Kirche im Begriff, den einzelnen lokalen Kirchen ihre volle Bedeutung zurückzugeben. Diese doppelte Bewegung kann vielleicht als Gelegenheit dienen, der supranationalen Gemeinschaft der Kirche neuen Ausdruck zu verleihen." Man merkt an solchen Hinweisen, wie konkret die ökumenische Utopie gemeint ist. Für das Studiendokument zumindest hat die Zukunft schon begonnen, und die Kirchen haben es nur noch nicht begriffen.

f) Wie handelt eine Kirche, die sich in Funktion zur Einung der Menschheit versteht und gestaltet? Das ökumenische Stichwort für diese Frage heißt *Dialog.* Aber die Theorie kirchlichen Handelns, der hier ihre Prolegomena geschrieben sind, drängt über dieses Stichwort hinaus, und zwar auf eine höchst charakteristische Weise. Dialog muß durch *Militanz* ergänzt werden. Aber nicht durch jene missionarische Militanz, die den Dialog als Chance der Evangelisation, der Werbung für die Wahrheit (oder für die Kirche?) verstanden wissen will. Das wird nicht abgewiesen, aber die Argumentation nimmt eine andere Richtung: „Bedarf es nicht des militanten Einsatzes, wenn die Hindernisse, die Freiheit und Gemeinschaft im Wege stehen, beseitigt werden sollen? Die Kirche als supranationale Gemeinschaft kann darum nicht nur in einer Stelle bestehen, von der aus gesprochen und Dialog gehalten wird, sie muß vielleicht eine *zusammenhängende kämpfende Gemeinschaft* sein." Die ecclesia fabra, die ihre Funktion für die Einung der Menschheit ins Auge faßt, erkennt, daß sie nicht nach allen Seiten und unterschiedslos dialogfähig ist. Wo Freiheit und Gemeinschaft gehindert werden, muß sie zur parteiischen Kirche werden und den Kampf gegen Unterdrückung und Separatismus aufnehmen.

g) Die „Kirche ihrer Möglichkeit nach" sieht ihre besondere Funktion schließlich darin, die Zukunft für sich und die Menschheit offenzuhalten. Sie ist keiner „globalen Utopie" verpflichtet, die Reich-Gottes-Hoffnung hält sie davon frei. Darum wäre sie fähig, „sowohl übertriebenen Zukunftsglauben als auch fatalistisches Abwarten zu relativieren ... Sie vermag vorschnellen Übertreibungen ihrer eigenen sowie anderer Rollen in der Geschichte entgegenzutreten, und sie kann vor allem einmal Begonnenes auch wieder von vorn beginnen." Sie hat ein elastisches und kritisches Verhältnis zu ihren eigenen Zielen und den Zielen der Menschheit. Denn sie weiß jeden Schritt gelungener Humanisierung immer schon überholt von der Humanität Gottes, deren Vollendung sie unter dem Namen „Reich Gottes" von Gott erwartet, weil sie sie in Jesus Christus als geschichtsmächtigen Anfang von Gott schon empfangen hat.

Theorie ökumenischen Handelns

Das Studiendokument läuft in einer merkwürdigen und aufschlußreichen Verdoppelung aus. Es fragt zum Schluß: „Was bedeuten diese Überlegungen ... für die Einheit der Kirche?" – als wäre bislang von etwas anderem die Rede gewesen als eben von dieser Einheit im Horizont der Gegenwart!

Aber es muß eben noch einmal ausdrücklich gesagt werden, daß in praktischer Absicht geredet wurde, daß es um eine Theorie ökumenischen Handelns geht. Inhaltlich bringt dieser Abschnitt nichts Neues, spitzt er nur den utopischen Entwurf kritisch auf die schlechte Realität zu. Auch die Kirche spielt nicht ungestraft mit ihren Möglichkeiten. Das Dokument klingt aus auf einem Ton ganz unverhüllter und bei „Glauben und Kirchenverfassung" auch höchst ungewohnter ökumenischer Ungeduld. „Wenn die Kirche aktiver Faktor auf dem Wege zur Einheit der Menschheit sein soll, sind derart große Änderungen des Verständnisses, der Ethik und der Strukturen nötig, daß die trennenden Faktoren wie zu eng gewordene Schalen gesprengt werden."

Bewegung auf diese große Änderung hin zu erzeugen, in der am Ende auch eine fünfzigjährige Arbeit von „Faith and Order" ihre Erfüllung, ihre letzte Rechtfertigung fände, ist denn wohl auch die eigentliche Intention des Papiers, der Studie, die es anstößt, der Debatte von Löwen und des „Sprunges nach vorn", den die Kommission mit dem allen einleitet.

2. Der gesamtökumenische Stellenwert des Themas

Der wichtigste Text zum Hauptthema von Löwen wird vermutlich in ökumenischen Archiven verstauben. Es ist ein Leitfaden für die Diskussion in den fünf Sektionen. Er ist vom Sekretariat produziert und nur von einer kleinen Arbeitsgruppe überprüft (Frühjahr 1971), hat also einen geringen ökumenischen Status. Nicht was die Genfer Makler denken, ist wichtig, sondern was die Kirchen oder doch wenigstens ihre Vertreter denken, zwischen denen sie zu vermitteln suchen.

Der Leitfaden ist auch gar nicht sosehr seines Inhalts im einzelnen wegen wichtig. Dieser Inhalt (Auszüge s. S. 148 ff.) besteht vor allem aus Begriffsklärungen, vorsichtigen Hinweisen, was *nicht* gemeint und nicht beabsichtigt sei, und aus Fragen, freilich aus besonders geschickt formulierten Fragen. Das Papier ist bedeutsam aus drei Gründen:

a) es zeigt, welche Probleme bei der Vorbereitung von Löwen in den Mitgliedskirchen und in ökumenischen Gremien aufgetaucht sind[41];

b) es gibt einen überraschend klaren Einblick in jene „Logik des ökumenischen Prozesses", von der in diesen Überlegungen öfter die Rede war. Diese Logik ist gekennzeichnet durch Problemkonvergenz zwischen den verschiedenen Abteilungen des ÖRK und den Bewegungen, die sie repräsentieren. Und diese Problem*konvergenz* bedeutet für alle diese Bewegungen, auch für „Glauben und Kirchenverfassung", eine elementare Problem*verschiebung*, einen Verlust alter und einen Zugewinn neuer Themen. Für „Glauben und Kirchenverfassung" kann man etwas überspitzt sagen: Die Kommission formuliert ihre Themen nicht mehr allein aus dem Bestand kontroverstheologischer Fragen, die es zwischen den Kirchentümern gibt; sie sind ihr gestellt durch andere Aktionen des ÖRK, letztlich durch eine veränderte Lage der ökumenischen Bewegung in der Welt von heute, in der aus dem Spiel mit den Möglichkeiten zunehmend Ernst werden muß, weil es ernst steht um diese Welt und um die Kirche in der Welt.

Und c): das Papier zeigt, wie weit das Ergebnis von Löwen hinter der Erwartung für Löwen zurückgeblieben ist. Zwar geht es in der Vorbereitung des Hauptthemas nicht nur um eine einmalige Diskussion, sondern von vornherein um einen langfristigen Prozeß. Aber gemessen an diesem Papier, an dem in ihm dokumentierten Problemstand hat Löwen selbst nicht annähernd gehalten, was man sich versprochen hatte.

Der letzte Punkt kann erst am Ende dieses Kapitels begründet werden. Die ersten beiden sind wichtig für die Beurteilung der Ausgangslage von Löwen.

Das Überleben der Menschheit

Wieviel Kritik das Studiendokument in den Diskussionen vor Löwen seiner Thematik und seiner Tendenz nach gefunden hat, zeigt sich schon an der Stimmung des ersten Teils des Leitfadens. Auch das Dokument selbst spricht zwar nicht kritiklos vom Phänomen der Interdependenz. Es unterstreicht die Konfliktträchtigkeit dieses Prozesses wachsender Abhängigkeit aller von allen. Trotzdem herrscht eine positive Einschätzung vor, sowohl was die guten Möglichkeiten im Zusammenwachsen der Menschheit selbst (Menschwerdung durch Einung) als auch was die Funktion der Kirche in diesem Vorgang angeht.

Im Leitfaden ist der Ton düsterer. Interdependenz ist fast in erster Linie unendliche Steigerung der Konflikt- und Unterdrückungsmöglichkeiten, der Katastrophengefahr und der Drohung des Identitätsverlusts. Darum der „*Schrei* nach Freiheit und Gemeinschaft" angesichts eines „Sogs zur Universalität“ und einer Tendenz zur „Flucht in die Partikularität“. Nach und nach schiebt sich die Interpretation nach vorn, die im Titel dieses Kapitels zum Kennzeichen der gesamten Thematik von Löwen gemacht ist: Das Interdependenzphänomen ist zutiefst ambivalent und wirft die Frage nach dem *Überleben der Menschheit* auf.

Ganz entsprechend wird auch das Menschheitsziel der Einung relativiert und die starke Betonung der Positivität dieses Ziels und der Funktion der Kirche im Rahmen dieser Zielsetzung zurückgenommen. Die Fragen klingen nun viel unentschiedener. „Der Ausdruck ‚die kommende Einheit der Menschheit‘ (Uppsala § 20) verlangt ein besonderes Wort der Erklärung; denn es kann zu Mißverständnissen Anlaß geben. Ist eine wachsende Einheit der Menschheit *in der Geschichte gemeint* (was tendenziell im Studiendokument nicht zweifelhaft sein kann, E. L.), Einheit, die sich aus geschichtlichen Entwicklungen ergeben wird oder ergeben muß? Oder ist mit der kommenden Einheit die Vollendung im Reiche Gottes gemeint? Ist die Einheit der Menschheit eine Aufgabe, für die die Kirche sich einsetzen muß? Oder ist sie eine Verheißung, deren Erfüllung jenseits der Geschichte liegt? Das Thema ‚die Einheit der Kirche und die Einheit der Menschheit‘ ist gewählt worden, weil sich die Kirche der wachsenden Interdependenz der Menschheit gegenübersieht und sich über ihre Aufgabe in dieser Situation klar werden muß. Die Frage könnte also so gestellt werden: Was hat es in der gegenwärtigen Situation wachsender Interdependenz zu bedeuten, *daß sich die Kirche als Zeichen jener Einheit versteht,* die Gott in seinem Reich vollendet?“

Im Studiendokument las man's anders. „Worin besteht der besondere Beitrag der Kirche im Blick auf die Einheit der Menschheit?“, fragte man da und ließ keinen Zweifel, daß ein solches selbständiges Menschheitsziel und eine Beteiligung der Kirche als „Faktor“ und „Faber“ für die gegenwärtige ökumenische Theologie zumindest naheliegende Gedanken seien.

Auch was das andere Element im Thema anlangt, wird die Sprache zurückhaltender. Jener im Interesse einer Theorie ökumenischen Handelns entworfenen „Kirche ihrer Möglichkeit nach“ wird der sehr viel bescheidenere negative Konsensus der Selbstverständnisse, besser, die traditionelle Konsonanz der Selbstverständnisse vorangestellt, die nicht programmatisch umgesetzt werden kann: „Obwohl es kein gemeinsames Verständnis und keine gemeinsame Interpretation dieser (gegebenen, E. L.) Einheit gibt, stimmt man allgemein darin überein, daß sie dasselbe ist wie die wahre Gemeinschaft mit dem Vater in Jesus Christus, daß sie gegründet ist auf Gottes Versöhnung der Sünder mit ihm und untereinander in Christus, daß sie schon Gegenwart ist, aber zugleich auf entscheidende Weise auf Verheißung und Gericht hindeutet, die uns in der Zukunft erwarten, daß sie ihrem Wesen nach eine geistliche Wirklichkeit ist, aber auch durch sichtbare Strukturen ausgedrückt werden muß, daß sie sowohl universal als auch lokal ist und daß sie keineswegs Uniformität bedeutet, sondern vielmehr einer großen Vielfalt Raum gibt. Christliche Einheit ist *versöhnte Vielfalt* genannt worden. In ihrem innersten Wesen ist die Einheit der Kirche Gottes Liebe, die er seinen Kindern schenkt.“

Das klingt nicht nur esoterischer als jener Entwurf von der Kirche im Studiendokument, das ist auch leiser und bescheidener, weniger euphorisch, weniger einem triumphalistischen Mißverständnis ausgesetzt – und völlig unzureichend für eine Theorie ökumenischen Handelns.

Die Emphase mancher Gedanken im Studiendokument, etwa die Vorstellung einer ecclesia fabra, wird sympathisch korrigiert: „Die Kirchen haben immer wieder versagt und das Zeichen der Einheit nicht zum Leuchten kommen lassen. Sie können darum nicht den Anspruch erheben, *die* Lösung in der gegenwärtigen Situation zu bieten. Sie müssen auf andere hören und von ihnen lernen. Sie müssen aber vor allem neu verstehen lernen, was das Wort Friede im Munde Jesu bedeutet." Aber die Beschreibung der Möglichkeit und der Aufgabe, über die nachgedacht werden soll, ist nun wieder fast konventionell geworden: „Die Kirchen müssen ihre Einheit . . . in der gegenwärtigen Welt bewähren – *Zeichen der Liebe Gottes in den Konflikten der Zeit.*"

Die ekklesiologische Relevanz der Menschheitskonflikte

Man darf sich freilich durch diese Anzeichen einer Resignation noch vor der Eröffnung der Debatte nicht verblüffen lassen. Das Vorhaben hat sein eigenes Gewicht, das sich unabhängig von den Stimmungen der Verantwortlichen entfaltet. Die Fragen, die den Sektionen gestellt sind, sorgen dafür, daß „Glauben und Kirchenverfassung" aus dem fremden Gelände einer gesellschaftsbezogenen, von den „Konflikten der Zeit" her ansetzenden ökumenischen Ekklesiologie nicht vorzeitig desertieren kann.

Sektion I hat das Thema „Die Einheit der Kirche und der Kampf um Gerechtigkeit in der Welt"; Sektion II: „Die Einheit der Kirche und die Begegnung mit den Religionen unserer Zeit"; Sektion III: „Die Einheit der Kirche und der Kampf gegen den Rassismus"; Sektion IV: „Die Einheit der Kirche und die Behinderten in der Gesellschaft"; Sektion V: „Die Einheit der Kirche und kulturelle Unterschiede".

Das sind keine beliebigen Themen. Sie bezeichnen entscheidende Konfliktfronten der werdenden Weltgesellschaft, vielleicht insofern *die* entscheidenden, als es just diese Konflikte sind, die die Ambivalenz des Interdependenzphänomens ausmachen, die Gefährdung, die *durch* Interdependenz erst recht entsteht, und die Frage, ob und wie die interdependente Menschheit überleben wird, unausweichlich macht.

Der „Kampf um Gerechtigkeit" verweist auf die sich immer mehr anspannende Situation des Weltklassenkampfes zwischen Armen und Reichen, Opfern des Hungers und Gefangenen des Überflusses, ausgebeuteten und privilegierten Gruppen und Gesellschaften, Unterdrückten und Unterdrükkern. Parochiale Weltwahrnehmung in den Zonen des Wohlstands kann sich den Sachverhalt weitgehend verbergen. Aber die Wahrheit ist, daß die Situation des Globus die Situation eines latenten, hier und da bereits aufflakkernden Weltbürgerkrieges ist.

Das Stichwort „Begegnung mit den Religionen" bezeichnet, freilich in etwas euphemistischer Weise, die Situation eines weltweiten Pluralismus von

Religionen, Weltanschauungen, Ideologien, die überall aufeinanderprallen, überall zur Kooperation oder doch wenigstens zur Koexistenz genötigt sind und doch über ein noch so schmales Fundament gemeinsamer Voraussetzungen, Werte, Normen und Ziele, auf dem eine gemeinsame praktische Zielsetzung gefunden, ein Katalog von Spielregeln aufgestellt werden könnte, vorerst keinerlei Auskunft geben können. Eine gemeinsame Sprache gibt es nicht, weder im wörtlichen noch im übertragenen Sinne.

„Kampf gegen den Rassismus" ist wiederum ein verhältnismäßig harmloser Ausdruck für den weltweiten Aufstand gegen die weiße Weltzerstörung, den strukturgewordenen Messianismus der Menschengruppen mit heller Hautpigmentierung, das Zweiklassen-Menschenrecht, das die Welt zerreißt und gerade da vollends sichtbar wird, wo die Weißen guten Willens werden. Guter Wille richtet gar nichts aus: Weiß ist oben, im Denken, in der Sprache, in der Wertsetzung, in der Technologie, in den Formen gesellschaftlicher Organisation, in der politischen Macht.

Die „Behinderten in der Gesellschaft" – das ist der Verweis auf den immer größer werdenden „Schatten des Fortschritts". Das Fortschreiten der Menschen war immer verbunden mit einem Zurückbleiben von Menschen, dem Verschleiß von Menschen, von ganzen Menschengruppen und Möglichkeiten des Menschseins. Die Explosion wissenschaftlich-technischen Fortschritts hat eine fast ebenso starke Explosion dieses Marginalisierungseffekts nur übertönt. Marginalisierung durch Verschlechterung des Erbguts, durch Übervölkerung, durch ein sozial nicht verarbeitetes Anwachsen der Lebenserwartung, durch elitäre Bildungssysteme, durch Zivilisationsschäden und -beschädigungen aller Art – je nach den Kriterien, die man anlegt, kann man aus der Minderheit der marginalen Existenzen mühelos eine Mehrheit machen. Die Marginalen sind am Rande, aber längst kein Randproblem mehr.

„Kulturelle Unterschiede" schließlich sind bei genauerer Analyse der Name für eines der unbegriffensten Probleme der gegenwärtigen Welt: für die Frage, was die menschliche Identität ausmacht und wie sie sich in der globalen Massengesellschaft erhält. Kann ein Mensch, dessen Bezugsgruppen unsicher werden, den die zerfallenen Traditionen und Ordnungen seiner Herkunft nicht mehr bergen, dessen Sprache sich zunehmend instrumentalisiert, so daß sie für den Transport von Sinn ungeeignet wird, dessen Lebenszyklus seine sichere Gliederung verliert – kann ein solcher Mensch noch mit sich selbst identisch und also mehr sein als eine beliebige Projektion des Massenzustands? Was ihn unterscheidet, scheidet ihn auch ab, und so ist der Sog zur schlechten Gleichheit aller gewaltig.

Es handelt sich also um fünf zentrale Konfliktfelder. Natürlich ist der Katalog nicht vollständig. Aber das ist eigentlich mehr eine Frage der Problemformulierung. Weil die Kirche selbst ein soziales System ist, erlebt sie die Weltprobleme vornehmlich als soziale Probleme und formuliert sie so. Sie ließen sich genauso politisch formulieren. Sie haben einen technologischen Aspekt. Der „Kampf um Gerechtigkeit" zum Beispiel ist auch ein Kampf um eine funktionierende politische Ordnung in der Welt und ein Problem des technologischen Transfers und der Planifikation. „Glauben und Kirchenverfassung" formuliert seinen leichtesten Zugang zu den Konfliktzonen der Weltentwicklung.

Zugleich und im Zusammenhang mit ihrer Bedeutung für den Weltzustand sind diese Themen der Sektionen auch die aktuellsten Probleme der ökumenischen Bewegung. „Weltentwicklung", „Dialog", „Programm zur Bekämpfung des Rassismus", ökumenische Diakonie und Bildungsarbeit, Regionalisierung und Kampf um kulturelle Identität – das sind die Themen, die in langfristigen Studien vor allem von „Kirche und Gesellschaft" und „Mission und Evangelisation" erkundet und formuliert und dann als Aktionsprogramme auf die ökumenische Tagesordnung gesetzt wurden [42].

Wenn man fragt, was der ÖRK für seine Mitgliedskirchen und mit ihnen, was aber auch der experimentelle Ökumenismus an der Basis heute *tut*, wo am meisten Geld umgesetzt und Personal eingesetzt wird, dann ist mit diesen wenigen Stichworten erschöpfend Auskunft gegeben. Wenn man sich überlegt, worüber in der ökumenischen Bewegung am meisten gestritten wird, wo die junge Internationale der Christen am intensivsten gefordert *und* gefährdet ist, dann ergeben sich die gleichen Antworten. Diese Programme *sind* die ökumenische Bewegung, soweit sie mehr ist als ein Gesprächsforum. Sie *sind* die Antwort auf die Frage, ob und inwieweit die Kirchen heute an der Zeit sind.

Und nun sind sie also auf das Programm von „Glauben und Kirchenverfassung" gesetzt, also als theologische Probleme im strengen Sinne des Wortes. Nicht, als wollte sich „Glauben und Kirchenverfassung" nur taktisch an die aktuelleren Diskussionen und Programme anderer Abteilungen des ÖRK anhängen. Vielmehr ist Löwen die Entscheidung, daß die Diskussion über die Wiedervereinigung der Christenheit nicht mehr abgesehen von diesen Themen und Programmen diskutiert werden kann, denn sie haben das Problem definitiv verschoben. Die Anweisung an die Sektionen ist sehr klar: „Diese Themen sind darum ausgewählt worden, weil die Kirche ihre Einheit an diesen fünf Stellen heute in besonderer Weise zu bewähren hat ... Das Thema ist in jeder der fünf Sektionen *in erster Linie die Einheit der Kirche*. Es geht nicht darum, über die fünf Probleme im allgemeinen theologisch nachzudenken, sondern darum, die Frage der Einheit im Licht dieser Situationen zu untersuchen."

Mit anderen Worten: Die Themen der Sektionen sollen in ihrer *ekklesiologischen Relevanz* diskutiert werden, weil zumindest hypothetisch vorausgesetzt werden kann und nach Lage der Ökumene in der Welt vorausgesetzt werden muß, *daß* sie eine solche ekklesiologische Relevanz immer schon haben.

Was Löwen wirklich bedeutet hat, wird darum letztlich an dieser Zielsetzung zu messen sein. Wieweit ist es gelungen, die ekklesiologische Relevanz der Konfliktstoffe der werdenden Weltgesellschaft zu erweisen? Wieweit verändert das den Kirchenbegriff der ökumenischen Theologen oder doch zumindest ihr ekklesiologisches Problembewußtsein und also in letzter

Konsequenz das Mandat und die Funktion von „Glauben und Kirchenverfassung" und der ökumenischen Bewegung überhaupt? Das sind die Fragen, die als Vermutungen schon zum Eingang dieses Kapitels aufgetaucht sind, in präziserer Form.

3. Der Verlauf der Diskussion in Löwen

Mißt man am Studiendokument und an den aberteuerlichen Signalen, die es der ökumenischen Theologie zu setzen versuchte, dann ist man versucht zu sagen: Die „Schlacht" von Löwen war schon verloren, bevor sie begann. Das Dokument selbst hat in Löwen sehr wenig bedeutet. Die Zähne waren ihm schon durch den Kommentar gezogen worden, den der Arbeitsausschuß der Kommission in Canterbury 1969 formuliert hatte und der das Dokument selbst, wo es veröffentlicht und in den Mitgliedskirchen zwischen 1969 und 1971 diskutiert wurde, immer wie ein Schatten begleitet hat (Scha 40ff.).

Ein Signal zum Rückzug?

Dieser Kommentar problematisiert schon die Themenstellung selbst und bestreitet im Grunde a priori die ekklesiologische Relevanz der Frage nach der Mencheneinheit, wie sie sich in der gegenwärtigen Welt stellt. „Menschliche Einheit ist so lange ein brauchbarer *Einstieg*, als es klar ist, daß die Studie über den Begriff der menschlichen Einheit nicht als Grundlage für eine Lehre von der Einheit der Kirche dienen kann. Im Gegenteil, unser Verständnis der Einheit der Kirche wie der Einheit der Menschheit hängt davon ab, daß und wie wir verstanden haben, was Gott in Jesus Christus getan hat, er, der den Menschen nach seinem Bilde schuf, ihn mit sich versöhnt und ihn durch das ständige Wirken des Heiligen Geistes zur letzten Vollendung aller Dinge in Christus hinführt." Beiläufig wird durch diese Bemerkung zu Recht auf die christologische Schwäche des Dokuments hingewiesen. Vor allem aber bedeutet sie doch, daß von der Problematik und von der Funktion der Kirche in der Zeit her kein legitimer und aussichtsreicher Zugang zur Frage nach ihrer Einheit und also einem wichtigen Aspekt ihres „Wesens" gegeben ist. Das aber ist, wenn unsere Analyse sich nicht völlig vergriffen hat, gerade die Intention des Papiers. Wenn dann einen Absatz später hinzugefügt wird, es sei „ebenfalls wahr, daß es keine wirkliche Lehre von der Einheit der Kirche geben kann, wenn sie nicht im Zusammenhang mit einer Lehre von der Einheit der Menschheit steht", dann bedeutet das nichts Konkretes mehr. Derart kontextlos ist ja auch die traditionelle Ekklesiologie nie gewesen. Das Papier wollte gerade „interkontextual" vorgehen, das heißt den soteriologischen Grund und die aktuelle Funktion der Kirche, den Kontext der Glaubenstradition und den Kontext der zeitgeschichtlichen Situation miteinander verschränken, ohne durch eine a-priori-Entscheidung die Zulässigkeit, ja die Wahrnehmbarkeit von Daten aus dem einen oder aus dem anderen Kontext bereits zu begrenzen.

Ähnliche Vorentscheidungen trifft der Kommentar auch hinsichtlich der Anthropologie, das heißt aber auch hinsichtlich der traditionellen Schöpfungslehre und Eschatologie und hinsichtlich der für das Studiendokument zentralen Frage, ob Einung der Menschheit ein auch von der Kirche aus Gründen des Glaubens zu bejahendes und zu förderndes, selbständiges Ziel geschichtlicher Entwicklung sei. Die Fragen des Dokuments werden nicht einfach abgeschnitten, aber so in das ökumenische „einerseits-andererseits" eingebettet, daß von ihrer provozierenden Kraft nicht mehr viel übrig bleibt.

Der erste Akt von Löwen selbst läuft darauf hinaus, diese halbe Zurücknahme des Themas noch einmal zu verschärfen. Kardinal Suenens unternimmt das als Gastgeber schon in seiner Begrüßungsansprache (Lö 172). Gewichtig sind aber vor allem die Reden von Max Kohnstamm (Lö 179), einem führenden Europafunktionär, von John Meyendorff[43], einem einflußreichen orthodoxen Theologen und seit Löwen Vorsitzenden der Kommission, und von José Miguez-Bonino[44], einem Protagonisten der an der revolutionären Situation in Lateinamerika orientierten Theologie.

Kohnstamm, grand old man von „Kirche und Gesellschaft", ist immer gut für eine originelle Perspektive, wenn er zu Wort kommt. In Löwen machte er die ökumenischen Theologen, denen vor der ungewohnten Weltorientierung ihres Themas halbwegs graute, darauf aufmerksam, daß sie ihre Arbeit in einem gesellschaftlichen Abseits tun. „Als ich ... die Vorbereitungsdokumente las und mir überlegte, was ich wohl zu Ihrer Arbeit beitragen könnte, wurde mir immer deutlicher bewußt, daß mein Denken auf der andern Seite einsetzt – bei dem Verlangen der Menschheit nach Gemeinschaft. Von diesem Ausgangspunkt her frage ich, was die Kirche tun könnte, um die Einheit der Menschheit zu verwirklichen ... Ich gehöre genügend zur Kirche, um zu wissen, daß die Kirche nicht einfach dazu da ist, die Bedürfnisse der Welt zu befriedigen – und zu sehr zur Welt, um in anderen Kategorien denken zu können oder zu wollen ... Ich kann nur hoffen, daß Sie es nicht als völlig nutzlos für Ihre Arbeit ansehen, ein Weilchen jemandem zuzuhören, der seinen ‚Sitz im Leben' eher auf dem Marktplatz als in der Kirche hat – einem Vertreter derer, die in ihren täglichen Geschäften aufgehen und sich leicht als Fremde fühlen, wenn sie die Kirche betreten, die sich aber auch auf dem Marktplatz als Fremde fühlen würden, wenn sie von ihrer Arbeit an den Marktständen aufblickten und die den Platz beherrschende Silhouette der Kirche nicht mehr sähen" (Lö 180). Man muß solche Sätze langsam auf der Zunge zergehen lassen, um zu bemerken, wieviel Distanzierung, wieviel Abgrenzung, wieviel Skepsis in ihnen steckt. Hier versucht einer, der in einem der Sturmzentren der an ihrer Interdependenz leidenden Menschheit lebt und arbeitet, zu verstehen, was denn – abgesehen von Hintergrundsgewißheit – aus der Kathedrale zu erwarten sei, selbst wenn in der Kathedrale der Marktplatz diskutiert wird.

Im übrigen zeichnet Kohnstamm die Sachverhalte der Interdependenz fast noch düsterer, als die Theologen es ohnehin schon gewohnt sind. Interdependenz ist wie Umweltverschmutzung ein Nebenprodukt der Technologie und genauso gefährlich, nur viel schwerer, weil eben nicht technologisch zu bewältigen. „Gemeinschaft im Sinne wahrer Einheit und im Gegensatz zu einer mit Gewalt erzwungenen Einheit ist eine Sache der Liebe, der Gerechtigkeit und der Macht. Keine Gemeinschaft kann ohne Gerechtigkeit entstehen oder dauern; Gerechtigkeit ohne Liebe wird jedoch zu Unterdrückung und Ideologie oder zu bloßem guten Willen, wenn ihr die Macht fehlt. Ebenso verwandelt sich Macht ohne Liebe und Gerechtigkeit in Unterdrückung, und Liebe ohne Gerechtigkeit und Macht wird zu reiner Sentimentalität" (Lö 182). Von daher rät Kohnstamm den Männern in der Kathedrale schlicht, bei ihrem Leisten zu bleiben und nicht ständig mit der Mode zu gehen.

Kohnstamm unterläuft eine Art Freudscher Fehler. Er will die modische Leidenschaft der Theologen geißeln und sagt: Nehmt euch ein Beispiel an den jungen Mädchen, die haben sich doch – Gott sei Dank – ihren Minirock von den Couturiers in Paris nicht wieder nehmen lassen. Der Zuhörer verfängt sich in diesem reizvollen Bild, und so hört er Kohnstamm den Kirchen sagen: Bleibt euerm Minirock treu! Er ist zwar ziemlich kurz, aber: ... „mir scheint, daß wir für die nächsten Jahrzehnte am dringendsten eine Kirche brauchen, die der Gerechtigkeit und der Liebe, der Versöhnung verpflichtet ist, eine Kirche, die unablässig die Menschen aufruft, den Dialog wiederaufzunehmen, die ihnen hilft, eine Situation durch die Augen des anderen zu sehen – kurz, einander zu begegnen. Denn die Bewegung von der Interdependenz zur Gemeinschaft erfordert endlosen Dialog, endlose Überprüfung des eigenen Standpunkts" (Lö 183). Dem Mann auf dem Marktplatz schwebt also eine Kirche als Stätte der Begegnung vor, als Organisation von Maklern und Brückenbauern, am Ende als ein Refugium des einzelnen, der in der Welt der Interdependenz bedroht ist von einem „Abyss von Sinnlosigkeit", von einer ganz persönlichen Katastrophe, von der Katastrophe der verlorenen Identität.

Ein hinreißend gemaltes, aber im Grunde ganz konventionelles Bild von der Kirche wird hier vorgeführt – mit einer wichtigen Ausnahme: „Verzeihen Sie, wenn ich über das schweige, was für diejenigen innerhalb der Kirche *die* entscheidende, *die* wesentliche Begegnung ist – die Begegnung mit dem ganz Anderen. Erlauben Sie mir, nur mehr von außerhalb der Kirche, vom Marktplatz her zu sprechen. Möge die Kirche Pontifex sein – Erbauer von Brücken, über die der Mensch seinen Nächsten, den anderen erreichen kann; Erbauer der Brücke, die als einzige den Menschen über den Abgrund von Sinnlosigkeit führen kann, der sich unablässig unter seinen Füßen auftut" (Lö 185). Die Vermittlung des Menschen mit seinem Nächsten, an der seine Identität hängt, die habe in der Kirche einen selbständigen Rang *neben* der Heilsvermittlung! Denn ohne sie hat der Kampf um die optimale Vereinigung von Macht, Gerechtigkeit und Liebe, der am Ende eben doch auf dem Marktplatz geführt werden muß, keinen *Menschen* mehr, für den ihn zu führen sich lohnt. Insoweit also ist das Thema von Löwen für den Mann auf dem Marktplatz ein sinnvolles Thema. Im Vergleich zu dem ökumenischen Entwurf von der Kirche, den das Studiendokument vorträgt, bleibt das eine sehr begrenzte Erwartung. Aber vielleicht doch eine genauere?

Als wäre nichts geschehen

Meyendorff spricht vom anderen Ende des Übergangsfeldes zwischen Markt und Kathedrale. Seine heimliche These ist: „Glauben und Kirchenverfassung" muß theologischer werden, und zwar im Sinne einer „reineren", sich in sich selbst und um sich selbst und ihren Grund bewegenden, kompromißlosen Theologie, auch und gerade, wenn sie Umweltproblematik einbezieht. Schluß mit der „säkularen" Theologie, die nur theologisch verbrämt noch einmal sagt, was die Säkularität sich auch selbst sagen kann. Für „Glauben und Kirchenverfassung" kann das Thema von Löwen nur so übersetzt werden: „Wie muß eine (kirchliche) Ordnung gestaltet sein, durch die wirkungsvoll *allen* Menschen an diesem Ort die Einladung Jesu Christi überbracht wird, sich durch ihn mit Gott versöhnen zu lassen? Und weiter: Welche Form der Kirchenordnung kann die gleiche Einladung wirksam *der gesamten Menschheit* anbieten?" (nach L. Newbigin [45]) Das sind um eine missionarische Dimension erweiterte „klassische" Faith-and-Order-Fragen. Unter ihrer Herrschaft gibt es eine Einheit der Menschheit nur noch als Einung in die allumfassende Kirche.

Meyendorff schlägt vor, in der Diskussion drei Voraussetzungen zu machen: a) Theologie kann nur theologisch arbeiten mit einer *theozentrischen Anthropologie*. Die Menschlichkeit des Menschen ist begründet in seiner Gemeinschaft, in seiner koinonia mit Gott. – Eine solche Anthropologie aber wird für anthropologische Daten, die unter anderen Voraussetzungen gewonnen sind, natürlich nur noch sehr begrenzt offen sein und sie auf jeden Fall so organisieren, daß sie die Struktur theologischer Aussagen nicht wesentlich verändern können. b) In der Perspektive einer solchen Anthropologie müssen alle Aussagen über die universale und kosmische Bedeutung des Christusgeschehens notwendig durch eine ekklesiologische, genauer, eine *eucharistische Engführung* gehen. Jeder Universalismus, der sich dieser eucharistischen Bedingung nicht beugt, ist in der Gefahr des Triumphalismus und der Verharmlosung des Bösen, ob er sich seine Einheit nun kirchlich oder säkular vermittelt denkt. Seit Konstantin und während des ganzen Mittelalters übrigens war, nach Meyendorff, die christliche Kirche „überzeugt, daß man das Reich Gottes nicht nur erwarten, sondern auch bauen müsse, daß es zwischen Profanität und Heiligkeit keine Spaltung geben könne, daß die Erlösung wirklich der ganzen Menschheit gelte und daß daher die Menschheit nicht nur zur Gemeinschaft des Sakraments zusammengeführt werden solle, sondern auch zu einer einzigen Gesellschaft, deren ganzes Leben vom Evangelium bestimmt wäre". Hinter diese Einsichten sei auch nicht einfach zurückzukehren, aber mit dem Ende des Konstantinischen Zeitalters seien die damit verbundenen Irrtümer am Tage. „Sie bestanden 1. in der Vorstellung, die Autorität Christi lasse sich identifizieren mit der politischen *Macht* des Staates, und 2. in der Meinung, man könne die *Universalität* des Evangeliums in politischen Kategorien bestimmen." Immerhin eine interessante und für alle Versuche, die Säkularität theologisch zu begreifen, beherzigenswerte Assoziation! c) „Die Eucharistie ist das *eschatologische Ereignis* par excellence", das heißt, die Fülle des Heils ist nur eucharistisch antizipierbar, und das Abendmahl andererseits ist unsere einzige Erfahrung, also auch unser einziges Kriterium des Kommenden. Was Einheit ist, kirchlich oder säkular, und wie sie strukturiert ist und innergeschichtlich entfaltet werden kann, ist darum nur vom eucharistischen Vollzug „vor Ort" her zu sehen. Hier ist der konkrete Universalismus Gottes, der alle unsere Widersprüchlichkeiten, Einheit und Vielfalt, das Universale und das Partikulare, das Lokale und die Katholizität, die Kontinuität und den Wandel, das Vergangene, Gegenwärtige und Kommende versöhnt und zusammenschließt.

Es ist deutlich: Unterwirft sich die Kommission diesen Denkvoraussetzungen, dann bleibt ihr Nachdenken über „Einheit der Kirche – Einheit der Menschheit" theologisch rein, aber auch rein theologisch. Was immer die ökumenische Theologie dann über die Situation erkundet, in der Kirche heute Kirche ist und sich als Kirche bewähren muß, es wird nur erhärten, was sie ohnehin schon weiß.

Wider den theologischen Triumphalismus

Der Lateinamerikaner Miguez-Bonino, der *sein* Theologisieren am Vorabend der Revolution betreiben muß, also in einer Situation, in der die Theologie von allen ihren herkömmlichen Satzwahrheiten im Stich gelassen wird, nicht nur, weil sie theoretisch fragwürdig geworden sind, sondern auch, weil sie keinerlei Praxisorientierung mehr hergeben, hat denn auch im Namen aller, die in der gleichen Lage Theologie machen müssen wie er und die für das neue Thema am Ende verantwortlich waren, Meyendorff sofort widersprochen.

Seine Frage lautet schlicht: Von wo aus kann man so theologisieren? Wo auf dieser Erde ist der Ort, an dem so unbedroht und ungefährdet, so aus der Distanz und aus der Überwindung aller Konflikte und Ambivalenzen, so abschließend und nicht hinterfragbar theologisch geurteilt werden kann?

„Die Theologie scheint die Frage der Einheit und Spaltung von einem Ort aus zu betrachten, wo zum Beispiel das Nichtengagement in den Problemen der Welt eine Möglichkeit darstellt; ein Ort, an dem es möglich ist, Theologie unter Absehung von weltlichen Kategorien zu betreiben; ein Ort, von dem aus man die menschliche Erregung über verschiedene soziale Anliegen und Systeme in ruhiger Gelassenheit zur Kenntnis nehmen kann ... ein Ort, an dem man von allen Determinationen befreit ist. Alles in allem erscheint diese Theologie als Möglichkeit eines Menschen, der außerhalb von Konflikt und Spannung steht, der über Geschichte und Welt schwebt und die Menschen und die Geschichte gelassen sub specie aeternitatis betrachtet.

... dieser eschatologische Ort, an dem die Kirche sich frei von den weltlichen Zielen der Menschheit bewegt, (ist, so scheint es) in der Eucharistie zu finden ... Dieser sturmfreie Ort wird dann zum Mittelpunkt der Einheit, zum Ausgangspunkt für unsere Überlegungen über die Einheit der Kirche und die Einheit der Menschheit.

Genau hier liegt mein Problem. Ist diese ‚eschatologische Eucharistie' ein Ort, den ein Theologe aus eigenem Entscheid einnehmen, von dem aus er Theologie betreiben kann? Ist sie nicht eher ein Ort, um den man hoffen und beten kann, ein Gericht und eine Verheißung über all unserem theologischen Denken – einem Denken, das, wie wir uns eingestehen müssen, innerhalb der Bedingungen dieser weltlich-geschichtlichen Existenz stattfindet, hier, zwischen den Zeiten, bei einer Eucharistie und in einer Kirche, die mit all den Doppeldeutigkeiten und Spannungen des allgemeinen menschlichen Lebens behaftet sind, unlösbar verwickelt in Ideologien und Determinismen (Determinationen?), säkulare Kategorien und bewußtes oder unbewußtes Engagement ... Haben wir einen anderen Ort als das Kreuz, von dem aus wir auf die eschatologische Verheißung blicken können? ... Können wir – die Christen und die Kirchen, als die wir uns hier oder sonstwo in dieser Welt und Geschichte begegnen – den behaupteten Rückzug auf das Absolute je anders vollziehen als dadurch, daß wir genau den relativen Standpunkt, an dem wir uns selbst befinden, verabsolutieren? Was in unserem bestimmten Fall bedeutet, als ‚christliche Einheit' *eines* der Denk- und Strukturmodelle zu verabsolutieren, die so eindeutig geschichtlich, politisch und ideologisch datiert werden können ..." [46]

Man kann die Kontroverse mit einem gewissen Recht einordnen in die Geschichte der Auseinandersetzung zwischen „orthodoxem" und „protestantischem" Denkstil und Kirchenverständnis. Man kann auch verweisen auf die unterschiedlichen Standorte der Kontrahenten: Vom Vorabend der Aufklärung, in dem die orthodoxe Frömmigkeit noch zu leben weiß, gerade weil sie voll aufgeklärt ist über die Unschlüssigkeit aller Aufklärung, bis zum Vorabend der Weltrevolution, die für Kirche und Theologie eben doch so etwas sind wie ein Vorgeschmack des Weltgerichts, ist es in der Tat ein weiter Weg. Nur würde man den aktuellen Bezug dieser Debatte dann ungebührlich vernachlässigen. Es geht beiden Rednern vor allem um die theologische Orientierung der Arbeit von „Glauben und Kirchenverfassung", um die Frage, welche Richtung eine Ökumene am Kreuzweg jetzt nehmen soll. Meyendorff ist, gerade *weil* auch er gar nicht im Zweifel sein kann über das Ausmaß der Krise, in die die Welt und das Christentum, die Ökumene und die ökumenische Theologie hineinsteuern, der Meinung, es gelte nun erst recht, Theologie zu machen, „als wäre nichts geschehen". Miguez-Bonino dagegen glaubt, daß die Christenheit, die Ökumene und die Theologie sich nicht in dieser Weise aus der Krise verabschieden dürfen, weil sie zu ernst ist, als daß man auf Theologie verzichten, und weil die Theologie von Anfang an viel zusehr ans Kreuz der Wirklichkeit geheftet ist, als daß sie die Krise anders denn als „Herausforderung" bewerten könnte. Und so gibt er denn den Triumphalismus-Vorwurf und den Utopie-Verdacht an Meyendorff zurück. Auch eucharistischer Triumphalismus ist Triumphalismus, und eine Theologie, die sich da ansiedelt und sich die Welt wegdenkt oder doch mindestens so zurechtdenkt, wie es ihr paßt, ist utopische Theologie im schlechten Sinn, eine Theologie ohne Boden unter den Füßen. Und damit meint er dann eben nicht nur Meyendorff, so wie Meyendorff mit seinem Programm des ökumenischen

Widerstands nicht nur die Theologen der Revolution meint. Beide meinen „Glauben und Kirchenverfassung". Beide meinen das Thema „Einheit der Kirche-Einheit der Menschheit" als den Punkt, an dem „Faith and Order" sich über sich selbst verständigen und eine strategische Entscheidung treffen muß.

Fünfzig Jahre lang hat „Faith and Order" interkonfessionelle Konflikte inszeniert und dabei hervorragende Arbeit geleistet. Am Ende freilich war der Frage, ob das ein Boden ist, auf dem die ökumenische Theologie und in ihr die Ökumene selbst vorwärtskommen kann, nicht länger auszuweichen. Miguez-Bonino verlangt, daß die ökumenische Theologie sich auf den Boden der Tatsachen stellt, mitten hinein in die Konflikte, die die Menschheit *und* die Kirche heute tatsächlich zertrennen.

Auf den Spuren einer konfliktorientierten Ekklesiologie

Für Löwen *ist* die Entscheidung bereits gefallen. Am Morgen nach dem Streit zwischen Meyendorff und Bonino beginnt die Arbeit der Sektionen. Ob die Themen *ekklesiologisches* Gewicht haben, bleibt zu prüfen. *Daß* sie *ökumenisches* Gewicht haben, ist von Anfang an nicht strittig.

Eine genaue Analyse des Diskussionsverlaufs in den Sektionen, und zwar sowohl unter theologischen als auch unter ökumene-politischen und nicht zuletzt gruppendynamischen Gesichtspunkten, wäre von hohem Wert. Sie ist nicht möglich. Die Prozesse sind weder zünftig beobachtet noch protokolliert worden. Immer noch ist die ökumenische Bewegung zu ihrem Schaden an ihren papierenen Produkten mehr interessiert als an der genauen Kontrolle ihrer Produktivkräfte und der Bedingungen, unter denen sie produziert. Das ist schlecht für ihre Produktion, das ist auch schlecht für die Mitteilung dessen, was sie herausfindet. Menschen im Streit um die Wahrheit sind so viel interessanter und machen so viel mehr über die Wahrheit bekannt als die Protokolle ihrer Waffenstillstände und Friedensschlüsse. Immerhin ist die Bewegung, die die Kommission insgesamt in der Erörterung des Hauptthemas und vor allem in den Sektionen vollzieht, ziemlich klar zu erkennen.

Im offiziösen Bericht über den Diskussionsverlauf von John Deschner (Lö 185 ff.), der in seiner Knappheit, Einfachheit und Präzision meisterlich ist und darum hier in einem Ausschnitt wörtlich zitiert wird, liest sich das so:

„Sektion I (Die Einheit der Kirche und der Kampf um die Gerechtigkeit in der Gesellschaft) scheint sich vor allem mit dem theologischen Problem von Eschatologie und Geschichte auseinandergesetzt zu haben: die Frage der beiden ‚Einheiten', die Fragen von zwei (oder mehr) Arten der Gerechtigkeit, die zweifache Beziehung der Kirche zur historischen Wirklichkeit. Einige waren zwar der Meinung, daß das soziale Engagement die Aufgabe der einzelnen Christen sei. Von anderen wurde jedoch ebenso nachdrücklich betont, daß der Kampf um Gerechtigkeit in der Gesellschaft etwas mit dem Wesen der Kirche zu tun habe: *Der Christus der Eucharistie ist auch der Christus der Armen* (Hervorhebungen in diesem Auszug vom Verf.). Ohne die

Verkündigung sozialer Gerechtigkeit verlieren die Sakramente an Ausdruckskraft, auch wenn sie ihre ‚Zeichen'-Qualität behalten. Ist also Verkündigung oder Engagement die von der Kirche geforderte Haltung? Dazu das Problem: Wie kann die Kirche die Mächte dieser Welt *gebrauchen*? Immer wieder wurde gewarnt vor übertriebenen Ansprüchen und dem Ruf nach übertriebenen Aktionen. Die Zeichen der Zeit sind sowohl negativ wie auch positiv.

Was ist an all dem neu? Für die Diskussionen über Gerechtigkeit, über Gesellschaft kaum etwas, jedenfalls bisher nicht. Aber stimmt das auch für die Diskussion über die Sakramente in ‚Glauben und Kirchenverfassung'? Haben wir uns wirklich schon ernsthaft mit der hier jedenfalls implizit erhobenen Behauptung auseinandergesetzt, *daß die einheitsstiftende Kraft der Sakramente nicht vom Prinzip der sozialen Gerechtigkeit gelöst werden kann*? Das andere ist noch wichtiger: Haben wir die Bedeutung der implizit formulierten Aussage verstanden, daß wir nur dann ernsthaft von der Sichtbarkeit der Kirche reden können, wenn wir uns über den politischen und gesellschaftlichen Ort der Kirche im klaren sind und ihn in Beziehung setzen zu der Art, wie die Kirche ihre Einheit manifestiert?

Sektion II (Die Einheit der Kirche und die Begegnung mit den Religionen unserer Zeit) nahm zunächst eine entscheidende Akzentverschiebung vor und wählte ‚Dialog' und nicht ‚Begegnung' als Leitbegriff. Verschiedene Ausgangspunkte und Motive für den Dialog wurden gegenübergestellt: christianisieren, aufspüren von Gemeinsamkeiten, christliche Liebe bezeugen (woran sich eine Diskussion über den Unterschied zwischen einer ‚Kreuzfahrer'- und einer ‚Kreuzes'-Gesinnung anschloß). Eine Reihe von theologischen Fragen tauchte auf: Ist die Begegnung mit anderen Glaubensweisen eine Begegnung ‚in Christus'? Offenbart sich Gott auch außerhalb der christlichen Geschichte im engeren Sinn? Ist es eine Voraussetzung für den wahren Dialog, daß Christen von der Gegenwart authentischer Offenbarung in anderen Glaubensweisen überzeugt sind (hier war die Sektion radikal gespalten)? Kann es für Christen ein positives und fruchtbares Verständnis von ‚Synkretismus' geben, oder verweist dieses Wort auf die entscheidende Gefahr, die dem Dialog droht? Wie kann man von der Partikularität des christlichen Glaubens als der Grundlage für die Einheit der Menschheit sprechen angesichts der vielen religiösen und ideologischen Ansprüche in ähnlicher Richtung?

Zugleich waren viele entschieden der Meinung, daß der Dialog unser Verständnis des Evangeliums und der christlichen Einheit bereichere. Er bricht unser ‚Stammesdenken' (tribal thinking) auf und weitet den Horizont für unser Nachdenken über die Katholizität der Kirche. In neuer und nachdrücklicher Weise macht der Dialog uns den ‚konzentrischen' Charakter Jesu Christi bewußt. Er verhilft uns zu größerer Klarheit beim Nachdenken über das Verhältnis zwischen Einheit und Vielfalt...

Das Thema von Sektion III (Die Einheit der Kirche und der Kampf gegen den Rassismus) hatte sich in gewisser Weise schon sehr bald als Probe aufs Exempel für das ganze Experiment von Löwen herausgeschält, und es trifft wohl zu, daß sich diese Sektion stärker auf traditionelle Themen von ‚Glauben und Kirchenverfassung' einließ als die anderen. Vier Themen standen im Vordergrund der Diskussionen: erstens Rassenidentität – besonders die Frage einer ,Schwarzen Theologie' – und das Problem der legitimen Vielfalt innerhalb der christlichen Identität (hier schloß sich eine kurze Diskussion der Taufe an); zweitens die Anwendung der Macht im Befreiungskampf und die Notwendigkeit *eines ,konflikt-offenen' Verständnisses von kirchlicher Ordnung*, die unterschiedlichen Strukturen, aber auch Protesthaltung und Spannung *innerhalb* der Kirche Raum gibt; drittens die Notwendigkeit eines neuen Verständnisses von Kirchenzucht, die sich sowohl auf kirchliche Lehre (Definition der *,Häresie des Rassismus'* . . .) als auch auf eucharistische Praxis und ökumenische Gemeinschaft erstreckt (rassistische Kirchen im ÖRK?); viertens das Empfinden, daß interdisziplinäre Zusammenarbeit in diesem Bereich unerläßlich sei und daß man sich auf spezifische Punkte und nicht sosehr auf Generalisierungen konzentrieren müsse.

Auch hier wies der Hauptimpuls auf eine neue Formulierung traditioneller Themen von ,Glauben und Kirchenverfassung' – Taufe, Eucharistie, kirchliche Ordnung, Disziplin –, um sie zum Sprechen zu bringen angesichts eines konkreten menschlichen Problems.

Die Teilnehmer an Sektion IV (Die Einheit der Kirche und die Behinderten in der Gesellschaft) scheinen in eine sehr lebendige Diskussion über ein neues Thema hineingeraten zu sein, ein Thema, das zusehends an Interesse und ekklesiologischem Gewicht gewann. Die Marginalisierung der Behinderten durch die Gesünderen, durch die Erfolgreicheren ist sowohl in der Gesellschaft wie in der Kirche in zunehmendem Maße ein Problem, vor allem in wissenschaftlich und technologisch ,entwickelten' Gesellschaften. Die Kirche hat sich zu stark ,bürgerlichen' Maßstäben angepaßt, denn sie hat es den Behinderten und Armen schwergemacht, in vollem Sinne dazuzugehören, und sie hat es an Ideen fehlen lassen, um ihre Integration in das Leben der Gesellschaft zu fördern.

Aber die Starken und Schwachen brauchen einander gegenseitig. Die Behinderten sind auf die Hilfe der Starken angewiesen, aber ,sie erinnern die Starken (zugleich) an die Begrenzungen, denen alles menschliche Leben unterliegt'. Darin sind sie ein wesentlicher Teil der Kirche als Zeichen des Reiches Gottes für andere. Sie rufen der Kirche ins Gedächtnis, *daß Jesus Christus verworfen und zerbrochen war und dennoch ,für uns das Modell für die Ganzheit des Lebens ist'*. Die Einheit der Starken und der Schwachen in der christlichen Gemeinde ,ist ein Beispiel für das Geheimnis der Kirche und bezeugt die Macht der Gnade' . . .

Das Thema von Sektion V (Die Einheit der Kirche und kulturelle Unterschiede) war umfassend und vielleicht geläufig. Das Ergebnis stellt, eigentümlicherweise, die in sich zusammenhängendste und sachbezogenste Problemanalyse der ganzen Sektionsarbeit dar, aber zugleich geht diese Analyse am wenigsten ausdrücklich auf die Diskussion in ,Glauben und Kirchenverfassung' ein, wenn auch dieser Aspekt keineswegs fehlt. Man interpretierte das Thema im Sinne der Frage nach der dialektischen Beziehung der Kirche auf ihre jeweilige kulturelle Situation. Ausgehend von verschiedenen kulturellen Gegebenheiten konzentrierte sich die Diskussion sehr schnell auf das Verhältnis der Kirche zu der neuen ‚interdependenten technologischen Einheitskultur', und die Meinungen gingen auseinander hinsichtlich der Tragfähigkeit überkommener christlicher Kulturformen, der Notwendigkeit neuer Synthesen und des Ziels einer Überwindung der ‚civil religion'..."

Jenseits des Sprunges

Die letzte Phase der Diskussion des Hauptthemas in Löwen ist vor allem dadurch interessant, daß die neue Problemlage, nachdem sie in den Sektionen erprobt war, von der Kommission mit ziemlicher Selbstverständlichkeit akzeptiert wurde.

Kluge Regie war sicher einer der Gründe. Die Sektionen hatten nicht den Auftrag, ihre Diskussion zu Papier zu bringen und vom Plenum förmlich diskutieren und entgegennehmen zu lassen. Zwar entstanden in allen Gruppen Texte, aber sie wurden nicht als solche im Plenum behandelt. So vermied man zweierlei: daß das Plenum vor der Unfertigkeit und Ungekonntheit des ökumenischen Theologisierens in neuen Feldern zurückschreckte und die Texte „zerriß", was auch im ökumenischen Kontext durchaus möglich und gerade der englischen Eleganz wegen, in der das dann zu geschehen pflegt, besonders ruinös ist. Und zum anderen, daß manche ziemlich weitgehende und in ihrer Konsequenz unabsehbare Durchbruchserkenntnisse zu früh plenar getestet wurden und „durchfielen". Da hätte es ja einige Möglichkeiten gegeben: daß die „einheitsstiftende Kraft der Sakramente nicht vom Prinzip der sozialen Gerechtigkeit getrennt werden kann", also eine sakramentstheologische Aussage, die für Sakramentspraxis, Sakramentsdisziplin, Gemeindeverständnis und Kirchenordnung unabsehbare Konsequenzen hat; daß der Zeichenwert der Einheit der Kirche von ihrem gesellschaftlichen und politischen Ort abhängt, daß also eine Kirche der Herrschenden oder eine Kirche im Kartell mit den Herrschenden im Grunde immer nur die durch Herrschaft und nicht die durch Christusdienst gestiftete Einheit ausdrücken kann, was die Kirche nach „unten" verweist, und zwar im spitzesten Sinn dieser sozialen Ortsangabe; daß Jesus Christus als der Verworfene und Zerbrochene das Modell für die Ganzheit des Lebens sei, daß also die Präsenz der Marginalisierten in der Kirche nicht ein Akt kirchlicher Großherzigkeit ist, sondern daß an der Art, wie sie das Marginale in sich selbst zentral, das Schwache in sich selbst stark sein läßt, ihr Kirchesein hängt; daß Rassismus nicht nur Sünde ist, sondern Häresie, also Verfälschung des Evangeliums, eine heilsbedrohende Pervertierung der christlichen Wahrheit, der gegenüber es in letzter Konsequenz nur Exkommunikation gebe, was wahrlich nicht nur die Burenkirchen in Südafrika, sondern Gemeinden und Kirchen jeden Typs in der ganzen Welt und sogar die auf den Kampf um nicht-weiße Identitäten eingeschworenen Christengruppen in der Dritten Welt und in den Gettos der Ersten Welt angeht; und eine ganze Reihe von anderen Einsichten oder Vermutungen, die durch die Problemverschiebung bei „Faith and Order" plötzlich, obwohl sie schon lange eine Rolle spielen, in einem neuen, das ökumenische Denken im Zentrum verändernden Licht erscheinen.

Vorerst notiert man das, ohne es auf die Probe zu stellen. Den Übergang in die Plenardiskussion leisten drei „Reporter", die in ihren Zusammenfassungen, jeder in seiner Weise, den neuen Problemstand einfach voraussetzen und dadurch einer Diskussion über die Zulässigkeit des neuen Ansatzes weithin den Spielraum nehmen.

Joseph *Ratzinger* (Mi 57 f.), katholischer Theologe aus der Bundesrepublik, beschränkt sich in seinem Bericht auf die Perspektive der Sektion V: Religion und Kultur, Christentum und Indigenisation. Sein Hinweis: Die Kirche steht in einer Zweifronten-Situation. In demselben geschichtlichen Augenblick, in dem die Christenheit die schwierigste Indigenisationsaufgabe ins Auge fassen muß, die sie je hatte: einheimisch zu werden in der technologischen Zivilisation von morgen, in deren Kommunikationssystem Sinnfragen nicht vorgesehen sind, obwohl die Sinnfragen um so unausweichlicher werden, je offenkundiger die Mittelfragen lösbar werden – in dem gleichen Augenblick also haben die Kirchen vor Ort im größeren Teil der Welt erst noch zu leisten, was sie im Herkunftsgebiet, im Abendland, gerade zurückzunehmen beginnen: die Identifizierung mit partikularen soziokulturellen und politischen Kontexten. Die Kirchen, die der Missionsbewegung des vorigen und dieses Jahrhunderts entstammen, sind ja zum großen Teil noch nicht voll indigenisiert, auch wenn sie längst einen landessprachlichen Gottesdienst, eine einheimische Kirchenleitung und teilweise auch eine bodenständige Theologie haben. Indigenisation meint eine Kernverschmelzung des Christentums mit dem, was die Identität einer Gruppe, einer Kultur zutiefst ausmacht, ihr Denken, ihr Sprechen, ihre Wahrnehmungsweise, ihr Träumen, ihr Gefühl für Raum und Zeit, ihr besonderer Lebenszyklus. Andererseits gibt es eben eine Geschichte der Indigenisation, die voll ist von bösen Erfahrungen und Katastrophen, weil Einwurzelung und Überidentifizierung, Beheimatung und Selbstentfremdung für das Christentum so ungeheuer nahe beieinander liegen.

Ratzinger nennt nur eine kleine Zahl der mit dieser komplizierten Doppelaufgabe des heutigen Christentums verbundenen Probleme. Sie betreffen alle die Frage, wie die Kirche der Logik ihrer missionarischen Aufgabe treu *und* mit sich selbst identisch bleiben kann: eine Frage von wahrhaft ekklesiologischem Rang. Im übrigen ist für ihn die neue Fragestellung von „Faith and Order" offenbar so unausweichlich, daß er in seinem Schlußsatz, der freilich nicht die Ekklesiologie, sondern die politische Ethik betrifft, einen *fließenden Übergang* zwischen der Suche nach der Einheit der Kirche und der Einheit der Menschheit konstatiert.

John *Deschner* (Mi 55 f.), der zweite Reporter, Methodist aus den USA, behaftet die Kommission bei der methodologischen Perspektive, die, seit Sagorsk (1968) formuliert, in der „Einheit"-Studie nun zum erstenmal zentral durchgespielt worden ist. Sein Urteil: Die Methode der „Interkontextualität", der zirkelhaften Verknüpfung von induktiven und deduktiven

Operationen, des Theologisierens zwischen zwei aufeinander bezogenen, aber nicht miteinander vermischten Kontexten hat sich bewährt. Ihr Ausbau freilich hat weitreichende Folgen für die Zusammensetzung, die Arbeitsorganisation und den Arbeitsstil von „Glauben und Kirchenverfassung". Er exemplifiziert sein Urteil an den Ergebnissen der Sektionen III und IV. Arbeitsgruppe III hat ergeben: Der Rassismus nötigt uns zu einer Vertiefung unseres Verständnisses der persönlichen und korporativen Identität, die in der Taufe, in der eucharistischen Gemeinschaft und in der durch beides geforderten Kirchenzucht betroffen ist. Er stellt, wie andere Weltprobleme, die Kirche unausweichlich in eine auch im Selbstverständnis und in der Ordnung auszudrückende *Dialektik von Versöhnung und Befreiung*. Er nötigt zu einer „konflikt-offenen" Kirchenordnung und zu einem entsprechenden Einheitsbegriff. Sektion IV, ernstgenommen, hat zur Konsequenz die Einsicht: Wenn Gottes Macht in der Schwachheit zur Vollendung kommt, dann haben die Marginalen „eine absolut notwendige Aufgabe in der christlichen Gemeinschaft – nämlich als Zeugen für die Heiligkeit der Einheit der Kirche". Damit wird das prekärste der vier Attribute der Kirche des Glaubensbekenntnisses, die Heiligkeit, material thematisch, und jede Theologie der Entwicklung fordert die Begleitung und Korrektur durch eine *Theologie der Armut*.

Paul *Verghese* (Mi 60 f.), einem orthodoxen Theologen aus Indien, schließlich glückt eine formale, aber leicht operationalisierbare Definition der Einheit, die auf Kirche und Menschheit anwendbar ist: „In der Kirche wie in der Menschheit besteht Einheit in einer Wechselwirkung von drei Elementen: 1. Identität, 2. Offenheit oder Relation und 3. Struktur – auf allen Ebenen. Die drei Elemente stehen in Spannung zueinander, und jedes ist offenbar von den anderen beiden bedroht." Für die Kirche bleibt „Einheit" immer eschatologisch offen, sie ist vorläufige, aber eben auch wachsende, der Korrektur und der Erneuerung fähige und bedürftige Einheit. Von daher stellt Verghese eine Reihe von Fragen, die aus dem Munde eines orthodoxen Theologen schwer wiegen. Zwei Beispiele aus einem Katalog von acht solchen Fragen: 1. „Auf welche Weise können Konflikte und Uneinigkeit einem ‚vorletzten' Zweck dienen, um die unterdrückten Identitäten zu stärken und um Strukturen zu verändern (Frage 1)?" Also: Konfliktinszenierung nicht nur als Methode von „Glauben und Kirchenverfassung", sondern als kirchliches Strukturprinzip? 2. „In kirchlicher Einheit war die traditionelle Struktur die eucharistische Gemeinschaft, die durch ein Kollegium von Presbytern geleitet wurde, dem ein Bischof vorstand. Wenn die Eucharistie und das Bischofsamt als die Mittelpunkte der Einheit heute radikal in Frage gestellt sind, welche strukturelle Alternative kann man vorschlagen, die denselben Zweck erfüllt und doch nichts an inhaltlichem Reichtum aufgibt (Frage 4)?" Solche Fragen sind nicht mißzuverstehen. Sie zeigen keine Verflüssigung der orthodoxen Position als solcher an, dazu ist Verghese zu sehr ein Grenzgänger. Zu hören sind solche Fragen vielmehr als die Anerkennung der Tatsache, daß Probleme dieser Art mit der „existing fellowship" objektiv gestellt sind und daß auch die Orthodoxie sich das nicht einfach verbergen kann. Daß man sie tatsächlich offen aussprechen kann, ist nicht das geringste Zeichen für die Schlüssigkeit der Problemverschiebung in „Faith and Order".

Das Unbehagen der ökumenischen Theologie

Nicht, als wäre das alles in der abschließenden Plenardiskussion unwidersprochen geblieben. Die Qualität dieser Diskussion war eher dürftig. Man wußte sich im neuen Gelände noch nicht besonders elegant zu bewegen. Zudem sind Plenardiskussionen in so großen Gruppen ja nicht ernstlich Diskussionen, sondern eine Art „hearings", in denen die bloße Addition der Meinungen allenfalls die Feststellung eines Trends ermöglicht, dem dann in der Weiterarbeit Rechnung getragen werden kann. Dieser Trend läßt sich durch vier Feststellungen kennzeichnen (vgl. zum Folgenden Lö 197–200):

a) Wie ein roter Faden zieht sich durch die drei Schluß-Sitzungen der immer neue Versuch, die Hauptthematik umzuformulieren: „Christliche Gemeinschaft innerhalb menschlicher Gemeinschaft" – „Die Einheit der Kirche und ihr Heilsauftrag in der Welt" – „Die Einheit der Kirche und die Spannungen in der Menschheit" usw. Der Sinn dieser Versuche ist offenkundig. Die Priorität der klassischen Fragestellung von „Glauben und Kirchenverfassung" soll gewahrt oder wiederhergestellt werden. Andererseits will man den neuen Problemhorizont nicht einfach preisgeben, er hat sich als zu fruchtbar und zwingend erwiesen.

„Einheit der Kirche ist unsere wichtigste Aufgabe, Einheit der Menschheit nur unsere zweitrangige" – „Die Einheit der Kirche geht über alle anderen Einheiten hinaus." Derart versucht man die Gewichtung der beiden Teile des Themas zugunsten des Problems der Kircheneinheit zu verändern, wobei man zu Recht darauf hinweist, daß die beiden „Einheiten" nicht recht kommensurabel sind. Das aber ist in der Vorgeschichte von Löwen und in der Diskussion der Sektionen nie bestritten worden. Gerade die offenkundige Sperrigkeit der beiden „Einheiten" im Verein mit der Tatsache, daß sie doch wechselseitig aufeinander bezogen sind, macht ja die Fruchtbarkeit des Themas und der „interkontextualen" Methode aus. Wichtig an dieser Debatte ist vor allem, daß kaum jemand den konsequenten Versuch macht, den Versuch von Löwen als Fehlschlag darzutun (was inhaltlich immerhin möglich gewesen wäre) und den alten Problemstand für „Faith and Order" wiederherzustellen.

b) Eine Fülle von Bemerkungen unterstreicht, daß die im Leitfaden zur Diskussion vorgegebene Grundfrage nach der Relevanz der Konflikte der interdependenten Welt für die Ekklesiologie sich als fruchtbar erwiesen hat. Diese Relevanz steht fest, wenn auch ihre Tragweite verschieden beurteilt wird.

c) Allgemein ist die Besorgnis, ob die Kommission sich mit dem neuen Ansatz nicht übernimmt. Was bedeutet er für das traditionelle Mandat von „Glauben und Kirchenverfassung" im ÖRK? Was für die Zusammenarbeit und die Infrastruktur im ÖRK? Was für Folgen hat ein ernsthaftes Umschwenken auf eine interdisziplinäre Arbeitsweise und eine interkontextuale Methode für die Zusammensetzung der Kommission, für ihren Arbeitsstil? Wie steht es mit ihrer Kompetenz im neuen Gelände? Interdisziplinäres Arbeiten wird allgemein gefordert, allgemein als notwendig empfunden. Aber geht das überhaupt? Wo ist es bisher wirklich gelungen, innerhalb und außerhalb von „Glauben und Kirchenverfassung"? „Wir stehen hier vor einer riesigen und unmöglichen Aufgabe, wenn wir die Absicht haben, unsere Kollegen ernsthaft in interdisziplinäre Arbeit zu verwickeln." – „Unser Thema weitet die Arbeitsweise von ‚Glauben und Kirchenverfassung' aus und verschiebt den Schwerpunkt von der konfessionellen Problematik auf Missionsfragen" etc.

d) Das letzte Zitat markiert bereits die Stimmung der Schlußdiskussion, die sich nur selten direkt artikulierte, aber in nahezu jedem Votum irgendwie anklang. Was wird aus „Faith and Order"? Was wird aus der ökumenischen Theologie? Wie kann die Kommission die Ernsthaftigkeit ihrer bisherigen Arbeit, ihrer bisherigen Fragestellung, ihr „Proprium", im neuen Arbeitsfeld bewahren? Das Signal: Zurück an die alten Plätze! – kommt so nicht, bezeichnenderweise. Es kommt in einer konstruktiveren Form. „Soll die interdisziplinäre Arbeit einen Sinn haben, so muß ‚Glauben und Kirchenverfassung' erst einmal seine eigene Aufgabe erfüllen, jedenfalls besser, als dies hier der Fall war. Denn wir haben nicht gesagt, worin Einheit der Kirche besteht . . . Wir sind der Frage ausgewichen, ob die ‚Einheit der Menschheit' nur eine eschatologische Größe ist. Wenn wir nicht bessere theologische Arbeit leisten, dann werden wir nur verwässert nachsprechen, was von ‚Kirche und Gesellschaft' schon viel überzeugender gesagt worden ist."

Am Fazit ändern diese besorgten Töne nichts. Löwen versteht sich selbst hinsichtlich seiner Hauptthematik als einen Test, als einen Anfang. Die Arbeit am Thema muß weitergehen, denn bisher sind nur ein paar neue Fragestellungen gewonnen, keine Antworten. Im „Konspektus" der Arbeitsaufgaben (Lö 239 ff.) für die mit Löwen beginnende neue Arbeitsperiode (die auf die fünfte Vollversammlung des ÖRK – 1975 – hinausläuft) erscheint die Thematik an zweiter Stelle in einem Katalog von vier Arbeitsschwerpunkten. Die herkömmlichen Themen erscheinen erst an vierter Stelle: 1. „Gemeinsamer Ausdruck des Glaubens" (s. u. Kapitel III); 2. „Einheit der Kirche und Einheit der Menschheit"; 3. „Konzepte von Kircheneinheit und Modelle von Kirchenunion"; 4. „Amt und Sakramente in der lokalen und universalen Kirche". Außerdem soll die Arbeitsweise von „Faith and Order" selbständig und methodisch reflektiert werden: „Neubestimmung der Methoden der Arbeit von ‚Glauben und Kirchenverfassung'". Das heißt, die neue Thematik erscheint in verhüllter Form am Schluß des Katalogs noch einmal.

Zum Punkt 2 wird ausgeführt: „Die Studie über die Einheit der Kirche und die Einheit der Menschheit stellt einen Sonderfall dar. Der Studiengang war zur Zeit der Tagung in Löwen noch nicht abgeschlossen. Das Thema hatte eine breite Diskussion ausgelöst . . . Die Voraussetzungen, von denen die Studie ausgeht, sowie die Formulierung des Themas sind mehrfach Gegenstand kritischer Überlegungen gewesen. Zugleich haben die Diskussionen in Löwen die Bedeutung des Themas und das Gewicht der dadurch aufgeworfenen Fragen erneut unterstrichen. Der Fragenkomplex bedarf auf jeden Fall weiterer Studienarbeit.

Folgende mögliche Schwerpunkte ergeben sich:

– Welches Verständnis von Menschheit steht hinter der Studie, und wie kann man theologisch von der Einheit der Menschheit reden?

– Welches ist die Identität der Kirche inmitten der menschlichen Gemeinschaft? Wie werden die entscheidenden Kennzeichen der Kirche heute lebendig, und wie erkennen wir die Grenzen der Kirche?

– Wie beeinflußt und verändert dieser neue Gesamtrahmen unser Nachdenken über die Einheit der Kirche? Was läßt sich auf Grund dieser Studie zu dem Gedanken sagen, die Kirche sei ‚Zeichen' der kommenden Einheit der Menschheit?

Eine Reihe von Fragenbereichen bedarf weiterer Untersuchung: der Ort von Konflikt in der Gemeinschaft; die Bedeutung des Kampfes gegen den Rassismus für die Suche nach Einheit; die Rolle der Schwachen und die Ausübung von Macht in der Gemeinschaft" (Lö 240).

Das heißt schlicht: Inhaltlich ist trotz Löwen immer noch alles offen. Aber die Kommission kann und will sich dem Gewicht dieser „offenen Fragen" nicht entziehen.

4. Die Bedeutung von Löwen

„Das ist ja eine Diskussion von Amateuren!" meinte ein amerikanischer Jesuit, der wie der Verfasser als Beobachter nach Löwen gekommen war.

Er hatte recht in zweierlei Hinsicht: die Probleme der „sozialen Gerechtigkeit", des „Dialogs", des „Rassismus", der „gesellschaftlichen Marginalisierung" und der Beziehung von „Religion und Kultur" als solche wurden und werden heute an vielen Stellen kompetenter und ergebnisreicher verhandelt als bei „Glauben und Kirchenverfassung", innerhalb und außerhalb der ökumenischen Bewegung. Mitarbeiter von „Kirche und Gesellschaft", vom „Ökumenischen Programm zur Bekämpfung des Rassismus", von „Weltmission und Evangelisation" haben in Löwen kaum etwas lernen, kaum etwas Neues erfahren können.

Aber auch im Hinblick auf die eigentliche Aufgabe der Kommission, die ökumenische Theologie und besonders die Ekklesiologie, kamen die Gespräche in Löwen über ein amateurhaftes Niveau weithin nicht hinaus. Die alten Themen waren eben nun in einer neuen Perspektive, von neuen Voraussetzungen her und aufgrund von inhaltlich und kategorial neuen Daten zu bearbeiten. Das war noch ungewohnt. Plötzlich schien die erwiesene Zuständigkeit für den traditionellen Stoff in Frage zu stehen. Die Profis von „Glauben und Kirchenverfassung" schienen in ihrem ureigenen Feld auf den Status von „Anfängern" reduziert.

Aber Löwen war ja eben tatsächlich ein „Anfang", ein von langer Hand vorbereiteter, keineswegs willkürlicher, sondern unerläßlicher, aber nichtsdestoweniger aufregender „Ruck" der Kommission in Richtung „Kirche und Gesellschaft", in die Richtung der neuen ökumenischen Programme und ihrer theologischen Reflexion und Verantwortung, zugleich ein „Sprung" im Selbstverständnis und in der Strategie von „Faith and Order". „Was nicht mehr trennt" – die alte Frage – bleibt wichtig. „Was gemeinsam zu tun ist", für die Welt und für die Wiedervereinigung der Christenheit, eins im anderen, das ist die *neue* Frage, die so zentral bisher in der Kommission noch nicht behandelt worden war.

Mag Löwen also, was seine Hauptthematik anlangt (für die die Lehre und die Verfassung der Kirchen betreffenden Fragen ist das Bild ja ein ganz anderes, s. o.), eher magere Ergebnisse erbracht haben – sein Stellenwert im ökumenischen Prozeß ist außerordentlich groß.

Die doppelte Umkehrung

Das wird noch deutlicher, wenn man noch einmal auf Distanz geht, um den Prozeß als ganzen zu übersehen. Man entdeckt dann, daß er verlaufen ist wie eine komplizierte Fuge: Am Anfang ist ein Thema, das kontrapunktisch verarbeitet wird; dann kommt eine Umkehrung des Themas und sogar noch eine Umkehrung der Umkehrung, wobei das Ergebnis dieser doppelten Spiegelung durchaus nicht die Ausgangslage wiederherstellt, sondern dem ganzen Vorgang eine neue Qualität gibt.

Im offiziösen Diskussionsbericht von John Deschner liest sich das so: „Während der vier Jahre dieser Studienarbeit hat sich der Ansatz gewandelt... Im Verlauf der Vorbereitungsphase und in den einführenden Referaten kamen die meisten der grundlegenden Fragen und Probleme zum Vorschein, und sie wurden klarer artikuliert als in der nachfolgenden Diskussion in Löwen. Löwen dagegen erbrachte eine Fülle von Erfahrungen und Einsichten zur Sache, und die mehrfach ausgesprochenen Warnungen markieren ein wichtiges dialektisches Korrektiv gegenüber jedem theologischen Triumphalismus in Verbindung mit diesem Thema" (Lö 201). Das ist ein ausgesprochenes Understatement. Was ist geschehen?

Am Anfang standen ziemlich steile Selbstaussagen der ökumenischen Bewegung und eine Reihe von Fragen, die ein anspruchsvolles Auftrags- und Sendungsbewußtsein der Kirche im Blick auf das Einungsbedürfnis der Menschheit verraten. „Welche Funktion hat die Kirche im Blick auf den Willen Gottes, die Welt zur Einheit zu führen?" Das Studiendokument testet die Reichweite der Aussage über die Kirche „als Zeichen der kommenden Einheit der Menschheit" und endet mit einem – freilich in der Frageform vorgetragenen – derart emphatischen Verständnis der möglichen Rolle der Christenheit in der Menschheitsentwicklung, daß einem leicht schwindlig wird: „Wie kann die Kirche zum Faktor oder gar zum Faber im geschichtlichen Vorgang werden?" Es spricht von der Notwendigkeit eines „prophetischen Planens", erwägt, ob die Kirche „Modelle des Zusammenlebens" bereitstellen könne, sieht die Weltchristenheit als „zusammenhängende kämpfende Gemeinschaft", die sich militant zur Beseitigung der Hindernisse für Freiheit und Gemeinschaft einsetzt, und endet mit der Vision einer sich radikal mobilisierenden und erneuernden kirchlichen Weltgemeinschaft.

Dieser Entwurf wird zunächst theologisch kritisiert, und zwar immer schärfer, bis hin zu den Reden von Kohnstamm und Meyendorff in Löwen selbst. Aber die theologische Kritik betrifft nicht die Zentralität der Kirche für das Menschheitsgeschick. Der eschatologische Vorbehalt wird wieder stärker betont, der Pessimismus hinsichtlich der innergeschichtlichen Möglichkeiten der Menschheitsentwicklung nimmt zu, und die „Rolle" der Kirche ist vor allem wieder ihre eucharistische Präsenz in der Welt, nicht sosehr ihr aktives Eingreifen.

Mit dem Beginn der Sektionsarbeit spätestens wendet sich das Blatt. Das Konfliktpotential, das im Interdependenzphänomen steckt, ist so erschreckend groß, daß jeder kirchlichen Emphase sofort der Atem ausgeht. Wenn etwa in der Sektion IV sich in den ersten beiden Sitzungen der Begriff der Marginalisierung mit Leben zu füllen beginnt durch einen Filmbericht über die Minderheit der *Leprakranken* (schon in der Bibel *die* Gruppe der Marginalisierten schlechthin und noch heute ein Millionenheer von wohltätig Ausgeschlossenen, wobei nicht die Ansteckung, sondern die Angst entscheidet); wenn da ein Mann im Rollstuhl sitzt, Opfer der Kinderlähmung, und sagt, was er erfährt an falscher Nichtachtung und falschem Erbarmen: dann wird alles Weitere zunächst diesen Tatsachen standzuhalten haben.

Wenn „Rassismus" nicht mehr ein Wort ist, sondern Männer und Frauen mit am Tisch sitzen, die davon Zeugnis ablegen, wie der Rassismus in Welt und Kirche ihr Leben zerstört hat und das Leben ihrer Kinder zerstört, dann hören alle Möglichkeiten auf, eine theologische Sanierung im bloß Verbalen zu vollziehen, wie es in der ökumenischen Bewegung auch lange versucht worden ist.

Man kann dann in der Tagesordnung auch nicht mehr einfach so fortfahren, wie es ursprünglich vorgesehen war. Die Frage nach der Rolle der Kirche im Kampf um die Einung der Menschen, an der im Weltzustand der Interdependenz ihr Überleben hängt, kann nicht mehr unmittelbar gestellt werden. Zunächst ist nun zu fragen: In welche Lage bringt die Lage der Menschheit die Kirche? Welche Rolle spielt das Konfliktpotential in der Welt für das Christentum, die Kirchen, die ökumenische Bewegung? Im Grunde kehrt sich das Thema um; es heißt nun vorerst *„Einheit der Menschheit – Einheit der Kirche"*. Und die genaue Übersetzung lautet: Wie wirken sich die Zerspaltenheit der Menschheit und ihr Bemühen um Einung auf die Zerspaltenheit der Kirche und ihr Bemühen um Wiedervereinigung aus?

Mencheneinheit – Kircheneinheit

Wird die Frage aber so herum gestellt, dann wird es mit der Emphase kirchlichen Selbstverständnisses und kirchlicher Entwicklungsprogramme für die Welt noch schwieriger. Denn was die Welt spaltet, spaltet auch und gerade die Kirche. Der *Weltklassenkampf*, in dem nach „Gerechtigkeit", nach Chancengleichheit und Umverteilung von Macht und Eigentum gefragt wird, hat Wirkung auch in der Kirche. Er polarisiert zum Beispiel die ökumenische Bewegung in eine kleine Gruppe von Geberkirchen und eine große Gruppe von Empfängerkirchen, drängt die Geberkirchen in eine Haltung des Paternalismus und die Empfängerkirchen in die Zweideutigkeit des Armen, der die Hand, die ihn speist, am liebsten zurückstoßen möchte, weil sie ihn nicht nur speist, sondern auch demütigt. Und das ist nur die ökumenische Spitze des Eisbergs. Die Klassenspaltung geht ja durch die Kirche. Und hinsichtlich der „sozialen Frage" hat jede einzelne Kirche ein Skelett im Schrank, nein, viele Skelette, vom Versagen der Christenheit in der Sklavenfrage des ersten nachchristlichen Jahrtausends an. Es ist auch nicht so, daß die Christenheit sich leider, leider den gesellschaftlichen Einflüssen nicht ganz hat entziehen können. Der Ungeist des totalen Machens und Vermehrens ist, das weiß man spätestens seit Max Weber, auf eine komplizierte Weise Geist vom christlichen Geist. Die Kirchen sind nicht nur die Opfer, sie sind in mancher Hinsicht die Brunnenstube der Weltzerstörung, die dann nachträglich auch auf ihre Einheit zurückschlägt.

Und das läßt sich für jedes von den Sektionen in Löwen bearbeitete Thema nachweisen. Der *Pluralismus* der Religionen, Weltanschauungen und Ideologien, in dem „Dialog" Bedingung des Überlebens wird, ist teilweise Folge der Expansion der abendländischen Zivilisation über die ganze Erde, teilweise Produkt ihrer inneren Säkularisierung. Der *Rassismus* ist nicht nur ein Spaltpilz in der Menschheit, er ist von jeher auch ein theologiegeschichtliches und kirchengeschichtliches Zentralproblem, vom schlechten Partikularismus des späten Judentums und seinem Gegenbild, dem Antijudaismus der alten Welt, der bekanntlich schon im Neuen Testament spurenhaft auftritt, bis zur theologisch begründeten und kirchlich geordneten Apartheid in Südafrika. Die *Marginalisierung* großer gesellschaftlicher Gruppen hat nicht nur eine lange Vorgeschichte auch in der Kirche, sie ist heute, soziologisch gesehen, ein Charakteristikum gerade des kirchlichen Milieus, das mit besonderer Hartnäckigkeit alles, was nicht so ist wie „wir", ausschließt und oft genug auch religiös-moralisch in Frage stellt. Schließlich: In welchem Maße nicht nur das Christentum auf die *Kultur*, sondern auch die Kultur auf das Christentum zurückwirkt und es manchmal bis zur Unkenntlichkeit parochialisiert, ist ja schon das zentrale Thema des Arbeitsauftrags selbst, den die fünfte Sektion erhalten hat.

Was die Welt spaltet, spaltet auch die Kirche. Zum Teil ist es eine Art Nebenprodukt der Wirkung des Christentums, zum Teil hat es seine trennende Kraft nicht, ohne daß die Religion, zum Beispiel bei der Gewissensbildung, mitwirkt, zum Teil fehlt der Kirche auch einfach nur die Kraft, das Trennende auszuschließen und wenigstens in sich selbst zu überwinden.

Die Frage, die von daher zu stellen bleibt, lautet: Betrifft diese Trennkraft, die von der Gesellschaft auf die Kirche zurückwirkt, nur das ‚bene esse' oder das ‚esse' der Kirche? Betrifft sie „nur" das bene esse, dann heißt das: Die Kirche hat noch nicht einmal die Kraft, die gesellschaftlichen Antagonismen in sich selbst in fruchtbare Spannungen zu verwandeln. Wie sollte sie also die Kraft haben, sie in der Welt zu überwinden oder überwinden zu helfen? Erneuerung, sehr weitreichende Erneuerung ist dann das mindeste, was die Kirche ins Auge fassen muß, wenn und weil sie trotz ihres beklagenswertes Zustandes der Versöhnungsbotschaft, von der sie lebt, mehr zutraut, als sie darstellt.

Betrifft die Trennkraft der gesellschaftlichen Antagonismen *in* der Kirche aber das ‚esse' der Kirche, dann kann es für die Kirche nicht nur darum gehen, das, was sie glaubt, treuer zu bewähren, sondern dann muß sie sich fragen, ob sie womöglich in diesen Dingen bisher falsch geglaubt hat, ob sie *Häretisches* in sich selbst in einer neuen Weltlage neu entdeckt oder bislang nicht bemerkt oder wider besseres Wissen geduldet hat. Anders ausgedrückt: dann stellt sich angesichts des Konfliktstoffs in der Welt und seiner Wirkung auf die Kirche das Problem, ob die Kirche wirklich Kirche ist, so wie sie ist.

Zumindest für einige der in den Sektionen behandelten Probleme ist es strittig, ob es nur um das ‚bene esse', also um Erneuerung, oder um das ‚esse', also um institutionelle Buße, um einen notwendigen Eingriff in die Substanz der Lehr- und Verfassungstradition geht. Wenn es wahr ist, daß „der Christus der Eucharistie derselbe ist wie der Christus der Armen", dann steht im Zusammenhang von Sakramentsverständnis und sakramentaler Praxis einerseits und dem Prinzip der sozialen Gerechtigkeit als einer nicht diskutablen Norm kirchlicher Selbstgestaltung und kirchlichen Welthandelns andererseits tatsächlich das Kirchesein der Kirche auf dem Spiel, nicht nur das Ausmaß ihrer Glaubwürdigkeit. Und was den innerkirchlichen Rassismus anlangt, so ist eine Vorform des Problems zweifellos schon das Judaismusproblem im Neuen Testament, und Paulus hat bekanntlich geurteilt, in dieser Sache gehe es um Evangelium und Dysangelium, also um Heil und Unheil.

Aber dies ist noch nicht ausdiskutiert. Selbst wenn es „nur" um den Gehorsam und die Glaubwürdigkeit, nicht aber um den Glauben der Kirche selbst ginge, wäre das hinreichend ernst. Die ökumenische Bewegung, die ausgezogen war, der Welt zu helfen, müßte sich angesichts des Weltzustandes fragen, ob und wie ihr selbst denn zu helfen ist. Sie müßte Rechenschaft legen über den Grund, den sie für ihre Hoffnung hat, sie hätte einen Beitrag für die Einung der Menschheit, wenn sie doch den Kräften der Spaltung nicht einmal auf ihrem eigenen Feld bisher hat widerstehen können. Hic Rhodus, hic salta – das wäre dann die erste Auskunft von Löwen.

Von daher ergäbe sich die doppelte Umkehrung. Hatte die Kirche es „gewagt", von sich selbst als einem Zeichen der zukünftigen Einheit der Menschheit zu sprechen, so ist sie vorerst enthüllt als ein sehr sichtbares Zeichen für die gegenwärtige Uneinigkeit der Menschheit. Und zwar *nicht* – das ist wichtig! – wegen ihrer konfessionellen Zerrissenheit, sondern aus ganz anderen Gründen.

Das Zeichen der Spaltung als Verheißung des Friedens

Das aber erlaubt nun doch, wenn auch nicht so euphorisch, zu fragen, ob die Kirche nicht vielleicht in ihrem eigenen Feld demonstrieren kann, wie vom Christusgeschehen her das Trennende seine Kraft verliert, jedenfalls seine entmenschlichende und die Welt gefährdende Kraft, und wie Menschwerdung durch Einung von Christus her nun doch gelingen kann. Ist in der Kirche wie in einem *Zerrspiegel* alles, was die Welt zertrennt, massiert sichtbar, dann wäre es für die Umwelt eine höchst wichtige Erfahrung, daß sich gerade hier, wo man es besonders deutlich sieht und als besonders ungereimt empfindet, weil es allen großen Worten widerspricht, die gemacht werden, das Chaos doch lichten läßt, daß hier eine Ordnung des Zusammenlebens gewonnen wird, in der Gegensätzliches sich nicht mehr antagonistisch mit Vernichtung bedroht, sondern in ein fruchtbares Wechselspiel, in ein gemeinsames Wachstum gerät.

Es kommt alles darauf an, den Sachverhalt möglichst nüchtern zu sehen. Was die Welt trennt, trennt auch die Kirche. Das erstaunt nicht, denn die Kirche ist ein Stück Welt, ein Stück Menschheit, sie ist „glaubende Menschheit" (Dantine)[47], sonst nichts. Es gibt zwischen Kirche und Menschheit letztlich nur eine „pneumatologische Differenz", die Differenz des Glaubens als Wirkung des Geistes Gottes, und das ist eine unverfügbare, von der Kirche nicht in die Regie zu nehmende, auch nicht in Struktur zu übersetzende Differenz. Was die Welt trennt, wird also mit Sicherheit im Übergangsfeld zwischen Welt und Kirche seine trennende Kraft nicht verlieren.

Aber es verändert seine Bedeutung. Es wird – gut ökumenisch gesprochen – in der Tat eine „Herausforderung", und zwar nicht nur eine diakonische Herausforderung, sondern eine Herausforderung des Glaubens. Ganz schlicht: Das darf in der Kirche nicht wahr sein, jedenfalls nicht wahr bleiben. Es darf nicht wahr sein, daß die Kirche ein hilfloses Opfer etwa des Rassismus ist. Es darf nicht wahr sein, daß auch in der Kirche die Marginalisierten marginal bleiben oder gar noch tiefer in die Marginalisierung hineingedrängt werden.

Denn in diesen Fragen geht es, wohlgemerkt, nicht um Trennungen, die wie die konfessionellen Differenzen im Streit um die Wahrheit entstehen oder doch mit ihm zu tun haben. Es gibt in Wahrheit keine Differenz zwischen den Christen in Sachen Rassismus. Sogar die Burenkirchen haben inzwischen eingeräumt, daß „Rassismus Sünde" ist. Es gibt keine Differenz in Sachen Marginalisierung. Alle Christen wissen, daß in den Augen Jesu von Nazareth die Marginalen zentral sind. Und alle Christen sind sich einig, daß es im Reich Gottes, auf das sie alle hoffen, wenn sie auch in der Interpretation höchst uneins sind, Rassenspaltung und Marginalisierung nicht geben wird. Es darf nicht wahr sein, daß sich das nicht konkret antizipieren läßt, wenigstens *in* der Kirche, deren vornehmstes Mandat es ist, die *Antizipation* des Reiches zu *sein*, ihr korporatives Leben als Antizipation des Reiches zu vollziehen, soweit sie es irgend vermag. Da geht es noch gar nicht um Diakonie oder um missionarische Verkündigung, um die Umweltbeziehung der Kirche. Da geht es um die Integrität des Glaubens und der Kirche selbst. Da geht es um die Frage, wie groß die Differenz zwischen dem Geglaubten und dem Sichtbaren, zwischen dem Sinn der Kirche und der Struktur und Praxis der Kirche werden darf, bevor der Notstand für den Glauben und die Frömmigkeit entsteht.

Der Notstand des Glaubens

Struktureller Rassismus und institutionalisierte Marginalisierung in der Kirche *sind* der Notstand für den Glauben. Er kann mit sich selbst nicht leben, wenn er hier nicht Wandel zu schaffen versucht. Und alle Christen sind sich darin grundsätzlich einig, ein Streit um diese Wahrheit ist grundsätzlich nicht im Gang. So einfach ist das. Das ureigene Interesse der Christen gebietet ihnen, die geglaubte Überwindbarkeit von Rassismus und Marginalisierung usw. wenigstens in der Kirche in Angriff zu nehmen und in Struktur und Praxis zu realisieren, soweit wie möglich.

Als Vorgang einer militanten Antizipation im Notstand des Glaubens aber wird die Kirche nun doch so etwas wie ein Experiment, ein *Modell* für die interdependente Menschheit, die angesichts des in ihr aufgestauten Konfliktpotentials vor der Alternative Einung oder Untergang steht. Auch das ist im Grunde ein höchst einfacher Sachverhalt. Die Unabänderlichkeit des schlechten Status quo wird von Menschen nur so lange fatalistisch hingenommen, als keine Alternativen sichtbar sind. In dem Augenblick, wo eine Alternative erscheint, bricht der Fatalismus zusammen. Die Menschen gewinnen Distanz zu den Zwängen, denen sie sich bisher ergeben haben; sie beginnen das Spiel mit den Möglichkeiten, fangen an, die Alternativen auszuprobieren. Der Lernprozeß kommt in Gang im Wechselspiel von Aktion und Reflexion.

Dabei ist nicht wichtig, ob die Alternativen unter besonderen Bedingungen (in der Kirche unter der Bedingung des in den Notstand geratenen Glaubens) stehen. Die alternativen Gesellschaftsmodelle im Kapitalismus und im Kommunismus wirken aufeinander, irritieren einander, halten einander liquide, obwohl sie inkommensurabel sind. Oder kirchennäher: Die Religionen dieser Erde sind in Konkurrenz zueinander, die Konfessionen im Christentum sind in Konkurrenz zueinander, ob sie es wollen oder nicht. Wird eine Alternative sichtbar, dann ist der Lernprozeß unausweichlich. Auch wenn die Alternative sich noch so fremd anfühlt – von nun an ist die eigene Lösung, der eigene schlechte Status quo relativ. Fatalismus geht nicht mehr, jedenfalls nicht mehr als naiver Fatalismus.

In diesem Sinne hat die Kirche nachweislich immer wieder als Alternative und als Beunruhigung der Gesellschaft gewirkt, oft genug ganz wider Willen. Sie hat Gedanken ins Spiel gebracht – etwa den Gedanken der Gleichheit aller Menschen vor Gott, den Gedanken der Verantwortung usw. –, die sie selbst ausdrücklich nicht emanzipatorisch verstanden wissen wollte und die doch unausweichlich emanzipatorisch gewirkt haben. Sie hat Modelle erprobt, die – wie etwa das Modell einer allgemeinen Volksbildung – keinen anderen Sinn hatten als den der Förderung der Zwecke der Kirche, die aber gleichwohl eine selbständige gesellschaftliche Durchschlagskraft gewonnen haben. Eine Kirche, die Gedanken denkt und Modelle erfindet, die – vorerst innerkirchlich, weil der Glauben im Notstand ist – in irgendeiner Weise demonstrieren, wie man mit dem Konfliktstoff der interdependenten Welt konstruktiv leben kann, muß schließlich auch gesellschaftlich ein *Ferment* der Veränderung sein. Am Ende sind es ja die gleichen Menschen, die innerkirchlich an Lernprozessen und Experimenten der Einung im Konflikt arbeiten und dann gesellschaftlich noch einmal mit denselben Problemen zu tun bekommen. Daß es eine Alternative gibt, werden sie nicht vergessen können, wo sie als Bürger unter den Druck des schlechten Status quo geraten.

In der doppelten Umkehrung heißt die Fragestellung von Löwen demnach: *der Notstand der Kirche und der Notstand der Menschheit.* Dabei ist klar, daß die ökumenische Bewegung bei der Erkenntnis nicht endet, daß die Trennung der Menschheit auch in die Kirche hineinwirkt, daß der Glaube dadurch in den Notstand gerät, daß er sich also zu wehren beginnt und, indem er sich erfolgreich wehrt, ganz sicher auch Modelle und Energien für die Einung der Menschheit erzeugen wird. Ist diese gesellschaftliche Relevanz der Tätigkeit des Glaubens erst einmal begriffen, dann kann man sie theologisch und kirchlich nicht mehr auf sich beruhen lassen. Sie muß dann theologisch verantwortet und kirchlich in die eigenen Entwürfe und Veränderungen miteinbezogen werden. Denn die Kirche *ist* Instrument des Heilshandelns Gottes an der Welt, sie ist um der Welt willen da. Das hat sie immer gewußt, geglaubt, gesagt. Verändert hat sich, daß dieses „Um-der-Welt-willen-Dasein" unendlich vielschichtiger ist, als man meinte, solange die Weltgeschichte theoretisch und praktisch nur als Ouvertüre des Jüngsten Tages in Betracht kam. Es ist für die Welt nicht nur eschatologisch, sondern auch geschichtlich-gesellschaftlich von Belang, daß die Kirche ist und was sie ist, daß sie wirkt und wie sie wirkt, negativ und positiv. Darum kann man kirchlich fortan nicht mehr so tun, als gebe es diesen Bezug nicht. Er muß mitverantwortet werden in der Weise, wie die Kirche handelt.

Insofern kommt also die Fragestellung des Studiendokumentes tertiär durchaus wieder zu ihrem Recht. Aber erst auf dem notwendigen Umweg von Löwen. Und dieser Umweg ist ja noch nicht gegangen, nur entdeckt. Einer der ersten programmatischen Sätze der ökumenischen Bewegung war: Let the Church be the Church! (Edinburgh 1937) Es bleibt dabei, auch und gerade nach Löwen, nur daß dieser Satz an selbstkritischer Wucht noch zugenommen hat. Laßt die Kirche Kirche sein! Laßt die Kirche Kirche werden im Hinblick auf das, was sie wirklich trennt und gefährdet, wie und weil es die Menschheit trennt und gefährdet. Laßt die Kirche sich als Kirche erweisen. Nur so kann sie etwas für die Einung der Menschheit tun.

Anhaltspunkte für die Diskussion in den Sektionen

Sektion I: Die Einheit der Kirche und der Kampf um Gerechtigkeit in der Gesellschaft

1. Einführung in das Thema

Die Kirche erhebt den Anspruch, potentiell wahre „koinonia" zu sein. Diesem Anspruch steht die Wirklichkeit unserer Welt gegenüber, zu der die Kirche unlösbar hinzugehört. Überall auf der Welt sehen wir, wie menschliche Gemeinschaften infolge von Krieg, Ausbeutung und Überfluß, Unterdrückung und Ungerechtigkeit auseinanderbrechen. Das betrifft alle Ebenen menschlichen Lebens in der Gemeinschaft, von der Familie bis zum Leben der Nation. Gleichzeitig läßt sich eine wachsende Suche und ein drängendes Verlangen nach neuen Modellen und Ausdrucksformen einer im vollen Sinne menschlichen Gemeinschaft beobachten.

Wie kann die Kirche unter diesen Verhältnissen ihrem Anspruch gerecht werden, wie kann sie leben als ein Zeichen jener Gemeinschaft, die Gott den Menschen in Christus geschenkt hat? Für viele ist die Kirche in ihrem zeichenhaften Wesen dadurch kompromittiert, daß sie selbst den etablierten Gesellschaftsstrukturen angehört. Sie sehen die Kirche als eine gesellschaftliche Institution, die der notwendigen Humanisierung der Gesellschaft im Wege steht. Aus ihrem Einsatz für Frieden und Gerechtigkeit und aus ihrer Solidarität mit den Unterdrückten heraus stellen sie sich gegen die Kirche. Es ist klar, daß die Kirche nur insofern ein Zeichen sein kann, als sie durch ihr eigenes Leben wirkliche Gemeinschaft schafft und zum Ausdruck bringt. Die Kirche kann sich also nicht aus dem Ringen um Frieden, Gerechtigkeit und Befreiung heraushalten, ohne ihre Gemeinschaft mit Gott in Christus zu verraten.

Eine Beteiligung an diesem Ringen wird notwendigerweise zu Konflikt und Spaltung führen. Aber ist die Kirche nicht dazu berufen, ein Werkzeug der Versöhnung zu sein? Viele meinen, die Kirche dürfe sich auf keiner Seite politisch und gesellschaftlich engagieren. Und doch darf Versöhnung niemals Frieden um jeden Preis bedeuten. Kann man wahre Einheit und wahre Gemeinschaft ohne Konflikt erreichen?

Die in diesen Fragen angedeuteten Probleme und ihre Bedeutung für das Streben nach der Einheit der Kirche stehen im Mittelpunkt dieser Sektion. Aus den vielen sich in diesem Zusammenhang ergebenden Fragestellungen sollen in den folgenden Abschnitten einige zur ausführlicheren Erörterung vorgeschlagen werden.

Fragestellungen

a) Sakramentale Einheit und Solidarität mit den Unterdrückten

Die Koinonia, an der die Christen gemeinsam teilhaben, ist in ihrer Gemeinschaft mit Gott durch Christus begründet. Dort, wo das Abendmahl gefeiert wird, offenbart sich das eigentliche Wesen der Gemeinschaft. Die eucharistische Einheit der Kirche umfaßt diejenigen, die im Glauben das Sakrament empfangen. Christus ist das Zentrum dieser sakramentalen Einheit. Er ist aber auch derjenige, der die Armen, die Unterdrückten und die Ausgestoßenen in seine Gemeinschaft hineingerufen hat. Was meinen wir dann, wenn wir von „Einheit der Kirche" sprechen? Meinen wir nur die sakramentale Einheit, oder umfaßt der Begriff auch die Gemeinschaft und Solidarität mit all den „geringen Brüdern" Jesu? Kann die Kirche in Gemeinschaft mit Christus leben, ohne sich mit denen zu identifizieren, denen auch Christus sich gleichstellte? Das kann bedeuten, daß die Kirche in ihrem Streben nach umfassenderer Einheit über die Grenzen der sakramentalen Gemeinschaft hinausgeht. Oder muß die Kirche in Demut erkennen, daß ihr als einer besonderen Gemeinschaft Grenzen gesetzt sind? Die beiden Dimensionen der Einheit weisen zwar in verschiedene Richtungen, aber sie sind nicht voneinander zu trennen, da Christus für beide der Mittelpunkt ist. Wie läßt sich diese Beziehung im Leben der Kirche zum Ausdruck bringen?

b) Verpflichtung schafft Trennungen – Die Bedeutung des Konflikts

Die Kirchen können nicht vermeiden, in die gegenwärtigen politischen und gesellschaftlichen Auseinandersetzungen hineingezogen zu werden. Ihr Versuch, sich herauszuhalten, wird – selbst wenn er ihnen zu gelingen scheint – praktisch dazu führen, daß sie den Status quo unterstützen. Aber Christen und Kirchen, die sich bewußt an solchen Auseinandersetzungen beteiligen, werden feststellen, daß sie aufgrund politischer Entscheidungen und Verpflichtungen in verschiedenen Lagern stehen. Wie soll die Kirche sich gegenüber diesen Trennungen verhalten? Welche Art Einheit braucht die Kirche, um angesichts der sich aus verschiedenen politischen Verpflichtungen ergebenden Spannung ihre Identität als Koinonia bewahren zu können? In dieser Situation könnte die zeichenhafte Existenz der Kirche bedeuten, daß die Kirche die Möglichkeit dafür schafft, daß verschiedene politische Auffassungen in derselben Gemeinschaft nebeneinander existieren können. Aber sind vom Evangelium selbst her nicht bestimmte Auffassungen ausgeschlossen? So sehen sich einige zu parteiischer Solidarität mit den Machtlosen genötigt.

Diejenigen, die sich mit revolutionären politischen Aktionen identifizieren, betonen die schöpferischen Möglichkeiten des Konflikts als Mittel, um Befreiung, Gerechtigkeit und Frieden zu erreichen. Sind wir zu schnell davon ausgegangen, daß Konflikt notwendigerweise die Einheit und Gemeinschaft der Kirche und die Gemeinschaft unter den Menschen zerstören muß? Ist Konflikt bloß der Gegensatz von Versöhnung? Inwieweit können wir uns die Kirche sowohl als eine befreiende wie auch als eine versöhnende Gemeinschaft vorstellen?

c) Der ekklesiologische Status von Bewegungen und Aktionsgruppen

Das Streben nach Gerechtigkeit in der Gesellschaft hat zur Entstehung zahlreicher Aktionsgruppen und Bewegungen geführt. Als Reaktion auf die gegenwärtigen gesellschaftlichen und politischen Probleme haben sich Christen in vielen Ländern solchen Gruppen angeschlossen oder innerhalb der Kirche ähnliche Bewegungen gegründet. Sie empfinden oft eine tiefe Verpflichtung gegenüber denselben Zielen wie Menschen anderer Glaubensrichtungen oder ohne religiöse Bindung, während sie sich gleichzeitig entschieden gegen die von vielen ihrer Mitchristen vertretenen Ziele wenden. Welche ekklesiologische Bedeutung haben diese Gruppen, von denen viele sich in keine Vorstellung von „Kirchenordnung" einfügen noch irgendeine offizielle Verbindung zur Kirche haben? Früher hat man unterschieden zwischen einer dem Wesen der Kirche entsprechenden Grundordnung und den geschichtlich bedingten Strukturen, die den sich verändernden Verhältnissen unterworfen sind. In welchem Sinne stellen diese Gruppen eine Herausforderung und vielleicht eine Bereicherung unseres Verständnisses von der Grundordnung und Einheit der Kirche dar? Wo finden wir „die Kirche" in Situationen, wo die in vielen dieser Gruppen zum Ausdruck kommenden prophetischen Elemente konfrontiert werden mit der in vielen Gemeinden und Kirchenleitungen anzutreffenden Tendenz, die etablierte Ordnung zu unterstützen?

d) Kirchenzucht und moralische Häresie

Schon von frühester Zeit an hat die Kirche es für notwendig befunden, die für die Erhaltung der Einheit und sichtbaren Gemeinschaft mit Christus unerläßlichen Grundelemente ihrer Lehre und ihres Verhaltens zu definieren. Die Kirche hat immer eine gewisse Kirchenzucht ausgeübt gegenüber denen, die bewußt oder unbewußt von dieser Grundlage abwichen. Mehr und mehr wurde die Ausübung der Kirchenzucht ausschließlich auf Lehrfragen beschränkt. Aber impliziert der christliche Glaube als solcher nicht gewisse Verhaltensnormen, oder schließt er nicht zumindest gewisse Alternativen aus? Diese Frage wird heute besonders akut in bezug auf das gesellschaftliche Verhalten einzelner Christen und christlicher Gemeinschaften. Gibt es bestimmte Formen des „Tuns" oder „Lassens", die dem Wesen des Glaubens widersprechen und die deshalb genauso als „häretisch" bezeichnet werden müssen, wie früher bestimmte Lehrauffassungen als „häretisch" verurteilt wurden? Nach welchen Kriterien könnte man heute Kirchenzucht üben? Wie müssen wir unsere Vorstellungen von der Einheit der Kirche ändern, damit sie nicht nur ein gemeinsames „Verständnis" des Glaubens, sondern auch des sich daraus ergebenden Verhaltens umfassen?

Sektion II: Die Einheit der Kirche und die Begegnung mit den Religionen unserer Zeit

1. Einführung in das Thema

Eine der wichtigen Konsequenzen der weltweiten Interdependenz besteht darin, daß nicht nur Nationen und Kulturen, sondern auch religiöse Überzeugungen in ein Stadium der Begegnung eingetreten sind. Es wächst das Bewußtsein der Vielfalt und des Reichtums religiöser Traditionen und ihrer gemeinsamen Stellung gegenüber den Problemen unserer Zeit. Die Christenheit wird hiervon in einer besonderen Weise betroffen. Als Frucht christlicher Mission sind christliche Kirchen und Gemeinschaften in allen sechs Kontinenten entstanden. Die Kirche ist in ihrer weltweiten Ausdehnung der Tatsache der zunehmenden Interdependenz sehr direkt ausgesetzt. Christen leben unmittelbar neben Menschen praktisch aller gegenwärtigen Glaubensüberzeugungen. Sie müssen daher Formen konstruktiver Koexistenz entwickeln.

Solche Koexistenz erfordert mehr als ein Zusammenleben in geographischer Nachbarschaft. Wie diese Aufgabe konkret gelöst wird, richtet sich nach der jeweiligen Situation. Die Begegnung wird sich unterschiedlich entwickeln mit asiatischen Religionen (Hinduismus und Buddhismus), mit traditionellen afrikanischen Religionen oder mit dem Islam im Nahen Osten und im Mittelmeerraum, mit dem Judentum oder mit Ideologien wie dem Marxismus. In einigen Gebieten ist die Begegnung schon weit fortgeschritten und gekennzeichnet von einem Zug höchster Dringlichkeit, während in anderen Bereichen noch die ersten vorsichtigen Schritte getan werden müssen. Die Situation bestimmt in einem hohen Maße auch das Ziel und die Erwartungen einer solchen Begegnung.

Daher sind höchst unterschiedliche Formen und Methoden der Begegnung entwickelt worden, die von einem ungeplanten gegenseitigen Einfluß und gegenseitiger geistlicher Durchdringung über gemeinsames Handeln zur Schaffung einer gerechten Ordnung der Gesellschaft oder zum Ausbau menschlicher Gemeinschaften und Nationen bis zu wissenschaftlichen Gesprächen über Fragen der lehrmäßigen Selbstdarstellung verschiedener Religionen reichen. In letzter Zeit hat man von „Dialog" in einem Sinn gesprochen, der all diese unterschiedlichen Formen der Begegnung einschließt. Dialog mit anderen Religionen wird von vielen als ein echter Ausdruck des Geistes des Evangeliums selbst verstanden. Die Vertreter dieser Auffassung weisen auf die Tatsache hin, daß die christliche Mission von ihren ersten Anfängen in der Zeit der Apostel an den Dialog praktiziert hat, zumindest in bestimmten Formen. Andere sehen jedoch im Dialog eine Gefährdung und Beeinträchtigung der Integrität des Evangeliums und seiner Mission.

Worin könnte das Wesen und Ziel eines solchen Dialogs bestehen? Jeder Dialog zwischen Einzelpersonen oder Gruppen setzt voraus, daß die Partner durch eine gewisse gemeinsame Basis, durch gewisse Bezugspunkte verbunden sind. Für den Dialog zwischen Christen und Menschen anderen Glaubens sind verschiedene Grundlagen vorgeschlagen worden: die gemeinsame menschliche Existenz, gemeinsame Religiosität, die gemeinsame Aufgabe, eine lebensfähige Gemeinschaft zu schaffen. Die Art, wie man die Basis des Dialogs definiert, wird in einem hohen Maße das erwartete und mögliche Ergebnis einer solchen Begegnung bestimmen. Kann es aber eine gemeinsame Basis für die verschiedenen Formen von Begegnungen geben?

Der Dialog zwischen den Religionen kann qualitativ zum Einssein der Menschen in einer bestimmten Situation beitragen. Doch was der Sache des Verstehens und der Einheit dienen sollte, kann gleichzeitig Uneinigkeit schaffen. Die Bedeutung dieser Begegnungen für die Einheit der Kirche auf der örtlichen und universalen Ebene muß besonders beachtet werden. Es sollte vor allem gefragt werden, wie die Katholizität der Kirche mit den die Vielfalt fördernden Tendenzen des Dialogs versöhnt werden kann. In welcher Weise können Christen und Kirchen als Partner im Dialog für die umfassende Einheit der Menschheit arbeiten?

2. Fragestellungen

Da es in dieser Sektion insbesondere um die ekklesiologischen Implikationen der sich entwickelnden Begegnung mit anderen Religionen geht, werden aus dem umfassenderen Fragenbereich die folgenden Fragestellungen für eine eingehendere Behandlung vorgeschlagen.

a) Dialog und die Praktizierung des eigenen Glaubens

Jede religiöse Tradition besitzt eine eigene Identität und Integrität, die sich besonders darin äußert, wie sie das alltägliche Leben gestaltet. Wo Christen in eine lebendige Beziehung zu Menschen anderen Glaubens treten, begegnen sie unterschiedlichen Formen des Gebets und Gottesdienstes, der Meditation und Reflexion, des verantwortlichen moralischen und politischen Handelns. Religionen wie Hinduismus und Buddhismus sind Erben einer geistigen Tradition, die sich in langen Jahrhunderten in der Suche nach dem Ewigen durch Meditation und Verinnerlichung herausgebildet hat. In welchem Maße kann die Kirche in diese Tradition eintreten und ihre eigene Spiritualität, wie sie sich in ihrem christozentrischen Gebet und Gottesdienst widerspiegelt, bereichern? Judentum und in gewisser Weise auch Islam bestehen andererseits auf dem Diesseits als dem Ort des Wirkens Gottes. Könnte man darin eine gemeinsame Grundlage zwischen Christentum und diesen Religionen sehen? Andererseits glauben die Christen, daß sie an einer Gemeinschaft (koinonia) mit Gott durch Christus teilhaben, die auch die tiefste Begegnung im Dialog transzendiert und ihre Existenz einbezieht. Wie kann dieses zentrale Element christlicher Spiritualität und Existenz im Dialog „kommuniziert" werden?

b) Dialog – Identität und Wahrheit

Um in den Dialog eintreten zu können, müssen die Partner zwei Forderungen miteinander in Einklang bringen: Einerseits müssen sie ihre Identität und Integrität bewahren, und andererseits müssen sie sich dem verändernden Einfluß anderer gegenüber offenhalten. Damit stellen sich – zumindest für den christlichen Partner – offenkundige Probleme, da das Kerygma keine Veränderung im Zuge solcher Begegnung zu erlauben scheint. Der christliche Glaube beruft sich auf Gottes Offenbarung und Selbstmitteilung (Dialog) als Quelle und Ursprung. Auf welche Weise kann diese dialogische Basis des christlichen Glaubens in der Begegnung mit anderen Religionen zum Ausdruck gebracht werden? Gottes Offenbarung in Christus ist ein besonderes Ereignis in Zeit und Geschichte. Die Besonderheit dieses Ereignisses ist immer wieder als anstößig hingestellt worden. Doch die Christen bekennen, daß die Historizität Jesu Christi zum innersten Wesen des Glaubens gehört. Inwieweit kann diese Identität des christlichen Glaubens im Dialog verändert werden? Oder inwieweit kann der Dialog diese Dimension umgehen und sich nur auf die Implikationen der christlichen Aussagen in ihrer Auswirkung auf das Leben konzentrieren?

Dialog ist oft als gemeinsames Suchen nach der Wahrheit beschrieben worden. Trifft das in gleicher Weise auf den Dialog mit anderen Religionen zu? Viele sind der Meinung, daß Christen durch die Aufnahme eines solchen Dialogs die ihnen offenbarte ewige Wahrheit kompromittieren und relativieren. Ihrer Auffassung nach läßt sich über Wahrheit nicht diskutieren. Andere weisen darauf hin, daß die Kirche sich auch ohne einen solchen Dialog ständig in einem Prozeß befindet, in dem die Wahrheit in Auseinandersetzung mit der jeweiligen Situation neu definiert und neu interpretiert wird. Verändert der Dialog unsere Auffassungen von der göttlichen Wahrheit, und inwieweit wird dadurch unsere Glaubensverpflichtung beeinträchtigt?

c) Dialog und die Grenzen der Kirche

Durch den Dialog wird unweigerlich die Frage nach den Grenzen der Kirche und ihrer traditionellen Bestimmung gestellt. Schrift, Glaubensbekenntnis, Sakramente und Amt sind in den meisten Teilen der christlichen Kirche als konstitutive Elemente für das Leben der Kirche (notae ecclesiae) anerkannt worden. Sie haben der Kirche dort als Kriterien gedient, wo sie aufgrund von Herausforderungen versuchte, ihre Grenzen neu zu bestimmen. Wie weit können Christen in einer bestimmten Situation im Dialog mit anderen Religionen gehen, ohne die Ordnung des Lebens der christlichen Gemeinschaft zu kompromittieren? Gibt es verschiedene Definitionen für die Grenzen der Kirche, die sich jeweils aus spezifischen Situationen ergeben? Wie wirken sich zum Beispiel die verschiedenen christlichen Einstellungen zur Frage der Autorität der Bibel auf den Dialog aus? Die meisten Religionen haben ähnliche unterscheidende Kennzeichen, zum Beispiel schriftliche Wahrheitsquellen. Welche Funktion würden solche Quellen – einschließlich der Bibel – im Rahmen des Dialogs haben? Und was ist in diesem Zusammenhang die spezifische Bedeutung der Taufe als des entscheidenden Merkmals der Zugehörigkeit zur Kirche?

Die meisten Religionen wurzeln in ihrer je eigenen Weise im Glauben an das Ewige. Inwieweit können Christen diese Tatsache als ein Zeichen dafür werten, daß Gott jene Religionen nicht ohne Zeugnis von sich gelassen hat? Kann ein Christ einen solchen Glauben in Beziehung setzen zur christlichen Aussage über den fleischgewordenen Logos oder über die Taufe in die Kirche? Hat das Eingeständnis, daß Gott in jeder Situation gegenwärtig sein kann, auch dort, wo seine Gegenwart geleugnet wird, eine wesentliche Auswirkung auf den Ort und den Sendungsauftrag der Kirche?

d) Dialog und Einheimischwerden des Glaubens

In einigen Situationen ist der Dialog für die Christen ein wichtiges Mittel geworden, um der Forderung nach Integrierung in die einheimische Kultur zu entsprechen. Wenn sie in einer vorwiegend nichtchristlichen Umgebung leben, müssen sie für ihren Glauben Ausdrucksformen finden, die für ihre Umwelt verständlich sind. Bei denen, die erst kürzlich zum christlichen Glauben bekehrt worden sind, kann der Dialog ein Ausdruck der Notwendigkeit sein, eine kontinuierliche Verbindung mit der früheren Identität zu bewahren oder wiederherzustellen. Die Geschichte der christlichen Kirche ist voll von Beispielen für diesen Prozeß des Einheimischwerdens. Jedoch läßt sich ebenso immer wieder feststellen, daß Christen in ihrem Bestreben, sich in die einheimische Kultur einzugliedern, in einen Synkretismus geraten sind, in dem die unterscheidenden Merkmale des Glaubens verlorengegangen sind. Anhand welcher Kriterien können wir unterscheiden zwischen dem Einheimischwerden des Glaubens (Indigenisation) und seinem sichtbaren Ausdruck im Zusammenhang des Lebens der jeweiligen Gruppe einerseits und synkretistischen Tendenzen andererseits? Kann man in allen Situationen eine gleichermaßen eindeutige Unterscheidung treffen? Welche Konsequenzen ergeben sich daraus für den Dialog?

Sektion III: Die Einheit der Kirche und der Kampf gegen den Rassismus

1. Einführung

Das Rassismusproblem geht alle Menschen an. Es stellt sowohl die Einheit der Kirche als auch die Einheit der Menschheit in Frage und gefährdet sie. Die vom Ökumenischen Rat getragene Rassismus-Konsultation in Nottinghill (Großbritannien) im Mai 1969 sagt von dem Verhängnis des Rassismus:

„Das Rassenproblem hat es mit Beziehungen zwischen Gruppen von Menschen zu tun, von denen jede ihren eigenen Sinn hat für gemeinsame Herkunft, geschichtliche Erfahrung, rassische Identität und gemeinsame Kulturformen. Der ‚Rassismus' bezieht sich auf eine derartige Gruppe, die die Macht hat, einseitig die Beziehung zwischen menschlichen Gruppen zu definieren und aufzuzwingen, und die diese Beziehung institutionalisiert" (Nottinghill-Bericht, S. 3).

Wenn wir von Rassismus sprechen, meinen wir nicht nur ein subjektives Vorurteil, sondern auch die institutionellen Strukturen, die dieses subjektive Vorurteil praktizieren und aufrechterhalten

Der Rassismus behauptet fälschlicherweise, daß die hierarchische Kategorisierung von Gruppen nach unveränderlichen und angeborenen psychologischen und kulturellen Merkmalen wissenschaftlich begründet sei. Damit wird versucht, bestehende Unterschiede unantastbar werden zu lassen, um die alltäglichen sozialen Beziehungen zwischen den Gruppen zu zementieren.

Der Rassismus spielt nicht nur einzelne Kirchenglieder oder Gruppen gegen andere aus, sondern hat seit langem zur Spaltung und Trennung unter den Kirchen geführt. Darüber hinaus war das Zeugnis der Kirche gegen den Rassismus in der Gesellschaft alles andere als deutlich und geradeheraus.

Unsere spezifische Aufgabe ist jedoch begrenzt: Es geht nicht darum, einen Überblick über die Gesamtproblematik des Rassismus in der Gesellschaft zu geben noch zu versuchen, Mittel zur Integration der Kirchen zu bestimmen. Vielmehr wollen wir fragen, welche Konsequenzen der Rassismus in Kirche und Gesellschaft für die Aufgabe von „Glauben und Kirchenverfassung", „das Einssein der Kirche Jesu Christi zu verkünden", besitzt; wir wollen auch fragen, ob das, was wir in „Glauben und Kirchenverfassung" über die kirchliche Einheit gelernt haben, zum Kampf gegen den Rassismus beitragen kann.

2. Fragenkreise

Viele Fragen könnte man diskutieren. Hier werden vier weitgesteckte Fragenkreise als Hauptthemen vorgeschlagen.

a) Rassische Inklusivität

Der Missionsbefehl Christi (Matth. 28) sagt deutlich, daß die Charta der Kirche universal ist. Der Ausschluß eines Volkes oder einer Rasse aus der Kirche ist unvereinbar mit dem ausdrücklichen Gebot Jesu, umfassend zu sein. Daß menschliche Unterschiede ausgeglichen und „ihr allemal einer in Christus Jesus" seid, gehört zu den Grundmerkmalen christlicher Erlösung. Ist uns aber ganz klar, daß unser Einssein mit ihm auch unser Einssein mit dem Fremdling, in dem er auf geheimnisvolle Weise gegenwärtig ist, einschließt (Matth. 25)? Diese Universalität wird durch den Rassismus in seinen verschiedenen Ausprägungen verhindert.

(1) Wo man versucht, den Rassismus theologisch zu rechtfertigen

Tatsache ist, daß nicht nur Aberglaube und Ideologie zur Verteidigung des Rassismus dienen, sondern auch biblische Terminologie und Theologie; das gilt zum Beispiel dann, wenn vom „auserwählten Volk" gesprochen wird. Kann man die Versuche, rassische Überlegenheit im Namen Christi zu rechtfertigen, anders denn als „Häresie" bezeichnen?

(2) Wo der Rassismus uneingestanden vorhanden ist

Subtiler und weit verbreitet tritt der Rassismus auf, wenn Trennung und Ausbeutung gestattet, aber nicht zugegeben werden – sei es durch Unwissen, verdrängtes Wissen oder Vorsatz. So werden zum Beispiel die Mitglieder einer ausgebeuteten Rasse nicht versuchen, am Gemeindeleben der ausbeutenden Rasse teilzunehmen. Dürfen Christen einen solchen „Frieden, wo doch kein Friede ist" dulden? Sind nicht alle der Fülle ihres Menschseins beraubt, solange sie auch nur einem verweigert wird, das heißt, solange das Einssein in Christus nicht ganz erfahren werden kann?

(3) Wo die Kirche rassische Inklusivität anstrebt

Einige behaupten, wenn Versöhnung vor Befreiung gestellt wird, so stelle das die letzte Bastion im Verteidigungswerk des Rassismus dar. Was macht „falsche Versöhnung" aus? Ist christliche Gemeinschaft und kirchliche Einheit das gleiche wie „Inklusivität"?

(4) Wo die Kirche rassische Befreiung anstrebt

Inwieweit ist die Kirche verpflichtet, jenen offenzustehen, die sie als Sünder betrachtet und deren Buße sie erwartet und erhofft? Inwieweit sollten die Angehörigen der ausbeutenden Rasse auf der communio peccatorum bestehen?

(5) Ist Spaltung durch das Rassismusproblem zu rechtfertigen?

Unvermeidlich? Was bedeutet es, daß eine Reihe von Kirchen durch diese Frage bereits seit langem gespalten sind?

b) Rassismus und eucharistische „koinonia"

Jesus befahl, sich mit dem zu versöhnen, mit dem man entzweit ist, und dann die Gabe auf dem Altar zu opfern (Matth. 5). Kann die Eucharistie „dem Evangelium gemäß dargereicht werden", wenn sowohl der Befreiung als auch der Versöhnung der sozial Entfremdeten nicht sichtbar Ausdruck verliehen wird? Welche Konsequenzen besitzt der Rassismus für die Kirchendisziplin?

Eucharistische Gemeinschaft in der Kirche bedeutet traditionsgemäß, die Versöhnung zwischen den Menschen zu bezeugen und herbeizuführen, die uneins miteinander sind über Fragen des Lebens – sie konnten, wenn sie ihre Sünde bekannten, Buße taten und um Vergebung baten, in einer Gemeinschaft essen und trinken.

(1) Was gehört zu eucharistischer Versöhnung?

Viele Nichtweiße sagen, daß schon allein der Ausdruck „eucharistische Gemeinschaft" nicht Bestandteil ihrer Tradition oder Erfahrung der christlichen Botschaft sei. Im Gegenteil, diejenigen, die sie zum Glauben an Christus brachten, versagten, als es darum ging, die den Gliedern des Leibes Christi eigene radikale Befreiung wirklich werden zu lassen; es gab in Wirklichkeit also keine volle Teilhabe an der eucharistischen Gemeinschaft; sie wurde als eine andere Weise der Trennung und Unterdrückung erfahren. Der Wunsch von weißen Christen, mit ihnen das Herrenmahl einzunehmen, wird dann als der Wunsch, alte Herrschaftsstrukturen aufrechtzuhalten, gesehen. In Fällen, wo das Abendmahl interrassisch eingenommen werden konnte, kam weiter hinzu, daß gewaltsame Trennung und Herabsetzung der ausgebeuteten Rasse während der übrigen Zeit den Anspruch des gemeinsamen Mahles auf Einheit und Gleichheit verhöhnten. Wie kann dann der entscheidende Ort der Versöhnung gewahrt bleiben, ohne daß eine ausbeuterische Gesellschaft die Eucharistie als Instrument der „Integration" mißbraucht?

(2) Das radikale Übel des Rassismus

Die nichtweißen Christen bestehen heute darauf, die Frage so scharf wie möglich zu stellen. Sie meinen, daß der Rassismus eigentlich überhaupt nicht unter den traditionellen Begriff der Sünde fallen dürfe (wodurch die fortgesetzte Teilhabe an der eucharistischen Gemeinschaft möglich und notwendig würde). Vielmehr schlagen sie vor, den Rassismus als Sünde gegen den Heiligen Geist zu verstehen, die per definitionem so lange nicht vergeben wird, bis derjenige, der sie begangen hat, zeigt, daß sein Denken und Handeln vollständig bekehrt ist. Wird der Rassist so radikal aus der eucharistischen Gemeinschaft ausgeschlossen?

c) Rassische Identität

Die Opfer des Rassismus sagen, der Zwang, in einer Welt und Kirche zu leben, die ihnen die Normen einer fremden rassischen Identität („Black is beautiful") aufnötigte, habe sie ihrer Identität beraubt; sie weisen darauf hin, daß Menschsein nicht nur heißt, an der universalen menschlichen Natur teilzuhaben, sondern auch an einer bestimmten rassischen Identität, und daß auch die ausbeutende Rasse ihre Identität nicht eher findet, als bis die benachteiligte Rasse die ihre besitzt.

(1) Welche konstruktive Bedeutung besitzt rassische Identität?

Kann man überhaupt ernsthaft über rassische Versöhnung sprechen, solange die benachteiligte Rasse fühlen muß: „Nobody knows my name"? Ist die rassische Identität Jesu für die christliche Reflexion dieses Gegenstandes relevant?

(2) Inwieweit ist Identität durch Macht bedingt?

In welchem Maß kann das Wort des Paulus: „Ich lebe; doch nun nicht ich, sondern Christus lebt in mir" (Gal. 2) zum Verständnis der rassischen Identität beitragen?

(3) Welcher Gefahren muß man sich bewußt sein, wenn man von rassischer Identität spricht?

Welche Warnung bedeuten die Versuche in Deutschland (dreißiger Jahre) und

Südafrika (fünfziger Jahre), „rassische Identität" positiv zu interpretieren angesichts der Tatsache, daß diese Identität als Fundament einer unterdrückerischen Rassentrennung mißbraucht werden kann?

(4) Inwieweit muß die Taufe als Sakrament der Identität neu untersucht werden?

Was bedeutet die Tatsache, daß der Mensch durch die Taufe, die für Tod, Auferstehung und neues Menschsein Christi steht, einen Namen erhält und in die wahre Gemeinschaft aufgenommen wird?

(5) Wie verhalten sich Identität und Vielfalt zueinander?

Wie können die erforderliche uneingeschränkte interrassische Gemeinschaft und die Möglichkeit rassischer Vielfalt verwirklicht und zueinander in Beziehung gesetzt werden?

d) Macht und rassische Befreiung

Rassismus führt zu Machtmißbrauch durch die ausbeutende Rasse. Rassische Befreiung setzt die Umverteilung der Macht voraus.

(1) Kann man im Kampf gegen den Rassismus verantwortungsbewußt von Verzicht auf Macht sprechen?

Welche Grenzen sind verantwortungsvollem christlichen Lob von „Machtlosigkeit" und „Gewaltlosigkeit" gesetzt? Wie können die Kirchen sich selbst neu gestalten, und zwar so, daß die Machtlosen Stimme und Einfluß in und an ihrem Geschehen haben?

(2) Kann die Kirche eine Gemeinschaft der Befreiung und Versöhnung im rassischen Kampf sein, ohne an dem Kampf der Benachteiligten mit ihnen zusammen teilzunehmen?

(3) Wenn der Kampf um Macht Organisation voraussetzt, kann eine sinnvolle Kirchenordnung dann das Recht einschließen, sich innerhalb der Kirche zu organisieren und dieses Recht über die Kirche hinaus zu verteidigen?

Bis zu welchem Maße muß die Kirchenordnung sich einem Pluralismus von Organisationen oder sogar einem Antagonismus zwischen den Organisationen innerhalb der Kirche widersetzen oder aber dies dulden, aufnehmen und fördern?

Sektion IV: Die Einheit der Kirche und die Behinderten in der Gesellschaft

1. Einführung

Auch wenn die Frage nach der Stellung der sogenannten „Randsiedler" (dargestellt am Beispiel der geistig und körperlich Behinderten) in der Kirche schon immer nach einer Antwort verlangte, so wird sie doch heute mit zunehmender Dringlichkeit gestellt; neue Gesichtspunkte und Möglichkeiten sowie auch neue Gefahren geben uns den Anstoß dazu, diese Frage hier im Zusammenhang mit der Einheit der Kirche und der Einheit der Menschheit aufzugreifen.

An der Not der Leidenden wird die Zerbrochenheit der menschlichen Gemeinschaft deutlich. Sie offenbart zugleich auch die Unvollkommenheit der Einheit der Kirche. Die Gesunden und die Leidenden leben oft nicht wie Brüder in Christus zusammen. Die Behandlung der Behinderten in den Kirchen wirft Fragen über den Glauben der Kirche und die rechte Lebensordnung auf, und an der Art und Weise, wie die Gesellschaft solche Menschen ansieht und sich zu ihnen verhält, wird die Frage noch deutlicher. In den letzten Jahrhunderten hat man zum Beispiel in den westlichen Gesellschaften Fürsorgeeinrichtungen für Menschen geschaffen, bei denen die Krankheit ein bestimmtes Maß erreicht hatte. Diese Fürsorge war zwar von großem Nutzen, aber sie hatte auch ihre Schattenseiten. Wie leicht kann eine gewisse dämonische Eigennützigkeit ins Spiel kommen; der Wunsch, solche Menschen aus dem Gesichtskreis verschwinden zu lassen, kann überhandnehmen. In dem Maße, wie institutionelle Fürsorge möglich wird, wird die Absonderung solcher Menschen von der Gesellschaft immer üblicher.

In den meisten Entwicklungsländern stellen die geistig und körperlich Anomalen nicht in gleicher Weise ein Problem dar wie in den industrialisierten Ländern. Sie werden entweder von den noch bestehenden natürlichen Gesellschaftsstrukturen aufgenommen und versorgt, oder sie sterben im frühen Alter. Aber früher Tod „löst" ja das Problem nicht, das diese

Gruppen von behinderten Menschen darstellen, sondern verschärft es noch.

Eine Parallele zu den geistig und körperlich Behinderten oder Anomalen, die in den industrialisierten Ländern in Anstalten abgeschoben werden, finden wir in großen Teilen der Dritten Welt in einer Menschengruppe wie den Leprakranken. Bei den gegenwärtigen Strukturen und Mitteln dieser Gesellschaften kann den Leprakranken nicht geholfen werden; daher werden sie ausgesondert. In den Entwicklungsländern, wie auch im Westen, führt eine solche Aussonderung zu kritischen Fragen hinsichtlich der Einheit der Menschheit und der Kirche als eines Zeichens der Einheit. Für unsere Erwägungen haben diese Fragen zwei Aspekte: Wie wird die Einheit der Kirche in Frage gestellt durch die Schaffung und Erhaltung der verschiedensten Klassen von Menschen, die eine bestimmte Gesellschaft für behindert hält und als solche entweder bewußt oder de facto aussondert? Zweitens, was hat die Kirche in ihrem Verständnis und ihrer Behandlung der „Behinderten" von der sie umgebenden Gesellschaft zu lernen bzw. ihr zu sagen?

2. Fragestellungen

Von den vielen Problemen, die man in diesem Zusammenhang diskutieren könnte, sind hier für unsere Zwecke vier ausgewählt worden.

a) Begrenzung als konstitutives Element der menschlichen Gemeinschaft

Jeder Mensch – Mann, Frau und Kind – hat seine geistigen und körperlichen Grenzen. Der Mensch kann nur frei sein, wenn er die Grenzen akzeptiert, die alles Leben bestimmen. Sicher lassen sich gewisse Grenzen verschieben. Viele Grenzen, die früher einmal endgültig zu sein schienen, sind tatsächlich überwunden worden. Die Kirchen müssen sich einsetzen im Kampf gegen alles, was die menschliche Freiheit einschränkt. Aber dennoch läßt sich menschliche Gemeinschaft nur aufbauen, wenn die Begrenzungen des Lebens gegenseitig anerkannt und akzeptiert werden.

Die geistig und körperlich Behinderten sind ein besonders deutlicher Ausdruck dieser Wahrheit. Ihre Gegenwart ist symbolisch für die Begrenzungen aller menschlichen Existenz. Sie weisen darauf hin, daß man in dieser Welt keine vollkommene Freiheit erlangen kann. Die letzte Hoffnung ist immer noch das Reich Gottes, und das ist teilweise eine eschatologische Hoffnung. Deshalb ist die Einstellung der Kirche zu den Behinderten und Hilflosen von entscheidender Bedeutung. Wie muß sie sich ihnen gegenüber verhalten, um ein Zeichen der Gegenwart Christi zu sein und echte Gemeinschaft zu beweisen?

Heute legt man das Schwergewicht auf die Bewältigung des Lebens und auf Befreiung von Unterdrückung und allen möglichen körperlichen Leiden. Diejenigen, die keine Möglichkeit der Befreiung haben, werden leicht abgesondert und sogar ausgestoßen. Wenn die Kirche sich hauptsächlich um die Aktiven kümmert und sich mit denjenigen identifiziert, die die Dinge in der Hand haben, wird sie selbst Teil des Apparats von Trennungen in der Gesellschaft. Bestätigt sie damit nicht die allgemeine Erwartung der Gesellschaft, daß die Gesunden (oder diejenigen, die wieder gesund gemacht werden können) die Norm darstellen? In immer mehr Gesellschaften wird der Maßstab für Gesundheit in der Erhöhung oder Wiederherstellung der Produktionsfähigkeit gesehen, das heißt im Verhältnis zum materiellen Gewinn. Wie wirkt die Kirche dieser allgemeinen Einstellung entgegen? Wie verwirklicht sie echte Gemeinschaft, die auch diejenigen umfaßt, die einmal Randexistenzen werden könnten?

Ein wichtiger Aspekt dieser Frage ist es, welche Beziehung zwischen dem behinderten Menschen und der ihn umgebenden gesellschaftlichen Gruppe hergestellt wird. In der Medizin erkennt und berücksichtigt man in immer stärkerem Maße, daß der Kranke auch Teil des Behandlungsteams ist und somit ein konstitutives Element der Gemeinschaft. Es ist nicht so, daß zum Beispiel das Krankenhauspersonal lediglich diese oder jene Person bearbeitet, sondern alle sind beteiligt und stehen untereinander in Beziehung, wobei jeder auf den anderen einwirkt und eingeht, ja ihn sogar heilt. Welche Folgen ergeben sich aus dieser „Ganzheitsmethode" für die Kirche?

b) Die Aufrichtung von Zeichen in der Gesellschaft

Die Heilungswunder Jesu wurden als machtvolle Zeichen angesehen, die hinwiesen auf das Hereinbrechen und die Gegenwart des Gottesreiches. Aber die Menschen, die er geheilt oder auferweckt hat, sind später wieder krank geworden und gestorben; er hat Krankheit und Tod nicht aus der Welt geschafft. Die Bedingungen des Menschseins müssen ertragen werden. Im christlichen Denken hat man schließlich das Leiden sogar als Erlösung verstanden. Paulus entdeckte eine neue Dimension seines Glaubens, als er erfuhr, daß sein Stachel bleiben würde, da „meine Kraft in den Schwachen mächtig ist".

Die Kirche ist dazu aufgerufen, in dieser von Sünde und Tod regierten Welt Zeichen aufzurichten. Zeichen der Hoffnung und des Protestes aufrichten und gleichzeitig Grenzen anerkennen – wie kann man diese doppelte Forderung verwirklichen? Verhalten die Kirchen sich so, daß sie der Gesellschaft als ganzer helfen, zu Solidarität und Gemeinschaft mit den Leidenden zu gelangen? Was tun die Kirchen und was sollten sie tun, um den Aufgaben und Möglichkeiten gerecht zu werden, das Heilen als ein Zeichen des Gottesreiches zu interpretieren und wirksame Zeichen zu schaffen für den endgültigen Sieg Christi über alle Begrenzungen, die den Menschen an der Erfüllung hindern? In welche Beziehung setzen sie die Vorläufigkeit des Heilens zur wirksamen Verheißung der alles umfassenden Erlösung?

Die oben erwähnte doppelte Sicht rückt eine weitere Frage ins Blickfeld: Wie kann die Kirche einerseits ihre Auffassung von der Stellung der Behinderten durchhalten und in der Gesellschaft dafür eintreten und gleichzeitig offenbleiben für neue Erkenntnisse der Gesundheitsfürsorge und der „ganzheitlichen" Gemeinwesenplanung außerhalb der Kirche? Aus dieser Frage ergeben sich sehr pragmatische Probleme. Hilft das Verhalten der Kirche gegenüber den Behinderten der Gesellschaft, sich der Behinderten in einer positiven Weise bewußt zu werden, so daß dadurch die Einheit der Gesellschaft mit den Behinderten und die Einheit aller Menschen gefördert wird angesichts der menschlichen Grenzen, welche die Behinderten verkörpern? Oder bestärkt das Verhalten der Kirche gegenüber den Behinderten noch ihre Isolierung? Was geschieht auf der ganz praktischen Ebene beim Bau und bei der Ausstattung von Kirchbauten? Wird dafür gesorgt, daß die Verkrüppelten leichter hereinkommen können, daß die Tauben leichter hören können und die Haltlosen sich leichter am Gottesdienst beteiligen können? Wie können einige Kirchen weiterhin die Ansicht vertreten, daß Behinderte kein Pfarramt übernehmen können?

c) Die Frage verschiedener Bereiche und geographischer Situationen

In jeder Gesellschaft werden durch bestimmte Entwicklungen (zum Beispiel zunehmenden Straßenverkehr, stärkere Industrialisierung) neue Probleme geschaffen; Gesundheit als solche und das allgemein erreichbare Gesundheitsniveau werden von Ort zu Ort und von Zeit zu Zeit verschieden definiert. Es entwickeln sich auch gewisse Maßstäbe hinsichtlich dessen, was Befreiung und Ganzheit bedeuten. Die Erkenntnis setzt sich durch, daß es sehr schwierig ist, zu definieren, was „Gesundheit" von „Krankheit" unterscheidet. Dadurch, daß man einige begrenzende Faktoren in bestimmten menschlichen Situationen beseitigt, schafft man oft neue. Gleichzeitig ändern sich durch die Entdeckung neuer Arzneimittel und Heilverfahren die Auffassungen und Möglichkeiten der Heilung Behinderter. Durch ständig höher entwickelte medizinische Verfahren werden immer mehr Menschen mit geistigen oder körperlichen „Schäden" am Leben erhalten. Die Grenzen der Gesundheit bleiben in ihrer Definition weiterhin flexibel. Was in einer Generation nicht möglich war, wird in der nächsten allgemein üblich. Welche Folgerungen ergeben sich daraus für unser Thema?

Soviel läßt sich mit Sicherheit sagen: Man darf nicht davon ausgehen, daß die in einem Kulturbereich übliche Behandlung von Behinderten überall nachgeahmt und angestrebt werden sollte. So sollte man zum Beispiel nicht automatisch ein Idealmodell einer höchst komplizierten technisch-orthopädischen Behandlung, das vielleicht für eine begrenzte Anzahl von Situationen im Westen durchführbar ist, als unmittelbares Ziel für ein Entwicklungsland aufstellen. Der Nutzen ist nur sehr gering, wenn in solchen

Behandlungszentren nur einer kleinen Anzahl von Menschen geholfen werden kann und daraufhin die Mittel einer Gesellschaft nicht ausreichen, um so einfache Aufgaben zu erfüllen, wie dafür zu sorgen, daß man mit Rollstühlen in die Geschäfte hineinkommen kann. Wie kann man zu der notwendigen Vielfalt von Methoden kommen? Daraus ergibt sich die umfassendere Frage: Wie setzen sich die Kirchen in den Industrieländern ein für die Versorgung der Behinderten in den Entwicklungsländern? Fördern sie direkt oder ermutigen sie indirekt die in unangemessener Weise exklusiven und diskriminierenden Methoden der Gesundheitsfürsorge, Krankenhausbehandlung usw., wie sie bis vor kurzem noch im Westen an der Tagesordnung waren? Was unternimmt man, um einen Wandel in der allgemeinen Einstellung gegenüber den Kranken und Alten zu ermöglichen?

d) Die Beteiligung der Behinderten am Gottesdienst

Ein weiterer erwähnenswerter Punkt ist die Feier des Gottesdienstes. Die körperlich und geistig Schwachen waren bei Jesus; es bestand eine Solidarität zwischen ihnen und ihren Familien und Freunden, die sie zu ihm brachten. In den Augen Jesu war offensichtlich die Gegenwart der „Geringen" wesentlich.

Aber wird ihre Gegenwart im Gottesdienst in den meisten Kirchen erwünscht oder ermöglicht? Ist die gottesdienstliche Gemeinde überhaupt umfassend oder eins, wenn sie fehlen? Die Gegenwart solcher Menschen im Leben der kirchlichen Gemeinde (und ihre Einheit mit dieser Gemeinschaft) ist notwendig für ein gesundes und erlösendes Verhalten gegenüber den Menschen (die alle auf ihre Weise begrenzt und behindert sind und die auch alle einmal sterben werden). In den Gottesdienstformen muß die Einheit der Menschheit innerhalb der Kirche deutlich werden. Denn im Gottesdienst können alle Stärken und Schwächen vor Gott gebracht werden, dort kann man Salbung, Heilung, Fürbitte und sogar Exorzismus wirklich ernst nehmen, wo um den Tisch des Herrn die Einheit und Solidarität aller Menschen par excellence erfahren wird. Und kann dort nicht auch heute in der Gemeinsamkeit von Gesunden und Kranken die Wirklichkeit und Kraft des Gottesreiches am wirkungsvollsten erlebt und erfahren werden als Vorwegnahme der endgültigen Erfüllung?

Sektion V: Die Einheit der Kirche und kulturelle Unterschiede

1. Einführung in das Thema

Menschliche Gemeinschaften werden auf allen Ebenen durch eine besondere „Kultur" als unterschiedene Größen gekennzeichnet und zusammengehalten. Mit dem Begriff „Kultur" bezeichnen wir nicht nur einen bestimmten Lebensstil. Dazu gehören auch Sprache, Bildung, Geschichte und Gesellschaftsstruktur. Durch die zunehmende gegenseitige Abhängigkeit der Menschheit werden die Kulturen in ihrer Bedeutung und ihrem Charakter stark beeinflußt. Einerseits übt diese Entwicklung einen starken Druck aus in Richtung auf größere und umfassendere Kulturbereiche. Immer stärker durchdringen die Kulturen einander und werden die Grenzlinien zwischen den Kulturen durchlässig. Andererseits werden überkommene kulturelle Vorstellungen und Bräuche zunehmend betont und gepflegt, um die Identität einer bestimmten Gruppe zu erhalten.

Wie kann die Kirche in dieser Situation als ein Zeichen der Einheit und Gemeinschaft leben? Die durch Christus begründete Einheit der Kirche transzendiert alle kulturellen Unterschiede: Seit ihren Anfängen hat die Kirche ständig Kulturgrenzen überschritten, und in der Kirche haben sich aufgrund besonderer kultureller Eigenheiten verschiedene Traditionen entwickelt. Daher ist kulturelle Vielfalt kein neues Phänomen in der Kirche; ebenso bekannt ist freilich ihr ambivalenter Charakter. Einerseits war man davon überzeugt, daß Vielfalt nicht notwendigerweise die grundlegende Einheit der Kirche zu gefährden brauche. Man verstand sie vielmehr als eine notwendige und natürliche Folge der Einheit. Andererseits kann man kaum die Tatsache übersehen, daß die Kirche dort, wo sie Wurzeln geschlagen hat und in eine bestimmte kulturelle Umwelt hineingewachsen ist, häufig die jeweilige Kultur stark mitbestimmt hat.

Wo das zu einer ausschließlichen Identifizierung einer Kirche mit der einheimischen Kultur führt, entstehen Spaltungen, nicht nur innerhalb der Kirche, sondern auch allgemein unter Menschen.

Dieses Problem hat sich heute noch verschärft. Mit der Entstehung unabhängiger christlicher Kirchen in Afrika und Asien ist deutlich geworden, daß sich das Christentum weitgehend auf der Grundlage einer sehr schmalen Basis kultureller Traditionen verstanden hat. Heute wird nicht nur der Begriff einer „christlichen Kultur" angefochten. Die meisten Kirchen außerhalb der historischen christlichen Kulturen im Westen und Osten suchen heute eine neue Ausdrucksform ihres Glaubens im Rahmen ihrer einheimischen Kultur und wollen sich von den ihnen von außen aufgezwungenen Kulturformen befreien. Inwieweit kann man den geschichtlichen Ursprung der christlichen Kirchen in einem bestimmten Kulturbereich als rein zufällig abtun? Ist es heute möglich, direkt zur Urkirche zurückzugehen und die Erfahrungen und Entscheidungen der Kirche in ihrer vielfältigen Geschichte außer acht zu lassen?

Kulturelle Mannigfaltigkeit ist schon immer ein wesentliches Element der Katholizität der Kirche gewesen. Wie läßt sich diese Mannigfaltigkeit heute wiedergewinnen und wiederbeleben, und wie ist sie zu unterscheiden von kulturellem Pluralismus und Pluriformität, in der die Identität der Kirche verlorengeht? Inwieweit kann die Kirche sowohl auf lokaler als auch auf weltweiter Ebene dazu beitragen, daß die Kulturen von Ansprüchen der Exklusivität und der Überlegenheit befreit werden? Welchen Einfluß hat kulturelle Mannigfaltigkeit auf unser Verständnis von der Einheit der Kirche? Genauer gesagt, sollten die Zielsetzungen, Methoden und institutionellen Formen neu überdacht und umformuliert werden im Blick auf die umfassendere kulturelle Vielfalt in den sie tragenden Kirchen?

Unter diese allgemeine Überschrift fallen ganz offenkundig noch viele Fragen. Die Diskussion in der Sektion wird sich auf einige Probleme beschränken müssen in der Hoffnung, daß dadurch auch angrenzende Bereiche beleuchtet werden. Um diese Konzentration zu erleichtern, werden folgende drei Möglichkeiten vorgeschlagen:

2. Fragestellungen

a) Das Christentum als „réligion civile"

Es gibt genügend Beweise dafür, daß Kulturen überall in der Welt sich um religiöse Sanktionierung und Legitimierung bemühen. Immer wieder hat das Christentum bewußt oder unbewußt diese Funktion ausgeübt. Armeen haben für „Gott, Familie und Vaterland" gekämpft. Aber kann der christliche Glaube überhaupt die Funktion einer „réligion civile" ausüben, ohne damit seine grundlegende Dimension der Universalität und Katholizität zu verleugnen? Jesus wurde von einigen seiner Anhänger dazu gedrängt, sich mit gewissen nationalistischen Ansprüchen zu identifizieren, und er wurde das Opfer von Bewegungen, die religiöse und politische Interessen gleichsetzten. Aber sein Tod sollte als Befreiung von der dämonischen und zwangshaften Macht kultureller Traditionen und nationaler Interessen verstanden werden. Die Kirche als Zeichen der Einheit und Gemeinschaft kann nur Christus selbst nachfolgen. Wo immer eine Kirche sich ausschließlich von einem bestimmten nationalen und kulturellen Erbe her versteht, spaltet sie also den Leib Christi. Wie könnte die ökumenische Bewegung die Kirchen davor bewahren, in die Rolle einer „réligion civile" für ihre Kultur hineingezwungen zu werden? Wie kann die Kirche ein wirksames Zeichen jener Einheit werden, die über die Bindungen an das eigene nationale und kulturelle Erbe hinausgeht? Obgleich man die Bezeichnung „réligion civile" im allgemeinen nur dort anwendet, wo der Status quo religiös sanktioniert wird, könnte man doch die Frage stellen, ob es sich nicht um einen ähnlichen Mißbrauch des christlichen Glaubens handelt, wenn eine Kirche sich das Recht anmaßt, revolutionäre Bewegungen zu legitimieren.

b) Theologie und Kirche

Die Begegnung zwischen „etablierten" und „neu entstehenden" christlichen Kirchen stellt in einer akuten Weise die Frage nach der Rolle, welche die Theologie für die Kirche spielt und spielen sollte. Für die Kirchen im Osten und im Westen sind Theologie und theologische Reflexion in verschiedener Form eine unaufgebbare Ausdrucksform ihres Lebens und Selbstverständnisses gewesen. Beziehungen zwischen ihnen haben sich hauptsächlich auf der Ebene theologischen Denkens abgespielt. Die theologische Reflexion außerhalb dieses Bereichs folgte häufig der gleichen kulturellen und geistigen Struktur. Heute werden Bemühungen unternommen, eine – wie es manchmal genannt wird – „afrikanische" oder „asiatische" Theologie zu entwickeln. Doch das führt unvermeidlich zu der grundlegenden Frage nach der Beziehung zwischen der Theologie und dem Leben der Kirche. Was macht Theologie eigentlich notwendig? Warum hat das theologische Denken sich in einigen Kulturbereichen stärker entwickelt als in anderen? Besonders wäre zu fragen, welche Funktion der Theologie für die ökumenische Bewegung und für das Streben nach der sichtbaren Einheit der Kirche zukommt. Kürzlich ist behauptet worden, die Wahrheit des christlichen Glaubens könne niemals in angemessener Weise in theologischen Sätzen und Aussagen zum Ausdruck gebracht werden. Was bedeutet das für die Rolle theologischer Übereinstimmung und Formulierungen eines Lehrkonsensus? Welche anderen Ausdrucksmittel bieten sich an durch das Erbe anderer Kulturen oder durch neu entdeckte Formen der Kommunikation?

c) Kultur und Macht

Die Interdependenz verstärkt – nicht nur im politischen und wirtschaftlichen Bereich, sondern auch im kulturellen Bereich – ein Machtgefälle zwischen verschiedenen Gruppen und Gesellschaften. Sicherlich werden durch gegenseitige kulturelle Durchdringung Vorurteile bis zu einem gewissen Grade abgebaut und Überlegenheitsgefühle gedämpft, aber gleichzeitig entstehen dadurch gemeinsame kulturelle „Normen", die unweigerlich zugunsten der „entwickelten" und gegen traditionelle Kulturen ausfallen. Die exklusive Rolle einiger weniger westlicher Sprachen als wichtigste Mittel interkultureller Kommunikation ist ein deutlicher Beweis dafür. Es werden kulturelle Erwartungen geweckt, und damit werden Macht und Überlegenheit derjenigen bestätigt, die diese Bedürfnisse befriedigen können.

Das alles gilt genauso für den Bereich der Religion wie für so verschiedenartige kulturelle Ausdrucksformen wie Sprache, Bildung, Gesundheitsniveau usw. Eine lange Geschichte und eine reichhaltige christliche Kultur – sei sie nun exklusiv oder für Veränderungen offen – verleihen gewissen Kirchen bewußt oder unbewußt mehr Macht über andere. Dadurch entstehen neue Spaltungen, die nicht nur quer zu den Konfessionsgrenzen verlaufen, sondern die auch nicht so leicht mit den anerkannten Methoden des ökumenischen Dialogs und ökumenischer Übereinstimmung überwunden werden können. Durch zunehmende gegenseitige Beziehungen wird die Kluft in vielen Fällen sogar noch vertieft.

Ist dieses gestörte Kräftegleichgewicht als unvermeidliche Folge von Beziehungen zwischen Menschengruppen anzusehen, bei denen auch die Kirche keine Ausnahme darstellt? Dann könnte die Kirche, auch wenn sie dagegen kämpfen würde, keine Hoffnung haben, diese Situation zu überwinden. Aber was bedeutet es für die Kirche, in dieser Situation als Zeichen zu leben? Welche neuen Formen ökumenischer Beziehungen und Zusammenarbeit sind notwendig, um die Folgen dieser trennenden Machtverhältnisse auf ein Minimum zu beschränken? Inwieweit kann ein bewußtes Erkennen dieser Faktoren ihren Einfluß beschränken?

Aus dem Leitfaden für die Diskussion des Hauptthemas in den Sektionen von Löwen, nur als Manuskript vervielfältigt.

Der vierte Brief eine dritte ironische Umkehrung des Themas von Löwen betreffend

Lieber Freund!

Ich denke mir, man könnte als ein Beobachter von Löwen, der mehr Distanz hat als ich, eine sehr bösartige Frage stellen. Wie ernst ist es der Kirche mit ihrem Interesse, mit ihrem Engagement für die Einung und das Überleben der Menschheit?

Wenn es ihr ernst ist, dann soll sie sich selbst auflösen! Dann soll sie zumindest ihre ökumenischen Bestrebungen aufgeben.

Denn das Christentum war und ist – wenigstens in seiner kirchlichen Gestalt – ein Spaltpilz der Menschheitsgeschichte. Seine Beseitigung wäre vielleicht ein bedeutender Schritt vorwärts auf dem Wege zur Einung der Menschheit.

Man könnte so argumentieren, ohne die Ladenhüter der aufklärerischen oder marxistischen Religions- und Christentumskritik zu bemühen. Man könnte darauf verweisen, daß diese düstere Frage auch in Löwen selbst, unter Leuten, die mit Christentum und Kirche identifiziert sind, ständig mit im Spiel war und nicht selten auch artikuliert worden ist.

In der Plenardiskussion zum Beispiel konnte man hören: Die Kirche vertieft die Spaltungen der Menschheit. Theologen sind Störenfriede!

Im Leitfaden für die Diskussion, einem Text, der die Billigung des Arbeitsausschusses hatte, liest man: „Ist aber die Kirche wirklich ein Faktor der Versöhnung, der Gemeinschaft und des Friedens? Hat sie im Laufe der Geschichte nicht immer wieder Unruhe verursacht und die Menschen voneinander geschieden? ‚Ich bin nicht gekommen, den Frieden zu bringen, sondern das Schwert.' Diese Seite des Kommens Christi muß mit bedacht werden, wenn das Thema in angemessener Weise geklärt werden soll. Die Kirchen haben immer wieder versagt und das Zeichen der Einheit nicht zum Leuchten kommen lassen. Sie können darum nicht den Anspruch erheben, die Lösung in der gegenwärtigen Situation zu bieten."

Man könnte sagen: Das ist eine besonders interessante und aufschlußreiche Formulierung. Sie spricht vom Versagen der Kirche. Aber zugleich zitiert sie ein Jesuswort. Das heißt doch: Die Spaltwirkung des Christentums ist jedenfalls nicht nur eine Schuld der Kirche. Sie hat etwas mit dem Wesen des Christentums zu tun. Und selbst wenn die Kirche sich radikal erneuerte im Sinne des Menschheitsziels der Einung, wäre die Spaltkraft noch nicht beseitigt, die mit jedem absoluten Wahrheitsanspruch verbunden ist. Sie käme dann vielleicht erst recht zum Zuge.

Es ließe sich vieles vorbringen zur Begründung der Unausweichlichkeit dieser Frage:

I.

Zunächst müßte man sagen: Nicht die Tatsache, daß die Rede von Gott als Proklamation der eigentlichen Wahrheit der Wirklichkeit und der menschlichen Existenz auf jeden Fall vor die Entscheidung zwischen Zustimmung und Ablehnung, Glauben und Unglauben stellt, macht die Spaltwirkung des Christentums wirklich gefährlich, obwohl sie unweigerlich die Glaubenden von den Nichtglaubenden trennt. Daß das Christentum diesen Wahrheitsanspruch für Jesus von Nazareth erhebt und damit in einem geschichtlichen Vorgang, in der Erscheinung eines Menschen und einer bestimmten Weise, Mensch zu sein, begründet sein läßt, radikalisiert zwar die scheidende Kraft der Evangeliumspredigt, weil die Entscheidung für den Glauben dadurch die Entscheidung für eine bestimmte umfassende Lebenspraxis, für die Nachfolge Jesu wird. Und dies diskriminiert notwendig andere Weisen des Menschseins, „unwahre" Weisen des Menschseins. Aber darin unterscheidet sich das Christentum nicht von anderen Wahrheitsansprüchen, jedenfalls nicht grundsätzlich. Jede Wahrheit kommt in irgendeinem Sinn über die Person, mindestens so, daß Personen erst einmal Bürgschaft für ihre Wahrheit übernehmen müssen. Und da Menschen nicht leben können, ohne nach der Wahrheit der Wirklichkeit zu fragen und sich darüber zu verständigen – denn das Menschsein ist eben ein Projekt, kein Datum –, läßt sich von daher keine Kritik am Christentum führen.

Nicht einmal die schwierigere Tatsache, daß das Christentum nicht anders kann, als Glauben und Unglauben pneumatologisch zu interpretieren, also von „Prädestination" zu reden und damit, wie immer „Prädestination" ausgelegt wird, einen Unterschied zwischen den Menschen aufzurichten, der tiefer und schwerwiegender nicht gedacht werden könnte: Gott selbst unterscheidet ein Menschsein „in der Wahrheit" und also mit Zukunft und ein Menschsein „gegen die Wahrheit" und also ohne Zukunft – nicht einmal diese Tatsache reicht aus, um das Christentum als Spaltpilz anzugreifen. Denn da das Menschsein nach Sinn und Bestimmung strittig ist, kann keine geistige Position darauf verzichten, das „Menschliche" vom „Unmenschlichen", eine Lebenspraxis, die Zukunft hat und Zukunft schafft, von einer anderen Lebenspraxis, die keine Zukunft hat und die gemeinsame Zukunft zerstört, zu unterscheiden.

Was das Christentum gefährlich macht, ist vielmehr die Notwendigkeit, die allem Anschein nach aus der Logik des Glaubens selbst stammende Notwendigkeit, die Scheidung der Glaubenden von den Nichtglaubenden zur Grundlage der Kirchbildung zu machen, also gesellschaftlich auszudrücken und zu realisieren. Zugegeben: die Kirche hat die Grenze des Heils nie einfach mit ihrer Grenze als religiöse Institution gleichgesetzt. Dennoch: mit *der kirchlichen Vergesellschaftung des Christentums wird in den menschlichen Gesellschaften eine Art militanter Antigesellschaft errichtet, eine Gesellschaft, die zudem, wie die Kirchengeschichte beweist, die Tendenz hat, sich selbst als societas perfecta zu verstehen und gegen alle anderen Weisen menschlicher Gesellung geltend zu machen. Damit bringt sie jeden einzelnen Menschen, der in ihr Wirkfeld gerät, in einen inneren Zwiespalt, eine Dauerkrise seiner Identität und Integrität, treibt einen Keil in jede Gruppe, in der sie Fuß faßt, und macht vor allem den Unterschied zwischen menschlichen Gemeinwesen, die mit ihr koalieren oder sich mit ihr identifizieren, und anderen Gemeinwesen, die das nicht tun, virulent. Die Geschichte abendländischer Welteroberung und Weltzerstörung ist ohne diese Virulenz nicht zu denken.*

Zwar hat die Kirchbildung nur in den ersten drei Jahrhunderten, solange die Christen sich als „Drittes Geschlecht", als die Menschheit der Zukunft zu sehen vermochten und als Untergrundbewegung leben mußten, diesen gegengesellschaftlichen Zug voll zur Wirkung gebracht. Von da ab ging es um Identifizierungen, Anpassungen oder Grenzziehungen verschiedener Art, um Entschärfung des Konflikts. Aber völlig auszuräumen ist er nie gewesen. Immer wenn eine Kirche in Bedrängnis gerät, in eine Verfolgung oder eine Auszehrung, tritt er wieder in den Vordergrund. Seine Virulenz ist so stark, daß sie auch die Säkularisierung überlebt und als messianischer Anspruch von „ways of life", Ideologien, Modellen der Gesellschaftsreform, der Revolution oder der Konterrevolution immer neue Kraft gewinnt.

Und man kann schließlich sagen, daß auch der utopische Vorgriff der in die Enge getriebenen territorialen Christentümer auf ihre globale Zukunft in der ökumenischen Bewegung wieder diesen gegengesellschaftlichen Zug hat, diesen militanten Perfektionsanspruch, diese überanstrengte und alle Betroffenen überanstrengende Tendenz, die Welt besser zu verstehen, als sie sich selbst versteht, und jedenfalls besser zu machen, als sie es selbst will. Die Thematik von Löwen ist eine Art Beweis dafür.

II.

Andererseits müßte man sagen: Leider *hat das Christentum* in *seiner organisierten Form, als Kirche, seine gegengesellschaftliche Tendenz nicht durchgehalten. Zwar ist sie gefährlich. Aber noch gefährlicher war, daß die Kirche sich von 313 an in hohem Maße mit dem Römischen Reich identifizierte. Sie übernahm die Mitverantwortung für das zerfallende Weltreich und wurde seine Staatsreligion. Einheit des Reiches und Einheit der Kirche wurden zwar auch weiterhin theoretisch auseinandergehalten, zumal die Kirche die Grenzen des Reiches nicht als Grenzen ihrer missionarischen Zuständigkeit akzeptieren konnte. Praktisch aber wurden die beiden Einheiten kongruent, in einem solchen Maße, daß der Kaiser sich der Konzile der Kirche bediente, um die zentrifugalen Kräfte des Separatismus innerhalb und außerhalb der Reichsgrenzen unter Kontrolle zu halten. Andererseits gebrauchte die Kirche ihrerseits fast ohne Skrupel die Reichsgewalt zur Beseitigung des „Heiden-*

tums", zur Bekämpfung häretischer und schismatischer Bewegungen, zur Kontrolle nicht-integrierbarer Minderheiten wie des Judentums und zum Ausbau ihrer Infrastruktur. Das Christentum war Reichsideologie geworden, das Reich eine Materialisation zwar nicht der civitas Dei, wohl aber des göttlichen Weltregimentes geworden und also eine religiös-moralische Zwangsvorstellung.

Zwar ist diese Gleichung nie aufgegangen. Der Zerfall des Reiches war nicht aufzuhalten. Und das Christentum war eine viel zu dynamische Bewegung, um sich widerspruchslos über den Leisten, besser ans Kreuz der Stabilisierungsbedürfnisse eines so heterogenen politischen Gemeinwesens schlagen zu lassen. Wahrscheinlich hat es kraft dieser Dynamik selbst zum Zerfall des Reiches beigetragen. Aber die religiös-sozialen Techniken und die theologischen Rationalisierungsmöglichkeiten dieser Gleichung des Ungleichen waren ein für allemal erfunden und von nun an nahezu beliebig anwendbar.

Jede Gesellschaft, von der lokalen bis zur universalen Ebene, ist ja von zentrifugalen Kräften bedroht. In jedem Individuum gibt es ein Potential der Weigerung, der Emanzipation, der Anarchie, das auf keine Weise wegsozialisiert werden kann, schon darum nicht, weil die Gesellschaft im Konfliktsfalle auf diese Potenzen immer zurückgreifen muß. In jedem Individuum und in jeder Gruppe lauert das Verdrängte auf Möglichkeiten der Wiederkehr. Jede Herrschaftsordnung ist eine Unterdrückungsordnung, und indem sie individuelle und kollektive Identitäten unterdrückt, arbeitet sie immer an ihrem eigenen Untergang. Jede Gesellschaft ist darum angewiesen auf die Hilfestellung der organisierten Religion oder ihrer säkularisierten Endprodukte. Sie muß Tabus bilden, gesellschaftliche und innerseelische Zwänge aufrichten und aufrechterhalten, und das geht (oder ging bisher) nur mit Hilfe einer religiös-moralischen Mechanik in der frühen und späteren Sozialisation, vor allem in der Gewissensbildung.

Jene Gleichung des Ungleichen, auf die das Christentum sich eingelassen hat, bedeutet, daß es diese Funktion übernimmt, obwohl sie mit seinem Mandat in einer bleibenden Spannung steht. Die christliche Religion ist von nun an immer beides: Aufbruchssignal und Anpassungsinstrument, Herrschaftsmittel und Sprachschule der Freiheit. Und beides ist letztlich nicht versöhnbar. Zwei Seelen wohnen in der Brust der Kirche. Das macht ihre unbezähmbare Dynamik aus und ihre unerträgliche Ambivalenz. Die Eleganz der theoretischen Lösungen hat an der Schizophrenie in der Praxis der Kirche und der Frömmigkeit nie etwas auf Dauer ändern können.

Andererseits hatte die Kirche keine Wahl. Die Kritik an der konstantinischen Lösung ist theologisch-theoretisch möglich, sie ist unerläßlich um der Erneuerung der Kirche willen. Aber solange das Christentum den geschichtlichen Vorgang Jesu Christi als die Wahrheit der Wirklichkeit und der menschlichen Existenz verkündigt, wird sie interpretieren, also sich der Sprachen der Menschen bedienen, an ihren Erfahrungen und Träumen, ihren Hoffnungen und Ängsten anknüpfen müssen. Und solange sie den Glauben als Lebenspraxis auslegt – und wie könnte sie anders, da doch die Lebenspraxis Jesu die Menschen „in die Wahrheit" bringt –, wird sie mit Wort und Tat, mit Gemeinschaftsleben und Kirchengestalt tief und unwiderruflich eintauchen müssen in die jeweilige Umwelt. Denn nur so kann das, was sie verkündigt und zumutet, verständlich und relevant und vollziehbar werden.

Von ihrem Mandat her hat die Kirche ein Interesse, das mit den Interessen der jeweiligen Umwelt entweder tödlich kollidiert oder gefährlich koinzidiert. Die Neigung, ja die Nötigung, die Koinzidenz zu wählen und Kartelle zu bilden, ist fast unausweichlich. Und nur die Tatsache, daß der geschichtliche Veränderungsprozeß weitergeht, nicht zuletzt wegen der indigenativen Kraft des Christentums, bricht die parochiale Gefangenschaft der Kirche immer wieder auf, zersetzt versteinerte Kartelle und gibt der Kirche über neue Situationen ihre Handlungsfähigkeit wieder.

Die Kirche hat zwar auch in den Kartellen einen Spielraum der Kritik und der aktiven Verwandlung der Gesellschaften, in deren Medium sie lebt. Aber dieser Spielraum ist nicht beliebig groß. Und allzu rasch geht er in der jederzeit drohenden Überidentifizierung der religiösen Eliten mit irgendwelchen gesellschaftlichen Interessen verloren.

So wird also die Kirche „vor Ort" so etwas wie das Gewissen, nein, das Über-Ich der gesellschaftlichen Gruppierungen, auf die sie sich einläßt. Genauer, sie läßt es zu, daß der Vater Jesu Christi mit dem kollektiven Gewissen, mit der gesellschaftlichen Moral dieser Gruppierungen identifiziert wird, natürlich nicht ohne gegen dieses derart „verklärte" Gesetz dann das Evangelium von der Rechtfertigung des Gottlosen geltend zu machen.

Eben damit schafft sie aber erst das Phänomen des Parochialismus. Im „Idealfall" werden Kommune und Kirche kongruent, Bürgersein und Christsein identisch. Gelingt das – zum Glück gelingt es nie ohne Rest –, dann wird das Aufbruchssignal der Verheißung unhörbar, die Emanzipationschance, die im Christentum liegt, unvollziehbar, aber nicht nur das, sondern jede Veränderung, jedes Programm notwendigen Wandels, ja selbst die Neugier, das Wahrnehmungsvermögen für das Neue, ist dann immer schon religiös disqualifiziert. Zwar bleibt das Evangelium ein emanzipatorischer Impuls. Aber was er bewirkt, ist dann allenfalls die Distanzierung auf Zeit, der Rückzug in die Freiheit der Innerlichkeit. Der Parochialismus ist die äußerste Perversion des Christentums. Denn der Protest Jesu für den Menschen hat seine konkrete Gestalt in der Auseinandersetzung mit dem Parochialismus des Spätjudentums gewonnen. Jedes Wort und jede Tat Jesu muß im Zustand des Parochialismus gegen die Intention Jesu selbst ausgelegt werden. Der Auferstandene wird unter dem Denkmal seines totalen Sieges begraben.

Freilich ist das ein Schreckbild, das in der Wirklichkeit immer nur in Annäherungen vorkommt. Immerhin gibt es Phänomene wie den Ku-Klux-Klan und die Birch Society in den USA. Immerhin gibt es den Franco-Faschismus und den Portugalismus in Lateineuropa. Immerhin gab es die DC-Ideologie in Nazi-Deutschland. Auch die krausen Hintergrundsvorstellungen der C-Parteien in den Demokratien kommen hier in Betracht: Sie halten sich immerhin für soweit mit der Kirche identifiziert, daß sie einen selbstverständlichen Anspruch auf Hirtenworte geltend machen (das sind ja bischöfliche Anweisungen von der Kanzel, die, ernstgenommen, dem Glauben jede Wahl nehmen!). Und andererseits identifizieren sie sich so weit mit dem Staat, daß sie bei einem demokratisch bewirkten Machtverlust sofort in Revolutionsangst geraten.

Immerhin gibt es auch ausweglose Situationen wie den nordirischen Bürgerkrieg, in dem die ganze Macht religiös befestigter Gruppenidentitäten tödlich aufeinanderprallt, während die Kirchen hilflos zusehen. Sie haben diese Geister gerufen. Wie man sie exorzisiert, wissen sie nicht.

Man darf auch nicht meinen, daß der Säkularisierungsprozeß den Parochialismus von selbst zersetzt. Er polt ihn allenfalls um. Er macht das Religiöse nicht einfach machtlos, sondern beliebig. Er zerstört die Macht der Kirchen, aber nicht die Macht der religiösen Bedürfnisse. So kommt es zum Phänomen der „zweiten Religiosität". Auf dem Supermarkt des Weltanschauungsangebots bedient man sich mit religiösen Versatzstücken zur Befestigung der persönlichen oder Gruppenidentität. Man experimentiert mit Religion, indem man mit sich selbst experimentiert, und mit sich selbst, indem man mit Religion experimentiert. Der Parochialismus geht in den Untergrund der Subkultur oder auf den Kriegsschauplatz alter und neuer Separatismen: hier Jesus-People, da die Militanz synkretistischer Stammesreligionen; hier das „nation-building" junger Staaten, die das Erbe willkürlicher Grenzen, das der Kolonialismus hinterließ, irgendwie mit nationaler Identität füllen müssen, da der Generalangriff neuer Jugendbewegungen auf das Establishment, der die befreienden Inhalte der Religion zur Zertrümmerung ihrer herkömmlichen Institutionalisierungen benutzt, den Vater Jesu Christi zur Waffe für einen permanenten Vatermord macht.

Der institutionelle Parochialismus ist tot, es lebe der Gesinnungsparochialismus!

III.

Man könnte diesen Gedanken weiter verfolgen und sagen: Der Mensch ist das Lebewesen, dessen konstitutionelle Spezialität die Nicht-Spezialisierung ist. Er ist das nicht festgestellte Tier. Er ist es in dem doppelten Sinn, daß er einerseits mit seiner Lebenswelt nicht hinreichend instinktuell zusammengeschlossen ist, sich also selber anpassen bzw. durch die Gesellschaft angepaßt, überlebensfähig gemacht werden muß; und daß er andererseits und damit im Zusammenhang über alle seine gesellschaftlichen Umwelten hinaus offen ist. Es ist nicht nur ganz offen, was er ist, was er sein wird. Vielmehr ist diese Offenheit Bedingung seiner Humanisierung. Er ist das Tier, das seine biologischen, psychischen und gesellschaftlichen Determinationen zum Anlaß seiner Freiheit, seiner Emanzipation hat und nehmen muß. Er ist das grenzüberschreitende Tier. Er kann nur überleben, wenn er begrenzt wird. Er kann aber auch nur Mensch werden, wenn er diese Grenzen, die ihm sein Leben garantieren, überschreitet.

Diese Beschreibung hat den Nachteil, daß sie ungeschichtlich ist. Zwar ist der Mensch seinem Wesen nach ausgespannt zwischen Sozialisation und Emanzipation als zwei gleich fundamentalen Bedingungen seines Überlebens und seiner Humanisierung. Aber geschichtlich herrscht, solange die Übermacht der Natur die Spezies Mensch bedroht, das Sozialisationsbedürfnis vor. Der Kampf ums Überleben erzwingt die Disziplinierung des anarchischen Tiers um jeden Preis. So kommt es zum Phänomen der „Pseudo-Speziation“ [48]. Die gesellschaftliche Ordnung der Gruppe wird für das Individuum, was der artspezifische Instinktapparat für das Tier ist: eine nahezu absolute Steuerung. Um diese absolute Macht über die Individuen zu erlangen, muß jede Menschengruppe sich zur Spezies selbst erklären. Menschsein muß identisch werden mit Unterwerfung unter diese Gruppe in ihrer Besonderheit. Alle Alternativen des Menschseins, wie sie in anderen Gruppen sichtbar werden, müssen verdächtig sein oder in aller Form als nicht ganz menschlich oder unmenschlich, zumindest als feindlich erklärt werden. Diese Pseudo-Speziation, die Selbstverklärung einer Gruppe als Inbegriff des Menschseins, gelingt geschichtlich nur mit Hilfe der Emphase der Religion.

Seit der Kampf ums Überleben gegen die Natur zunehmend gewonnen wird, erscheint eben dieser Überbau der Selbstverklärung der je eigenen Gruppe und ihrer Ordnung als Hindernis weitergehender Menschwerdung. Das Emanzipationsbedürfnis tritt in den Vordergrund, weil mit der Sicherung des Überlebens die Frage nach dem Sinn dieses Überlebens nicht mehr zum Schweigen gebracht werden kann. Menschsein muß mehr sein als die jeweilige Gruppenordnung und Gruppenidentität.

Das Christentum gehört seiner Herkunft und seinem Inhalt nach auf die Seite des emanzipativen Pols im menschlichen Widerspruch. Es ist ein Aufbruchssignal, eine Weg-Verheißung und Wegweisung. Abraham wandert aus, indem er glaubt, und er glaubt, indem er auswandert. Jesus entwirft seine Lebenspraxis im Protest gegen die totale Pseudo-Speziation des Spätjudentums. Wenn und soweit Religion ein Überbauphänomen, ein Instrument totaler Sozialisation ist, ist das Christentum seiner Herkunft und seinem ursprünglichen Inhalt nach keine Religion, sondern eine Anti-Religion.

Aber weil das Christentum sich mitteilen und um der Mitteilung willen sozio-kulturell inkarnieren muß, wird es nun doch sekundär aus einer Wegweisung zu einer Platzanweisung, aus einem Befreiungssignal zu einem Herrschaftsinstrument, aus einem Protest gegen die Einkerkerung des Menschen in der Pseudo-Spezies zu einem besonders wirksamen religiös-moralischen Kerker. Dabei dienen seine emanzipatorischen Inhalte und Impulse besonders nachhaltig zur Neutralisierung der Emanzipationsbedürfnisse des Menschen. Die Freiheit des Menschen wird ins unzugängliche „Oben“ und ins unerreichbare „Vorn“ verlegt. Glaubend kann sie von oben empfangen und aus der Zukunft in die Gegenwart hereingezogen werden, aber nur symbolisch, und zwar in dialektischen Symbolen, die Freiheit in, mit und unter der Unfreiheit, Widerstand in der Gestalt der Ergebung ausdrücken und vollziehbar machen. In Christus sind Herr und Sklave, Gebildeter und Barbar, From-

mer und Unfrommer, Mann und Frau, Vater und Sohn eins, nur um in einer von der Eucharistie her eröffneten Lebenspraxis desto unwiderruflicher getrennt zu werden, weil nun beides gilt: Im Letzten ist die Trennung aufgehoben und von daher im Vorletzten relativiert, gleichgültig, also erträglich. Wiederum: In der Ergebung ins Vorletzte ist der Glaube ans Letzte zu bewähren, also sind die vorletzten Trennungen im Vorletzten selbst nicht antastbar, gottverordnet. In der Feier der Freiheit bleibt die Praxis der Freiheit auf der Strecke.

Zwar hat das Christentum seiner Herkunft und seines Inhalts wegen Freiheitsimpulse und auch Modelle praktizierter Freiheit in großer Zahl erzeugt. Aber im Kartell dienten sie am Ende doch nur einer um so wirksameren Domestikation: Spielplätze der Freiheit im Kerker göttlich sanktionierter Herrschaftsordnungen. Man kann sich auf ihnen müde spielen, um, in seine Zelle zurückgekehrt, besser zu schlafen.

Das Stichwort „Pseudo-Speziation" ist darum geeignet, die Kirchengeschichtsschreibung zu organisieren. Sie beginnt in der Diastase von Kirche und Welt. Die Kirche selbst verklärt sich als Pseudo-Spezies, als die Spezies von morgen. Dann folgt der Einbau dieses Anti-Systems in die Systeme dieser Welt, was sich als die raffinierteste Strategie zur Neutralisierung alles dessen erweist, was in den Systemen an systemsprengenden Kräften existiert und sich anstaut. Dann kommt die dritte Phase. Von der Aufklärung an geraten die Systeme in zunehmende Bewegung und die Kirchen aus dem Tritt mit dieser Bewegung. Nun wird die alte Kraft der Selbstunterscheidung von der Welt wieder wach, aber in gegenläufiger Richtung. Die Kirchen werden in den Systemen der Hort der Kräfte, die den Wandel der Systeme und also die Menschheitsgeschichte aufhalten. Sie werden gegen-aufklärerisch, konterrevolutionär. Vorübergehend mehrt das ihre Macht. Zugleich aber zerstören sie auf diese Weise ihre eigene Basis. Sie sind nicht mehr Spielplätze der Freiheit, die die Freiheit zwar entschärfen, ihr aber doch immerhin Spielraum lassen. Sie sind jetzt Kasernenhöfe der Unfreiheit, Manufakturen zur Fertigung autoritärer Persönlichkeiten. Das Freiheitsbedürfnis wandert endgültig aus ihnen aus und in Parteien, Gewerkschaften, Freizeitorganisationen, in die Kleingettos der Familien ein. Die Kirchen werden zu Subkulturen in den Kulturen, in denen sie sich verfangen haben, Pseudospezies im Zerfallstadium.

IV.

Von daher könnte man schließlich sagen: Die ökumenische Bewegung ist nichts als ein Sanierungsprogramm für die zerfallenden Kirchentümer. Durch internationale Organisation und Aufbruch in den Welthorizont versuchen die parochialisierten Christentümer, sich ins Kommende zu retten, wie es ja auch ihre Partner im Kartell, die Nationen vermittels des Völkerbundes bzw. der UNO tun.

Das ist aber ein in sich widersprüchliches Programm. Auf der einen Seite stärkt Internationalisierung die verendenden parochialen und territoria-

len Institutionen. Sie werden überregional handlungsfähig. Andererseits erzeugt der internationale Pluralismus die Notwendigkeit, das Eigene erneut zu profilieren, nun aber unter Berücksichtigung der rivalisierenden Entwürfe und also nachhaltiger, jedenfalls kurzfristig. So ist denn auch die Geschichte der ökumenischen Bewegung als Geschichte der Internationalisierung des Christentum zugleich eine Geschichte der Stärkung der konfessionellen Identitäten, der Regionalisierungs- und Parochialisierungstendenzen, innerhalb und außerhalb des Ökumenischen Rates, mit der Internationale der Kirchen oder gegen sie. Innerhalb jeder Gliedkirche gibt es solche fundamentalistischen und parochialistischen Tendenzen, und sie werden nachweislich stärker, man spricht von einem „back-lash". Aber auch außerhalb der institutionalisierten ökumenischen Bewegung gibt es einen anti-ökumenischen Rückstoß von ganz links (ein experimenteller Ökumenismus, der sich so ausschließlich auf eine bestimmte Konfliktsituation bezieht, daß er alles, was jenseits des Lokalen passiert, für Eskapismus hält) bis ganz rechts (Bekenntnisbewegungen, Notgemeinschaften, Sektenbildungen). Auch im politischen Bereich führt ja der Internationalismus zu einer Wiederbelebung des Nationalismus und einer Verstärkung von Autonomiebewegungen, zum fortschreitenden Zerfall etablierter Nationen und zur Ausbildung neuer nationaler Identitäten oder doch Bewegungen mit diesem Ziel. Gerade im Kampf um die Überwindung der Pseudo-Speziation beleben sich also immer zugleich auch die Pseudospezies, mindestens vorübergehend.

Aber gesetzt den Fall, die ökumenische Bewegung wäre auf die Dauer erfolgreich und könnte ihre Rückstoßeffekte überwinden. Dann trüge sie also erfolgreich in die Weltgesellschaft die Scheidung von Kirche und Nichtkirche ein. Dann belebte sie, der Logik des „Dialogs" entsprechend, auch andere absolute Wahrheitsansprüche in der Weltgesellschaft, zum Beispiel die rivalisierenden Religionen. Sie wäre also in einer Situation, in der nur durch Pluralismus zu überleben ist, ein antipluralistisches Ferment und stärkte andere solche Fermente. Je erfolgreicher sie wäre, um so näher läge der Irrweg von 313 in einer neuen Auflage: das Christentum als Ideologie der Weltgesellschaft. Je erfolgloser sie wäre, um so fanatischer müßte sie sich als Gegengesellschaft formieren. Fast möchte man sich das leztere wünschen. Denn dann bliebe doch wenigstens der Streit um die Wahrheit im Gang.

Andererseits bleibt das Christentum ja doch das Christentum. Es muß übersetzt werden. Es muß in eine konkrete Lebenspraxis inkarnieren. Insofern hat es gar kein Interesse an der Überwindung oder an der Integration des Partikularen in einen größeren Zusammenhang. Es ist verliebt ins Besondere. Es hat ein Lebensinteresse daran, das Besondere zu stärken und zu erhalten. Den Universalismus der universalen Gesellschaft müßte es beständig unterwandern, relativieren, ihm Grenzen setzen.

Auch das läßt sich positiv verstehen. Die Zukunft der Menschheit wird zum Horrortrip, wenn man bedenkt, was für eine uniformisierende Kraft sie hätte. Schon ihre Vorform, die Coca-Cola-Weltzivilisation, hat sie ja in einem erschreckenden Ausmaß. Gelobt sei, was das Besondere schützt.

Aber negativ gewendet heißt das: Die besondere Kraft der Pseudo-Speziation, die das Christentum hat, wird in der werdenden Weltgesellschaft gleich auf mehreren Ebenen wirksam werden. Das Partikulare, vermehrt um die Kraft des Christentums, wird ständig das Universale gefährden. Das Universale, ohnehin labil genug, wird ständig in Frage gestellt durch die universale Präsenz eines international organisierten Wahrheitsanspruchs. Vielleicht kann das Christentum intern eine Formel finden, die auch dieses Ungleiche wieder auf eine Gleichung bringt. Aber kann die Weltgesellschaft ein solches Potential an Widersprüchen zu allem andern hin überleben?

V.

Man könnte schließlich sagen: Vielleicht ist der Freiheitsimpuls des Christentums unverzichtbar. Vielleicht muß diese permanente Unruhe bleiben, damit der Mensch auf dem Weg der Menschwerdung bleibt.

Aber muß dieser Impuls kirchlich organisiert werden? Ist die Kirchwerdung des Christentums wirklich unausweichlich? Die Frage ist nicht nur: Hat Jesus die Kirche gewollt? Auch wenn man, was wahrscheinlich ist, diese Frage verneinen muß, kann man nicht daran vorbei, daß die Kirche geworden ist und daß von Jesus, wäre sie nicht geworden, vermutlich nicht mehr die Rede wäre.

Aber gehört es nach allen Erfahrungen der Kirchengeschichte auch weiterhin unausweichlich zur Logik des Glaubens, daß er auf Kirche hinausläuft, schließlich auf die Kirche in Potenz, die Kirche in universaler Omnipräsenz, vielleicht auf jene Superkirche, vor der schon die Väter der ökumenischen Bewegung zurückschreckten?

Eine dritte ironische Umkehrung des Themas von Löwen könnte heißen: der Zerfall der Kirche und die Einheit der Menschheit. Und konkret wäre damit nicht das Ende des Christentums gemeint. Nichts Geschichtsmächtiges endet in dieser Weise, schon gar nichts so Mächtiges wie der Exodusimpuls der Abrahams- und der Christusverheißung. Konkret wäre gemeint: Freisetzung des Christentums aus seiner kirchlichen Entfremdung im Interesse des Überlebens der Menschheit.

Ehrlich gesagt, ich weiß nicht, ob diese Frage irgendeinen Sinn ergibt. Daß sie sich aus der Logik des ökumenischen Prozesses heraus, wie sie in Löwen selbst sichtbar und hörbar geworden ist, stellen läßt – und nicht nur ironisch –, kann man kaum leugnen.
Ihr E. L.

III. Die Dienstmagd der Kirchen
oder:
Die Unschlüssigkeit der ökumenischen Bewegung

Die Kommission für „Glauben und Kirchenverfassung" ist nur ein Arbeitsbereich unter vielen in der ökumenischen Bewegung. Es geht in ihr leiser und unauffälliger zu als anderswo. Trotzdem ist sie so etwas wie das Herz oder das Gewissen der Ökumene. Denn ihr Ziel, die Einung der Christenheit, ist das Ziel aller Abteilungen des Ökumenischen Rates, die raison d'être des Rates. Die anderen Zweige verfolgen das gleiche Ziel auf anderen Wegen. Teilweise ist für sie die Einheit eher ein Mittel als der Zweck, eine unerläßliche Bedingung für die Mission, die Entwicklungshilfe, die Diakonie und den weltpolitischen Einsatz der Kirche, eine unerläßliche Voraussetzung für die Wiederherstellung der Glaubwürdigkeit und die Entfaltung der vollen Potenz der Christenheit. Oder sie sehen die Einheit als das letzte Ziel, das aber nur auf dem Wege über die Einung im Dienst an der Weltentwicklung und in der Mission erreicht werden kann. Sie akzentuieren die Einheit anders und verfolgen eine andere Strategie.

Aber für alle Arbeitszweige ist die Einung der Christenheit das entscheidende Kriterium ihrer Arbeit. Alles, was sie tun, muß sich messen lassen an folgenden Fragen: Entspricht es der in der Glaubenstradition bezeugten vorgegebenen Einheit der Kirche? Bringt es diese Einheit angemessen zum Ausdruck? Fördert es die Kirchen auf dem Weg zur Wiederherstellung ihrer sichtbaren, vollen und uneingeschränkten Gemeinschaft? Der zentrale Bibeltext für alle Erscheinungsweisen der ökumenischen Bewegung ist und bleibt Johannes 17, 21. Der johanneische Christus betet auf seinem Weg zum Kreuz: „Sie alle sollen eins sein, wie du, Vater, in mir bist und ich in dir, so auch sie in uns, damit die Welt glaubt, daß du mich gesandt hast."

Sichtbare Einheit

Die Arbeit von „Glauben und Kirchenverfassung" ist im Grunde ganz unmittelbar und ausschließlich die Auslegung dieses Satzes, die Arbeit an der Erhörung dieses Gebets. So wahrt sie die Zielorientierung der gesamten ökumenischen Bewegung. Und es war nur konsequent, daß der Zentralausschuß, der an einer Neuformulierung der Funktionen und Zwecke des ÖRK arbeitet, von der Kommission Formulierungshilfe für den ersten entscheidenden Satz verlangte.

Es ist aufschlußreich, sich klarzumachen, wie die Kommission sich dieses Auftrages entledigte. Der Ausgangspunkt war die geltende Verfassung des

ÖRK. Diese Verfassung gibt als solche überhaupt keine Ziel- und Funktionsbestimmung. Sie beschränkt sich unter III, (i) auf einen Rückbezug zu den Herkunftsbewegungen: „die Arbeit der beiden Weltbewegungen für Glauben und Kirchenverfassung und für Praktisches Christentum sowie die des Internationalen Missionsrates weiterzuführen“ [49]. In der Verfassung der Kommission selbst, die deshalb u. a. den unmittelbaren Hintergrund der neuen Funktionsbestimmungen abgibt, heißt es unter (i): „der wesenhaften Einheit der Kirche Christi Ausdruck zu geben (proclaim) und dem Ökumenischen Rat und den Kirchen besonders vor Augen zu halten, daß sie verpflichtet sind, diese Einheit um der Glaubwürdigkeit willen von Weltmission und Evangelisation sichtbar zu machen“ [50]. Diese Formulierung ist das Ergebnis der Integration des Internationalen Missionsrates mit dem ÖRK.

Daß der ÖRK selbst nun Funktionen und Zwecke formuliert, die an inhaltlichen Zielen orientiert sind, ist ein Zeichen, daß er inzwischen mehr geworden ist als die Addition seiner Herkunftsbewegungen. Er selbst *ist* ein wesentlicher Ausdruck und das entscheidende Instrument der „existing fellowship“ der Kirchen geworden. Es muß also nun Auskunft gegeben werden, worauf es mit dieser bereits bestehenden Gemeinschaft hinaus soll. Es ist von Bedeutung, daß man eine solche an Zielen orientierte Funktionsbestimmung bislang nicht zu formulieren gewagt hatte, um die Kirchen nicht unter Zugzwang zu bringen, daß man aber nun, nach einem knappen Vierteljahrhundert, Farbe bekennen *muß*. Die Ziele der ersten Etappe, Integration der Herkunftsbewegungen, Schaffung eines Instrumentariums der internationalen Zusammenarbeit auf allen Gebieten und eines gemeinsamen Bewußtseins der Kirchen, sind erreicht. Wie soll es weitergehen?

Der Zentralausschuß formuliert in seinem eigenen Verfassungsentwurf folgendermaßen [51]: „To keep before the Churches the goal of unity in one faith and in one eucharistic fellowship and to foster the progressive manifestation of this unity and the expression in worship of our common life in Christ“ (Mi 46). Das Ziel ist danach: die Einheit in dem einen Glauben und in der einen eucharistischen Gemeinschaft. Die Aufgabe des ÖRK ist es, den Kirchen dieses ihr Ziel vor Augen zu halten (was ja eine gewisse proleptische Sichtbarkeit in der ökumenischen Bewegung impliziert; das zeigt auch das Ende des Satzes: Das gemeinsame Leben in Christus ist gegeben, gesucht ist sein Ausdruck in der Liturgie) und den Progreß in der Manifestation dieser Einheit zu nähren und zu pflegen (foster).

„Glauben und Kirchenverfassung“ akzeptiert diesen Entwurf nicht und macht einen Alternativvorschlag: „To call the Churches to the goal of visible unity in one faith and in one eucharistic fellowship, expressed in worship and in common life in Christ and to advance towards that unity in order that the world may believe“ (Mi 46). Das ist zugleich kühner und sehr viel zurückhaltender.

Es ist kühner. Denn das Ziel ist also die *sichtbare* Einheit in dem einen Glauben und der einen eucharistischen Gemeinschaft, ausgedrückt in der Liturgie und im gemeinsamen Leben in Christus. Die Umgruppierung der

Materialien in dem Entwurf des Zentralausschusses ergibt nun eine gewisse Plerophorie. Daß eucharistische Gemeinschaft sich liturgisch ausdrücken muß, ja liturgisch vollzieht, versteht sich eigentlich von selbst. Aber „Glauben und Kirchenverfassung" liegt an der Radikalisierung des Ziels. Es geht rundherum um Sichtbarkeit, das heißt jedenfalls auch um die strukturelle Verwirklichung des Ziels. Und darum wird auch Wert darauf gelegt, daß „gemeinsames Leben in Christus" mehr ist als die vielbeschworene „existing fellowship". Man kann davon nicht ausgehen als von einem schon Erreichten, das nur noch ausgedrückt werden müßte. Es ist selbst noch Ziel.

Außerdem soll der ÖRK nicht nur „vor Augen halten", sondern rufen, proklamieren. Er ist nicht nur ein Instrument, sondern eine Provokation der Kirchen. Er hat einen selbständigen prophetischen Auftrag.

Aber wichtiger ist die Tendenz zur Zurückhaltung. Der Progreß, den der Zentralausschuß „nähren und pflegen" will, als sei er doch schon irgendwie im Gang, ist die Verantwortung der Mitgliedskirchen und nur der Mitgliedskirchen. Der ÖRK hat da nichts zu „nähren und zu pflegen", er ist der „Ruf nach vorwärts" an die Kirchen. Solange die Kirchen nicht voranschreiten, ist da kein Fortschritt, kein wirklicher Fortschritt.

Vielleicht ist das überinterpretiert. Aber die ökumenischen Theologen sind gewohnt, sorgfältig zu formulieren. Der Erfolg ihres „Eiertanzes" hängt an solcher Sorgfalt. An ihrer Intention kann kein Zweifel sein. Der ÖRK soll bei seiner angestammten Rolle bleiben: eine Provokation der Kirchen, nicht mehr, aber auch nicht weniger. Er soll das Ziel nicht verwässern oder ermäßigen. Und er soll die Kirchen bei ihrer alleinigen Verantwortung behaften. Internationale Zusammenarbeit ist erreicht, in hohem Maße. „Existing fellowship" ist gewonnen, deren ekklesiologische Bedeutung auf Weisung der Kirchen aber nicht formuliert werden darf. Ein Fortschritt im Wesentlichen ist also nicht erzielt, nur im Möglichen. Die Mitgliedskirchen sind an der Reihe.

Natürlich hat das alles auch einen ökumene-politischen Stellenwert. Schließlich geht es unter anderem um Rom. Und für Rom ist eine Einheit, die keine strukturelle Einheit ist, unvorstellbar. Zugleich bleibt es unvorstellbar, daß die Initiative auf eine Ebene über den Heiligen Stuhl und seine „Korrespondenten" in den anderen Konfessionsfamilien – wenn es denn solche geben sollte – hinauswandern könnte, und wäre es in einem noch so eingegrenzten Sinn.

Aber das schränkt die an diesem Tagesordnungspunkt von Löwen gewonnene Einsicht nicht ein. Es macht sie im Gegenteil konkreter. „Glauben und Kirchenverfassung" will größere Kühnheit und größere Zurückhaltung nicht nur aus „grundsätzlichen" Erwägungen, sondern weil die ökumenische Praxis nichts anderes zuläßt.

Von daher soll nun versucht werden, die zweideutige Titelfrage dieses Buches „Was bewegt die ökumenische Bewegung?" für den ökumenischen Prozeß als ganzen zu erwägen. Dabei dient Löwen nur noch als Beispiel. Was motiviert die ökumenische Bewegung? Und was bringt sie zuwege? Was richtet sie aus? Beides ist nicht prinzipiell, sondern am gegenwärtigen Stand und Zustand des ökumenischen Prozesses zu ermitteln, nicht am Programm, sondern an der Praxis.

Die Titelfrage ist zweideutig. Mit dem Begriff „Unschlüssigkeit" wird auch die Antwort bewußt zweideutig formuliert. Der gegenwärtige Zustand des ökumenischen Prozesses erlaubt keine eindeutigen Schlüsse. Und der Grund dafür ist, daß die Bewegung unschlüssig ist, daß vor allem die Mitgliedskirchen unschlüssig sind. Neue Entschlüsse sind fällig, aber es wird vor ihnen noch zurückgeschreckt, vielleicht sind sie auch einfach nicht möglich, *noch* nicht möglich oder überhaupt nicht möglich. Darum kann die Antwort auf die Titelfrage nicht anders als ambivalent sein.

I. Unschlüssigkeit der Ziele

Von Anfang an ist sich die ökumenische Bewegung hinsichtlich ihrer Ziele nicht wirklich schlüssig gewesen. Das liegt vor allem daran, daß ganz unterschiedliche, ja widersprüchliche Motivationen im Spiel sind.

Im „Aufruf an die Kirchen" zur Gründungsversammlung in Amsterdam, 1948, hatte es geheißen: „Our first and deepest need is not new organization, but the renewal, or rather the rebirth, of the actual churches." [52] Seither gehört der unauflösliche Zusammenhang von „Einung" und „Erneuerung" zu den feststehenden Formeln ökumenischer Theorie und Praxis. Einung ist nur durch Erneuerung der „Kirchen, wie sie sind" zu erwarten. Zugleich ist aber die Einung selbst der ökumenische Weg der Erneuerung. Die Kirchen einen sich, indem sie sich radikal erneuern. Sie erneuern sich, indem sie ihre Einung von den Grundlagen des Glaubens her betreiben.

Auf der verbalen Ebene hat es darüber nicht viel Streit gegeben. Aber was „radikale Erneuerung" eigentlich bedeute, das war von jeher strittig.

Es ist strittig zwischen den Konfessionen. Da jede Kirche sich als die wahre oder doch als die relativ wahrste Manifestation der Kirche des Glaubens betrachtet und da eben diese Grundüberzeugung – das ist der Sinn der Formel von Toronto – als solche nicht diskutabel sein soll, liegt es zunächst praktisch nahe, bei dem Stichwort „radikale Erneuerung" vor allem an die jeweils anderen Kirchen zu denken und das Ziel dieser Erneuerung der anderen sich als Annäherung an das eigene Kirchesein vorzustellen. Die römische Kirche hat sich die Wiedervereinigung bis zum Zweiten Vatikanum ganz ausdrücklich überhaupt nur so denken können: als Heimkehr der Getrennten, deren Zusammenschlüsse nicht einmal aus Gründen der Diplomatie „Kirchen" zu nennen waren, in den allumfassenden römischen Schoß. Die orthodoxen Kirchen haben das nie so brüsk ausgesprochen, weil ihre Einheit ja selbst schon die konziliare Einheit autonomer Kirchen ist. Ihre Weise, das gleiche zu sagen wie Rom, war der Ruf zur Rückkehr zum altkirchlichen Konsensus der sieben Konzile. Und die protestantischen Kirchen tun sich zwar ihrer Lehre wegen mit dem Gedanken der radikalen Erneuerung sehr viel leichter, weil sie ihre Kontinuität allein in „Gottes Wort" begründen und auch die eigene Kirchengestalt der Autorität und der Kritik dieses Wortes prinzipiell auszuliefern bereit sind. Aber eben diese Selbstauslieferung an das „Wort" müssen sie immer auch den anderen Kirchen zumuten, und das können diese nicht leisten, denn sie halten sich in ihrer Kirchengestalt für den Christus praesens, für das kirchegewordene Wort selbst. Schon in der Grundkonzeption der Mitgliedskirchen ist „radikale Erneuerung" also etwas je ganz Verschiedenes. Alle können sich die Erneuerung als die Herzensbuße der Glaubenden und der kirchlichen Funktionäre denken. Alle können sich denken, daß es auch für sie selbst als Institutionen gilt, verlorene Fülle wiederzugewinnen. Aber eine Änderung im Grundmuster ist im tiefsten für alle undenkbar.

Aber nicht nur zwischen den Konfessionen ist „Erneuerung" strittig, sondern auch und fast noch stärker zwischen den Herkunftsbewegungen des ÖRK. Für „Life and Work" ist Erneuerung ganz und gar weltorientiert: die Kirche mit all ihren Kräften verfügbar für die Welt in ihren Widersprüchen und Ausweglosigkeiten. Für „Weltmission und Evangelisation" läßt sich das ganz ähnlich ausdrücken. Aber ob Proexistenz diakonisch oder missionarisch ausgelegt wird, macht einen fundamentalen Unterschied. „Glauben und Kirchenverfassung" wiederum denkt sich Erneuerung als Wiederherstellung der biblischen Fülle des Glaubens und der Koinonia und als Wiedergewinnung der vollen Glaubwürdigkeit und Relevanz der Verkündigung für die gegenwärtige Welt. Es sind ja aber keineswegs nur diese drei Ströme. Da ist die Jugend- und Studentenbewegung innerhalb und außerhalb des ÖRK, die der ökumenischen Bewegung ihre besten Männer und ihre besten Ideen geliefert hat und noch liefert. Für sie legt sich Erneuerung immer in der Dramatik des Generationenkonflikts aus. Nicht, als wäre die erneuerte Kirche für sie die Kirche der Söhne gegenüber der verknöcherten Kirche der Väter. Wohl aber ist für sie die Tradition immer vor allem der Steinbruch zukünftiger Gestaltung. Ihr Erneuerungskonzept ist meist ziemlich verschwommen, aber seine Grundstimmung ist utopisch, nicht auf Wiederherstellung vergangener Fülle, sondern auf Realisierung künftiger Möglichkeiten gerichtet. Und entsprechend der Geschichte des Generationenkonflikts werden die Visionen kommender Möglichkeiten immer radikaler. Die Theologie der Revolution ist sozialpsychologisch eine Theologie der Jungen oder doch – das ist eine besondere Spielart Mensch seit dem frühen Wandervogel – der „Junggebliebenen".

Daneben gibt es in der Ökumene die große Vielfalt der Laienbewegungen, besonders der protestantisch inspirierten. Der Grundkonflikt, in dessen Licht sie sich die erneuerte Kirche entwerfen, ist der Klerus-Laos-Konflikt. Ihr Erneuerungsimpuls ist im Grunde – auch geschichtlich – emanzipatorisch, laizistisch, auch wenn für die innerkirchlichen Bewegungen der Sachverhalt dadurch kompliziert wird, daß sie sich diese antiklerikale oder kleruskritische Tendenz ihrer Modelle als treue Kirchenmitglieder nie wirklich haben eingestehen, sie nie in innerkirchliche Strategie haben umsetzen wollen. In dem Maße, in dem die Laienbewegungen sich dann verkirchlicht und kirchlichen Status gewonnen haben (Verkirchlichung ist eine der geschicktesten Strategien der etablierten Kirchen im Kampf gegen kirchenkritische Impulse), geriet der laizistische Ansatz immer mehr in den Untergrund des Bewußtseins. Wenn es aber um den Traum von der erneuerten Kirche geht, dann sind all diese verdrängten Rebellionsbedürfnisse wieder im Spiel. Unnötig, ausführlich darauf hinzuweisen, daß die mächtigen kirchlichen Frauenbewegungen eine besondere Spielart dieser nichtvollzogenen, darum weiterschwelenden Rebellion sind.

Aber auch das reicht noch nicht aus. Denn was „radikale Erneuerung" ist, wird ja in dem Maße, in dem die ökumenische Bewegung fortschreitet, auch zwischen den „jungen" und den etablierten Kirchen, zwischen der Dritten Welt und den nordatlantischen Metropolen, zwischen den Rassen, zwischen den Kulturen, in denen das Christentum inkarniert ist, zwischen den Weltregionen (also etwa ganz prononciert zwischen Lateinamerika und Afrika) kontrovers. Alle zentrifugalen Kräfte, die im ökumenischen Prozeß entstehen, wirken sich auch in rivalisierenden Erneuerungskonzepten aus.

Erneuerung ist – schlicht gesagt – demnach ein durch und durch polemischer Begriff. Ist die Einung der Christenheit an ihre „radikale Erneuerung" gebunden, dann ist es kein Wunder, daß die ökumenische Bewegung in ihren Motivationen und ihren Zielen unschlüssig bleibt.

Potenziert wird dieser Sachverhalt noch einmal, als die ökumenische Bewegung 1948 eine Bewegung der *Kirchen* wird, in der ganzen Ambivalenz, die in dieser Umpolung steckt und die schon mehrfach in diesen Überlegungen aufgewiesen wurde. Denn man kann sagen, daß die ökumenische Bewegung eben damit, daß sie eine Kirchenorganisation wird, aufhört, eine Erneuerungsbewegung zu sein. Genauer: Die etablierten Kirchen, die Institutionen müssen, ungeachtet ihrer konfessionellen Kontroversen, unter Erneuerung etwas kategorial anderes verstehen als die experimentellen Aufbrüche, die in ihnen und um sie herum vorgehen. Die Institutionen *müssen* sich, ihrem Mandat und ihrem Interesse folgend, Erneuerung als mehr oder minder tiefgreifende Reform *am* Bestehenden denken. Der experimentelle Ökumenismus *muß* sich – das entspricht der Logik seines Aufbruchs – Erneuerung revolutionär denken, jedenfalls extrem institutionenkritisch. Mit anderen Worten: Es gibt eine ökumenische Version des permanenten Streits zwischen den Vertretern systemimmanenter und systemüberwindender Veränderungen. Und dieser Streit ist jeweils *in* den Konfessionen, *in* den verschiedenen Herkunftsströmen der Ökumene, *in* den Laien- und Jugendbewegungen, *in* den Genfer Abteilungen und ihren Ausschüssen und schließlich zwischen der institutionellen ökumenischen Bewegung mit all ihren inneren Widersprüchen und dem experimentellen Basis-Ökumenismus im Gange. Die Institutionen *müssen* sich Erneuerung als mit Selbsterhaltung vereinbar denken. Ihre Streitpartner müssen mit dem „Stirb und Werde" oder – christlich – mit Kreuz und Auferstehung argumentieren. Es gibt da letztlich – in den Motivationen und den Zielen – keinen Kompromiß.

Das Dilemma wird allenthalben in der Bewegung empfunden. Überraschenderweise wurde in Löwen gerade von einem Orthodoxen die schärfste Kritik in dieser Hinsicht laut, obwohl der Eindruck, die Orthodoxen seien dem Erneuerungsgedanken gegenüber besonders reserviert, im ganzen sicher zutrifft. „Bei dieser Suche nach der wahren Einheit", sagte Savas Agourides in seiner Meditation über die Zukunft der ökumenischen Bewegung, „... werden die Kirchen durch zwei Faktoren bestimmt: Buße und Erneuerung einerseits, die Notwendigkeit der Verteidigung gegenüber der Welt und ihrem Druck auf die Kirchen andererseits. Ich habe den Eindruck, daß der zweite Faktor sich sehr viel stärker auswirkt. Wir brauchen hier nicht auf die neue Erfahrung der Zusammenarbeit unter den Kirchen während der letzten beiden Generationen einzugehen. Das Bewußtsein der gemeinsamen Probleme und Gefahren, der Prozeß der Vereinheitlichung der Welt auf vielen Gebieten, die Notwendigkeit, miteinander zu experimentieren und einander zu helfen, haben eine Art Einheit geschaffen ... Diese Art des Zusammenseins der Kirchen ist eine Realität ... Zweifellos ist dies ... von hohem Wert, doch entspringt es hauptsächlich der Notwendigkeit, sich gegen die feindlichen Kräfte der Enthumanisierung zur Wehr zu setzen ... Die erste Gefahr besteht darin, dieses Zusammengehörigkeitsgefühl der Kirchen gegenüber der Welt für die Einheit der Kirchen in unserer Zeit zu halten und sich damit zufriedenzugeben ... Die zweite Gefahr kann in der Enttäuschung über den defensiven Charakter der bestehenden Zusammengehörigkeit und in der Begeisterung über die bisher in der Welt erreichte Gemeinschaft liegen ..." (Mi 47 f.).

Der Einwurf ist interessant, nicht zuletzt darum, weil er den polemischen Charakter des Erneuerungsgedankens und die Austauschbarkeit der Argumente beweist. Denn alles, was hier unter dem Stichwort „Herausforderung durch die Welt" als defensiv kritisiert wird – die ganze Thematik von „Kirche und Gesellschaft" zum Beispiel und die ökumenische Diakonie –, erscheint aus protestantischer Sicht häufig als die avantgardistische Spitze des ökumenischen Prozesses. Und die leise Arbeit von „Glauben und Kirchenverfassung", die aus dieser weltorientierten Sicht häufig als weltferner Traditionalismus abqualifiziert wird, erscheint in anderer Perspektive als die einzige Chance wirklicher Progression. Nichts könnte die Ambivalenz der Motivationen und Ziele besser beleuchten.

Die Konziliaritätsformel

Vor diesem Hintergrund gilt es zu lesen, was der verbale Konsensus hinsichtlich des konkreten Ziels der ökumenischen Bewegung ja nun doch ergeben hat. In dieser zentralen Frage gibt es auch zwischen dem Entwurf des Zentralausschusses und der Korrektur der Kommission von „Glauben und Kirchenverfassung" keinen Dissens. Das Ziel ist die „sichtbare Einheit in dem *einen* Glauben und in der *einen* eucharistischen Gemeinschaft". Und das ist durchaus keine Leerformel. Beide Elemente dieser Formel verweisen auf ausgeführte Konzepte und wenigstens ansatzweise auf Strategien. Dennoch bleibt die Unschlüssigkeit der Ziele überall wirksam. Ja sie wird gerade in der Konkretheit der Konzepte besonders fühlbar.

Um die sichtbare Einheit in der „einen eucharistischen Gemeinschaft" und um den Weg dahin geht es in der Konzeption der *Konziliarität*. Der beste Text, der in Löwen erarbeitet worden ist, behandelt dieses Thema. Vermutlich wird er in entwickelterer Form die fünfte Vollversammlung (1975) des ÖRK beschäftigen, denn er führt einen Auftrag der vierten Vollversammlung aus. Über sein aufschlußreiches Zustandekommen wurde schon berichtet (s. o. S. 25. Der volle Wortlaut findet sich auf Seite 204).

„... Uppsala sprach vom Ökumenischen Rat als einer Übergangslösung bis zu einer schließlich zu verwirklichenden wahrhaft universalen, ökumenischen, konziliaren Form des gemeinsamen Lebens und schlug vor, daß die Mitgliedskirchen auf die Zeit hinarbeiten sollten, wenn ein wirklich universales Konzil wieder für alle Christen sprechen und den Weg in die Zukunft weisen kann" (Lö 226). Löwen stellt fest, es handle sich in der Projektion von Uppsala, genaugenommen, um einen doppelten Impuls. Einmal bedeutet „Konziliarität" eine „konstante *Struktur* des Lebens der Kirche", zum andern ein „*Ereignis*, das eines Tages vielleicht stattfinden wird". Die Struktur der Konziliarität ist „das Zusammenkommen von Christen – örtlich, regional oder weltweit – zu gemeinsamem Gebet, zu Beratung und Entscheidung in dem Glauben, daß der Heilige Geist solche Zusammenkunft für seine eigenen Zwecke der Versöhnung, Erneuerung und Umgestaltung benützen kann, indem er sie zur Fülle der Wahrheit und der Liebe hinführt" (Lö 226).

Das klingt wenig aufregend. In Wirklichkeit ist die Struktur der Konziliarität das spezifisch christliche Modell fundamentaler Demokratie, ein ausgesprochenes „Räte"-Modell. Einheit wird nicht hierarchisch organisiert, auch nicht in einem Kodex von zeitlos gültigen Satzwahrheiten, die alle Beteiligten satzungshaft binden, begründet. Sie wird von der Diskussion erwartet. Freilich – und das unterscheidet die „Räte" der Christen von den Räten der Pariser Kommune – steht diese konziliare Einheit unter dem Vorbehalt der Geistesgegenwart. Alle Beteiligten teilen die Hoffnung auf die Zukunft der Wahrheit, rechnen grundsätzlich damit, daß der Konsensus, nach dem sie suchen, mehr sein kann und mehr sein wird als die Summe der Einzelmeinungen oder der Kompromiß aus kontroversen Positionen oder der totale Sieg der stärksten Fraktion oder der stärksten Argumente. In den christlichen Räten – so jedenfalls die Theorie – treffen Einzelne, Gruppen, Gemeinden, Kirchen aufeinander, die sich gegenseitig wahrnehmen als Konkretionen der Gegenwart Christi, als Manifestationen der Erneuerungskraft des Heiligen Geistes. Eben darum erwarten sie von ihrem Zusammentreffen den Mehrwert der größeren Wahrheit. Darum können sie auf den Kodex verzichten und mit dem Konsensus rechnen, einem Konsensus, der immer offen bleibt nach vorn.

Das Modell hat viele Vorteile. Einheit wird vorgestellt als das Einswerden des vielfältig Verschiedenen, sie ist wesentlich plurale Einheit. Alle am Rat Beteiligten sind gleichen Rechts und gleicher Eigenständigkeit. Da aber alle diese Eigenständigkeiten als Konkretionen der einen Gnade wahrgenommen werden müssen, sind sie nicht Hindernisse, sondern Quellen der

Einung. Ohne diese Eigenständigkeiten gibt es die Einheit, die erwartet wird, gar nicht. Jede Einheit, die weniger wäre als die Fülle dieser Eigenständigkeiten, wäre nicht nur weniger als Einheit, sie wäre das Gegenteil von Einheit: Spaltung, Aufspaltung der bunten Gnade Gottes (1. Petr. 4, 10). Das christliche Räte-Modell steht in der Theorie jenseits der Quizfrage nach dem Verhältnis von Einheit und Vielheit. Vielheit ist nicht aufgespaltene Einheit. Einheit ist nicht zusammengesetzte Vielheit. Einheit ist nur als Interaktion des Vielen denkbar und sinnvoll, alles andere ist schlechte Einheit, artifizielle Einheit, die Einheit von Babel. Und Vielheit ist nur als die spektrale Fülle der Einheit, nämlich der einen Zuwendung Gottes zu allen und jedem einzelnen, zu denken. Alles andere ist nicht Vielheit, sondern Partikularismus, Sonderung, schlechte Individualität, Kainsindividualität.

Damit werden auch die anderen aus diesem Grundproblem folgenden Probleme als Scheinprobleme hinfällig: Wie hängt das Lokale mit dem Universalen zusammen? Was ist früher? Die Frage ist sinnlos. Denn die Universalität, die die Kirche katholisch macht, ist die Universalität der Liebe Gottes zum konkreten menschlichen Leben, und das ist immer lokales Leben, die Universalität des das Lokale erfüllenden, belebenden und erneuernden Geistes. Und so ist die Pluralität des Lokalen die Struktur des Universalen selbst. Ähnlich ist es mit der Frage nach Kontinuität und Wandel. Wo der Konsensus um der Zukunft der Wahrheit willen grundsätzlich offen und vorläufig bleiben muß, ist der Wandel im Geist die Bedingung der Kontinuität und das Kontinuum der Geistesgegenwart die Wurzel und der Sinn des Wandels.

Man kann sagen: Konziliarität, das christliche Räte-Modell, ist angewandte, operationalisierte Trinitätslehre. Man darf das nur nicht harmonistisch mißverstehen. Die immanente Trinitätsidee ist ein Reflex und ein Schutz der ökonomischen Trinität. Es geht unter anderem darum, den Konflikt in Gott, dessen geheimnisvollstes Zeichen das Kreuz ist, als einen wirklichen Konflikt, nicht einen Scheinkonflikt, ein göttliches Welttheater verstehen und festhalten zu können. Die konziliare Einheit der Kirche ist ganz entsprechend durchaus keine konfliktlose Einheit. Sie ist der Streit um die Wahrheit in der gemeinsamen Hoffnung auf die Zukunft der Wahrheit. Auch Einheit und Konflikt sind also nicht auseinanderzudividieren. Der offene Konsensus der Räte *ist* der konstruktiv gewordene, Wahrheit produzierende Konflikt. Und der Konflikt *ist* der in der Unterschiedlichkeit der Situationen und Herausforderungen in Gebrauch genommene Konsensus. Ein Konsensus, der diesen Konflikt nicht produzierte, der also nicht zur Fortsetzung des Streites um die Wahrheit nötigte, wäre nicht der offene Konsensus der Christen. Gewiß droht hier und in der ganzen Folge der hier vorgetragenen Synthesen die Verharmlosung des Bösen und der Sünde. Sowohl die Einheit als auch die Vielfalt drohen immer zu hypertrophieren. Sowohl der Konsensus als auch der Konflikt können unfruchtbar werden, erstarren, Zerstörung erzeugen. Aber die christlichen Räte sind – mindestens in der Theorie – Räte unter dem Kreuz Jesu von Nazareth. Die tödliche Kraft des Bösen und seine Entmächtigung sind immer schon vorausgesetzt. Zumindest prinzipiell ist dadurch die Verharmlosung dessen, was beim Streit um die Wahrheit passieren kann, ausgeschlossen.

Noch eins muß man bedenken, wenn man die ganze Attraktivität des Konzils-Modells sehen will. Es geht um den offenen Konsensus auch insofern, als er der Probe durch Zustimmung oder Ablehnung der Basis immer ausgesetzt bleibt. Die christlichen Räte kennen kein imperatives Mandat. Aber sie arbeiten unter der Perspektive, daß alles, was sie erarbeiten, auf Rezeption durch die Mehrheit angewiesen ist. Erst die Rezeptionsgeschichte entscheidet über die Wahrheit eines Konzils. Die Rezeptionsgeschichte des in Löwen untersuchten Konzils von Chalcedon ist heute noch nicht abgeschlossen, und die Rezeption der anderen Konzile ist durch die ökumenische Bewegung wieder eröffnet. Es ist nicht nur ein Übersetzungstrick, wenn man das konziliare Modell fundamentaldemokratisch nennt. Demokratie unter dem Vorbehalt der Geistesgegenwart war immer die Logik des konziliaren Modells.

All das wird in dem Papier über die Konziliarität, das in Löwen besprochen worden ist, nicht ausdrücklich gemacht, nicht einmal skizzenhaft wie hier. Es wird vorausgesetzt. Das Papier hat einen ganz und gar praktischen Sinn. Es will:

1. einen Beitrag zum Verständnis der ökumenischen Bewegung und des Ökumenischen Rates der Kirchen leisten. Die ökumenische Bewegung und der ÖRK *sind* Konziliarität im Vollzug. „Die ökumenische Bewegung hat uns sowohl herausgefordert wie uns auch geholfen, für unsere eigene Zeit angemessene konziliare Formen zu finden. Angesichts der Fragen der heutigen Welt und zusammengeführt durch den gemeinsamen Wunsch, dem Herrn miteinander im gesamten Leben und der Mission der Kirche zu dienen, sind die Kirchen in unserer Zeit zur Entwicklung neuer Formen der Konziliarität geführt worden – sowohl innerhalb der einzelnen Kirchen wie auch in Kirchenräten auf örtlicher, nationaler, regionaler und weltweiter Ebene. Wir müssen über diese Tatsache nachdenken, sie zu den konziliaren Erfahrungen der Kirche in der Vergangenheit in Beziehung setzen, und wir sollten angemessenere Formen der Konziliarität für unsere Zeit suchen“ (Lö 227). Wichtig ist hier besonders auch der Hinweis, daß das neue Modell der Einung zugleich das älteste ist, das Modell der ersten christlichen Generationen. *Wenn* die ökumenische Bewegung und der ÖRK Konziliarität im Vollzug sind, dann ist damit implizit Toronto überboten. Die ekklesiologische Qualität des ÖRK ist festgestellt, auf eine Formel gebracht. Der Alptraum der „Superkirche“ ist ebenso aus dem Wege geräumt wie die Gefahr, das gegebene Instrumentarium internationaler Zusammenarbeit schon mit der konziliaren Einheit der Kirche triumphalistisch gleichzusetzen. Der ÖRK ist eine Antizipation, eine Vorform der Fülle der Konziliarität, um die es geht.

2. Die „ekklesiologische Formel“ für das Verständnis der ökumenischen Bewegung und des ÖRK ist unerhört elastisch. Sie ermöglicht es, die ganze Vielfalt der Motivationen und Ziele, die sich mit dem Stichwort „Erneuerung“

verbinden, zusammenzusehen. Das alles ist der notwendige Streit um die Wahrheit, der noch und wieder einmal in vollem Gange ist, weil in einer grundlegend neuen Situation der Christenheit in der Umwelt von heute eine neue Gestalt des offenen Konsensus gefunden werden muß. Sogar die elementare Unvereinbarkeit der Erneuerungskonzepte der Verwalter und der Experimentatoren, der Rechner und der Träumer, der Bewahrer und der Neuerer, der um das Bestehende und der um das Kommende Besorgten, konkret: die Unvereinbarkeit der Perspektiven etwa des Rates der EKD und des „Politischen Nachtgebets" wird hier konstruktiv relativiert. Am Vorabend des „wirklich universalen Konzils" sind das sinnvolle, ja notwendige Unvereinbarkeiten.

3. Es will das Ziel, auf das der konziliare Prozeß der ökumenischen Bewegung hinausläuft, ebenso klar abheben von dem gegenwärtigen Vorgang, wie es *mit* diesem Vorgang zwingend verknüpfen. „Die Konzile, die als Ausdruck der ökumenischen Bewegung in unserer Zeit geschaffen wurden, besitzen nicht die Fülle der Konziliarität, wie sie sich in den großen Konzilen der frühen Kirche zeigt ... Der eigentliche Kern wahrer Konziliarität ist die aktive Gegenwärtigkeit und das Wirken des Heiligen Geistes ... Die Anerkennung eines Konzils als eines echten Konzils im vollen Sinne des Wortes hat zur Voraussetzung, daß seine Beschlüsse von der Kirche als vollgültig angenommen werden, und es muß durch volle eucharistische Gemeinschaft gekennzeichnet sein oder zu ihr geführt haben" (Lö 228). Geistesgegenwart, eucharistische Gemeinschaft und volle Rezeption sind also die Kennzeichen des „wahrhaft universalen Konzils", auf das die ökumenische Bewegung hinauslaufen muß, wenn sie ein konziliarer Vorgang sein, sich als ein solcher erweisen und bewähren soll. Davon ist man noch weit entfernt. Dem kommt man aber offenkundig näher. Und vor allem: ob die ökumenische Bewegung ein konziliarer Vorgang in diesem Sinne ist, kann sich nur so erweisen, daß sie von allen als ein solcher wahr-genommen und erprobt wird. Mit anderen Worten: Stimmt die Formel, dann „bedeutet das eine Vertiefung unserer gegenwärtigen Verpflichtung auf allen Ebenen" (a.a.O.). Man kann nicht Konziliarität spielen, sowenig man Glauben spielen kann. Man kann auch nicht über Konziliarität theoretisieren. Nur in der Praxis der Konziliarität, die eben ihrem Wesen nach nicht auf Probe, sondern nur im Ernst gelingt, läßt sich testen, ob sie im „wahrhaft uniservalen Konzil" kulminiert.

4. Insofern ist die Formel schließlich vor allem eine Praxisanweisung. Wie geht es weiter? Das Papier gibt ein ziemlich konkretes Bild der nächsten Etappe. Es ergibt sich dadurch, daß das Kriterium einer „Vertiefung unserer gemeinsamen Verpflichtung auf allen Ebenen" im Ernst angewendet wird: Elementarisierung der ökumenischen Bewegung in die Ortsgemeinden hinunter; Verstärkung der Bemühungen um organische Union und volle eucharistische Gemeinschaft zwischen den Mitgliedskirchen; Anerkennung des experimentellen Ökumenismus an der Basis; Öffnung der ökumenischen Bewegung für die Austragung und Inszenierung der die Christenheit wirklich auseinanderreißenden Konflikte, Konfliktorientierung der ökumenischen Pra-

xis; Abbau der Anathematisierungen der Vergangenheit; Aufnahme des Versuchs, zu einer gemeinsamen positiven Bezeugung des gemeinsamen Glaubens zu kommen (s. u.).

In vieler Hinsicht ist dieses Papier ein Meisterstück, ein Signal für einen Sprung nach vorwärts. Aber jene Ambivalenz der Motivationen und Ziele, von der zuvor die Rede war, kann es nicht ausräumen.

Die Attraktivität des Modells liegt nämlich nicht zuletzt darin, daß es eine maximale und eine minimale Auslegung erlaubt. Konziliarität heißt auf jeden Fall volle Wahrung der Eigenständigkeit und der Autonomie aller beteiligten Gruppen, Gemeinden und Kirchen. Das Modell bannt die Gefahr der „Superkirche" und eines Sogs zur Überanstrengung der Kompromißbereitschaft der Mitgliedskirchen. Das *kann* aber einfach einen bequemen Ausweg aus dem Zugzwang bedeuten, in den die Mitgliedskirchen durch den ökumenischen Prozeß geraten. Gerade *um* des Ziels eines „wahrhaft universalen Konzils" willen muß man, kann gesagt werden, auf seiner Identität und Integrität kompromißlos beharren. Alles übrige, jeder konkrete Fortschritt steht unter dem Vorbehalt der Geistesgegenwart und unter dem zusäzlichen Vorbehalt, daß ja die Rezeption durch die Gemeinden völlig offen ist. Es kann alles beim alten bleiben, ja sogar sich zurückentwickeln, und trotzdem kann man sich bei dem Gedanken beruhigen, gerade so auf dem durch die neue Formel gewiesenen „ökumenischen Wege" zu sein. In diesem Verständnis bedeutet das Konziliaritätsmodell eine Gamalielsstrategie: abwarten, ob es von Gott ist.

Die maximale Auslegung ist nicht weniger gefährlich. Die Konfliktorientierung der Formel legitimiert jede Konfrontation, jede Zerreißprobe, jeden innerkirchlichen „Bürgerkrieg", jede fromme Guerilla, wenn man sie überfordert. Die Verliebtheit der Formel in die Konkretion des Universalen im Besonderen ermutigt die Profilneurose jeder Minderheit, jede Art von Separatismus. Und die Einsicht, daß nur der Ernstfall der konziliaren Praxis darüber Auskunft geben wird, ob sie die Wiedervereinigung produziert, kann ökumenischer Ungeduld als Alibi dienen. Das Papier selbst bietet – gut ökumenisch in Frageform – einen Impuls dieser Art: „Welches sind die *Vor*bedingungen für ein echtes Konzil? Könnte es ein ‚Einigungskonzil' geben, das nicht eucharistische Gemeinschaft und vollen Konsensus voraussetzt, sondern diese als Gaben des Heiligen Geistes sucht und erwartet?" Wen könnte man hindern, sich die fünfte Vollversammlung des ÖRK – 1975 – als einen solchen Test zu denken, der aufs Ganze geht, und alle Zurückhaltung auf seiten der Institutionen als ökumenischen Kleinmut, ja als Verweigerung der „Vertiefung unserer gemeinsamen Verpflichtung" abzuqualifizieren?

Das Konziliaritätsmodell ist und bleibt vielversprechend. Aber die „Unschlüssigkeit der Ziele" der ökumenischen Bewegung beseitigt es nicht. Mit ökumenischen *Texten* ist sie überhaupt nicht zu beseitigen.

Das wird noch klarer, wenn man das andere Element der „sichtbaren Einheit" ins Auge faßt, von der in der neuen Verfassungsformel des ÖRK die Rede ist: den *einen* Glauben!

Lukas Vischer, der Direktor des Referats für „Glauben und Kirchenverfassung" des ÖRK in Genf, hat in seinem Rechenschaftsbericht über die letzten vier Jahre den Stier bei den Hörnern gepackt (Lö 202 ff.). Sein ganzer Bericht signalisiert: Die Zeit zum Handeln ist gekommen. Das heißt aber letztlich: Der Augenblick ist gekommen, da die Kirchen sich an ihre schwierigste Aufgabe machen müssen: die Arbeit an einem neuen ökumenischen Glaubensbekenntnis, die Vorarbeit zu einem verbindlichen konziliaren Bekenntnisakt. So geradeheraus wagt das zwar nicht einmal L. Vischer zu sagen. Aber die Logik seiner Ausführungen ist eindeutig. Wir haben so lange darüber nachgedacht, was uns heute *nicht* mehr trennt und warum es uns nicht mehr trennt. Wir sind uns da auch fast einig. Dann haben wir mehr und mehr ins Auge gefaßt, daß wir *in einem Boot* sitzen mitten im Sturm der Zeit. Von innen und von außen werden wir zusammengetrieben. Wir müssen jetzt endlich sagen, was wir *positiv* gemeinsam haben, was wir gemeinsam glauben, was wir gemeinsam bekennen, was wir gemeinsam predigen. „Ist nicht die Zeit gekommen, daß (die Kommission) sich entschlossen der Aufgabe zuwendet, die fundamentalen Aussagen des Glaubens zu klären? Daß sie sich die Frage stellt: Wie legen wir heute gemeinsam Rechenschaft ab von der Hoffnung, die in uns ist? Daß sie also den Versuch macht, den Glauben an Christus, der uns verbindet, gemeinsam zu formulieren? ... Die ausschließliche Beschäftigung mit dem Wesen und den Strukturen der Kirche hat auf die Dauer etwas Unzureichendes und Unbefriedigendes. Die Kirchen gehen durch Erschütterungen. Sie werden in den kommenden Jahren vermutlich noch weit größere Verwandlungen erfahren als bisher. Diese Erfahrung trägt die Versuchung der Beschäftigung mit sich selbst in sich, nicht sosehr die Versuchung des Narziß, der sich in sich selbst verliebt, als vielmehr die Versuchung des kranken Menschen, der sich immer wieder mit den Veränderungen in seinem eigenen Körper befaßt und seine Erwartungen davon bestimmen läßt ... Die Kommission für ‚Glauben und Kirchenverfassung' ist dieser Versuchung genauso ausgesetzt. Die Thematik der Einheit führt sie leicht zu einer unguten Verkürzung auf die Ekklesiologie. Muß sie darum nicht zu zeigen versuchen, wie die Hoffnung des Evangeliums gemeinsam ausgesagt werden kann? Muß sie nicht zu formulieren versuchen, von welcher Mitte sie herkommt, aus welcher Quelle sie lebt? Sie hat ihre Identität in dieser Hoffnung, und sie wird in ihrer Identität nur erkennbar, wenn sie von dieser Hoffnung zu reden versteht ... *Die Frage nach der Wahrheit in der Kirche bedarf der Klärung"* (Lö 210 f.).

Auf diese Provokation hat die Kommission in Löwen trotz aller Einschränkungen und Vorbehalte, in die sie verpackt war, eher säuerlich reagiert. Sie hat sie nicht einfach abgelehnt. Dazu waren das Recht, der Sinn und die Dringlichkeit des Signals zu offensichtlich. So erscheint denn das Thema „Rechenschaft von der Hoffnung" auch unter Punkt 1 im Katalog der für die Zeit nach Löwen anzugehenden Studien. Aber der Text, in dem der Vorschlag verarbeitet worden ist, wurde allein vom Plenum dreimal revidiert, und was im Studienkatalog schließlich davon übrigbleibt, hat keinerlei Ecken und

Kanten mehr und sagt vor allem, was nicht beabsichtigt ist. Für ein so halsbrecherisches Vorhaben wie ein gemeinsames Bekennen – wenn denn schon kein gemeinsames Bekenntnis – erscheint der Kommission die Zeit offenbar noch nicht reif.

Die Diskussion im Plenum zeigt, wo der Anstoß liegt.

a) Sieht Vischers Signal selbst die Kommission als Träger dieses Vorhabens, wenn auch unter voller Beteiligung der ökumenischen Basis, so verschiebt sich in der Formulierung des Plenums der Akzent auf „Mitglieder von Kirchen", auf „einzelne Gruppen" in „unterschiedlichen Situationen". Die Kommission will diesen Prozeß durch ihren Arbeitsausschuß induzieren, und ihre Perspektive ist „am Ende vielleicht so etwas wie eine Erklärung", „die die Kirchen gemeinsam abzugeben vermögen". Das heißt, während Vischer ganz ausdrücklich eine „gemeinsame Formulierung des Glaubens" fordert, denkt die Kommission an einen experimentellen Prozeß in verschiedenen örtlichen Zusammenhängen. Für die Kommission selbst bleibt dann eine theoretische Auswertungsaufgabe unter dem Gesichtspunkt, „was sich in den verschiedenen Situationen als das Eigentliche des Evangeliums herausgestellt hat" und was im Wandel aktuellen Bekennens von Ort zu Ort und von Augenblick zu Augenblick die „Kriterien der Identität" sind. „Es werden sich Fragen nach den Schwerpunkten im Wahrheitsverständnis („Hierarchie der Wahrheiten" – eine Formulierung aus einem der Studiendokumente der „Gemeinsamen Arbeitsgruppe", E. L.) stellen, nach dem Verhältnis von Einheit und Mannigfaltigkeit, von Identität und Wandel, von Wahrheit und ihren Ausdrucksformen in der Gemeinschaft, von kirchlichem Bekenntnis und persönlichem Bekennen, nach dem Verhältnis von Lehre, Verkündigung und Gebet" (Lö 239 f.) Auch wenn man seinen Finger nicht auf die genaue Differenz legen kann: Vischer hatte offenbar etwas anderes gemeint. Aber die Kommission hat seinen Vorschlag „an die Ausschüsse überwiesen", aus dem Experiment gemeinsamen Bekennens eine „Faith-and-Order"-Studie über „Bekenntnis heute" gemacht. Auch das ist nicht wenig, aber deutlich weniger.

b) Im Text, der dem Plenum zunächst vorgelegt wurde, stand eine höchst aufregende Formulierung: „Die Frage nach dem Adressaten einer solchen gemeinsamen Erklärung scheint für ihre inhaltliche Abfassung nicht ausschlaggebend zu sein. Eine klare Unterscheidung von Gliedern der Kirche und solchen, die nicht dazu gehören, können wir schon deswegen nicht vornehmen, weil auch die Glaubenden selbst immer wieder vom Zweifel angefochten werden. Wenn Glieder der Kirche sich vergewissern, was sie eigentlich glauben, können sie es nur so tun, daß sie ständig auch die Fragen der Zeitgenossen gegenwärtig haben" (nur als Manuskript vervielfältigt). Hier lief die Plenardiskussion ausgesprochen heiß. Die Grenzen der Kirche derart zu relativieren und die Anfechtung der Glaubenden mit dem Nichtglauben der Zweifelnden gleichzusetzen, das heißt offenbar, das Kriegsgefühl der sich auflösenden Volkskirchen in Mitteleuropa allen aufzudrängen. In der sozialistischen Welt, der Welt nach der Revolution, und in der Dritten Welt, wo die Christenheit eine winzige Diaspora in einem Milliardenheer von Nichtchristen ist, hat die zweifelnde Frömmigkeit nach dem Tode Gottes, die hier formuliert worden war, einfach keinen Sinn. Und das ist charakteristisch für die Zweischneidigkeit des ganzen Vorhabens. Alle können sagen, daß Krise ist und also Zeit für ein neues Bekennen. Aber gemeint ist etwas jeweils völlig Verschiedenes. Die einen denken an eine aktuelle Affirmation des immer schon Bekannten, denn sie haben den Druck des Unglaubens vor allem von außen. Die anderen meinen die Auszehrung des Glaubens von innen, den Säkularisierungs- und Pluralisierungsprozeß innerhalb ihrer Mitgliedschaften, und erhoffen sich eine neue Gewißheit, wenn sie sich mit den Zweifelnden vorbehaltlos an den Ort des Zweifels stellen. Das sind eben doch zwei fundamental verschiedene Positionen, wenn auch mancherlei Differenzierungen möglich und notwendig sind. Der Versuch, die beiden Bedürfnisse gemeinsam zu bearbeiten, scheint sie beide zu verfälschen, scheint den Druck von außen zu verharmlosen und die Auszehrung innen zu unterschätzen. Die Formulierung, die das Plenum annimmt, läßt den anstößigen Mittelsatz des vorstehenden Zitates einfach aus.

c) Dieselbe Tendenz zeigt sich an einer anderen explosiven Stelle, wo noch in der vorläufigen Endfassung gefordert war, bestimmte Gruppen müßten untersuchen, „wie genau bezeichnete und besonders umstrittene Aussagen des Evangeliums (zum Beispiel Auferstehung und Wiedergeburt Christi, Reich Gottes) heute zu verstehen und verständlich zu machen sind". Das hieß, der Glauben ist strittig auch in seinen Kernsätzen. Aber das zu sagen, ist die Mehrheit der Kirchen nicht bereit. Genauer: das zum Ausgangspunkt einer „zusammenhängenden Rechenschaft von der Hoffnung" zu machen, ist sie nicht bereit. Die Klammer wurde in der definitiven Endfassung einfach beseitigt. Aber damit ist natürlich das Problembewußtsein derer, die sie ursprünglich formuliert hatten, nicht aufgehoben. Die Ambivalenz ist lediglich vertagt.

Das ist ein letztes Schlaglicht auf die Schwierigkeit der Provokation Lukas Vischers. Bislang wurde die kritische Theologie in „Glauben und Kirchenverfassung" zum Abbau bzw. zur Relativierung der Differenzen eingesetzt. Dafür eignet sie sich vorzüglich. Vischer wollte den positiven Test: Was für eine neue Gewißheit ergibt sich jenseits der Aufklärung? Er wollte das Ende der Aufräumungsarbeiten und den Beginn eines Neubaus, wenigstens die Arbeit am Modell. Das aber heißt, gemeinsam sagen, was an Konstruktionselementen vorhanden ist und wie sie zusammenpassen. Das heißt, an eine ökumenische Christologie gehen, an eine ökumenische Soterologie, an eine Aufarbeitung der Trinitätslehre. Das heißt, die Fundamente untersuchen, auf denen der negative Konsensus ruht. Das heißt endgültig, die unterschiedlichen Ekklesiologien material zur Debatte stellen. Und das alles in einer Situation des wachsenden Pluralismus, in der man nicht einmal innerhalb der Konfessionen, innerhalb der Territorialkirchen, innerhalb des Klerus und der Theologenschaft auch des übersichtlichsten Kirchengebiets Lehrdebatten wirklich auszutragen wagt, in der alle Kirchen mehr und mehr geneigt sind, den Dissensus in zentralen Fragen „auszuklammern", Klärungen zu vertagen. Vischer meinte, gerade dieser Zustand allgemeiner Unsicherheit wäre für Christen der Augenblick, wo die Wahrheitsfrage gestellt werden müßte. Aber kann man das wagen? Die Mehrheit von Löwen entschied: nein.

In der Frage der „einen eucharistischen Gemeinschaft" hat man doch immerhin eine Formel, die voller Verheißung ist, auch wenn sie unterschiedlich interpretiert wird: Konziliarität. In der Frage des „einen Glaubens" gibt es im Grunde nur den Entscheid, die Zeit sei noch nicht reif. Das schließt Studienarbeit und Kooperation nicht aus. Aber die Unschlüssigkeit der Ziele ist aktenkundig.

2. Unschlüssigkeit der Methoden

Die Handlungsfähigkeit der ökumenischen Bewegung liegt fast ausschließlich bei den Mitgliedskirchen und ihren Entscheidungsgremien. Die Mitgliedskirchen aber sind unschlüssig. Was ihre Vertreter in den ökumenischen Versammlungen sagen und versprechen, ist, wenn sie heimkehren, zwar nicht einfach vergessen, aber im Grunde eine Privatmeinung. Es ist nicht einmal gewährleistet, daß die ökumenischen Einsichten, Beschlüsse, Impulse und Probleme auf die offiziellen mitgliedskirchlichen Tagesordnungen kommen, es sei denn, es ginge ums Geld. Es bleibt bei William *Temples* Vorbehalt, die einzige Autorität des ÖRK sei „das Gewicht . . ., das er durch seine eigene Weisheit bei den Mitgliedskirchen besitzt".

Die Möglichkeiten des Rates und seiner Organe, dieses – inzwischen beträchtliche – Gewicht gegenüber den Mitgliedskirchen und in den Mitgliedskirchen zur Geltung zu bringen, sind ganz begrenzt.

a) *Konsultation:* Visser 't Hooft erzählt, er habe, als er von John R. Mott als Jugend-Sekretär nach Genf berufen worden sei, lange in seinem Büro gesessen und nicht recht gewußt, wie er seine Arbeit anfangen könne. Schließlich sei er zu Mott gegangen und habe gefragt, was er denn tun solle. Mott habe nur gebrummt: Wenn ich das wüßte, hätte ich Sie nicht anzustellen brauchen. 't Hooft ging in sein Büro zurück: „Ich beschloß, eine Konsultation einzuberufen."

Konsultation ist die Hauptmethode ökumenischer Arbeit, ökumenischer Wirksamkeit. Einzelleistungen, Einfälle, Ideen, Pläne sind wichtig. Aber ökumenischen Status und ökumenische Wirkung gewinnen sie erst durch Konsultation. Sie müssen durch das Filter einer interkonfessionellen, internationalen, interkulturellen, interdisziplinären Beratung. Dabei verändern sie sich, denn ganz unterschiedliche Standpunkte, Einsichten und Interessen gehen in sie ein und bilden sie um – oder machen sie zu Makulatur. Der Konsensus, der sich so bildet, ist oft sehr viel langweiliger als der Impuls, von dem er lebt. Aber er repräsentiert ein gemeinsames Problembewußtsein. Er repräsentiert Handlungsvollmacht, soweit ökumenische Gremien handeln können. Er repräsentiert auch den Anfang und das Instrument eines Meinungsbildungsprozesses, der im Idealfall schließlich ganze Kirchen erreicht.

Die großen Arbeitszweige des ÖRK – „Weltmission und Evangelisation", „Glauben und Kirchenverfassung", die „Kommission der Kirchen für Internationale Angelegenheiten", „Kirche und Gesellschaft" usw. – sind allesamt auf Dauer gestellte Konsultationen, Beratungsinstrumente. Das Konziliaritätsmodell, das der ÖRK propagiert, ist de facto seine eigene, langbewährte Funktionsweise.

Die Methode ist unverzichtbar, aber sie ist in vieler Hinsicht unschlüssig, und ihre Unschlüssigkeit nimmt zu.

Was ihre größte Stärke ist, ist zugleich ihre Schwäche. Sie beruht auf der Kraft der Argumente. Aber inzwischen ist die Tatsache, daß Argumente als solche die Strukturen nicht verändern, ein Gemeinplatz, und für die Kirche haben gerade die ökumenischen Konsultationen dieses Ergebnis erbracht. Strukturen repräsentieren Bedürfnisse, Interessen, geschichtliche Erfahrungen, eine öffentliche Meinung. Sie verändern sich nur, wo sich die Interessenlage und die öffentliche Meinung, die in ihnen geronnen sind, verändern, und selbst dann nur unter organisiertem Druck. Denn bestehende Strukturen haben ein Eigengewicht. Sie haben Rechtscharakter. Ein Apparat erhält sie aufrecht, und dieser Apparat will sich erhalten. Allein die allgemeine Furcht vor der Unsicherheit der Strukturveränderung reicht aus, um auch die obsoletesten Strukturen lange Zeit zu sichern. Sozialpsychologisch gilt, daß auch eine schlechte Verhaltensorientierung erträglicher ist als Orientierungslosigkeit. Erst wo durch Organisation der Differenz zwischen den bestehenden Strukturen und den veränderten Interessen eine neue alternative Orientierung entsteht, wird struktureller Wandel aussichtsreich.

Strukturveränderung im allerweitesten Sinn aber ist es, was das Ziel der „sichtbaren Einheit" impliziert. Der Weg dahin führt also unweigerlich über eine Veränderung der öffentlichen Meinung in den Kirchen. Dazu reicht das Mittel der Konsultation nicht aus. Es verändert allenfalls die Meinung der unmittelbar Beteiligten, sekundär die Meinung ihrer Bezugspersonen, *wenn* sie aktive Multiplikatoren sind und das Instrumentarium planmäßiger Meinungsbildung beherrschen.

Hier aber werden empfindliche Schwächen der ökumenischen Konsultationsmethode sichtbar. Bis heute gibt es zum Beispiel noch keine Methodik und Didaktik ökumenischer Beratung, keinerlei Analyse der über fünfzigjährigen Erfahrung, noch nicht einmal den Ansatz eines Problembewußtseins in dieser Hinsicht. Ökumenische Konsultation ist nach wie vor ein ganz naives, unkontrolliertes und unkontrollierbares Gespräch am runden Tisch. Keiner weiß, was da gruppendynamisch passiert, keiner weiß, welche Faktoren zum Erfolg führen und welche ihn behindern oder verhindern. Keiner weiß, welche Art der Vorbereitung nötig ist, damit alle Konsultatoren voll teilnehmen, ihren vollen Beitrag leisten können. Keiner kennt die Angstquanten, die in einer interkulturellen, internationalen, interkonfessionellen Verhandlung im Spiel sind. Keiner hat ein Bild von der Hierarchie der Vor-Urteile, die da eingebracht werden, der Interessen, die da eingehen und die mit dem Thema möglicherweise gar nichts zu tun haben, der Irrationalitäten, mit denen zu rechnen ist. Keiner kennt die Regeln verantwortlicher Gesprächsleitung für eine so komplizierte Gruppensituation. Keiner kennt die Mindestbedingungen der Nacharbeit, der Auswertung, der Protokollierung und Publizierung, des Feedbacks, wenn eine erfolgreiche Konsultation nicht nachträglich zum Mißerfolg werden soll. Es ist, als fänden Informations-, Kommunikations- und Lerntheorie, Gruppenpsychologie und wissenschaftliche Didaktik für die ökumenische Bewegung nicht statt. Konsultationen sind ein Tummelplatz der Charismatiker, und der unwahrscheinliche Erfolg der Ökumene ist nur so zu erklären, daß sie für Charismatiker besonders attraktiv ist. Man läßt die guten und bösen Geister, mit denen bei einer schwierigen Gruppenlage zu rechnen ist, einfach los und hofft, daß auch der Heilige Geist dabei ist.

Bedenkt man, daß eine ökumenische Konsultation nur scheinbar eine Beratung gleicher und gleichberechtigter Partner ist, daß mit der Entscheidung für *eine* der Weltsprachen, das Englische, für *eine* Geschäftsordnung, die angelsächsisch-parlamentarische, und für *einen* Gesprächsstil, den Oxbridge-Stil, bereits über mögliche und unmögliche Beiträge und Ergebnisse weitgehend entschieden ist, dann wird diese Unkontrolliertheit noch unheimlicher. Es muß Methode dahinter sein.

Diese Methode hat freilich wenig mit finsterer Manipulation zu tun. Sie besteht einfach in der Formel: Nicht daran rühren! Diese Dynamik zum Thema machen hieße nämlich, sich den vielbeschworenen „nichttheologischen Faktoren" nicht nur in geschichtlicher Distanz, sofern sie in der Kirchenspaltung eine Rolle gespielt haben und spielen, sondern in ihrer aktuellen Wirksamkeit zuwenden. Und das wäre in der Tat ein zunächst recht peinliches Unternehmen. Es bekäme dem konziliaren Selbstbewußtsein erst einmal gar nicht gut, müßte es sich der Tatsache stellen, daß auch bei einer ökumenischen Konferenz selbstverständlich Kämpfe um Rang und Hackordnung eine Rolle spielen, daß es da Alpha- und Omegapositionen gibt und daß diese sozialpsychologischen Tatbestände auf eine Weise mit den Differenzen der Sprache, der Kultur, des Lebens- und Denkstils, der weltgesellschaftlichen Interessenkonflikte verknüpft sind, daß der Prozeß auf der Argumentationsebene in hohem Maße frag-würdig wird.

Man wird überhaupt die Unschlüssigkeit der ökumenischen Bewegung zu einem Gutteil darin zu suchen haben, daß mit der frühen Einsicht in die Bedeutung der nicht-theologischen Faktoren bis zum heutigen Tage merkwürdig unernst umgegangen worden ist. Dabei hat sich das Gewicht dieser Einsicht immer mehr verstärkt. Zunächst sah man sie eher als Irritation vom Rande her, als Erdenrest, der auch im kirchlichen Leben zu tragen peinlich, aber zu ertragen ist. Dann begann man zu sehen, daß diese soziokulturellen und psychophysischen Faktoren in der Lehr- und Verfassungsbildung selbst wirksam sind, daß es zur Logik der Inkarnation und der kirchlichen Indigenisation gehört, daß die christliche Wahrheit sich dieser unübersichtlichen Wirklichkeit ausliefert und daß selbst die zentralsten Aussagen des Glaubens, etwa die Namen, die man Christus gibt, von daher bedingt und durchtränkt sind. Schließlich hatte man sich, etwa mit der Hauptthematik in Löwen, noch der Erkenntnis zu stellen, daß diese „nichttheologischen Faktoren" nicht nur das Medium kirchlicher Lehr- und Verfassungsbildung sind, sondern auch ganz unmittelbar, in der Gestalt des weltgesellschaftlichen Konfliktpotentials in die Kirchen hineinwirken. Sie sind heute das eigentlich Trennende in den Kirchen und zwischen den Kirchen, während die alten interkonfessionellen Konflikte längst zu emeritierten Konflikten geworden sind.

Trotzdem zögert man, die einzig mögliche Konsequenz aus dieser Einsicht zu ziehen: daß ökumenische Theologie, daß Theologie überhaupt nicht nur interdisziplinärer Hilfestellung bedarf, sondern *daß sie selbst mehr und mehr zum interdisziplinären Geschäft wird.* Wie die Anthropologie, so müßte auch die Theologie ihrem Wesen nach ein gemeinsames Unternehmen aller Wissenschaften vom Menschen, von der Gesellschaft und von der Geschichte werden. Geht es um die Wahrheit der Wirklichkeit, dann muß eben alles, was man von der Wirklichkeit weiß und erfährt, in den Reflexionsprozeß eingebracht und dem Wahrheitstest ausgesetzt werden. Dabei gibt es natürlich eine Reihe von Daten, sogar von entscheidenden Kriterien, die einzubringen die Sache zünftiger Spezialisten ist: biblischer Philologen, auf Kirchengeschichte spezialisierter Historiographen, besonderer Fachgelehrter in Philosophie- und Theologiegeschichte, in Kirchensoziologie und Religionspsychologie. Dabei gibt es auch Leute, deren Sachkundigkeit eine bestimmte gesellschaftliche Praxis betrifft, die Praxis der Kirche, die theologischer Reflexion um ihres Mandats und ihrer Funktion willen besonders bedürftig ist. Aber diese Leute sind nicht „Theologen" in einem höheren Sinne als die anderen am Denkprozeß beteiligten Spezialisten und Praktiker. Theologie ist überhaupt nicht so sehr eine Zunft, sondern ein gemeinsames Thema aller Zünfte. So war es, als die universitas litterarum entstand. So ist es auf komplizierten Wegen nun wieder geworden.

Dann aber ist das Spektrum der Zuständigkeiten und die Arbeitsmethode in ökumenischen Konsultationen viel zu schmal. Dann kann man weder den „anderen Disziplinen" die Formulierung der Fragen und der Theologie die Antworten oder der Theologie die Fragen und den anderen die Antworten zurechnen. Dann geht es um ein gemeinsames Fragen und eine gemeinsame Bemühung um Antwort. Es ist natürlich klar, daß das methodologisch so etwas wie die Quadratur des Zirkels bedeutet und daß es für die ökumenische Organisation des Konsultationsprozesses unabsehbare Konsequenzen hat. Aber vorerst hat man ökumenisch auch den Problemansatz noch nicht akzeptiert. Vorerst hält man das ökumenische Geschäft eben doch vor allem für eine Sache von spezialisierten Theologen (obwohl sie immer größere Mühe haben, ihren Gegenstand, ihre Methode, ihren Denkstil gegen andere Disziplinen abzugrenzen). Die anderen leisten Zubringerdienste. Eine parochiale Theologie mag mit dieser Arbeitsteilung noch auskommen. Eine ökumenische Theologie, die ein bestimmtes Projekt verfolgt, nämlich die Wiedervereinigung der Christenheit, kann so nur unschlüssig bleiben.

Erwähnt muß dabei nur noch werden, daß auch die wissenschaftliche

Ausstattung des ökumenischen Konsultationsprozesses von einer Bescheidenheit ist, für die sogar das Adjektiv „spartanisch" noch eine Übertreibung darstellt. Keine kosmetische Fabrik kann heute mehr ohne eine ausgebaute Forschungsabteilung existieren. Die unmöglichsten Fragestellungen sind heute ihren besonderen, öffentlich geförderten Forschungsapparat wert. Die ökumenische Bewegung, die über die Zukunft einer Religionsgemeinschaft verhandelt, die eine Milliarde Menschen umfaßt, hat bis heute kein eigenes Forschungsinstitut, nicht einmal ein theologisches, geschweige denn ein interdisziplinäres, ein Institute for Advanced Ecumenical Studies. Die Theorie der ökumenischen Praxis wird im wesentlichen nach Feierabend betrieben.

b) *Publikation:* Ganze Bibliotheken sind in den fünfzig Jahren der ökumenischen Bewegung dieses Jahrhunderts vollgeschrieben worden. An publizistischem Fleiß hat es weder auf der Weltebene noch in den Mitgliedskirchen gefehlt. Aber erst in allerjüngster Zeit tauchen auf der ökumenischen Szene publizistische Profis auf, die das Geschäft der Verbreitung und Aufbereitung von ökumenischen Nachrichten und Impulsen gelernt und bis zu einer gewissen Perfektion professionalisiert haben.

Auch hier wirkt sich wieder – ein Selbstwiderspruch erster Ordnung – das geradezu magische Vertrauen in die Kraft der Argumente aus, das die Christen einer verständlichen Verwechslung des Wortes Gottes mit den Wörtern der Menschen wegen immer ausgezeichnet hat. Daß die ökumenischen Wörter als Produkte eines verschlungenen Vorgangs der Konsensusbildung für alle Normalverbraucher so etwas wie ein Geheimkode sind, viel schwerer noch verständlich als die auch schon sehr hermetische Sprache der einzelnen Mitgliedskirchen, ist bisher kaum gesichtet.

Es gibt einen Erfahrungswert, der sich zum Beispiel aus den Auseinandersetzungen um das ökumenische Programm zur Bekämpfung des Rassismus ergeben hat: Erst wenn durch ökumenische Aktion kirchliche und gesellschaftliche Interessen verletzt oder doch wenigstens berührt werden, erreichen die ökumenischen Wörter den Wert von „news". Dann steigen die Massenmedien ein und elementarisieren die ökumenische Sprache, indem sie sie in einen säkularen Relevanz- und Plausibilitätszusammenhang einrücken. Was dann herauskommt, ist den Liebhabern der Ökumene freilich eher peinlich. Aber ohne diese Verfremdung kommt überhaupt keine nennenswerte Kommunikation oder Auseinandersetzung zustande, auch über die brisantesten Themen nicht. Die innerökumenische Presse hat Rundbriefcharakter, sie erreicht immer nur die ohnehin Einverständigen. Auch auflagenmäßig ist sie völlig unbeträchtlich. Jedes mitgliedskirchliche Sonntagsblatt ist größer.

Aber über die Bedingungen möglicher ökumenischer Kommunikation fängt man gerade erst an nachzudenken. Gleichzeitig redet man von Konziliarität und nennt als einen entscheidenden Test die allgemeine Rezeption des ökumenisch Erarbeiteten durch die Gemeinden. Wie sollen die Gemeinden rezipieren, wovon sie noch nicht gehört haben – ganz zu schweigen von der tiefsitzenden Lernhemmung, die das parochiale Bewußtsein gegenüber allen Informationen, die aus einem anderen Horizont kommen, aufbietet?

c) *Visitation:* Das älteste Mittel, zwischen geografisch getrennten Gemeinden eine Verbindung, ein mutuum colloquium fratrum, eine gegenseitige Kontrolle und Verantwortung herzustellen, die Visitation, der Reisedienst, ist auch das modernste. Ökumenische Funktionäre reisen mehr als Handelsvertreter. Vor allem reisen sie weiter, und ihr Geschäft ist schwieriger. Denn ihre „Ware“ kann nicht von vornherein auf ein Käuferbedürfnis rechnen, im Gegenteil, was sie zu bringen haben, steht in einer beträchtlichen Spannung zur jeweiligen örtlichen Bedürfnis- und Interessenlage. Ein ökumenischer Handlungsreisender amerikanischer Herkunft, der in seine Heimat kommt, kommt als ein gefährlicher Fremder. Er will immer Geld. Er will kirchliche Bürokratien, die ihrem Wesen nach von Budget zu Budget leben und denken, auf langfristige Pläne und Programme verpflichten. Er will in die Keller und in die Bodenräume der Mitgliedskirchen hineinschauen, wo wenig aufgeräumt ist. Er will in den Mitgliedschaften ökumenische Meinung bilden, die öffentliche Meinung in den Kirchen also gegen die parochialen Strukturen aufbieten.

Natürlich ist das eine einseitige Dramatisierung. Es ist ja gar nicht so, daß nicht gerade in den Kirchenverwaltungen der Mitgliedskirchen selbst ein erhebliches ökumenisches Bewußtsein, eine ökumenische Potenz bereitstände. Gerade da und vor allem da gibt es sie, denn da vor allem sitzen die Leute, die an den ökumenischen Konsultationen teilnehmen. Aber diese unmittelbaren Kontrahenten der ökumenischen Visitatoren sind durch die ökumenische Bewegung in eine ständige Rollenkonfusion gebracht. Die ökumenische Bewegung *ist* eine elementare Infragestellung aller territorialen Kirchlichkeit. Sie ist ja darum entstanden, weil die Territorialkirchen sich nicht länger verbergen konnten, daß sie durch die Weltentwicklung zunehmend in Frage gestellt wurden. Dieses ihr Krisenbewußtsein haben sie im Ökumenischen Rat objektiviert und institutionalisiert. Das heißt aber, ökumenische Visitation bedeutet auf jeden Fall Aktualisierung der Krise, ein Signal zum Aufbruch. Gleichzeitig sind die Kirchenverwaltungen aber Repräsentanz der Bedürfnisse und Interessen ihrer Mitgliedschaften. Und diese Bedürfnisse und Interessen werden gerade in der Krise überwiegend konservativ, defensiv. Das hat auch etwas mit dem Kirchlichkeits- und Beteiligungsprofil zu tun. Was an öffentlicher Meinung in den Mitgliedschaften manifest wird, ist ja die Meinung der Kerngemeinden, derer, die zum Gottesdienst kommen und an den Gemeindeprogrammen aktiv teilnehmen. Das sind meist nicht die, die das neue Zeitgefühl haben, das Gefühl der großen umfassenden Veränderung, auf das die ökumenische Bewegung antwortet. Und wenn sie es haben, verängstigt es sie, und ihre intensive Kirchlichkeit ist eine Reaktion gegen diese Angst. Repräsentieren die Kirchenverwaltungen aber gerade diesen Teil der öffentlichen Meinung in der Mitgliedschaft, dann sind sie anti-ökumenisch disponiert. Ein mit sich selbst einhelliges Bewußtsein finden die ökumenischen Visitatoren bei ihren ersten Stationen auf der ökumenischen Reise jedenfalls nicht.

Und das ist eine Grundregel ökumenischen Visitationsdienstes, entsprechend dem Selbstverständnis des Ökumenischen Rates als eines Instrumentes der Mitgliedskirchen: Ökumenische Reisen haben bei den Kirchenverwaltungen und bei den örtlichen Christenräten zu beginnen. Dort wird das Programm gemacht. Dort entscheidet sich, wen man sieht und wen man nicht sieht. Dort wird man auch über die spezielle Konfliktsituation instruiert, in die man geraten wird. Ein Reisedienst an diesen Kontaktstellen vorbei ist nicht erwünscht, wäre auch nur für intime Kenner der örtlichen Lage möglich.

Die Folge ist eine fatale Selektion der möglichen Kontakte und Eindrücke. In den ökumenischen Untergrund vorzustoßen, wo die interessantesten Dinge passieren, gelingt so fast gar nicht, denn die Beziehungen zwischen diesem Untergrund und den Kirchenverwaltungen sind, milde gesagt, gespannt. Ins Niemandsland der noch nicht von der Ökumene berührten Gemeinden kommt man so auch nur sehr schwer. Und wieweit man die Umwelt der Kirchen sieht, hängt ganz vom Umweltbewußtsein derer ab, die die Kontakte vermitteln.

Natürlich ist auch das eine unzulässige Vereinfachung. Es gibt ja ökumenische Visitation auf Einladung. Und solche Einladungen kommen auch aus dem Untergrund, aus dem Niemandsland, aus der kirchlichen Umwelt. Trotzdem hat die ökumenische Bewegung in den Mitgliedskirchen alle Merkmale einer „in-group" von Eingeweihten. Bei Reisevorbereitungen, bei Personalproblemen, bei Fragen der Zusammensetzung von Ausschüssen tauchen immer und immer wieder dieselben Namen auf. Die Bewegung repräsentiert – auf dem Papier – eine Milliarde Menschen. Sie lebt von der Kooperation weniger Tausender. Und das ist ein Problem in sich widersprüchlicher ökumenischer Strukturen. Auch die Methode der Visitation ist unschlüssig.

d) *Demonstration:* Die wirksamste Propaganda ist – das gilt in den Kirchen wie außerhalb der Kirchen – die Propaganda durch die Tat, durch die Praxis. Damit ist nicht die Tat gegen das Wort oder das Denken ausgespielt. Aber Diskussion und Reflexion sind um so ergiebiger und schlüssiger, stiften um so mehr Lernbereitschaft und Lernfähigkeit an, je mehr sie die Diskussion und Reflexion einer bestimmten, wahrnehmbaren Praxis sind.

Praktisch ist die ökumenische Bewegung aber vor allem im Feld der Diakonie und des Entwicklungsdienstes. Da hat sie es auch nicht schwer zu überzeugen. Wo es aber um das eigentliche Thema der ökumenischen Bewegung, die Wiedervereinigung der Christenheit, geht, läßt sich Praxis schwer vorführen. Die experimentelle Praxis des Basis-Ökumenismus ist anrüchig, weil zu ungeduldig, den kirchlichen Grenzregelungen zu wenig verpflichtet. Im übrigen aber findet die Praxis eben *in* den Konsultationen statt und ist nur für Teilnehmer vorführbar.

Es gibt wichtige Ausnahmen, von denen die Rede war: die Gebetswochen, die Aufbaulager, Aktionen nationaler oder örtlicher Christenräte oder Arbeitsgemeinschaften wie in Deutschland das Ökumenische Pfingsttreffen in Augsburg. Auch die örtliche Aktivität, die hinter den weltweiten diakonischen Unternehmungen steht, ist ja weit mehr als das Einsammeln von Geld, ein Lernprozeß gewaltigen Ausmaßes, in den auch die kirchliche Umwelt hereingezogen wird.

Dennoch steckt auch hier wieder eine prinzipielle Unschlüssigkeit. Die ökumenische Bewegung hat ein strukturelles Theorie-Praxis-Problem. Die Tragfähigkeit der ökumenischen Brückenformeln, wie sie etwa im Kapitel I für den Bereich von „Glauben und Kirchenverfassung" zusammengetragen sind, wäre nur im kontrollierten Experiment zu erproben, das seinerseits wieder einen sich mit Erfahrungen sättigenden, ständig auf die Praxis rückgekoppelten Reflexionsprozeß auslöst. Eine solche Praxis zu eröffnen sind die Kirchen aber weitgehend gehindert, weil sie mit jedem Experiment einen Präzedenzfall schaffen. Außerdem ist die religiöse Wahrheit im Gewissen befestigt. Kann man mit Gewissen experimentieren? Kann man mit lebendigen Menschen und ihren Beziehungen – und Gemeinde ist ja doch ein Beziehungsgeflecht von lebendigen Menschen – experimentieren? Die Rede von den kirchlichen Experimenten – das hat man inzwischen allgemein verstanden – ist eine höchst ambivalente Rede. Menschliche Beziehungen und Wachstumsprozesse sind immer der Ernstfall. Sie können nicht zurückgenommen werden. Die Versuchsbedingungen können nicht variiert werden. Die Ergebnisse sind nicht übertragbar. Man versteht schon, warum Kirchen zögern, eine experimentelle Praxis zuzulassen, und warum sie ihr, soweit sie vom anarchischen Basis-Ökumenismus getragen ist, mißtrauen. Diese Praxis ist nicht eine Generalprobe auf den Wandel, sondern der Wandel selbst. Und dafür, meinen die Kirchen, reicht die Gewißheit nicht aus.

Aber das ist ein Teufelskreis: Eine praxislose Theorie ist leer und wird, je weiter sie fortschreitet, um so mehr zur Lüge, zum Selbstbetrug. Eine theorielose Praxis, auch eine theoretisch reflektierte anarchische Praxis, die sich um das Wachstum der Mehrheiten nicht schert, ist blind und wird, je weiter sie fortschreitet, mehr und mehr schismatisch. Die Praxis, die die Ergebnisse der ökumenischen Bewegung falsifizieren oder verifizieren könnte, kann verfassungsgemäß nur eine Praxis der Mitgliedskirchen selber sein. Wären die Kirchen aber zu dieser Praxis auf breiter Ebene bereit, dann hätte sich die ökumenische Bewegung in ihrer heutigen Form überholt. Es scheint nur einen Ausweg zu geben: die wirkliche ernsthafte Konfrontation mit dem Basis-Ökumenismus. Aber noch einmal: *Das* wäre schon der ökumenische Wandel selbst.

e) *Kaderbildung:* Von Anfang an hat sich die ökumenische Bewegung um Nachwuchsschulung und Kaderbildung bemüht. Sie hat aber nur wenige Möglichkeiten dazu. Institutionen wie das Ökumenische Institut in Bossey sind nur winzigen Zahlen zugänglich, und die Teilnahme von Christen aus der Dritten Welt wird so teuer, daß die Möglichkeiten noch einmal dezimiert werden. Es gibt Ausbildungsstätten natürlich auch in den Regionen, in den Mitgliedskirchen. Aber eine ökumenische Faustregel besagt, daß man den Welthorizont, die volle universale Präsenz der Christentümer *erfahren* muß, um sie verarbeiten zu können, um ökumenische Sensitivität zu entwickeln. Eine territorial verengte Kaderschulung produziert auch eine territorial verzerrte Ökumenizität.

Die universitäre und postuniversitäre Ausbildung von kirchlichen Mitarbeitern enthält natürlich ökumenische Gegenstände, aber vorerst fast überall nur ganz am Rande. Daß ökumenisches Denken und Handeln durch diese Ausbildung eine selbstverständliche Dimension kirchlichen Denkens und Handelns würde, davon kann keine Rede sein. Eine wirkliche Entschränkung des beschränkten Bewußtseins kirchlicher Funktionäre findet nicht statt.

Die nachhaltigste ökumenische Ausbildung, die wirksamste Kaderschulung der Ökumene ist nach wie vor die Teilnahme am ökumenischen Prozeß, an den Treffen und Konsultationen, an den Studienkonferenzen und ökumenischen Dienstprogrammen. Ökumenisches Training im Vollsinne gibt es ausschließlich als In-service-training. Wiederum: die Zahlen, denen dieses Privileg zuteil wird, sind winzig. Auch das internationale Stipendienwesen und die ökumenische Nutzung des Studenten- und Gastarbeiteraustausches, der in der Welt der Interdependenz lawinenartig zunimmt, haben bisher zu wenig erbracht, wenn man das Ziel bedenkt: den qualitativen Umschlag der öffentlichen Meinung in den Kirchen.

Hier gibt es noch ein besonderes Problem. Wichtige Kaderschulen des Ökumenischen Rates waren von jeher der Christliche Studentenweltbund, die Weltbünde des YMCA und des YWCA und die anderen internationalen Jugend- und Studentenbünde. Sie haben sich bisher – Gott sei Dank – der vollen Integration in die ökumenische Bewegung *der Kirchen* entzogen. Es ist ja – beiläufig – überhaupt sehr die Frage, ob die Integration der drei Hauptströme (Internationaler Missionsrat, Glauben und Kirchenverfassung und Bewegung für Praktisches Christentum) in die Bewegung der Kirchen nicht viel zu früh erfolgt ist, ob man dadurch nicht aus einem produktiven einen unproduktiven, die Handlungsfähigkeit des Rates beeinträchtigenden Konflikt gemacht hat. Die eigentlichen Kaderschmieden sind jedenfalls draußen geblieben. Darum sind sie aber nach wie vor unter dem Verdacht des „non-denominationalism", wie man das in der Frühzeit nannte, das heißt einer nicht zureichenden kirchlich-konfessionellen Verpflichtetheit. Die stürmische Pluralisierung der Theologien und Positionen hat denn auch diese Bewegungen noch viel stärker ergriffen als die Kirchen und den ÖRK selbst. Das hat das Mißtrauen der Mitgliedskirchen verstärkt. Was diese Bewegungen an Ökumenizität produzieren, geht darum mehr und mehr in den anarchischen Untergrund des Basis-Ökumenismus.

Die Unschlüssigkeit auch dieser Methode ist wieder von derselben Art wie in den anderen Bereichen. Eine Schulung und Ausbildung von ökumenischen Multiplikatoren, die quantitativ und qualitativ ausreichte, um den „Sprung" in der öffentlichen Meinung der Mitgliedschaften zu bewirken, müßte diesen Sprung immer schon voraussetzen. Sie hätte eine veränderte frühkindliche religiös-moralische Sozialisation und einen nach Inhalt und Methode verwandelten kirchlichen Unterricht von der Vorschulstufe an zur Bedingung. Ein universales Bewußtsein, eine Handlungsfähigkeit, die von Weltverantwortung geprägt ist, wurzelt in der Befreiung der Gewissen aus ihrer parochialen Gefangenschaft. Und diese Gefangenschaft beginnt sehr früh.

f) *Die ökumenische Infrastruktur:* Der ÖRK ist nur die Weltebene einer auf vielen Ebenen organisierten Bewegung. Es gibt die regionalen Organisationen, von denen nur die europäische noch fast impotent ist. Es gibt in fast allen Ländern nationale Christenräte oder ähnliche Organisationen. Es gibt auch mehr und mehr ökumenische Organe auf der Bezirksebene und im lokalen Bereich.

Aber das bedeutet nicht automatisch eine Stärkung der ökumenischen Bewegung als einer Bewegung zur weltweiten Wiedervereinigung der Christenheit. Christenräte sind nur soweit handlungsfähig, wie die beteiligten Kirchen bereit sind, gemeinsam zu handeln. Gerade vor Ort aber laufen die Interessen der Kirchen oft kurzfristig einander entgegen, nur langfristig koinzidieren sie. In der Regel ist es so: Schwache Christenräte schwächen das Gewicht der ökumenischen Bewegung als ganzer, denn sie komplizieren die Beziehungen. Institutionell ist der ÖRK gezwungen, durch ihr Instrumentarium hindurch zu handeln, was aber seinen Kontakt mit den Mitgliedskirchen nicht fördert. Starke Christenräte dagegen, wie etwa früher das National Council of Churches in den USA, haben eine ambivalente Bedeutung. Im Konfliktsfall sehen die beteiligten Kirchen in ihnen leicht eine Art Trojanisches Pferd; sie scheinen eine eigene Politik zu machen, ein eigenes Interesse zu verfolgen. Sofern sie sich aber wirklich vor allem als Vertretung der regionalen ökumenischen Interessen ihrer Mitglieder verstehen, verstärken sie die zentrifugalen Kräfte in der ökumenischen Bewegung. Dann kommt es leicht zu Konfrontationen mit Genf.

Im Grunde läuft die Prüfung der Methoden und Handlungsformen der ökumenischen Bewegung durchweg auf ein und daselbe Problem hinaus: Die ökumenische Bewegung versteht sich als eine Bewegung der *Kirchen.* Die Kirchen aber sind unschlüssig, wie weit sie in ihrem ökumenischen Engagement gehen sollen und gehen dürfen. Darum ist die ökumenische Bewegung als solche unschlüssig.

3. Welche Basis hat die ökumenische Bewegung?

Immer wieder hat sich gezeigt, daß der ÖRK an der Unvereinbarkeit seiner beiden Grundfunktionen leidet. Er ist einerseits ein Instrument internationaler Kooperation der Kirchen. In dieser Funktion hat er die konkreten Entscheidungen der Mitglieder zu vollstrecken, nicht mehr. Er ist andererseits die Avantgarde der wiedervereinigten Christenheit, eine Antizipation kommender Einung und Erneuerung, ein Wechsel auf die Zukunft. In dieser Funktion soll er prophetisch denken, reden und handeln, die Kirchen herausfordern und in Bewegung bringen.

Beide Funktionen versieht er im Auftrag der Kirchen. Er hat sich nicht selbst zur Avantgarde und zum Prophetentum gesalbt. Die Mitgliedskirchen wollen diese Beunruhigung aus der Zukunft. Durch ihre Vertreter drängen sie auf Fortschritte im ökumenischen Konsensus, in der ökumenischen Aktion und tragen selbst dazu bei.

Diese Doppelfunktion aber führt dazu, daß die Glaubwürdigkeitslücke, die Differenz zwischen ökumenischem Versprechen und mitgliedskirchlicher Einlösung dieses Versprechens, zwischen verbaler Progressivität und fortgesetztem Parochialismus in der kirchlichen Praxis immer größer wird.

Gelegentlich gibt das eine Explosion. Will der ÖRK seine Glaubwürdigkeit nicht völlig verlieren, muß er seinerseits zur Aktion schreiten. Damit setzt er die Mitgliedskirchen unter einen Zugzwang, dem sie nicht gewachsen sind. Was dann folgt, ist eine Art Offenbarungseid der ökumenischen Bewegung.

Das jüngste Beispiel ist der Streit um das ökumenische Programm zur Bekämpfung des Rassismus. Der Fall ist schon mehrfach angeklungen. Eine Analyse des Vorgangs ist überfällig, sie müßte eine Fülle von Aufschlüssen über die Schlüssigkeit und die Unschlüssigkeit der ökumenischen Bewegung ergeben.

Hier kann nur *ein* Aspekt des Antirassismus-Streites hervorgehoben werden: Er hat gezeigt, daß die kirchliche Mitgliedschaft in ihrer Mehrheit ökumenisch nahezu bewußtlos ist. Sie weiß nicht viel vom ökumenischen Fortschritt. Sie will weithin nichts davon wissen. In einem gewissen Sinn *kann* sie nichts davon wissen, denn Informationen und Impulse, die unsere Identität in Frage ziehen, blenden wir vorbewußt ab.

In Deutschland war es so: Die Öffentlichkeit und die Massenmedien schienen aus allen Wolken zu fallen, als bekannt wurde, der Ökumenische Rat habe beschlossen, aus einem Sonderfonds Mittel (für humanitäre Zwecke) an Organisationen zu geben, die den institutionellen Rassismus in Staat, Wirtschaft und Gesellschaft bekämpfen oder die Opfer des Rassismus politisch organisieren und dabei, im Extremfall des südlichen Afrika, auch Gewalt nicht ausschließen. Kirchengeld für Guerillas? – war eine der milderen Schlagzeilen.

Die Präsenzgemeinde polarisierte sich – vor allem, als eine Landeskirche Kirchensteuern einsetzte – an der geläufigen Front: Die an einer für Gesetz und Ordnung engagierten Kirche orientierten Christen wehrten sich, drohten mit Austritt, fühlten sich im Gewissen bedroht; die meist jüngeren, auf Kritik an der Kirche und an der Gesellschaft eingestellten, auf radikale Veränderung hoffenden Teile der Mitgliedschaft atmeten auf; die Entscheidungsgremien, die auf die Bedürfnisse und Interessen der Kirchensteuerzahler und die öffentliche Meinung der Mitgliedschaft Rücksicht nehmen müssen, lehnten die Tendenz des Antirassismus-Programms mehrheitlich ab; die freien Gruppen, die ohnehin meinen, die Kirche solle mit der „réligion civile" brechen, waren mehrheitlich dafür.

Aber beide Seiten im Streit nahmen das Rassismusproblem selbst eher als Anlaß für einen ohnehin anstehenden Streit: Die ekklesiologische Relevanz des Rassismusproblems, die grundstürzende Infragestellung der nordatlantischen Kirchentümer, auch ihres progressiven Flügels, durch den Aufstand der Ohnmächtigen wurde weder hier noch da wirklich begriffen. Sonst hätte die Diskussion nicht sofort auf die falsche Alternative Gewalt – Gewaltlosigkeit abgedrängt werden können.

Besonders aufschlußreich war die Reaktion der Kirchenverwaltungen und Synoden. Es war eine „Ja, aber"-Reaktion. Jedermann auf dieser Ebene wußte, daß sich die ökumenische Flucht nach vorn in Sachen Rassismus seit Jahren vorbereitete. Alle Texte waren bekannt, wichtige Vertreter dieses Kreises hatten daran mitgearbeitet. Nur: solange das auf dem Papier stand, schien es ferne Weltgegenden zu betreffen, war es die seit langem gewohnte Radikalität kirchlicher „Worte zur Lage", aus denen wenig folgt. Nun aber zerriß es die eigene Basis. Zugleich zeigte es eine nahezu völlige Vernachlässigung ökumenischer Meinungsbildung in den Gemeinden, enthüllte es, daß das Ökumenische immer nur addiert, niemals integriert worden war. Man war auf einmal demaskiert als Kirche ohne Basis. So hatte man nicht gewettet. Man war gegen den Rassismus, aber . . .[53].

Aus vielen Gründen ist Deutschland in dieser Sache ein Sonderfall. Unbewältigte Vergangenheit macht das Rassismusproblem wie das Gewaltproblem zum Tabu, so oder so. Man wird von den deutschen Vorgängen nicht auf den Gesamtzustand der Ökumene schließen dürfen. So völlig „grundlos" ist der Ökumenismus sicherlich nicht überall.

Trotzdem gilt weltweit: Das Bewußtsein und das Gewissen der Mitglieder, jedenfalls der großen Mehrheit der Mitglieder, ist dem ökumenischen Fortschritt nicht nachgekommen.

Damit steht die ökumenische Bewegung vor ihrer entscheidenden Frage. Wie soll der Lernprozeß in Gang kommen, der notwendig ist, wenn aus den ökumenischen Möglichkeiten der Christenheit Wirklichkeit werden soll? Vorerst gibt es auf diese Frage nicht nur keine zureichende, sondern überhaupt keine Antwort, jedenfalls keine, die Praxis begründen könnte.

Es gibt keine ökumenische *Didaktik*, keine Theorie und keine Methode für das Erlernen des Welthorizontes, in dem allein die Kirche heute Kirche sein, das Christentum an der Zeit sein kann.

Vor allem, es gibt keine ökumenische *Sozialdidaktik*, keine Theorie und keine Methode zur Herstellung eines Klimas, einer Spannungssituation in Kirche und Gesellschaft, in der Einzelne, Gruppen, Gemeinden und Kirchentümer überhaupt erst frei werden zu einem Lernen, das die elementaren Beschränktheiten des bisherigen Informationsstandes und Bewußtseins überwindet. Explosionen wie der Antirassismus-Streit erzeugen ein solches Klima, einen solchen Spannungszustand. Das ist bis zu einem gewissen Grad erwiesen. Aber die Zerstörungen, die ein solcher „ungekonnter Konflikt" anrichtet, die Reibungsverluste, die er verursacht, sind viel zu groß. Man sollte die Gewissen nicht in Angst versetzen, wenn es durch eine bessere sozialdidaktische Technik vermieden werden kann.

Die Analyse der Ziele und der Handlungsformen der ökumenischen Bewegung schien darauf hinauszulaufen, daß der Schwarze Peter, die Schuld an der Unschlüssigkeit der ökumenischen Bewegung, bei den Mitgliedskirchen, das heißt bei den Kirchenverwaltungen, den Entscheidungsgremien und der Mitarbeiterschaft der Mitgliedskirchen liegt. Aber das reicht nicht aus.

Es ist nicht der böse Wille oder die Nachlässigkeit der kirchlichen Bürokratien und der professionellen Ökumeniker in den Mitgliedskirchen, wenn sich die neue Erfahrung der Christenheit nicht in Erneuerung an der Basis verwandelt. Es geht auch gar nicht um eine Informationslücke, sondern um ein Defizit an Gewissensfreiheit. Die Lernfähigkeit und die Lernbereitschaft der Menschen hängt an der Struktur ihres Gewissens. Ehe die Frage beantwortet werden kann, wie neue Erfahrungen verarbeitet werden können, muß dafür gesorgt werden, daß sie überhaupt gemacht werden können, gewissensmäßig gemacht werden dürfen, daß die Angst vor dem Verlust der eigenen Identität und Integrität sie nicht von vornherein ausschließt.

Die Sprache der traditionellen Frömmigkeit nimmt den Menschen bei der Verantwortung und bei der Schuld, bei den Konflikten und den Versöhnungserfahrungen in den Primärgruppen der Familie, der Nachbarschaft, der direkt wahrnehmbaren Über- und Unterordnungsverhältnisse im Beruf und im öffentlichen Leben. Schon die Dimensionen der modernen Großstadt, der arbeitsteiligen Wirtschaft, der politischen Organisation nationaler Massen gehen in die Sprache, die das Gewissen spricht, die es nicht zuletzt mit Hilfe der Religion sprechen gelernt hat, nicht mehr angemessen ein. Und selbst die primären Erfahrungen haben immer noch vorindustrielle Namen. Im Grunde beruhen diese Namen auf den Problemen und Problemlösungen des Kindes von der Geburt bis zur Pubertät, nicht des erwachsenen Menschen in seiner Sozietät. Das heißt, die erwachsene Welt in ihren heutigen Organisationsweisen und Konflikten ist religiös-moralisch nie verarbeitet worden, im Gewissen nie zu Wort gekommen. Und da die Religion vom Rapport mit den Gewissen lebt, gibt es zum Beispiel für die befreiende Wirkung des Gekreuzigten immer noch kein angemesseneres Wort als „Herrschaft", für die Antwort der Befreiten steht „Dienst" und „Gehorsam". In eine solche Sprache gehen die Welterfahrung und die Weltverantwortung der zweiten Hälfte des 20. Jahrhunderts nicht ein, jedenfalls nicht elementar genug, um die Gewissen zu tangieren, zu befreien und neu zu orientieren. Christen leben mit einem parochialen Gewissen in einer universalen Welt. Das ist das letzte Problem der ökumenischen Bewegung hinsichtlich ihrer Schlüssigkeit und ihres Fortschritts.

Denn daraus folgt, daß die öffentliche Meinung in den Kirchen nach wie vor festgelegt ist auf Einstellungen und Verhaltensmuster, in denen nicht wahrgenommen werden und geschehen kann, was heute wahrgenommen werden und geschehen müßte. Immer noch zerfällt die Welt in „wir" und die „anderen". Immer noch wird „Frieden" vorgestellt als „Ruhe und Ordnung", nicht als ein offener Prozeß der Austragung von Konflikten in Liebe und Hoffnung. Immer noch gilt Ergebung für christlicher als Widerstand, ohne Kriterien für die Zusammengehörigkeit beider Tugenden. Immer noch hat der Status quo eine höhere religiöse Qualität als die Veränderung. Immer noch ist jeder Grenzüberschritt im Dialog, in der Zusammenarbeit, in der Zuwendung zu fremder Identität, fremdem Leiden ein gefährliches Spiel mit der eigenen „Verwurzelung", auch wenn die Grenzen sich oberflächlich lockern: „fremd", „feindlich" und „tabu" sind für das Gewissen Synonyme. Eine internationale Organisation religiösen Protestes ist in einer so archaischen Frömmigkeitsstruktur schwer zu erzielen. Das Christentum der Christen kommt nicht frei aus der lähmenden Symbiose von Religion und Moral, in denen es früher sinnvoll lebte und wirkte.

Darum kann auch die notwendige Veränderung der öffentlichen Meinung, der Sprung des christlichen Bewußtseins in den Welthorizont nicht gelingen. Und an diesem Sprung hängt die Möglichkeit von weiterreichenden kirchlichen Strukturveränderungen. Sie sind keine Frage des guten oder bösen Willens der Kirchenleitungen. Kirchliche Strukturen sind mindestens *auch* die Institutionalisierung der vorherrschenden religiösen Bedürfnisse, sie sind ein Kompromiß zwischen Mandat und Bedürfnis. Nur wenn die Mutation der Bedürfnisse sich in einem Umschlag der öffentlichen Meinung kundtut, können jenseits eines gewissen Spielraums kosmetischer Korrekturen Strukturen sich umbilden. Und da die Schlüssigkeit der ökumenischen Bewegung davon abhängt, daß die Mitgliedskirchen ihre gegenwärtige Unschlüssigkeit, wie weit der Wandel gehen darf, überwinden, schließt sich der Zirkel. An der parochialen Gefangenschaft des christlichen Gewissens und ihrer möglichen Überwindung entscheidet sich Erfolg und Mißerfolg der ökumenischen Bewegung.

Heute wird gleichsam an der falschen Front gekämpft. Die ökumenische Bewegung leidet an den Mitgliedskirchen. Die Mitgliedskirchen leiden an der ökumenischen Bewegung. Es sieht aus, als ginge es um einen Machtkampf zwischen zwei Ebenen kirchlicher Handlungsfähigkeit. Aber beide Ebenen sind handlungsunfähig ohne die Basis. Beide stehen und fallen mit der Befreiung der parochialen Gewissen. Eine Strategie, die dieser Lage entspräche, müßte eine gemeinsame Bildungsstrategie des ÖRK und der Mitgliedskirchen sein, eine gemeinsame Strategie zur Erziehung der Mitgliedschaft. Damit ist *nicht* gemeint eine propagandistische Manipulation der Mitgliedschaft, sondern die Herstellung ihrer Entscheidungsfähigkeit. Die Einheitsformel von Neu-Delhi und die Konziliaritätsformel haben hier ihre eigentliche Spitze. Wie rezeptionsfähig sind die Christen?

Die ökumenische Zentrale in Genf hat sich – spät genug – inzwischen ein Bildungsreferat zugelegt. Es ist im Augenblick fast ausschließlich mit Fragen der Weltbildungskrise und der Verantwortung der Kirche in der drohenden Bildungsklassengesellschaft beschäftigt. Das ist durchaus legitim, denn die Bildungssituation der Gesellschaft ist der Kontext auch aller innerkirchlichen Bildungsprozesse. Trotzdem weist die Logik des ökumenischen Prozesses die neue Unternehmung schließlich in eine andere Richtung. Sie muß eine neue Antwort finden auf die Frage, wie Christen wachsen, damit sie der Welt, in der hinfort geglaubt, geliebt und gehofft werden muß, gewachsen bleiben[54].

4. Warum die Zeit drängt

Die Gewissen sind unschlüssig. Darum sind auch die Kirchen unschlüssig. Und solange sie unschlüssig sind, bleibt die ökumenische Bewegung unschlüssig, ein Spiel mit der Möglichkeit.

Spiel ist schön. Spiel ist lebenswichtig. Aber man kann auch zu lange spielen. Man kann seine Chance verspielen.

Die ökumenische Bewegung ist mit Sicherheit das verheißungsvollste Unternehmen der gegenwärtigen Christenheit, vielleicht das verheißungsvollste Unternehmen der Menschheit im Zustand der Interdependenz. Aber man darf sich nicht täuschen. Über die internationale Kooperation der Kirchen in den Fragen und Katastrophen des Tages hinaus ist bisher nur dies unwiderruflich geschehen: Ein hochdifferenziertes, außerordentlich elegantes und elastisches „agreement to disagree" ist geschlossen. Eine gemeinsame ökumenische Verhandlungssprache ist erfunden, ein gemeinsamer Bestand an Wörtern und Sätzen, in denen jeder der Verhandlungspartner seinen Glauben und seinen Zweifel, seine Erfahrung und seine Beschränktheit, seine Hoffnung und seinen Widerstand unterbringen kann. Aber jeder weiß: Mit den gleichen Wörtern wird ganz Unterschiedliches ausgedrückt, und was in den Wörtern mitschwingt und sich sprachlichem Ausdruck entzieht, die Affekte und die Träume, über dessen Vereinbarkeit ist vorerst überhaupt noch nichts in Erfahrung gebracht.

Man weiß aus der Politik, wie ungeheuer viel das ist: eine gemeinsame Verhandlungssprache. Die Völker haben es noch nicht annähernd so weit gebracht.

Nun könnten also ernsthafte Verhandlungen beginnen, nun könnte ein gemeinsames Handeln anheben, das mehr ist als Kooperation von Fall zu Fall, nämlich das Handeln *einer* Gemeinschaft. Erst in einem solchen Prozeß der Verhandlungen und des gemeinsamen Handelns werden die Wörter und die Sätze eindeutig werden.

Die Schwierigkeit liegt darin, daß in einer anderen Dimension die ökumenische Bewegung schon viel weiter ist. Da die eindeutigen Wörter, wie gesagt, fehlen, ist es naturgemäß schwierig, diesen weiten Vorsprung der ökumenischen Realität vor der ökumenischen Sprache, der ökumenischen Theorie und der ökumenischen Praxis genau zu bezeichnen. Bilder und Vergleiche zu finden ist nicht schwierig. Auch wenn das Ja vor dem Standesbeamten, das die Qualität der Beziehung verändert, gesprochen ist, haben Mann und Frau noch das Bewußtsein und die Gewohnheiten von Junggesellen. In Wirklichkeit sind sie schon weiter, aber sie werden Zeit brauchen, um sich in den neuen Status einzufühlen und einzuleben.

Aber Vergleiche hinken. Die ökumenische Realität ist: Die Mitgliedskirchen mögen unschlüssig sein, sie mögen den entscheidenden Schritt aus der Getrenntheit heraus scheuen, weil sie dem Frieden noch nicht trauen; sie wissen, daß das in einem dreifachen Sinn nicht nur nicht mehr angemessen ist, sondern unwahr und ungehorsam.

Es ist unwahr und ungehorsam angesichts einer gemeinsamen Herkunft, die man inzwischen so genau erkundet hat, daß aus einer allgemeinen Wahrheit, die allen bekannt war und die keinen band, eine konkrete Verpflichtung geworden ist.

Es ist unwahr und ungehorsam angesichts einer Zukunft, von der feststeht, daß es sie nur gemeinsam gibt. Und damit ist nicht die eschatologische Zukunft gemeint, sondern die geschichtliche, die schon jetzt in manchen Konturen überschaubare Zukunft. Es gibt keine Zukunft mehr für die getrennten Kirchen. Das hat ganz massive Gründe: die Entwicklung der Weltbevölkerung, ökonomische und weltpolitische Sachzwänge, das immer stärker wachsende Mißverhältnis zwischen Mandat und Ressourcen, zwischen zunehmenden Verpflichtungen und abnehmender Potenz im Bildungswesen, im Gesundheitsdienst, in der theologischen Forschung usw.

Wichtiger ist: Seit die Kirchen sich das ökumenische Versprechen gegeben haben, wenn auch vielleicht auf Probe und in Unkenntnis der Konsequenzen, stehen sie unter einem „Wachstumszwang". Auch für das Individuum ist Regression oft genug indirekt lebensgefährlich. Sozietäten gehen an dem Versuch der Regression kaputt: Faschismus, Isolationismus, Fundamentalismus sind der Beweis. Und für religiöse Institutionen, die ein besonders empfindliches Verhältnis zur Wahrheit haben, gilt das besonders. Abblendung eines einmal gewonnenen Problembewußtseins, Flucht aus einem einmal eröffneten Horizont macht steril, zeugungsunfähig in vieler Hinsicht. Was früher einmal wahr gewesen ist, wird nun, da man einen größeren Zusammenhang für diese Wahrheit gesehen, aber aus Angst oder Unschlüssigkeit die Augen davor verschlossen hat, zur Lüge.

Das Festhalten an der Trennung ist unwahr und ungehorsam auch noch aus einem dritten Grund. Die Umwelt der Kirchen nämlich, die Menschen innerhalb und außerhalb der Kirchen, die auf Vergewisserung warten, akzeptieren die Trennung im alten Sinne nicht mehr. Ihr Gewissen mag parochial sein, aber diese Trennung verstehen sie nicht mehr. Es fehlen ihnen nicht nur die Worte, sondern auch das Sensorium für das, was da von den Kirchen als Trennendes vorgegeben wird. Sie sehen andere Trennungen, auch in und zwischen den Kirchen. Aber sie sind nicht konfessioneller Art. In welchem Maße dieser Zusammenbruch der Verstehensmöglichkeiten fortschreitet, zeigt sich an so empfindlichen Stellen wie der Mischehenproblematik, der konfessionellen Schulpolitik, an einer Fülle von sozialethischen Streitfragen, deren Zusammenhang mit dogmatischen Grundentscheidungen die Menschen einfach nicht mehr mitvollziehen können.

Für diese Umwelt sind Kirchen, die derart viel Zeit und Kraft und Geld für zwischenkirchliche Grenzregelungen aufwenden, während der Mangel an Brot, Sinn und Gerechtigkeit in der Welt wächst, unglaubwürdige Kirchen. In der Erwartung gibt es für die Menschen längst so etwas wie die *eine* Christenheit, und es gibt sie vorerst auch in ihrer Enttäuschung. Dieser gefährliche Konsensus der im Stich gelassenen Erwartungen ist aber für die Kirchen auf die Dauer nicht ignorierbar. Er zeigt einen Zerfall der Indigenisationen an, einen Zerfall der Präsenz und der Kompetenz der Kirchen in der Umwelt.

Und die Gegenprobe ist noch schlüssiger: Wo immer von experimentellen Gruppen und von Institutionen eine neuerliche Einwanderung in den Erwartungshorizont von Menschen versucht wird, ist sie nahezu automatisch eine ökumenische Einwanderung, oder sie mißlingt. In den Gettos der Metropolen läßt sich, wo es um die vorbehaltlose Solidarisierung geht, nicht einmal mehr die scharfbewachte Grenze zwischen Rom und den nichtrömischen Kirchen aufrechterhalten.

Wo die Welt noch und wieder die Christenheit braucht, braucht sie die *eine* Christenheit, oder sie fühlt sich von der *einen* Christenheit verraten.

Das alles bedeutet, daß die Kirchen nicht unbegrenzt Zeit haben, ihre ökumenische Unschlüssigkeit zu überwinden. Für die ökumenische Bewegung selbst bedeutet es, daß sie mit Verschleiß rechnen muß. Antizipationen lassen sich nicht unbegrenzt durchhalten. Revolutionäres Bewußtsein wird rasch alt und müde. Weder Einzelne noch Institutionen können unbegrenzt auf Kredit leben. Und die ökumenische Bewegung ist die Weise, wie die Kirchen heute auf Kredit leben.

Der Kredit könnte verfallen. Natürlich, die zwischenkirchliche Hilfe und der gemeinsame Entwicklungsdienst an der Welt wird weitergehen. Aber der Überschuß, der Mehrwert, der in den mühsam erarbeiteten Brückenformeln steckt, in den gemeinsamen Erklärungen, in den gemeinsamen Einsichten und Plänen, in den gemeinsamen Arbeitsformen und Institutionen, der könnte verlorengehen. Für die jungen ökumenischen Avantgarden *ist* er bereits weithin verlorengegangen. Für den kleinen, frühzeitig ökumenisch erweckten Teil der kirchlichen Mitgliedschaften (etwa in den USA) ist er schon überstrapaziert, während die Mehrheiten noch fast völlig unberührt sind. Die Pioniere sind gestorben, die Technokraten der zweiten und der dritten Generation haben viel schwächere Träume und ziehen sich leicht auf das kurzfristig Machbare zurück.

Es gilt hier wirklich: Stagnation ist gefährlich, ein Rückzug geht nicht mehr. Der Ruf nach vorwärts ist unausweichlich geworden.

The Hammer Song

If I had a hammer,
I'd hammer in the morning
I'd hammer in the evening
all over this land,
I'd hammer out danger,
I'd hammer out a warning,
I'd hammer out love
between
my brothers and my sisters
all over this land.

If I had a bell
I'd ring it in the morning
I'd ring it in the evening
all over this land,
I'd ring out danger
I'd ring out a warning
I'd ring out love . . .

If I had a song,
I'd sing it in the morning
I'd sing it in the evening
all over this land,
I'd sing out danger
I'd sing out a warning
I'd sing out love . . .

Well, I've got a hammer,
and I've got a bell,
and I've got a song to sing
all over this land:
It's the hammer of justice,
it's the bell of freedom,
it's the song about love
between
my brothers and my sisters
all over this land.

Pete Seeger [55]

Die Konziliarität und die Zukunft der ökumenischen Bewegung

1. Die Vollversammlung von Uppsala sprach vom Ökumenischen Rat als einer „Übergangslösung bis zu einer schließlich zu verwirklichenden wahrhaft universalen, ökumenischen, konziliaren Form des gemeinsamen Lebens“ und schlug vor, daß die Mitgliedskirchen auf die Zeit hinarbeiten sollten, „wenn ein wirklich universales Konzil wieder für alle Christen sprechen und den Weg in die Zukunft weisen kann“. Dieser Vorschlag hat beträchtliche Diskussionen hervorgerufen. Die jüngsten Weltkonferenzen des Lutherischen Weltbundes, des Reformierten Weltbundes, des Alt-Katholiken-Kongresses und der anglikanischen Bichöfe in Lambeth haben Interesse an dem Vorschlag gezeigt. Der Zentralausschuß hat auf seiner Sitzung in Addis Abeba (Januar 1971) der Hoffnung Ausdruck gegeben, daß die Kommission für Glauben und Kirchenverfassung zur Klärung des Gedankens beitragen werde. Die vorliegende Erklärung ist ein Versuch, dieser Aufforderung zu entsprechen.

2. Hier in Löwen haben wir dem doppelten Vorschlag der Vollversammlung von Uppsala einige Überlegungen gewidmet, und zwar im Zusammenhang mit unserem Hauptthema – Die Einheit der Kirche und die Einheit der Menschheit – wie auch im Zusammenhang mit den zur Zeit weitverbreiteten Zweifeln und Debatten im Blick auf das Wesen und die Ziele der ökumenischen Bewegung. Eine Diskussion über die Zukunft dieser Bewegung ist nur möglich im Zusammenhang mit der Sorge um die ganze Menschheit. Der ökumenischen Bewegung geht es um den in Jesus Christus geoffenbarten Willen Gottes für die ganze Menschheit, wobei die Kirche das Instrument und die erste Frucht dieses Willens ist. Deshalb muß sich jede Diskussion um ihre Zukunft mit dem Bedürfnis der gesamten Menschheit nach echter Gemeinschaft und mit den Formen des kirchlichen Lebens befassen, die diesem Bedürfnis entsprechen. In diesem Rahmen müssen wir die Anregung von Uppsala sehen.

3. Die Konziliarität ist in verschiedenen Formen und unterschiedlichem Maß zu allen Zeiten und auf verschiedenen Ebenen für das Leben der christlichen Kirche charakteristisch gewesen. Unter Konziliarität verstehen wir das Zusammenkommen von Christen – örtlich, regional oder weltweit – zu gemeinsamem Gebet, zu Beratung und Entscheidung in dem Glauben, daß der Heilige Geist solche Zusammenkunft für seine eigenen Zwecke der Versöhnung, Erneuerung und Umgestaltung der Kirche benützen kann, indem er sie zur Fülle der Wahrheit und der Liebe hinführt. Konziliarität kann zu verschiedenen Zeiten und an verschiedenen Orten unterschiedlichen Ausdruck finden. Die ökumenische Bewegung hat uns sowohl herausgefordert wie uns auch geholfen, für unsere eigene Zeit angemessene konziliare Formen zu finden. Angesichts der Fragen der heutigen Welt und zusammengeführt durch den gemeinsamen Wunsch, dem Herrn miteinander im gesamten Leben und der Mission der Kirche zu dienen, sind die Kirchen in unserer Zeit zur Entwicklung neuer Formen der Konziliarität geführt worden – sowohl innerhalb der einzelnen Kirchen wie auch in Kirchenräten auf örtlicher, nationaler, regionaler und weltweiter Ebene. Wir müssen über diese Tatsache nachdenken, wir müssen versuchen, sie zu den konziliaren Erfahrungen der Kirche in der Vergangenheit in Beziehung zu setzen, und wir sollten angemessenere Formen der Konziliarität für unsere Zeit suchen. In diesem Zusammenhang verweisen wir auf die von Glauben und Kirchenverfassung durch-

geführten Studien über „Konzile und die ökumenische Bewegung" und über das Konzil von Chalcedon.

4. Der Bericht der Vollversammlung von Uppsala spricht von „einer schließlich zu verwirklichenden wahrhaft universalen, ökumenischen, konziliaren Form des gemeinsamen Lebens" und fordert die Kirchen auf, auf die Zeit hinzuarbeiten, „wenn ein wirklich universales Konzil wieder für alle Christen sprechen und den Weg in die Zukunft weisen kann". Diese beiden Anregungen hängen zwar miteinander zusammen, müssen aber doch unterschieden werden. Bei der ersten geht es um eine konstante Struktur des Lebens der Kirche, während die zweite auf ein Ereignis verweist, das eines Tages vielleicht stattfinden wird. Wenn wir die erste Anregung der Vollversammlung von Uppsala aufgreifen, so wird dies bedeuten, daß wir das Element der Konziliarität im Leben der Kirchen auf allen Ebenen - örtlich, regional und weltweit - zu vertiefen suchen. Die Erklärung von Neu-Delhi über das Wesen der Einheit, die wir suchen, sprach von einer „völlig verpflichteten Gemeinschaft", die sowohl „an jedem Ort" besteht als auch die Kirche zu allen Zeiten und an allen Orten umfaßt. Wenn wir die Konziliarität als die Richtung akzeptieren, in die wir gehen müssen, so bedeutet das eine Vertiefung unserer gegenseitigen Verpflichtung auf allen Ebenen. Dies bedeutet nicht eine Bewegung auf die Uniformität hin. Unsere Diskussionen hier in Löwen haben im Gegenteil betont, daß die Einheit der Kirche, wenn sie der Einheit der Menschheit dienen soll, Raum bieten muß für eine große Vielfalt von Formen wie auch für Unterschiede und sogar Konflikte. Die Konziliarität der Kirche erfordert die Mitarbeit sämtlicher Laienglieder, unter denen jeder Bereich der Menschheit vertreten sein muß. Im Leben der Kirche muß jede Gemeinschaft der Menschheit die Gelegenheit haben, ihr eigenes, authentisches Selbst zu entwickeln und auszudrücken; die Unterdrückten und Ausgebeuteten müssen für Gerechtigkeit kämpfen können; die „Randbewohner" der Gesellschaft - die geistig und körperlich Behinderten - müssen ihren eigenen charakteristischen Beitrag leisten können.

Dies wird um so notwendiger, als die moderne Technologie die gesamte Menschheit in eine enge Interdependenz gezwungen hat, von der Freiheit und Individualität ständig bedroht sind. Die Einheit der Kirche muß von der Art sein, daß sie reichlich Raum bietet für Verschiedenheit und für die offene gegenseitige Konfrontierung unterschiedlicher Interessen und Überzeugungen.

5. Echte Konziliarität hat zudem eine zeitliche Dimension: sie verbindet Vergangenheit, Gegenwart und Zukunft in einem einzigen Leben. Dies ist zum Teil die Bedeutung dessen, was Neu-Delhi über die Einheit einer verpflichteten Gemeinschaft „zu allen Zeiten und an allen Orten" gesagt hat. Durch das Wirken des Geistes im Leben der Kirche wird es uns möglich, sein Lehren durch die Worte der Konzile der Vergangenheit zu erkennen. In der lebendigen Gemeinschaft der einen Kirche wird es uns möglich, in ein Gespräch mit der Vergangenheit einzutreten, Fragen zu stellen und Erhellung für unsere eigenen Probleme zu erhalten.

Wir sind nicht einfach aufgefordert, die Worte der alten Konzile zu wiederholen, die zu anderen Situationen und in anderen Sprachen als unserer eigenen gesprochen wurden. Es ist jedoch ein wesentlicher Bestandteil unseres Hineinwachsens in die volle Konziliarität, daß wir in einem ständigen Prozeß der „Neu-Rezeption" der früheren Konzile stehen, durch deren Zeugnis - im lebendigen Dialog erfahren - derselbe Heilige Geist, der in der Vergangenheit zu den Vätern sprach, uns in Seine Zukunft führen kann.

6. Die Konzile, die als Ausdruck der ökumenischen Bewegung in unserer Zeit geschaffen wurden, besitzen nicht die Fülle der Konziliarität, wie sie sich in den großen Konzilen der frühen Kirche zeigt. Dieser Mangel rührt nicht in erster Linie von der ihnen fehlenden Universalität her. Der eigentliche Kern wahrer Konziliarität ist das aktive Gegenwärtigsein und Wirken des Heiligen Geistes. Ein Konzil ist dann ein echtes Konzil, wenn es vom Heiligen Geist geleitet und beseelt wird, selbst wenn es nicht universal ist; und eine Versammlung von Christen mit weltweiter Repräsentanz würde nicht zum echten Konzil, wenn sie nicht vom Heiligen Geist geleitet wäre. Aber die Anerkennung eines Konzils als eines echten Konzils im vollen Sinne des Wortes hat zur Voraussetzung, daß seine

Beschlüsse von der Kirche als vollgültig angenommen werden, und es muß durch volle eucharistische Gemeinschaft gekennzeichnet sein oder zu ihr geführt haben. Die Anerkennung eines Konzils in diesem Sinne der Vollgültigkeit hat jedoch oft sehr lange Zeit in Anspruch genommen. Es war nicht notwendigerweise so, daß die volle und bindende Autorität eines Konzils im voraus akzeptiert wurde. Wir müssen daher Fragen wie die folgenden stellen:

Welches sind Vorbedingungen für ein echtes Konzil? Könnte es ein „Einigungs-Konzil" geben, das nicht eucharistische Gemeinschaft und vollen Konsensus voraussetzt, sondern diese als Gaben des Heiligen Geistes sucht und erwartet? Diese wie auch viele andere Fragen, etwa nach dem Wesen der Repräsentation, der Rolle der Bischöfe auf einem Konzil und anderes, bedürfen der Untersuchung. Es ist klar, daß der Ökumenische Rat der Kirchen und andere ähnliche regionale und örtliche Räte nicht in diesem vollen Sinne Konzile der Kirche sind. Sie sind Treffpunkte für Kirchen, die noch nicht in voller Gemeinschaft stehen und noch keine gemeinsame Autorität anerkennen. Dennoch bieten sie einen Rahmen, innerhalb dessen sich echte Konziliarität entwickeln kann. Soweit sie vom Heiligen Geist geleitet und beseelt sind, besitzen sie – wenn auch nur in vorwegnehmender Form – den Charakter der Konziliarität.

7. Aus dem oben Gesagten ergibt sich, daß alle konziliaren Gruppen – lokale, nationale und regionale Räte, konfessionelle Weltbünde oder der Ökumenische Rat selbst – dringend aufgefordert werden sollten, ihr eigenes Leben und Handeln an dieser Auffassung von echter Konziliarität zu prüfen. Sie sollten erwägen, inwieweit ihr jetziges Leben von echter Konziliarität bestimmt ist, und auch, ob ihr Leben und Handeln dazu beitragen, den Weg für ein „wahrhaft ökumenisches Konzil" zu bereiten.

8. Wir haben zunächst noch einmal die Toronto-Erklärung von 1950 über „Die ekklesiologische Bedeutung des Ökumenischen Rates der Kirchen" betrachtet. Diese Erklärung bezeichnete sozusagen den Ausgangspunkt unserer Reise. Sie versicherte den Mitgliedskirchen des Ökumenischen Rates der Kirchen, daß die Mitgliedschaft nicht die Relativierung ihrer jeweiligen Ekklesiologie bedeute und auch nicht die Annahme irgendeiner bestimmten Lehre vom Wesen der Einheit, wie Gott sie für seine Kirche will, voraussetze. Sie verpflichtet die Kirchen auf ein ernsthaftes Gespräch im Blick auf „eine auf der vollen Wahrheit begründete Einheit" und auf Solidarität und gegenseitige Hilfe. Sie macht deutlich, daß der Ökumenische Rat nicht den Anspruch erhebt, selbst die Form der von Gott gewollten Einheit darzustellen; er ist nicht der Zweck, sondern das Mittel – ein Ort, an dem die Kirchen miteinander nach dem Willen Gottes für ihre Einheit suchen können. Dies gilt auch weiterhin.

9. Im Licht der Erfahrung der letzten 21 Jahre können wir nun sagen, daß das Vorhandensein des Ökumenischen Rates der Kirchen die Lage in bedeutender Weise geändert hat. Zum Beispiel:

a) Wenn auch der Rat keine bindende Autorität über seine Mitgliedskirchen hat, da seine einzige Autorität „das Gewicht ist, das er durch seine eigene Weisheit bei den Kirchen besitzt" (Temple), haben nichtsdestoweniger die Entscheidungen des Rates eine bedeutsame Wirkung auf das Leben der Mitgliedskirchen. Ein hervorragendes und neues Beispiel ist die Auswirkung der verschiedenen Aktionen des Rates in der Rassenfrage, angefangen von der Zweiten Vollversammlung.

b) Der Ökumenische Rat hat durch seinen eigenen konziliaren Prozeß eine stärkere Entwicklung der Konziliarität im Leben der Mitgliedskirchen gefördert. Die Auswirkung seiner Arbeit bestand darin, die Kirchen dazu zu bewegen, sich untereinander und innerhalb ihrer eigenen Mitgliedschaft in den Fragen zu beraten, die mit dem gemeinsamen Zeugnis und Dienst der Kirche in der heutigen Welt zusammenhängen.

c) Der Ökumenische Rat hat zu einem gemeinsamen Leben beigetragen, bei dem das Gebiet der eucharistischen Gemeinschaft auf viele Kirchen ausgeweitet wurde, die früher keine solche Gemeinschaft untereinander hatten.

d) Der Ökumenische Rat der Kirchen hat für viele Gelegenheiten gesorgt, bei denen Christen zusammenarbeiten und nachdenken konnten, Gelegenheiten, die für das gesamte Zeugnis der Kirche in der modernen Welt dringend benötigt werden, für die aber in den bestehenden Strukturen keine Möglichkeit bestanden hatte.

In anderen Worten: Bestimmte Elemente wahrer Katholizität haben im Leben des Rates begonnen in Erscheinung zu treten, wenn auch nur in einer sehr vorläufigen Weise. Das Leben der Mitgliedskirchen und ihre Beziehung zueinander haben sich durch ihre Mitgliedschaft im Ökumenischen Rat während der letzten beiden Jahrzehnte bedeutend geändert. Die ökumenische Bewegung bewegt sich tatsächlich, wenn auch die Bewegung langsam zu sein scheint.

10. Wir meinen, daß wir uns durch Verstärkung dieser Elemente wahrer Katholizität im Leben des Ökumenischen Rates und seiner Mitgliedskirchen hinbewegen werden auf die „völlig verpflichtete Gemeinschaft", von der die Neu-Delhi-Erklärung spricht. Wenn dies richtig ist, wäre mindestens das Folgende erforderlich:

a) daß alle Mitgliedskirchen viel energischer dafür sorgen, daß die ökumenische Bewegung sich zunehmend mehr im Leben der Ortsgemeinden, der Synoden und Versammlungen der Kirchen durchsetzen kann;

b) daß Mitgliedskirchen dazu angeregt werden, das Gebiet der organischen Einheit und der eucharistischen Gemeinschaft untereinander zu erweitern, wo immer ihre ekklesiologischen Voraussetzungen dies erlauben;

c) daß der Ökumenische Rat weiterhin Wege ausfindig macht, auf denen er Gemeinschaft, Unterstützung und Anleitung für einzelne und Gruppen anbieten kann, die neue Formen christlichen Gehorsams suchen, für die die bestehenden kirchlichen Strukturen keine Gelegenheit bieten;

d) daß der Ökumenische Rat der Kirchen als der Ort anerkannt wird, an dem die großen und die Christen spaltenden Fragen aufgegriffen werden, selbst auf die Gefahr ernsthafter Auseinandersetzung hin, so daß der Rat in einem bestimmten Maß die alte Aufgabe eines Konzils als eines Ortes wahrnehmen kann, an dem Christen in der Wahrheit miteinander versöhnt werden können;

e) daß die Mitgliedskirchen aufgefordert werden, die polemischen Erklärungen gegen andere zu überprüfen und (wann angemessen und möglich) neu zu interpretieren;

f) daß die Mitgliedskirchen es gemeinsam und ernsthafter wagen, Einheit im Glauben zu finden und unsere Hoffnung für die Welt gemeinsam zu bekennen.

11. In den letzten Abschnitten haben wir die Anwendung der Idee der Konziliarität auf den Ökumenischen Rat der Kirchen bedacht. Jedoch hat dieses Konzept eine viel umfassendere Bedeutung. Das Zweite Vatikanische Konzil war nicht nur ein konziliares Ereignis von epochemachender Bedeutung, sondern hat in der ganzen römisch-katholischen Kirche zu einer umfassenden Diskussion über Konziliarität und zu neuen Erprobungen in konziliarer Praxis auf den verschiedenen Ebenen kirchlichen Lebens geführt. Es ist unser ernsthaftes Gebet, daß die Vorbereitungen für die panorthodoxe Synode so vom Heiligen Geist geleitet und gesegnet werden möchten, daß daraus eine schöpferische Erneuerung erwächst. Wir denken aber auch an andere neuere Entwicklungen in der Konziliarität bei den orientalischen orthodoxen Kirchen wie auch an andere bedeutsame konziliare Bewegungen bei Kirchen, die nicht zum Ökumenischen Rat der Kirchen gehören. Wir beten darum, daß durch die Entwicklung der Gemeinschaft unter den Mitgliedskirchen des Ökumenischen Rates der Kirchen und durch die Zusammenarbeit zwischen dem Ökumenischen Rat der Kirchen, dem vatikanischen Sekretariat für die Förderung der christlichen Einheit und anderen Gruppierungen außerhalb der Mitgliedschaft des Ökumenischen Rates das Wachstum wahrer Konziliarität gefördert werde und so der Weg vorbereitet wird für ein wahrhaft ökumenisches Konzil.

Vom Ausschuß IV erarbeitet und vom Plenum angenommen (Lö 226 ff.).

Der fünfte Brief ein Bekenntnis zur Ökumene im Konjunktiv betreffend

Lieber Freund,

ich erinnere mich, kurz vor meinem Arbeitsantritt in Genf an den Generalsekretär des ÖRK einen Brief geschrieben zu haben, dessen ich mich heute noch ein wenig schäme der großen Worte wegen, die ich dabei gemacht habe. Ich wollte meinen letzten Beweggrund für den Wechsel nach Genf ausdrücken. Ich schrieb: Ich möchte etwas für den Frieden tun. Heute weiß ich: Man spricht so etwas nicht aus. Man gerät dadurch in eine lächerliche Perspektive, vor allem vor sich selbst.

Was aber die Einschätzung der ökumenischen Unternehmung der Kirchen anlangt, die in dieser Aussage steckt, glaube ich eigentlich nicht, mich korrigieren zu müssen. Die ökumenische Bewegung ist eine Friedensbewegung. Sie ist, weit über den Genfer Zusammenschluß hinaus, die Weise, wie die christlichen Kirchen heute den Frieden wahrnehmen.

Das heißt aber, sie ist die Weise, wie die Kirchen heute Kirchen sind. Denn der Frieden, der Schalom, der in Jesus von Nazareth proklamiert und modelliert ist, ist die einzige raison d'être des Christusglaubens und seiner Vergesellschaftungen: Wurzel und Grund, Energie, Mandat und Sinn. Eine Kirche, die sich nicht mehr vom Schalom her versteht und auf den Schalom konzentriert, ist nicht Kirche, sondern Un-Kirche, was immer sie sonst noch sein mag. Ist aber der Schalom nur noch ökumenisch wahrzunehmen, dann ist damit das Ökumenische zu einem Kriterium für das Kirchesein von Kirche heute erhoben.

Weniger bestimmt kann man nicht mehr reden. Zu lange schon ist das Ökumenische als eine bloße Option der Territorialkirchen, als ein Tätigkeitsbereich unter anderen vergleichgültigt worden. Aus dem Spiel mit der ökumenischen Möglichkeit ist der Ernstfall des Glaubens geworden. Es gibt heute nur eine Aktualisierung für die vier Kriterien des Glaubensbekenntnisses – Einheit, Heiligkeit, Katholizität, Apostolizität –, und sie heißt: Ökumenizität. Und das ist zugleich die aktuelle Übersetzung für Frieden, für Schalom.

I.

Sie könnten sagen: Ein unbrauchbareres Kriterium läßt sich kaum denken. Das Wort ist so ausgeleiert, das es nichts mehr bezeichnet. Im Namen des Friedens fällt amerikanisches Napalm auf die Kinder in Vietnam. Im

Namen des Friedens halten sowjetische Panzer in der CSSR den Frühling auf. Im Namen des Friedens werden Mauern gebaut, Familien, Städte und Länder zertrennt, Flugzeuge entführt, Menschen gefoltert. Frieden ist ein Wort für totale Unterdrückung in Südafrika, den totalen Terror in Irland, den totalen Profit des internationalen Kapitals, den totalen Konsum der Supermärkte und die totale Mittelmäßigkeit der deutschen Provinz. Es gibt einen Polizistenfrieden und einen Terroristenfrieden und einen „Frieden am Herd", der angeblich Gold wert ist, aber mit Sicherheit Gold und Freiheit kostet. Frieden rechtfertigt jede Faulheit, jede Feigheit, jede Verlogenheit. Frieden ist ein Wort für das, was fehlt. Wird es – außerhalb ganz konkreter Zusammenhänge – positiv verwendet, dann besteht Ideologieverdacht, nein, Ideologiegewißheit.

Sie könnten sagen: Im Mund der Kirchen ist „Frieden" besonders prekär. Denn das Christentum hat noch jeden Frieden, jedes Gleichgewicht, jede beruhigte Ordnung in der Welt zersetzt. Womöglich ist das sogar sein größtes Verdienst: Es brachte nie den Frieden, immer das Schwert, die Unruhe, die Veränderung, den Konflikt. Es machte die Menschen nie zufrieden, sondern unzufrieden. Es hütete das „Noch-nicht" des Friedens auf der Welt, meist sehr handgreiflich, auch wenn es mit seinem zweideutigen „Doch-schon" immer auch die gerade bestehende Organisation des Unfriedens zu vergolden oder doch wenigstens erträglich zu machen wußte. Aber das Nein des Glaubens zum gegenwärtigen Stand des Unfriedens hat das Amen der Priester zum schlechten Status quo schließlich doch immer unterhöhlt. Das war die historische Mission. Heute braucht man die Missionare des Unfriedens nicht mehr so dringend. Die Menschheit ist gründlich bekehrt. Und auch die Legitimationsformel „Frieden" handhaben die Ideologen und die Technokraten, die Wahl- und die Festredner heute viel geschickter als die Priester. Auch der Papst weiß, daß er mehr als „Frieden" sagen muß, wenn er überhaupt etwas sagen will. Also sagt er: Frieden und Gerechtigkeit, mithin vorerst keinen Frieden. Und er sagt: Die neue Übersetzung für Frieden heißt Weltentwicklung, also Konflikt.

Sie könnten sagen: Ist die ökumenische Bewegung eine Friedensbewegung, dann hat sie vor Geschäftseröffnung Konkurs gemacht – wie nicht zuletzt dieser Bericht von Löwen beweist. Denn den Frieden, den die ökumenische Bewegung praktisch vorführt – die auf Dauer gestellte Waffenstillstandsverhandlung, bei der außer den Vertagungsbeschlüssen nie irgend etwas unterschrieben wird –, den kann die Völkerwelt nicht brauchen. Und den Frieden, den die Völkerwelt braucht – eine internationale Verkehrsordnung, in der Macht, Gerechtigkeit und Liebe immer neu zum Ausgleich gebracht werden können –, den kann die ökumenische Bewegung nicht vorführen.

II.

Das alles ist kaum bestreitbar. In der Tat: Frieden ist ein Wort für das, was fehlt. Die Kirchen haben dieses Defizit immer bezeugt, teilweise erzeugt.

Und die ökumenische Bewegung hat keine Praxis des Friedens, die sie vorführen könnte.

Ich vermute aber, daß in diesen negativen Feststellungen eine Art Platzanweisung steckt. „Frieden“ bezeichnet nicht irgendein Defizit, sondern das heute zukunftsentscheidende Defizit.

Und mit den Defizienzen des Menschseins hat es ja eine besondere Bewandtnis. Der Mensch ist ein Transitwesen. Was ihm fehlt, bewegt ihn. Er gewinnt oder verliert sich im Grenzübergang. Er ist, indem er wird, indem er sich überschreitet, er ist „in Transzendenz“. Seine Humanität ist eine Suchbewegung.

Darum sind die Defizite für die Bestimmung des Menschen fast wichtiger als die Aktiva. Denn an dem, was den Menschen fehlt, erscheint, was sie werden sollen.

III.

Das zukunftsentscheidende Defizit ist heute der Frieden, ganz massiv verstanden als politischer Frieden, als sozialer Frieden, als Rechtsfrieden, als Verfassung des Gesellschaftsprozesses, der Frieden als individuale und korporative Lebenspraxis. Frieden ist heute das grundlegende Humanisierungsproblem. Darum reden alle vom Frieden. Darum müssen alle ihr Handeln auf das Friedensdefizit beziehen. Darum stellen sich heute sogar die, deren Handwerk schlicht der Krieg ist, die Soldaten, als Friedensdiener, als Sicherheitsproduzenten dar, um sich selbst und anderen verständlich und erträglich zu werden. Darum ist groß unter den Menschen, wem etwas zum Frieden einfällt. Die Heiligen dieses Jahrhunderts sind Erfinder von Friedensstrategien: Albert Schweitzer, Gandhi, King, Roncalli. Auch Politiker werden an diesem Kriterium gemessen. Brandt ist am Ende kein zweiter Adenauer. Er hat nicht nur eine vernünftige Politik erfunden. Er hat zugleich die moralische Dimension der Politik und die politische Relevanz der Moral zur Erscheinung gebracht. Er hat beim Kniefall in Warschau einen verlorenen Gestus des Friedens erneuert und mit dem Gestus den Vorgang, die Arbeit, die der Frieden macht, qualifiziert. Er hat die Grenze signalisiert, an der heute das Menschsein auf dem Spiel steht, und alle haben die Bedeutung dieses Signals verstanden, auch seine Gegner. Wer hinfort Brandt angreift, wird es nicht tun, weil er emigriert ist, sondern weil er gekniet hat, während sie sich – an eben dieser Grenze – der Stimme enthielten.

Daß das Friedensdefizit zukunftsentscheidend ist, muß auf verschiedenen Ebenen bedacht werden:

Das massivste Verständnis liegt auf der Hand: ohne Frieden, ohne Nicht-Krieg kein Überleben der Menschheit. Es ist üblich geworden, den Zustand des Nicht-Krieges zu disqualifizieren. Frieden sei so viel mehr als Nicht-Krieg. Das ist natürlich die Wahrheit. Aber man kann auch mit der Wahrheit lügen. Die Disqualifizierung des Nicht-Krieges ist eine solche Wahrheitslüge, nützlich nur für die Nichtbetroffenen. Für die Betroffenen macht das Ruhen der Waffen einen Unterschied: den Unterschied von Angst und Spiel für die Kinder; den Unterschied von schwarzen und bunten Kleidern, von Daheimsein und Heimatlosigkeit für die Frauen; den Unterschied von Gesundheit und Verkrüppelung, von Leben und Tod für die Soldaten.

Heute ist das Problem noch unendlich dringlicher. Angesichts der weltweiten Interdependenz und einer militärischen Technologie, die nur noch in absurden Kategorien, in „over-kill"-Maßen zu beschreiben ist, ist der Krieg kein brauchbares Instrument der Konfliktlösung mehr – wenn er das je gewesen sein sollte. Er ist nicht mehr kalkulierbar. Kriege werden zwar nach wie vor geführt. Aber sie dürfen nicht mehr gewonnen werden. Und ihre Ergebnisse werden nicht mehr als Chancen neuen Friedens wahrgenommen: Der Sechstage-Krieg im Sinai, wahrscheinlich – nach herkömmlichen Kriterien – einer der „gerechtesten" und „notwendigsten" Kriege dieses Jahrhunderts, ist ein Beweis für viele,

Aber die Unbrauchbarkeit des Krieges ist ja nur der am leichtesten greifbare und begreifbare technische Aspekt eines Weltzustands, in dem alle traditionellen Konfliktlösungsverfahren und alle vertrauten Modelle gesellschaftlicher und politischer Ordnung unbrauchbar, zumindest fragwürdig geworden sind. Auch wenn vorerst – außer der Technik der Blockbildung, deren Zusammenbruch wir gerade erleben – keine Alternativen sichtbar sind: das klassische Ordnungsmodell der letzten Jahrhunderte, der Nationalstaat, ist offenkundig passé. Die Idee der nationalen Souveränität hat keine Plausibilität mehr. In fast allen etablierten Nationalstaaten werden die Autonomieansprüche ethnischer und kultureller Minderheiten stärker. Und die jungen Staaten der Dritten Welt, die das nation-building zur Überwindung der alten Stammesstruktur brauchen, müssen ihr eigenes Programm unter dem Zwang supranationaler Kooperation immer schon relativieren. Das gleiche gilt für das wirtschaftliche Grundmodell: den „freien" Markt. Er ist längst ein bis zur Unkenntlichkeit von Staaten und Monopolen manipulierter Markt geworden. Alle diese Götter schweigen, und die Tatsache, daß sie pausenlos beschworen werden, macht ihr Schweigen nur um so dröhnender. Wichtiger noch und grundstürzender ist, daß das soziale Grundverhältnis „Herrschaft", Prinzip aller bisherigen politischen und gesellschaftlichen Ordnung, seine Selbstverständlichkeit verloren hat, einfach darum, weil sich zwischen Schwachen und Starken nicht mehr zuverlässig unterscheiden läßt. Macht ist eine Organisationsfrage, und jede Schwäche läßt sich durch Organisation zur Macht ausbauen. Ein dramatischeres Beispiel als der Sieg der Reisbauern von Vietnam über die Ingenieure der Weltmetropole USA läßt sich kaum denken.

Die Gleichzeitigkeit des Ungleichzeitigen verwirrt das Bild allenthalben. Vieles geht noch, was eigentlich nicht mehr geht. Und vieles, was gehen muß, wenn es weitergehen soll, geht noch nicht. Dennoch kann man mit einiger Sicherheit sagen: Alle vertrauten Techniken der Konfliktsteuerung und Konfliktlösung stehen in Frage, und zwar angesichts eines Konfliktpotentials, das ins ungemessene anwächst. Die Menschheit muß die Möglichkeiten eines geordneten Zusammenlebens unter den Bedingungen einer Technologie, die ihre eigenen Voraussetzungen zu zerstören anfängt, von

Grund auf neu erfinden. Und sie ist dabei „zum Frieden verurteilt". Die latent oder manifest gewaltsamen Konfliktsteuerungstechniken sind allesamt zu teuer geworden. Selbst die Revolution, als letztes Mittel sozialen Wandels angesichts unerträglich gewordener Widersprüche bislang einigermaßen erfolgreich und relativ „billig", fängt an, ein unkalkulierbares Risiko zu werden.

IV.

Frieden ist in der Tat mehr als Nichtkrieg. Er ist etwas qualitativ anderes. Aber der Nichtkrieg, das heißt der Verzicht auf alle Konfliktsteuerungstechniken mit unkalkulierbarem Risiko, ist die conditio sine qua non alles dessen, was als Frieden wenigstens in Umrissen heute positiv beschrieben werden kann.

Frieden ist der menschheitliche Lern- und Wachstumsprozeß, in dem differente Bedürfnisse, kontroverse Interessen, unausgleichbare Lebensstile und weltanschauliche Positionen dialogisch aufeinander bezogen sind. Das jeweils andere ist die Alternative, an der meine Identität ebenso hängt wie mein Wachstum. Die Nichtübereinstimmung provoziert den gesunden Menschenverstand und die soziale Phantasie. So funktionieren Kleingruppen. Im Raumschiff Erde ist die Menschheit als „Kleingruppe" zu denken und zu organisieren, als „Weltdorf". Die technischen Mittel für die Organisation einer solchen Weltkommune sind gegeben. Bislang hat nur der Krieg Massen so zusammenrücken lassen. Die Drohung des Untergangs der Art ist vorerst zu abstrakt, um ähnliches zu bewirken. Aber sie wird konkreter, Jahr um Jahr.

Frieden ist Wettbewerb, Kampfspiel, ritualisierte Konfrontation. Die Möglichkeit der Ritualisierung des Konfliktverhaltens ist eine der Formeln für die Arterhaltung bei den gesellig lebenden Tieren. Menschen sind gesellig lebende Tiere. Sie verfügen über ein riesiges Erbe an geglückten Ritualisierungen. Selbst der Krieg hat sich unter bestimmten Bedingungen als ritualisierbar erwiesen. Frieden ist der Komplex der Rituale, die weltweite Auseinandersetzung ohne weltweite Vernichtung ermöglichen. Frieden ist die Kunst der Organisation der jeweils Ohnmächtigen, durch die das Spiel um die Macht flüssig bleibt.

Frieden ist der als Palaver, als Streit um das Projekt der gemeinsamen Zukunft organisierte Konflikt.

Der internationale Sport ist, trotz allem, ein brauchbares Modell für die Organisation des Friedens. Das Theater, überhaupt jede kollektive künstlerische Hervorbringung, ist ein anderes. Das freie Spiel von Kindern ist ein drittes. Die christliche Konziliarität ist ein viertes. Die Organisation wissenschaftlicher Forschung und technischer Kooperation vollends, in der die Charakteristika sportlichen Wettbewerbs, künstlerischen Rollenspiels, die geregelte Spontaneität kindlicher Gruppenbildung und das Gefaßtsein auf die Geistesgegenwart, auf die Zukunft der Wahrheit als Charakteristikum des christlichen Konziliaritätsmodells sich im Idealfall glücklich verbinden, zeigt die Richtung für die heute fällige Erfindung des Weltfriedens an.

V.

„Wer redet, liebt", heißt ein afrikanisches Sprichwort. Das Problem aller möglichen Friedensorganisation liegt darin, daß der Satz umkehrbar ist, daß er umgekehrt werden muß, wenn das Defizit des Friedens voll begriffen werden soll. Das Palaver ist der Vollzug der Liebe im Konflikt der Bedürfnisse und Interessen. Das heißt aber, es setzt „Liebe" immer schon voraus. Nur wer liebt, bleibt dabei, daß geredet werden muß. Nur wer hofft, hält das Palaver durch. Nur wer Vertrauen ins Palaver investiert, wird gerechtfertigt.

Glaube, Liebe, Hoffnung, die drei Motivationen des Christseins, scheinen irgendwie Voraussetzungen der Friedensorganisation zu sein. Ist sie damit nicht als schlechte Utopie erwiesen? Verfängt sie sich damit nicht im Zirkel aller schlechten Utopien, die den Menschen überfordern? Gute Verhältnisse schaffen gute Menschen, aber wer schafft die guten Verhältnisse?

Das ist der entscheidende Aspekt des Friedensdefizits, an dem sich die Menschenzukunft entscheidet. Es geht in der Tat um einen Sprung in der Humanisierung, um eine moralische Mutation.

Sie läßt sich ganz präzise angeben. Der Mensch hat keine Tötungshemmung gegenüber seinesgleichen, jedenfalls keine, die instinktsicher funktioniert. Er wird an dieser Stelle nicht belehrt durch Instinkte, sondern er muß seine Instinkte belehren. Er muß seinen Mangel durch Institutionen wettmachen.

Es ist aber in aller bisherigen Menschengeschichte bewiesen, daß dieser Weg der Institutionalisierung gangbar ist. Die Tötungshemmung ist kein Instinkt, aber sie kann ein Dressat werden. Sie ist ein Dressat, ein mehr oder weniger zuverlässig funktionierendes Dressat in allen etablierten Gruppen. Es ist selten, daß ein Vater sein Kind erschlägt, obwohl es infantizide Antriebe in jedem Vater gibt. Mord ist ein Verbrechen in allen Gesellschaften, jedenfalls innerhalb der Grenzen der eigenen Gruppe. Daß dies in aller bisherigen Geschichte immer nur funktioniert hat, wenn die mörderischen Aggressionen nach außen ablenkbar blieben, ist unbestreitbar.

Aber eben das ist die Frage: Muß das so bleiben? Ist das eine anthropologische Konstante? Muß der Mensch Fremde morden dürfen, um die Eigenen ertragen zu können? Anders gefragt: Ist das fünfte Gebot zum universalen Gebot zu erheben, und zwar, weil es sonst keinen Sinn ergibt, in seiner konsequenten Auslegung, wie etwa die Bergpredigt sie liefert? Du sollst dem andern nicht sein Leben nehmen, sondern seinem Leben in deinem Leben Raum und Zeit geben, denn nur so wirst du selbst leben: Ist das eine durchsetzbare Mindestbedingung für die Zugehörigkeit zur „family of man"?

Ob das geht, bleibt offen. Sicher ist: Wenn es nicht geht, geht der Frieden nicht. Erst wenn es nicht mehr möglich ist, das Palaver abzubrechen und den Gesprächspartner totzuschlagen, hat der Frieden als weltweites Palaver, als Konklave aller Menschen, aus dem sie ohne Konsensus nicht herauskommen, eine Chance. Daß der Frieden das zukunftsentscheidende Defizit sei, hat diesen präzisen Sinn. Das Transitwesen Mensch wird diesen Übergang in die weltweite Moral des fünften Gebotes leisten, wie es andere moralische

Sprünge im Verlauf seiner geschichtlichen Evolution recht und schlecht geleistet hat, oder es wird untergehen. Der Frieden ist das Menschheitsprojekt, in dem heute Überleben und Humanisierung der Art auf dem Spiel stehen.

VI.

In diesem Sinne ist das Friedensdefizit der unausweichliche Relevanz- und Plausibilitätszusammenhang für das Christentum und seine Vergesellschaftung heute. Ein Christentum, das sich nicht in Beziehung setzen kann zu dem Friedenszwang, unter dem die Menschheit zunehmend steht, ist irrelevant und ermangelt jener elementaren Plausibilität, die die Bedingung jeder Kommunikation ist. Das Friedensthema ist gegeben. Die Kirche kann das Thema umformulieren, erweitern, kritisch in andere Zusammenhänge aufheben, aber sie muß zum Thema reden, sonst wird sie nichtssagend.

Eben darum ist das Ökumenische heute ein Kriterium für das Kirchesein von Kirche. Denn das Thema ist der universale Frieden. Und Ökumenizität ist die heute mögliche, die einzig mögliche Gestalt der Universalität des Christentums. In der einen Welt tritt das Christentum ökumenisch auf – oder es tritt gar nicht auf. Das sagt noch nichts über die Vollzugsformen. Auch wenn es keine ökumenische Bewegung, keinen Ökumenischen Rat der Kirchen gäbe, wären die Kirchen durch die eine Welt, also hinsichtlich ihrer Ökumenizität, herausgefordert. Selbst für die einzelne Ortsgemeinde gilt: Der weiteste Bezugsrahmen ihrer Predigt, ihres Dienstes, ihrer kirchlichen Gestalt ist der Weltfrieden als Bedingung der menschlichen Zukunft der Menschheit.

Nun ist, wie gesagt, der Frieden kein fremdes Thema für die Christenheit. Er ist ihr ursprüngliches Thema. Recht verstanden, ist der Frieden das erste und das letzte Wort des Glaubens, das Wort, das im Vorgang Jesu den Glauben hervorruft, und das Wort, das ihn als Urteil des letzten Gerichts nach seiner eigenen Überzeugung rechtfertigen wird. In der Welt, deren zukunftsentscheidendes Defizit der universale Friede ist, müßte der Glauben viel tiefer zu Hause sein als in den parochialen Welten, aus denen er herkommt und in denen es immer nur um das Überleben von Gruppen auf Kosten anderer Gruppen ging.

Das Irritierende ist, daß das Christentum anders vom Frieden redet als die Völkerwelt, zugleich elementarer und utopischer. Wohlgemerkt, es redet nicht von einem anderen Frieden. Der Schalom, den die Tradition des Glaubens bezeugt und vorführt, ist durchaus derselbe Frieden, den die Menschen meinen: das vom Untergang, von der Welt- und Selbstzerstörung unbedrohte, das gerettete Leben; die neue korporative Lebenspraxis, in der jeder dem andern Raum und Zeit zum Leben gibt; die neue Lebensordnung, in der das fünfte Gebot die erste Spielregel des Zusammenlebens ist. Das gewaltigste Friedenslied des Alten Testaments, der 85. Psalm, ist ganz ohne Zweifel ein Lied vom irdischen Frieden, und seine Auslegung und Erfüllung in der Lebenspraxis Jesu ist hiesiges Leben.

Aber von diesem selben Frieden reden die Kirchen anders als die Völ-

ker. Sie bezeugen diesen Frieden als Gegebenheit, als Datum, und als eschatologische Verheißung, als die Zukunft der Zukunft. Von der Vergangenheit und von der Zukunft her entspricht nach dem Bekenntnis des Glaubens dem Friedensdefizit der Menschheit ein Friedenskredit Gottes.

Ich halte diese doppelte Irritation der – im weitesten Sinn – politischen Friedensbemühung in unserer Zeit für unentbehrlich. Sie müßte erfunden werden, wenn es sie nicht gäbe. Sie ist doppelt nötig, seit die Menschheit sich für ihre Weltgestaltung nicht mehr an der Selbstverständlichkeit gegebener, bewährter und erfahrener Ordnungen orientieren kann, sondern auf die Projektierung wünschbarer Zukunft angewiesen ist.

In der Selbststeuerung menschlichen Zusammenlebens ist das vernünftige Projekt an die Stelle des sakrosankten Ordo getreten. Das ist die Wende in der menschlichen Evolution, auf ihren kürzesten Ausdruck gebracht. Das aber erhöht die Lebensgefahr. Denn immerhin war der Ordo geronnene Erfahrung. Zwar war die Gefangenschaft in nicht mehr flüssigen Traditionen schlimm genug. Aber die drohende Gefangenschaft in den Plänen und Projekten, Träumen und Weltentwürfen der politischen Rechner und Propheten ist mit Sicherheit noch gefährlicher. Denn die Probe auf den Entwurf steht aus. Und je totaler die Projekte, desto größer wird das Risiko bei der Probe auf ihre Realisierbarkeit, die ja letztlich nur durch ihre unwiderrufliche Ausführung gemacht werden kann.

Am Projekt der klassenlosen Gesellschaft, in dessen Bann heute schon nahezu zwei Drittel der Welt stehen, läßt sich die Ambivalenz der Projektorientierung des Menschseins klar erkennen. Dieses Projekt ist doppelt unausweichlich: einmal als die bedeutendste und schlüssigste Zielvorstellung, über die die Menschheit heute verfügt; dann aber auch als eine politische Handlungsanweisung, die den Bedürfnissen der großen Mehrzahl der menschlichen Gesellschaften – mit Ausnahme der hochindustrialisierten atlantischen Metropolen, und auch das nur kurzfristig – ganz offenbar mehr entspricht als alle bürgerlichen Weltentwürfe, deren Unschlüssigkeit im Hinblick auf die gegenwärtige Überlebensproblematik der Menschheit immer klarer zutage tritt. Aber eben weil das Projekt so faszinierend und so stimmig ist, hat es eine Tendenz, sich absolut zu setzen, eine implizit religiöse Qualität anzunehmen, mehr zu werden als ein korrigierbarer Entwurf, nämlich eine Weltformel, die als die totale Lösung aller Menschheitsprobleme den totalen Dienst, das totale Opfer, die totale Identifizierung ihrer Anhänger beansprucht. Je mehr sie sich aber totalisiert, desto „eschatologischer" wird sie – eine Beschreibung des radikal Ausstehenden –, desto weniger Praxisanweisung gibt sie her, desto mehr überanstrengt sie ihre Träger, desto gewalttätiger opfert sie das Glück und die Freiheit von heute dem Glück und der Freiheit von morgen, desto mehr Frustration erzeugt sie, desto irrationaler entzieht sie sich der Kritik durch die Realität und desto starrer zementieren sich die revolutionären Übergänge, die diktatorischen Provisorien als Gewährleistungen des Kommenden.

Man darf sich aber nicht täuschen. Die klassenlose Gesellschaft ist zwar das bedeutendste und eben darum das gefährdetste und kritikbedürftigste Friedensprojekt der Menschheit. Aber auch die begrenzteren, weniger radikalen Projekte – der Reformkapitalismus etwa oder die nationalistisch-emanzipatorischen Entwürfe der Dritten Welt – sind Projekte und enthalten dieselbe Totalisierungsgefahr. Selbst die Antiprojekte der Konservativen, zum Beispiel das „law-and-order"-Konzept, die „Aktion Widerstand" der Faschisten, der Isolationisten und politischen Fundamentalisten haben durch und durch Projektcharakter. Sie knüpfen eben nicht an sicheren Beständen, an gesunden Ordnungen an, die es nur zu erhalten und fortzuschreiben gelte, auch wenn sie das vorgeben. Auch sie sind Konstruktionen, wenn auch nach geläufigen Bauplänen. Und sie sind im Grunde viel utopischer als die Projekte der Linken, denn sie übersehen, sie verbergen sich das Ausmaß der Zersetzung der bisherigen Ordnungen. Restauration ist allemal utopischer (im Sinne der schlechten Utopie) als Innovation. Aus dem Zeitgeschick, das den Menschen unwiderruflich sich selbst zum Projekt gemacht hat, entkommen weder die „Rechten" noch die „Linken".

Eben darum ist der doppelte Einspruch gegen die totale Projektierbarkeit der Menschenzukunft, wie ihn etwa die Kirchen erheben und darstellen, darstellen könnten, wenn sie sich auf das Friedensdefizit als den heute entscheidenden Bezugsrahmen ihres Zeugnisses einließen, völlig unentbehrlich. Die Kirchen haben zweierlei zu vertreten.

Sie haben den vollendeten Frieden, den Schalom als das Projekt Gottes den Projekten der Menschen entgegenzuhalten. In dem Maße, in dem ihnen das gelingt, leisten sie den lebenswichtigen Widerstand gegen die Tendenz aller Menschenprojekte, sich in globale Utopien zu verwandeln und eben damit der Kritik und der Korrigierbarkeit zu entziehen. In einer Welt, die auf Projekte angewiesen ist, muß es Instanzen geben, die jedes Projekt relativieren und dadurch offen und flüssig halten. Gelingt das nicht, dann stirbt die Hoffnung und damit die Kraft, aus der Projekte leben. Der Schalom als das Projekt Gottes mit der Menschheit ist die prinzipielle Überholung aller denkbaren Menschenprojekte, die letzte Verheißung, die alle Menschenentwürfe als vorletzte Entwürfe qualifiziert und eben damit plastisch erhält. Sie hütet den Überschuß der Hoffnung.

Gegen die tiefe Resignation aller Menschenprojekte, auch der radikalsten, die Resignation auf den Tod als das gewisseste Datum des Lebens, hütet sie das Bild von der Auferstehung, vom ewigen Leben, das ebenso absurd wie unausweichlich ist.

Gegen die Nichtachtung des Todes in allen seinen Gestalten, die Überschätzung der Jugend, der Vitalität, der Gesundheit, der Leistung, der Kraft und der Vernunft, die das Gegenbild jener Resignation ist, hütet sie die Vorstellung von der eschatologischen Umkehr aller Verhältnisse, in der sich gerade am Schwachen, am Kranken, am Nutzlosen, am Verschlissenen die Kraft Gottes vollendet.

Gegen die prometheische Selbstüberschätzung des Menschen, der sich als faber sui entdeckt hat und nun alles für machbar und, weil es machbar ist, auch für verantwortbar hält, hütet sie die Drohung des Jüngsten Gerichts, einer ewigen Haftbarkeit jedes Menschen für jede Tat seines Lebens.

Gegen den melancholischen Fatalismus des Sisyphus, der erfahren hat, daß er nie zum Ziel kommt, und darum den Mut zur Zielprojektion nicht mehr aufbringt, hütet sie die religiöse Gewißheit von der apokatastasis panton (Allversöhnung), die sie nicht einmal sich selbst gegenüber zu formulieren wagt und doch festhalten muß, wenn sie dabei bleiben will, daß Gott Gott ist: Alle Wege müssen schließlich zum Ziel führen, auch der endlose Weg des Sisyphus.

Gegen den heimlichen oder programmatischen Verrat des Einzelnen ans Kollektiv, der in allen menschlichen Projekten steckt, hütet sie den unendlichen Wert des einzelnen Lebens, des individuellen Leidens, der persönlichen Tränen vor Gott.

Und gegen die Verdammnis aller Einzelnen, am Ende eben doch ihr Glück auf Kosten des Glücks anderer und aller zu machen, sich dem Kollektiv zu entwenden, hütet sie das Bild vom Neuen Bund, in dem alle allen gerecht sind.

Was sie in der Fülle der Verheißung des Reiches hütet, ist die Hoffnung auf Vollendung. Ohne diese Hoffnung kann der Mensch nicht leben, kann er auch die offensichtliche Unvollkommenheit seiner Projekte und ihrer Realisierungen nicht durchhalten. Die Kraft der Kritik und der Selbstkritik, die Kraft des immer neuen Anfangs hängt an dieser Hoffnung. Wiederum: Ohne diese unentbehrliche Hoffnung auf Vollendung dahingestellt sein lassen zu können, ihre Erfüllung Gott anheimgeben zu können, kann er die Einsicht nicht ertragen, daß das Notwendige unvollkommen und das Unvollkommene notwendig ist. Ohne die Hoffnung auf Vollendung findet er das prekäre Gleichgewicht zwischen Widerstand und Ergebung nicht, an dem sein Überleben und seine Humanisierung hängen.

Die Christen sind schlecht beraten, wenn sie die Fülle der Reichshoffnung preisgeben, weil sie mit den traditionellen Bildern dieser Hoffnung in Sprachnot geraten sind. Weder der Verbrauch des eschatologischen Überschusses zur Dramatisierung der gegenwärtigen Glaubensentscheidung, als wäre die Ewigkeit im Heute der Innerlichkeit, noch seine Reduktion auf die Entwürfe eines christlichen Aktionismus ist das jetzt Gebotene. Vielmehr muß die theologische Phantasie ganz und gar darauf gerichtet sein, eine neue Sprache für den Überschuß zu finden, die ihn in seiner ganzen Fülle wahrt und zu den Friedensprojekten der Menschen in Beziehung setzt. Weniger als das Reich dürfen die Christen nicht proklamieren, denn alles, was weniger ist als das Reich, gehört legitimerweise der menschlichen Projektbildung und -ausführung.

Dabei ist von vornherein nicht damit zu rechnen, daß die Kirchen in dieser Einspruchsfunktion in derselben Weise von der Weltgesellschaft legitimiert werden, wie das in der konstantinischen Zeit gegeben war, als die parochialen Ordnungen der Menschen kirchlich im Ordo Gottes festgemacht wurden. Die Beziehung zwischen den Friedensprojekten der Menschen und der Reichsproklamation ist viel gespannter als die zwischen Ordo und Ordnung. Für die Gesellschaften, die für ihre Friedensprojekte alle Kraft zusammennehmen müssen, werden die Kirchen, die diese Projekte mit jedem Wort und jeder Tat, mit ihrer bloßen Existenz relativieren, im genauesten Sinn des Wortes „Störenfriede" sein. Und die alte Strategie der Kartellbildung wird nicht mehr ausreichen, um den notwendigen Konflikt zwischen den Ingenieuren des irdischen Friedens und den Herolden des Reiches zu steuern. Das Verhältnis des sowjetischen Staates zu seinen Kirchen, ein begrenzter, aber beständiger Streit, dürfte für das, was ansteht, typischer sein als die Kumpanei zwischen Nixon und Billy Graham.

Der eschatologische Einspruch der Kirchen gegen alle totalitären Ansprüche in der gesellschaftlichen Projektbildung ist kein Streit zwischen religiösem Traum und revolutionärer Tat. Denn die Bilder vom Reich extrapolieren einen geschichtlichen Vorgang, den Vor-Gang Jesu, den Vor-Gang Israels, der in Jesus kulminiert. Der Schalom ist für den Glauben nicht nur der unerreichbare Horizont aller vernünftigen Menschheitsprojekte, sondern immer schon ihre Voraus-Setzung. Der Frieden als Menschenprojekt ist nicht nur eschatologisch, sondern auch geschichtlich begründet. Eben darum können die Kirchen so hartnäckig dabei bleiben, daß der Schalom Gottes weiter reicht als alle Projekte der Vernunft (Phil. 4, 7), weil sie auf eine Lebenspraxis verweisen können, die den eschatologischen Überschuß geschichtlich-konkret vorführt.

Jesus Christus ist selbstverständlich nicht das einzige Modell der Humanität, das für die Menschheit in ihren Projekten des Friedens und der Humanisierung relevant ist. Für die Christenheit ist er ohnehin mehr als ein Modell. Sie bekennt ihn als den, der eben darin „wahrer Mensch" ist, daß er „wahrer Gott" ist, das heißt als die eschatologische Fülle in Person. Für sie ist er der neue Mensch schlechthin, der Mensch am Ziel. Das bleibt im Streit. Aber es ist von unermeßlicher Bedeutung, daß die Menschheit, die zu ihrer Selbstprojektierung verurteilt ist, nicht nur mit dem Überschuß der eschatologischen Zukunft, sondern auch mit dem unerschöpflichen Mehrwert ihrer Vergangenheit konfrontiert bleibt. Trotz allem, das Menschsein muß nicht von Grund auf neu erfunden werden. Es ist erfunden, es ist geschichtlich dokumentiert in einer unüberholbaren Weise. Gewiß, Jesus ist nicht imitierbar. Die Proklamation der in ihm erschienenen Humanität entlastet die Menschheit nicht von der Projektierung ihrer Zukunft. Aber die Lebenspraxis Jesu ist auf eine ganz bestimmte Weise ein Kriterium aller von Menschen zu entwerfenden Lebenspraxis. Sie ist es gerade darum, weil sie nicht kopiert, sondern unter sich verändernden Bedingungen ständig erneuert werden will und zu solcher Erneuerung anstiftet und ermächtigt. Sie regelt die Lebenspraxis der Menschen nicht, sondern sie richtet sie, in des Wortes doppelter Bedeutung. Sie gibt bestimmte Richtungen an, in der jeder geschichtliche Zustand zu relativieren und zu verflüssigen ist. Sie ermöglicht Extrapolationen.

Eine solche ein für allemal gewiesene Richtung der Humanisierung ist zum Beispiel die Grenzorientierung der Lebenspraxis Jesu. Die Sünder, die

Aussätzigen, die Besessenen, die Heiden, die Feinde – alles, was die Gesellschaft ausgrenzt und zu ihrer Stabilisierung ausgrenzen muß, wird von der Liebe Jesu eingemeindet, genauer: dorthin transzendiert die Liebe, und eben in dieser Transzendenz, in dieser Inklusivität, in dieser tendenziellen Universalität hat sie ihr Wesen.

Eine andere in der Lebenspraxis Jesu vorgeführte Richtung ist der Progreß von der Herrschaft zum Dienst, von der Vaterschaft zur Bruderschaft, von der Unterwerfung zur Befreiung: Was unten ist, ist für diese Lebenspraxis oben, es hat Priorität, es übt Macht aus, es hat eine Autorität, die ihm nicht innewohnt, sondern die ihm zukommt für den Glauben.

Eine dritte Orientierung liegt in der Bewegung Jesu von der Sakralität zur Profanität. Die Aufteilung der Welt in heilige und unheilige Bereiche, in Gott zugeordnete und von Gott entfremdete Zonen bricht zusammen: Die ganze Wirklichkeit ist voller Verheißung, und eben diese Voraussetzung wirkt kritisch gegen alle Sakralisierungen und Profanisierungen, denen die Menschen fort und fort erliegen.

Eine vierte Wegweisung, die in allem bisher Genannten schon mitgemeint ist, liegt in der Tendenz Jesu, die Möglichkeiten des Lebens nicht im Licht der Realität, sondern die Realität im Licht ihrer eschatologischen Möglichkeiten, im Licht der Verheißung wahrzunehmen. Eben darum ist das Ausgegrenzte einzugemeinden, ist die Macht der Ohnmächtigen zu respektieren, ist mit der Heiligkeit des Profanen zu rechnen.

Mit diesen Beispielen muß es genügen. Sie deuten zumindest an, wie das Lebensprojekt Jesu Modell, Kriterium und Anstiftung künftiger Projektierungen werden kann. Dabei ist zu bedenken, daß in dieser Perspektive Jesus von Nazareth mehr ist als Jesus von Nazareth allein. Seine Lebenspraxis wird zunächst zum Schlüssel für die Erfahrungen Israels und das Unüberholbare an ihnen. Sie wird sodann zum Kriterium der Kirchen- und Christentumsgeschichte und für das in diesen Realisierungen aufgehobene Erbe, das auch für künftige Projektierungen von Bedeutung bleibt. Und sie wird schließlich überhaupt zum Hüter der Überschüsse der geschichtlichen Vergangenheit der Menschheit. Sie beleuchtet, was bleibende Bedeutung hat, was „aufzuheben" lohnt. Im Licht der Lebenspraxis Jesu leuchtet zum Beispiel der Respekt des Hinduismus vor allem Lebendigen als unüberholbar, als ein Fortschritt der Humanität auf, der nicht mehr verloren werden darf.

Auch als Hüterin der Überschüsse der Vergangenheit wird sich die Kirche bei der auf ihre Friedensprojekte konzentrierten Menschheit keine ungetrübte Freundschaft erwerben. Jesus als Modell und als Schlüssel der Tradition ist unbequem, er war schon im Zeitalter der konstantinischen Kartelle mehr als unbequem.

Aber gerade als Irritation und nur als Irritation, als institutionalisierter Einspruch, als Zeuge der Überschüsse, als die Präsenz und die Aktion des Ungleichzeitigen, des Kommenden und des Vergangenen hat das Christentum in seinen Vergesellschaftungen einen wirklich notwendigen Platz in den Friedensprojekten der Menschheit.

VII.

Sie werden sagen: Das ist ein höchst subjektiver, bis zu einem gewissen Grad diskutabler Hinweis auf den möglichen Beitrag des Christentums in der werdenden Weltgesellschaft. Aber was hat das alles mit der ökumenischen Bewegung und mit der Ökumenizität als dem aktuellen Kriterium für das Kirchesein von Kirche zu tun?

Die Antwort lautet: Die Hütung der Überschüsse ist nicht rein verbal zu leisten. Von Anfang an ist Bürgschaft, existentielle und institutionelle Bürgschaft die Bedingung der Tradierbarkeit des Glaubens, der christlichen Erfahrung. Jesus selbst ist – in Person – der Bürge der neuen Lebenspraxis, die er seinen Zeitgenossen zumutet und zutraut. Auf sein Wort hin, auf seine Person hin, auf seine Präsenz, seine Lebenspraxis hin fangen Menschen an zu glauben, zu lieben, zu hoffen. „Gott hat keiner je gesehen", so drückt Johannes es aus. „Der einziggeborene Sohn, der im Schoß des Vaters zu Hause ist, er hat sein Geheimnis erschlossen" (Joh. 1, 18). Der Mann aus Nazareth ist die Bürgschaft für das schon im Neuen Testament Unausdenkliche und Unaussprechliche. Auf die Bürgschaft Jesu hin fangen Menschen an zu leben etsi Deus daretur.

Das bleibt die Entstehensbedingung des Glaubens. Man kann nur auf Bürgschaft hin in jene Lebenspraxis hineingelangen, in deren Vollzug Gott sich selbst zur Erfahrung bringt. Und indem man so zum Glauben kommt, wird man wiederum zur Bürgschaft für andere. Gelebtes Leben muß für Gott sprechen, damit man von Gott sprechen, auf Gott sich verlassen kann. Dieser Sachverhalt ist gar nichts spezifisch Religiöses. Alles menschliche Leben lebt von der Bürgschaft anderen Lebens, lebt auf die Bürgschaft anderen Lebens hin. Bürgschaft ist das Geheimnis jeder Tradition und jeder Erneuerungsbewegung, jedes Erziehungs- und jedes Emanzipationsvorgangs.

Das ist auch der tiefste Grund dafür, warum das Christentum sich unter allen Umständen vergesellschaften muß, sei es in der Gestalt der Kirchbildung oder in anderen Formen. Menschliche Lebenspraxis – und der Glauben ist eine Lebenspraxis – ist per definitionem gesellschaftliche Lebenspraxis, geselliges und also auf Ordnung angewiesenes Leben. Kirche ist das Ensemble der Bürgschaftsverhältnisse, in denen die Lebenspraxis des Glaubens eröffnet ist und tradiert werden kann. Kirche ist Bürgschaft für den Bürgen Gottes, auf den hin der Glaube glaubt. In ihr bürgt der einzelne Glaubende mit sich selbst der ganzen Gemeinde und die Gemeinde mit sich selbst dem einzelnen Glaubenden für die Vertrauenswürdigkeit Gottes. In ihr bürgen die Starken den Schwachen und die Schwachen den Starken, die Alten den Jungen und die Jungen den Alten, und zwar ganz konkret, immer da, wo die Lebenspraxis des Glaubens in „Anfechtung" gerät, das heißt, wo sie mißlingt, wo sie am Einspruch der gottlosen Wirklichkeit zu scheitern droht. Der Starke braucht die Bürgschaft des Schwachen, denn die Erfahrung des Schwachwerdens bleibt ihm nicht erspart. Und der Schwache braucht die Bürgschaft des Starken, um seine ihm verheißene Stärke zu erproben. In der Kirche bürgt die Einzelgemeinde der Gesamtinstitution und die Gesamtinsti-

tution der Einzelgemeinde, bürgt das Volk Gottes seinen Funktionären, wie die Funktionäre Bürgschaft leisten für das Volk, bürgt die Theologie der Frömmigkeit und die Frömmigkeit der Theologie.

Vor allem ist die Kirche selbst in Wort, Tat und Kirchengestalt die Bürgschaft des Glaubens für die Umwelt. Und selbst im Kirche-Welt-Verhältnis gibt es die Umkehrung. In gewisser Weise bürgt auch die Umwelt, die Gesellschaft der Kirche für die Vertrauenswürdigkeit Gottes, und zwar in der Weise, daß der Glauben darauf angewiesen ist, den Durchbruch der Wahrheit Gottes in der Wirklichkeit fort und fort wahrnehmen zu können.

Bürgschaft ist mithin das Instrumentarium der Präsenz Gottes in seiner Welt. Dabei bezeichnet das Wort genau den Vorgang, den es auch wirtschaftlich meint. Der Bürge ermöglicht mit seiner persönlichen Haftung für die Kreditwürdigkeit eines anderen das Zustandekommen einer geschäftlichen Transaktion, er ermöglicht Kredit. Der Doppelsinn des Wortes Kredit ist dabei mehr als ein Wortspiel.

Die Kirche als ein Geflecht von Bürgschaftsbeziehungen – das ist weit mehr als eine formale Beschreibung. Gebürgt wird für Jesus als den Bürgen Gottes, für eine ganz bestimmte Lebenspraxis, die für Gott spricht. Nur was im Einklang ist mit dieser Lebenspraxis, ist verantwortliche Bürgschaft, wirksame Bürgschaft. Das Kriterium für das Kirchesein von Kirche ist also diese Entsprechung zur Lebenspraxis Jesu, die aus geschichtlichen wie theologischen Gründen selbstverständlich immer nur eine Kongruenz des Inkongruenten, eine Beziehung glaubwürdigen oder unglaubwürdigen Verweisens sein kann. Dennoch: die Einsicht in den Bürgschaftscharakter von Kirche belichtet zum Beispiel ganz unmittelbar die Defizienz des lutherischen Kirchenbegriffes, jedenfalls im herkömmlichen Verständnis von CA VII. Die Kirche bürgt mit Glauben und Kirchenverfassung für Jesus, insoweit besteht der Einspruch der katholischen Kirchen gegen die protestantischen Kirchbildungen zu Recht. Nur dürfte sich der Einspruch, ernstgenommen, alsbald auf jene Kirchen zurückwenden. Welche Entsprechung besteht zwischen den religiösen Herrschaftssystemen hierarchisch verfaßter Kirchen und der für die Lebenspraxis Jesu konstitutiven Bewegung von der Herrschaft zum Dienst, von der Vaterschaft zur Bruderschaft, von der Unterwerfung zur Befreiung?

Ist die Kirche Bürgschaft des Glaubens, und zwar konkret da, wo der Glauben in Anfechtung gerät, wo die Sprache der Tatsachen gegen Gott spricht, dann ist unmittelbar einsichtig, warum Ökumenizität das aktuelle Kriterium für das Kirchesein von Kirche und warum die ökumenische Bewegung für die Kirchen unausweichlich ist. In einer Welt, deren zukunftsentscheidendes Defizit der universale Frieden ist, und in der Kommunikation mit einer Menschheit, die bei Strafe des Untergangs zur Projektierung des Weltfriedens verurteilt ist, ist die Kirche zur Bürgschaft für den Schalom Gottes herausgefordert, und diese Bürgschaft kann nur eine ökumenische sein: Eingemeindung des Ausgegrenzten, Inkraftsetzung des Schwachen, Heiligung des Profanen, Antizipation des Verheißenen in der Realität.

Ökumenizität hat einen ganz präzisen Sinn. Die Menschheit ist bedroht durch unbewältigte Interdependenz, weltpolitisch, wirtschaftlich, soziokulturell. Die Alternative lautet: internationale Rechtsordnung oder Untergang. Die Pseudo-Speziation der Menschheit in Gruppen, Stämmen, Nationen, mit deren Hilfe die Spezies bislang überlebt hat, ist zu einer tödlichen Gefahr geworden. In dieser Lage sind die Kirchen unausweichlich zur Bürgschaft für die Transitpotenz des Menschen herausgefordert. Sie führen vor, daß in Christus die Trennungen der Menschheit zu Möglichkeiten charismatischer Kooperation, zu Konkretionen der Einheit, zu Gelegenheiten des Konsensus werden (Gal. 3, 28). In einer Situation, in der die Sprache der Tatsachen, der unbewältigten Interdependenz das Bekenntnis des Glaubens buchstäblich niederschreit, ist eben dies – der Schalom als konziliare Einung des Unvereinbaren – zu verbürgen, und zwar in Lehre und Kirchenverfassung und politischer Diakonie (es gibt keine andere als politische Diakonie, Diakonie im Bezugsfeld der Polis). Ökumenizität ist sicherlich mehr als Internationalität. Aber sie ist auch Internationalität. Und sie ist heute, wo die Menschheit mit dem Projekt einer internationalen Rechts- und Friedensordnung steht oder fällt, vor allem Internationalität. Alles andere ist Spiegelfechterei. Kirchen, die zum Grenzübertritt unfähig sind, die womöglich die Relevanz der wesentlichen Grenzorientierung des Glaubens nicht einmal erkennen, hören auf, Kirche, Bürgschaft des Glaubens zu sein, und im gleichen Augenblick hören sie auf, die notwendige Irritation der Friedensbewegung der Menschheit zu sein.

Aber das Interdependenzgeschick ist nicht nur insofern unbewältigt, als der Durchbruch zur internationalen Rechts- und Friedensordnung nicht gelingt, sondern auch darum, weil die Einebnung des Besonderen, die Erosion der individualen und der Gruppenidentitäten in der Coca-Cola-Welt ständig zunimmt. Der Menschheit mißlingt ihre internationale Zukunft, aber zugleich zerrinnt der Reichtum ihrer vielfältigen Vergangenheit, und beides hängt zusammen. Die Kirche als Bürgschaft, das ist in dieser Lage die Kirche, die mehr denn je – und zwar gerade als eine universale konziliare Organisation – versprochen ist mit dem Besonderen, dem Lokalen, dem Individuellen, der Anwalt der Identitäten, und zwar wiederum in Lehre und Kirchenverfassung und politischer Diakonie. Das ist die andere Seite der heute notwendigen Ökumenizität. Sie ist gerade nicht Uniformität, das gehört zu den ältesten ökumenischen Einsichten. Daß der Satz „Black is beautiful" mit seinen tausend notwendigen Variationen den Kirchen hat vorgesagt werden müssen, daß sie ihn nicht selbst erfunden haben, obwohl er ein implizit christlicher Satz ist; daß die Kirchen sich bedroht fühlen durch den an der Solidarität mit bedrängten Minderheiten orientierten Basis-Ökumenismus, durch die „underground churches" als Weltphänomen, statt diesen Einwanderungsbewegungen Raum und Zeit und Gelegenheit zum weltweiten konziliaren Austausch zu geben, weil sie die Bürgschaftsverpflichtung der Kirche am elementarsten wahrnehmen; daß geängstete Ethnologen die Kirchen heute bitten müssen, auf die Mission bei aussterbenden Kulturen in Lateinamerika und anderswo zu verzichten, weil die traditionelle Mission unweigerlich die Vernichtung dieser kulturellen Identitäten bedeutet – das alles ist ein Urteil über die heute bestehenden Kirchen, wie es schneidender nicht gedacht werden könnte.

Nur ökumenisch, in der konziliaren Einung des Unvereinbaren, in der Vorführung der Kunst des Glaubens, der das Besondere in seine universalen Rechte einsetzt und Bürgschaft leistet für konkrete Universalität, für einen transnationalen, interkulturellen Konsensus – nur ökumenisch werden die Kirchen für ihren Verrat am Universalen (Parochialismus) und am Besonderen (Gleichschaltung) glaubwürdig Buße tun.

VIII.

Auch im ökumenischen Gehorsam nehmen die Kirchen der Menschheit die Projektierung des Friedens nicht ab. Denselben Frieden, den die Menschheit sucht, verbürgen die Kirchen auf eine besondere Weise, als Störenfriede, die das Alpha und das Omega des Friedens bezeugen und damit alle menschlichen Friedensprojekte relativieren. Nach dem ökumenischen Modell, selbst wenn die Kirchen Ernst damit machten, läßt sich die internationale Rechts- und Friedensordnung, an der sich die Zukunft der Menschheit entscheidet, nicht verwirklichen.

Gleichwohl erscheint Ökumenizität in Menschen und Menschengruppen, in religiösen Organisationen auf allen Ebenen gesellschaftlichen Handelns, in einer unübersehbar vielgestaltigen persönlichen und korporativen Lebenspraxis. Und sie erscheint just in den Konfliktsituationen, in denen die Menschheit nach Frieden sucht. Das Projekt der Ökumenizität hat andere Voraussetzungen als die gesellschaftlichen Friedensprojekte, aber es realisiert sich in und an denselben weltgesellschaftlichen Gegebenheiten.

Insofern ist das ökumenische Projekt eine Alternative zu den gesellschaftlichen Friedensprojekten. Und Alternativen sind Lernchancen. Kirchen, die am Projekt ihrer Ökumenizität arbeiten, werden die Phantasie der Menschheit bei der Arbeit an ihren Friedensprojekten auf jeden Fall anregen. Sie könnten zum Beispiel leisten, was die Völker in ihren internationalen Bemühungen nie leisten können: die volle Gleichberechtigung der Ungleichen, der Starken und der Schwachen, der Reichen und der Armen in allen Entscheidungsprozessen. Heute kann davon im ÖRK selbstverständlich keine Rede sein, aber ökumenisch ist das denkbar, es ist sogar unausweichlich. Und in dem Maße, in dem es gelingt, wird ganz ohne Zweifel die Internationale der Staaten unter Druck geraten. Sie wird die Gleichheit der Ungleichen auf ganz andere Weise herstellen müssen, aber sie wird an der Alternative, die die Kirchen vorführen, lernen müssen, ob sie will oder nicht. Immer wieder in der Geschichte des Christentums haben die Alternativen gelebten Glaubens trotz ihrer besonderen Voraussetzungen und Ziele gesamtgesellschaftliche Relevanz gehabt. Gerade wenn die Kirchen sehr prononciert ihr eigenes Projekt verfolgen, ohne sich immer und überall als Schulmeister der Welt und als Vorhut der Menschheit zu dramatisieren, gerade wenn sie ihre besonderen Möglichkeiten, die Möglichkeiten des Glaubens nutzen, werden sie als *institutionalisierte Irritation der Friedensbemühung der Menschheit, als Hüter der Überschüsse, als Antizipation des Schalom immer auch ein Impuls für diese Bemühung sein.*

IX.

Zudem gibt es einen Stoffwechsel zwischen den Projekten der Kirche und den Projekten der Völkerwelt, einen Austausch der Menschen, der Erfahrungen und Einsichten, der Modelle und Handlungsformen, eine Fülle von Kooperationen.

Zwar wird der Glaube anonym, wenn er in seine Weltverantwortung schlüpft. In seinen Taten und Entscheidungen kann er sich nicht mehr ausweisen als Frucht der Lebenspraxis Jesu. Er kann sich noch nicht einmal sich selbst als eine solche Frucht beweisen. Diese Anonymität der im Glauben begründeten Tat ist übrigens die Bedingung der Kooperationsfähigkeit der Christen und der Übertragbarkeit ihrer sozialen Erfindungen. Der Glaube tut das Vernünftige. Was seine Vernunft sensibilisiert hat – der Glauben, die Liebe, die Hoffnung –, macht das Vernünftige vielleicht vernünftiger, aber sicher nicht mehr als vernünftig. An der Bergpredigt etwa läßt sich diese Vernünftigkeit der Entscheidungen des Glaubens eindrücklich dartun. Gleichviel, der Streit um die Verdienste des Christentums, um seinen Anteil an der Erziehung des Menschengeschlechts ist müßig. Es muß genügen, daß der Stoffwechsel zwischen Glauben und Vernunft verheißen ist und erfahren wird. Das ökumenische Projekt der Kirchen wird dem Friedensprojekt der Völkerwelt ganz unmittelbar Energien zuführen. Aber nicht darin liegt die entscheidende Bedeutung der ökumenischen Utopie. Gebraucht wird sie als Irritation. Let the Church be the Church!

X.

Da haben Sie also mein ökumenisches Bekenntnis. Da ich weiß, daß Sie ein Kenner der Bibel sind, höre ich Sie mit dem Eunuchen fragen: „Ich bitte dich, wen meint der Prophet damit?" Meint er wirklich die Kirchen, wie sie sind?

Meine Antwort: Ja, ich meine die wirklichen Kirchen – im Licht ihrer Möglichkeit. Ich meine die wirklichen Kirchen – unter dem Druck ihres Mandats. Dieses Mandat, meine ich, verpflichtet sie auf die Realisierung der ökumenischen Utopie. Freilich, man hat schon gehört, daß Kirchen ihr Mandat verrieten.

Schalom!

Ihr E. L.

Anmerkungen

1 K. Marx, Einleitung zur Kritik der Hegelschen Rechtsphilosophie, Die Frühschriften, hrsg. S. Landshut, Stuttgart 1968, S. 207.

2 Vgl. Ecumenical Youth Assembly in Europe, Lausanne 1960, Youth, October 1960, Nr. 2 (Genf).

3 Konferenz für Kirche und Gesellschaft, Genf 1966, vgl. Appell an die Kirchen der Welt, hrsg. ÖRK, deutsche Ausgabe H. Krüger, Stuttgart 1967.

4 Dritte Vollversammlung des ÖRK in Neu-Delhi 1961, vgl. Neu-Delhi 1961, hrsg. W. A. Visser 't Hooft, Stuttgart 1962. Einheitserklärung, siehe S. 130 ff. Der Text ist im Wortlaut auf S. 17 dieses Buches abgedruckt.

5 Youth Nr. 2, Oktober 1960, S. 65.

6 R. O. Wiemer, Entwurf für ein Osterlied, entnommen mit freundlicher Genehmigung des Steinkopf Verlages dem Band »Ernstfall«, Stuttgart 1963, S. 75.

7 Bertolt Brecht, Hundert Gedichte, 1918–1950, Berlin 1959, Frühling 1938, S. 295. Alle Rechte beim Suhrkamp Verlag Frankfurt/M.

8 Weltmissionskonferenz 1910 in Edinburgh, vgl. den Bericht von K. Scott Latourette in: Rouse/Neill, A History of the Ecumenical Movement, 1517–1948, London 1967, S. 353 ff.

9 Vgl. Löwen 1971, hrsg. Konrad Raiser, Beiheft zur Ökumenischen Rundschau 18/19, Stuttgart 1971.

10 Vgl. Anmerkung 4.

11 S. Kierkegaard, Die Hausgans, eine Meditation zur Aufmunterung, Efterladte Papirer IX, 345, zit. nach W. Lowrie, Das Leben Sören Kierkegaards, Düsseldorf-Köln 1955, S. 208 f.

12 Die Kommission für »Glauben und Kirchenverfassung« ist die heutige Organisationsform eines der drei Hauptströme der ökumenischen Bewegung, die 1948 (Glauben und Kirchenverfassung, Praktisches Christentum) und 1961 (Internationaler Missionsrat) im ÖRK zusammenflossen. Der Name ist nur im Englischen schön: »Faith and Order«. Ich benutze die englische und die deutsche Bezeichnung promiscue. Die Kommission hat maximal 150 Mitglieder, die von der Vollversammlung des ÖRK unter Zustimmung der jeweiligen Herkunftskirche ernannt werden. Auch Angehörige von Nicht-Mitgliedskirchen, die »Jesus Christus als Gott und Heiland bekennen«, können Vollmitglieder sein, so gegenwärtig zum Beispiel Vertreter der römisch-katholischen Kirche. Die Kommission hält alle drei Jahre eine Vollsitzung ab. Zwischen den Vollsitzungen werden die Geschäfte von einem Arbeitsausschuß geführt. Das Genfer Sekretariat steht gegenwärtig unter der Leitung von Dr. Lukas Vischer. Die Liste der gegenwärtigen Kommissionsmitglieder findet sich in Bericht aus Uppsala 68, S. 476 f. Die Satzungen siehe a.a.O., S. 504 ff.

13 Satzungen der Kommission für »Glauben und Kirchenverfassung«, 3b, a.a.O.

14 1920 tagte in Genf eine Vorbereitungskonferenz, die schließlich zur ersten Weltkonferenz 1927 in Lausanne führte. Zur Vorgeschichte und Frühgeschichte von »Faith and Order« vgl. Tissington Tatlow, The World Conference of Faith and Order, in: Rouse/Neill, A History of the Ecumenical Movement, S. 405 ff. Zur Geschichte seit 1948 vgl. M. B. Handspicker, Faith and Order 1948–68, in: H. E. Fey, The Ecumenical Advance, London 1970, S. 143 ff. Die wichtigsten Dokumente der Arbeit von Faith and Order finden sich in L. Vischer (Hrsg.), Die Einheit der Kirche, München 1965.

15 Zitiert nach Skoglund/Nelson, Fifty Years of Faith and Order, New Vork 1963, S. 19.

16 Vorarbeit für Friedensverhandlungen hat der Ökumenische Rat jüngst im Sudan leisten könnnen. Davon freilich las man in Deutschland so gut wie nichts, im Unterschied zum allgemeinen Geschrei über das Anti-Rassismus-Programm. Auch die Bedeutung der CCIA, der Kommission der Kirchen für Internationale Angelegenheiten, und prononciert christlicher Politiker wie des Libanesen Charles Malik für das Zustandekommen der Menschenrechtserklärung ist weithin unbekannt, vgl. H. E. Fey, a.a.O., S. 270 ff.

17 Nur als Manuskript vervielfältigt.

18 Die wirklich ernsthaften politischen Verhandlungen finden bei solchen Konferenzen freilich unter strenger Geheimhaltung statt. Vielleicht war Bangla Desch doch ein sehr ernsthaftes Thema in Löwen. Ein Zaungast wüßte das nicht.

19 Vgl. Appell an die Kirchen der Welt, a.a.O., S. 101.

20 John Meyendorff, Einheit der Kirche – Einheit der Menschheit, vgl. Ökumenische Rundschau, 21. Jg., H. 2, April 1972, S. 160 ff.

21 Auch der römische Katholizismus ist ja, obwohl eine Weltkirche, unlöslich verbunden mit einer bestimmten, partikularen, nämlich der lateineuropäischen Kulturgestalt. Und selbst der kleingruppenhafte Neupietismus nordamerikanischer und europäischer Erweckungsbewegungen und ihrer missionarischen Instrumente blieb Ausdruck einer prononcierten Symbiose des Christentums mit nationalen »ways of life«.

22 Vgl. dazu N. Karlströms und N. Ehrenströms Darstellung der Vorgeschichte und Geschichte des Weltbundes für Internationale Freundschaftsarbeit der Kirchen und der Bewegung für Praktisches Christentum (Life and Work) in Rouse Neill, a.a.O., S. 509 ff. Die Geschichte der Bewegung seit Gründung des ÖRK 1948 in H. E. Fey, a.a.O., S. 233 ff. von P. Abrecht und F. Nolde.

23 Eine Kurzbiographie über Brent und die anderen Gründer von »Faith and Order« in S. C. Neill, Männer der Einheit, Kassel 1961, S. 41 ff.

24 Zitiert nach Skoglund/Nelson, a.a.O., S. 14.

25 Zitiert nach Rouse/Neill, a.a.O., S. 408.

26 Der Ausdruck erscheint im Bericht eines amerikanischen Studienausschusses für die Konferenz von Edinburgh, 1937, »The Non-Theological Factors in the Making and Unmaking of Church Union«. Volle Aufmerksamkeit fand das Problem erst in Lund, 1952.

27 Auch die »Weltkonferenzen für Glauben und Kirchenverfassung«, die auf Entscheidung des Zentralkomitees, also als Veranstaltungen des ÖRK, abgehalten werden, »wenn wichtige Themen so gründlich bearbeitet sind, daß sie den Kirchen vorgelegt werden können«, können die Kirchen auf keine Weise binden, auch wenn offizielle Delegationen der Kirchen teilnehmen und mitarbeiten.

28 Einleitung zur Kritik der Hegelschen Rechtsphilosophie, a.a.O., S. 208.

29 Stephen Mackey, Patterns of Ministry, London 1969.

30 Aarhus, 1964, Sitzung des Arbeitsausschusses von »Glauben und Kirchenverfassung«.

31 Dokumente der Arbeit der »Gemeinsamen Arbeitsgruppe«, in: Die eine ökumenische Bewegung, hrsg. Lukas Vischer, Zürich 1969.

32 Seit Fertigstellung dieses Manuskriptes hat es Entwicklungen gegeben, die darauf hindeuten, daß die Cocu-Verhandlungen scheitern könnten.

33 Zum Streit über das ökumenische Anti-Rassismus-Programm in Deutschland vgl. Antirassismusprogramm der Ökumene, zusammengestellt von K. M. Beckmann, in: epd-Dokumentation, hrsg. H. W. Hessler, Band 5, Witten-Berlin 1971; dort auch die wichtigsten Literaturangaben.

34 Vgl. zu diesem Problem James H. Cone, Schwarze Theologie, München 1971.

35 Der Bericht über diese Konferenz im Deutschen: Wissenschaft, Glaube und die Zukunft des Menschen, von David M. Gill, hg. ÖRK, deutsche Ausgabe besorgt K. M. Beckmann.

36 A.a.O., S. 85.

37 Vgl. Ökumenische Rundschau, 21. Jg., H. 2, April 1972, S. 160 ff.

38 A.a.O., S. 182 ff.

39 Vollständiger Text Ökumenische Rundschau, 19. Jg. (H. 1), Januar 1970, S. 82 ff. In gekürzter Form abgedruckt in: Zum Thema eine Kirche – eine Menschheit, hg. Josef Scharbert, Stuttgart 1971. Das Buch enthält den Bericht einer westdeutschen Studiengruppe zum Hauptthema von Löwen. Zitiert wird in diesem Unterabschnitt aus dem vervielfältigten Manuskript des Stu-

diendokuments ohne genauere Stellenangaben.
40 Vgl. Johann B. Metz, Welterfahrung und Glaubenserfahrung heute, in: Kontexte, Bd. 1, Stuttgart 1965, S. 17 ff.
41 Zur Diskussion des Hauptthemas in den Mitgliedskirchen vgl. die beiden Zusammenfassungen: The Unity of the Church and the Unity of Mankind, Study Encounter 06, VII, 2, 1971 und: Unity in Church and World, Study Encounter 19, VIII, 1, 1972; außerdem den Bericht der westdeutschen Studiengruppe, herausgegeben von Josef Scharbert, a.a.O.
42 Der knappste Überblick über den gegenwärtigen Stand der ökumenischen Programme in: Minutes of the Central Committee, Addis Abeba 1971, hg. ÖRK, Genf 1971, bzw. die für Ende 1972 zu erwartenden Protokolle der kommenden Sitzung des Zentralausschusses in Utrecht.
43 Vgl. Anmerkung 37.
44 Vgl. Anmerkung 38.
45 Diese Fragen zitiert Meyendorff aus einem Aufsatz von L. Newbigin: Glauben und Kirchenverfassung vor neuen Aufgaben, in: Christliche Einheit, Studien des ÖRK, Nr. 7, Genf 1969, S. 126.
46 José Miguez-Bonino, Einheit der Kirche – Einheit der Menschheit, Ökumenische Rundschau, 21. Jg., H. 2, S. 183 ff.; Übersetzung geringfügig geändert.
47 Zur theologischen Analyse des Hauptthemas von Löwen aufschlußreich W. Dantine, Systematische Erwägungen zum Studiendokument »Einheit der Kirche – Einheit der Menschheit«; ders., Einheit der Kirche – Einheit der Menschheit in systematischer Sicht; Heribert Mühlen, Überlegungen zu einem Studiendokument der Kommission für Glauben und Kirchenverfassung; sämtlich in Josef Scharbert, a.a.O., S. 133 ff.
48 Der Begriff »Pseudo-Spezies« stammt von E. H. Erikson, zum Beispiel Identity, Youth and Crisis, New York 1968, passim; K. Lorenz nimmt ihn in der Umformung »Pseudospeziation« auf, zum Beispiel On Aggression, New York 1966.
49 Verfassung und Satzungen des ÖRK, III, i, vgl. Bericht aus Uppsala 68, S. 482.
50 Verfassung der Kommission für »Glauben und Kirchenverfassung«, 3 a, vgl. Vischer, Die Einheit der Kirche, a.a.O., S. 284. Diese Gestalt der Formel ist das Ergebnis der Integration des Internationalen Missionsrates mit dem ÖRK. In Uppsala wurde die Formulierung revidiert, vgl. Bericht aus Uppsala 1968, S. 505.
51 Diese Formel und die folgende werden auf Englisch gegeben. Der englische Text gilt als verbindlich, zumindest bis die Formulierungsarbeit abgeschlossen ist.
52 Zitiert nach W. A. Visser 't Hooft, The General Ecumenical Development since 1948, in: H. E. Fey, a.a.O., S. 9.
53 Vgl. Anmerkung 33.
54 Zur Arbeit des in Uppsala gegründeten Bildungsreferates vgl. Bildung ganzl, hrsg. Büro für Bildungsfragen beim ÖRK, Stuttgart 1971.
55 Pete Seeger und Lee Hays, The Hammer Song, Schallplatte »Strangers and Cousins« CBS Nr. S BPG 62528.

Zur Dokumentation von Löwen 1971

Die meisten in Löwen von der Kommission bearbeiteten Studienberichte sind abgedruckt in: Löwen 1971, hrsg. Konrad Raiser, Beiheft zur Ökumenischen Rundschau 18/19, Stuttgart 1971 (hier zitiert als Lö mit Seitenzahl). Dort findet sich in Anhang II (Lö 254 ff.) ausführliche Literaturangaben über den Hintergrund, den Kontext und die Kommentierung der einzelnen Studien, sowie über Tätigkeiten von ‚Glauben und Kirchenverfassung', die in Löwen nicht thematisch wurden.

Das ursprüngliche Studiendokument zum Hauptthema »Einheit der Kirche – Einheit der Menschheit« (vgl. Study Encounter, V, 4, 1969; deutsch in verkürzter Form in: Zum Thema eine Kirche, eine Menschheit, hrsg. von Josef Scharbert, Bericht einer ökumenischen Arbeitsgruppe in Westdeutschland, S. 9 ff.; hier zitiert als Scha mit Seitenzahl) ist von Gruppen und Individuen in aller Welt studiert, analysiert und bearbeitet worden. Die Ergebnisse dieser regionalen Studien sind teilweise abgedruckt in: Study Encounter, VII, 2, 1971 und VIII, 1, 1972. Zudem können alle Reaktionen auf die Studie aus den Mitgliedskirchen in vervielfältigter Form beim Sekretariat für Glauben und Kirchenverfassung in Genf (150, route de Ferney) bezogen werden.

Die wesentlichen Diskussionsbeiträge zur Diskussion des Hauptthemas in Löwen finden sich teilweise in: Löwen 1971 (Lö 172 ff.), teilweise in: Ökumenische Rundschau, 21. Jg., Heft 2, April 1972, S. 145 ff. Einige wichtige Texte sind nur in: Minutes of the Meeting of the Commission and Working Committee 1971 in Louvain, Faith and Order Nr. 60, Genf 1971 (hier zitiert als Mi mit Seitenzahl) zu finden.

Zum Hintergrund von Sektion I: Statement on Social Questions, Department on Church and Society, Genf 1961; Appell an die Kirchen der Welt, Dokumente der Weltkonferenz für Kirche und Gesellschaft, Stuttgart/Berlin 1967; Theological Issues of Church and Society, Statement of the Sagorsk Consultation 1968, in Study Encounter IV/2, 1968; David M. Gill, Power, Violence, Non-Violence and Social Change, in: Study Encounter VI/2, 1970.

Zum Hintergrund von Sektion II: Carl Hallenkreutz, New Approaches to Men of Other Faiths, Genf 1970; Faithful Dialogue, International Review of Missions, Oktober 1970; Dialogue between Men of Living Faiths, hrsg. S. J. Samartha, Genf 1971.

Zum Hintergrund von Sektion III: John Vincent, The Race Race, London 1970 (über die Konsultation von Notting Hill 1969); K. M. Beckmann (Hrsg.), Rasse, Entwicklung und Revolution (Der Notting Hill-Report und zugehörige Dokumente mit Kommentar), Beiheft Ökumenische Rundschau, Nr. 14/15, Stuttgart 1971; Racism, International Review of Mission, Juli 1970, Genf; Ecumenical Statements on Race Relations (1937–1964), Genf 1965.

Zum Hintergrund von Sektion IV: Auftrag zu heilen, ÖRK Studien Nr. 3, Genf 1966; R. A. Lambourne, Models of Health – Secular and Christian, in: Study Encounter VII/1, 1971; André Dumas, Technological Possibilities and the Struggle für New Forms of Community, in: Unity of Mankind, Genf 1969, S. 99 ff.

Zum Hintergrund von Sektion V: Institutionalism and Church Unity (hrsg. N. Ehrenström und W. Muelder) Association Press, New York 1963; Can Curches be

Compared, hrsg. Steven G. Mackie, Genf/New York 1970.

Dokumentation über die Arbeit der Sektionen: Sektion I in Vers l'Unité Chrètienne, XXIV/9, 1971; Sektion IV in Study Encounter VII/4, 1971; Sektion V: UNA SANCTA 26/4 1971 und Ökumenische Rundschau 20/4 1971. Über die anderen Sektionen sind Berichte in vervielfältigter Form beim Sekretariat in Genf verfügbar.

Ein vorläufiger Abschlußbericht über das Hauptthema von Löwen für den Arbeitsausschuß von ‚Glauben und Kirchenverfassung' wurde 1972 im Mai in Torre Pellice vorbereitet. Er ist bisher nicht veröffentlicht.

Zum Thema Konziliarität ist wesentliches Material zu erwarten in der Dokumentation über die Sitzung des Zentralausschusses in Utrecht August 1972.

„Auch der Ausblick auf die Weltmissionskonferenz in Bangkok von Ende Dezember 1972 bis 12. Januar 1973 bietet einen Ansatz, sich gemeinsam zu Glaubensinhalten zu bekennen. In Bangkok wird eine Neubesinnung auf Verkündigung heute, auf die Bedeutung von Erlösung in einer säkularen Welt und angesichts aktiver anderer Religionen stattfinden. „Das Heil der Welt heute“ ist das Leitmotiv allen Denkens, und dabei geht es um Kultur und Identität, Erlösung und soziale Gerechtigkeit sowie die Kirchen in der Erneuerung. Befreiung wird ein zentrales Stichwort sein, aber auch Integration und das Problem eigener Identität in der Gemeinschaft von Kirche und Menschheit.“

Deutsches Pfarrerblatt

Im Sommer 1973 erscheint im Kreuz Verlag:

Das Heil der Welt heute

Dokumente der Weltmissionskonferenz Bangkok 1973.
Herausgegeben vom Ökumenischen Rat der Kirchen in Genf.

„Ist das Christentum, ist die Kirche eine Bildungsbewegung . . ., dann wird sie, um bei der Sache zu bleiben, ein anderes Verhältnis zur revolutionären Veränderung gewinnen müssen. Was sie braucht, ist die Einsicht in die Logik des Lernprozesses, der mit Abraham einsetzt und den sie fortsetzt, seine Konsequenz ist die immer neue Umwälzung, der immer neue Auszug aus dem Status quo.“

Ernst Lange im Vorwort zu:

Paulo Freire
Pädagogik der Unterdrückten

Mit einer Einführung von Ernst Lange
Vom Verfasser autorisierte deutsche Übertragung von Werner Simpfendörfer
219 Seiten, kt. glanzfolienkaschiert DM 18,50

„Die ‚Pädagogik der Unterdrückten' hat mit politischer Propaganda und mit lauten Befreiungsideologien nichts gemeinsam. Man wird hier in eine selten praxisnahe realistische Auseinandersetzung gestellt, die so gediegen nur in der Dritten Welt selbst entstehen konnte.“

Lutherische Monatshefte, Hannover

Kreuz Verlag Stuttgart · Berlin

Weitere Information
über die Thematik des vorliegenden Buches von Ernst Lange
finden Sie in den

Beiheften zur Ökumenischen Rundschau

die über wichtige Tagungen des Ökumenischen Rates und der Gliedkirchen der EKD berichten sowie zu aktuellen ökumenischen Fragen durch Kommentare und Dokumente Stellung nehmen. In den letzten beiden Jahren sind erschienen:

Nr. 14/15 **Rasse, Entwicklung und Revolution**

Der Notting-Hill-Report und zugehörige Dokumente
Herausgegeben und kommentiert von *Klaus-Martin Beckmann*
140 S., 4. Aufl. 1971, DM 9,–

Nr. 16 **Experiment: Glaube**

Bericht über die dritte theologische Konferenz zwischen Vertretern der Evangelischen Kirche in Deutschland und der Kirche in England
Bearbeitet von *Claus Kemper*
62 S., DM 6,–

Nr. 17 **Addis Abeba 1971**

Vorträge bei der Tagung des Zentralausschusses des ÖRK
Herausgegeben von *Hanfried Krüger*
94 S., DM 9,–

Nr. 18/19 **Löwen 1971**

Studienberichte und Dokumente der Sitzung der Kommission für Glauben und Kirchenverfassung. Mit Vorwort von *Lukas Vischer*, herausgegeben von *Konrad Raiser*
260 S., DM 15,80

Nr. 20/21 **Nordirland**

Texte zu einem konfessionellen, politischen und sozialen Konflikt. Im Auftrag des Kirchlichen Außenamtes herausgegeben und kommentiert von *Hermann Vogt.*
240 S., DM 14,80

Nr. 22 **Christus – Heil der Welt**

Das zweite theologische Gespräch zwischen dem Patriarchat von Konstantinopel und der EKD. Herausgeber: Kirchliches Außenamt.
126 S., DM 10,80

Evang. Missionsverlag GmbH 7 Stuttgart 1